부동산자산관리론

김지현 심형석 임세훈 정성훈 공저

이프레스

머리말

P R E F A C E

처음 이 책을 집필하게 된 동기는 부동산자산관리 분야가 부동산학에서는 비교적 새로운 분야라서 독자 분들이 부동산자산관리에 대해 접근하기를 꺼려하고, 부동산자산관리에 관한 책을 읽는다고 해도 이해력이 높지 않아 지식을 습득하는 데 많은 어려움이 있어 이를 조금이라도 해소하기 위해서였다. 현재 부동산자산관리 시장은 나름 성장 중이고 업계 종사자들의 관심 또한 늘어나고 있다. 새롭게 부각되는 부동산자산관리 분야를 정립하기 위해 이 책은 이론적인 내용에 실무적인 부분을 많이 포함하려고 노력했다. 부동산학 자체가 실무를 바탕으로 이론으로 정립된 학문이기 때문이다. 특히 부동산자산관리시장 중 가장 중요하다고 할 수 있는 비주거용 부동산에 대한 자산관리를 실무적 차원에서 접근하려고 노력하였다. 물론 최근의 국내 부동산자산관리시장의 변화도 충실히 포함하였다.

2000년 이후 세계 경제는 점점 하나의 자본시장처럼 움직이고 있어 이제는 독자들도 세계경제를 이해하지 못하면 많은 애로를 겪게 될 것이다. 또한, 향후 저금리와 고령화 시대를 맞이하여 부동산투자나 개발사업에 대한 매력은 점점 더 떨어질 것이다. 부동산 패러다임의 변화로 이제는 부동산에 관심이 있는 독자들은 관리와 운영에 초점을 맞춘 부동산자산관리에 대해 더욱 다양한 이해와 관심이 필요하다. 저금리와 고령화는 이제는 거스를 수 없는 대세로 자리잡아가기 때문이다.

이 책은 부동산자산관리의 기본적 개념과 이론을 실무와 조화시키는 관점에서 서술하였으며 다음과 같은 특징을 지닌다.

첫째, 부동산자산관리의 전체적인 내용을 일관성 있게 구성하여, 부동산자산관리의 기초 개념에 대한 확실한 이해를 바탕으로 자산관리의 실제 활용 가능성을 높일 수 있도록 노력하였다. 따라서 본서의 1장~4장에서는 부동산자산관리의 일반론 중 개요 및 운영, 제도, 경제 등을 다루어 부동산 자산관리에 필요한 기본적 지식을 갖출 수 있도록 하였다. 그리고 5장~9장에서는 주거용 부동산자산관리, 부동산자산관리 실무, 기업부동산자산관리, 공공부동산자산관리 등 기본적 지식을 실무에 활용할 수 있는 분야별 특성을 기술하였다. 10장~12장에서는 부동산투자의 화폐가치와 포트폴리오 이론, 부동산의 평가 및 비율분석, 부동산투자와 세무 등을 차례로 설명하여 부동산자산관리의 핵심 인프라적 요소를 포함하였다.

둘째, 이 책은 독자들이 부동산자산관리 분야를 직·간접적으로 투자, 관리, 운용하는 방법을 설명하면서 이를 통해 그 이상의 것들을 생각할 수 있도록 노력하였다. 독자들의 부동산자산관리 지식이 많든 적든, 그리고 자신의 자산관리 성향이 어떻든 이 책을 통해서 부동산자산관리의 핵심을 보다 잘 이해할 수 있도록 기술하였다.

셋째, 이 책은 부동산자산관리의 이론과 실무와의 거리를 줄이려고 노력하였다. 예를 들면 비주거용 부동산자산관리의 매뉴얼적인 측면을 많이 포함시켰고, 이론을 실무에 적용하기 위해 Excel을 활용하여 쉽게 따라 할 수 있도록 자세한 활용방법을 기술하였다.

네 명의 저자들은 부동산자산관리 내용을 독자들이 쉽게 이해할 수 있도록 책을 집필하였다. 또한, 저자들은 부동산자산관리 이론에 생소한 일반 학생들의 관점에서 기술하도록 노력하였다. 그럼에도 불구하고 이 분야가 부동산학에서는 생소하고 학문적 어려움 때문에 독자들께서 충분히 이해하기 어려운 부문이 있을 수 있음을 솔직히 고백한다. 앞으로 이러한 부분이 없도록 하는 것이 저자들에게 남겨진 과제가 될 것이다.

마지막으로 이 책을 발간하도록 물심양면으로 도와주신 이프레스 최용구 대표님과 편집부 직원들께도 감사 인사를 드린다.

2018년 11월

저자 일동

차례

CONTENTS

CONTENTS

CHAPTER 05 주거용 부동산자산관리

CHAPTER 06 부동산자산관리 실무 I

C O N T E N T S

CHAPTER 08 기업부동산자산관리

CHAPTER **09** **공공부동산자산관리**

CONTENTS

CONTENTS

CONTENTS

CHAPTER

01

부동산자산관리의 개요

1. 부동산자산관리의 개념
2. 부동산자산관리의 형태와 임대료의 산정

주요 용어

부동산자산관리, 위탁관리, 직접관리, 혼합관리, 시설관리, 재산/부동산관리, 자산관리

요약

부동산자산관리(real estate asset management)란 부동산소유자(owner)의 부동산자산을 시설과 운영 그리고 자금 등의 측면에서 관리해 주는 것을 의미한다. 그리고 부동산자산관리자(real estate asset manager)는 부동산소유자가 얻는 소득의 일부분을 자산관리에 대한 비용으로써 수취하며, 부동산소유자에게 부동산자산의 운영 및 관리에 관련된 각 분야의 서비스를 제공하는 종합적인 관리를 의미한다. 그들이 제공하는 서비스는 부동산소유주와 투자자의 부동산자산을 효율적으로 운영하여 수익률을 향상시켜 주는 것이며 이에 대한 대가로 부동산소유주가 획득하는 수익의 일부를 받는다. 이러한 부동산자산관리업체들은 세 가지 분야(시설관리와 재산/부동산관리 그리고 자산관리)에서 부동산자산을 관리하게 되며, 이러한 과정은 효율적으로 수익을 창출하기 위해 시행되는 것이다. 부동산자산관리를 위해서는 각 분야에 맞는 체계적인 의사결정 시스템이 필요하며 이를 위해 부동산자산관리자가 존재하게 된다.
부동산자산관리는 운영내용에 따라 시설사용자나 건물소유자의 요구에 부응하는 시설관리(FM), 부동산 보유와 관련 통상적인 서비스를 제공하는 재산관리(PM), 포트폴리오 관점에서 자산과 부채를 종합적으로 관리하는 전문적, 종합적 관리를 지향하는 자산관리(AM)로 분류된다. 또한 부동산자산관리는 운영방식에 따라 직접관리, 위탁관리, 혼합관리로 구분된다.

CHAPTER PROPERTY MANAGEMENT

01 부동산자산관리의 개요

학습목표

부동산자산관리의 의미를 이해하고 부동산자산관리의 세 가지 분야를 설명할 수 있다.

1. 부동산자산관리의 개념

1) 부동산자산관리의 정의

(1) 부동산의 정의

부동산(real estate)이란 법률적 개념인 민법에 따르면 토지와 정착물이라고 설명하였으며, 일반적으로 건물과 그 토지를 의미한다. 이는 움직이지 않는 재산을 의미하며, 부동산의 특성 중 부동성(immobility)에 초점을 맞추어 설명한 것이다. 그렇다면 부동산의 특성에는 어떠한 것이 있는가?

(2) 부동산의 특성

경제학적으로 부동산 또는 토지는 공급이 고정되어 있는 공급의 고정성을 띠고 있으며 이는 부증성이라 설명한다. 앞서 설명한 바와 같이 움직이지 않는 재산으로서 부동성을 가지고 있다. 또한, 부동산 중 토지는 일반적으로 소멸되지 않기 때문에 영속성을 띠고 있으며, 다른 부동산자산들과 각기 다른 개별성을 띠고 있다. 위의 특징들은 〈표 1-1〉로 나타낼 수 있다(이정전, 2012).

〈표 1-1〉 부동산의 특성

부동산의 특성	내용
공급의 고정성(부증성)	토지나 부동산의 경우 생산요소인 노동 또는 자본을 투하함으로써 그 양을 늘릴 수 없다는 것을 의미하며, 이는 토지의 절대량이 고정되었다는 것을 의미함
부동성	토지나 부동산의 경우 그 자산이 움직일 수 없다는 것을 의미함
영속성	토지는 기본적으로 내구성이 강하며 일반적으로 소멸되지 않기 때문에 사용에 대한 시간의 제약이 존재하지 않으며 영속적으로 존재하는 것을 의미함
개별성	부동산 또는 토지의 경우 각기 다른 특성을 가지므로 개별성이 존재하고 부동산자산들을 동일시하여 평가할 수 없음을 의미함

출처: 이정전(2012). 토지경제학(개정판). pp.113-147.

(3) 부동산의 역할

이러한 다양한 특성을 가지고 있는 부동산은 어떠한 제품을 생산하기 위해 필요한 생산요소로써 활용되기도 한다. 예를 들어 공장에서 나사를 제작하여 판매하려면 나사를 제작할 공간이 필요하다. 이러한 논리에서 부동산은 공간으로서의 역할을 가지고 있다. 반면, 우리는 주거의 욕구를 해결하기 위해서 주택이나 아파트를 구매하게 되고 거기서 거주하게 된다. 여기서도 공간의 의미가 있으나, 일반적으로 부동산은 가격이 높고, 이를 보유함으로써 얻을 수 있는 시세차익은 부동산이 자산의 역할을 가지고 있다는 것을 의미한다. 그렇다면 자산의 역할을 하는 부동산을 어떻게 관리할 것인가? 이를 위해 부동산자산관리의 정의에 대해 알 필요가 있다.

(4) 부동산자산관리의 정의

부동산자산관리(real estate asset management)란 부동산소유자(owner)의 부동산자산을 시설과 운영 그리고 자금 등의 측면에서 관리해 주는 것을 의미한다. 여기서 부동산자산관리자(real estate asset manager)는 부동산소유자가 얻는 소득의 일부분을 자산관리에 대한 비용으로써 수취하며, 부동산소유자에게 부동산자산의 운영 및 관리에 관련된 각 분야의 서비스를 제공하는 종합적인 관리를 의미한다.

2) 부동산자산관리의 목표와 필요성

(1) 부동산자산관리의 목표

부동산자산관리의 목표는 크게 두 가지의 형태로 구분할 수 있다. 먼저, 협의의 목표는 부동산의 운영이나 관리 등에 소요되는 비용을 최소화하는 효율적인 관리이다. 이는 부동산의 경우 건물의 노후화 또는 쾌적한 환경 등을 조성하기 위해 많은 비용이 소요되기 마련이며 이를 최소화하는 것이 자산관리의 목표가 되는 것이다. 다음으로, 광의의 목표로 부동산을 이용한 종합적인 자산의 관리로써 부동산자산 가치와 수익성의 극대화이다. 부동산자산은 시설관리나 운영관리 등을 통해 자산의 수익성을 개선할 수 있으며 이는 부동산자산의 가치를 극대화시킬 수 있다(정용식, 2012).

〈표 1-2〉 부동산자산관리의 목표

구분	부동산자산관리의 목표
협의의 부동산자산관리	부동산의 운영이나 관리 등에 소요되는 비용을 최소화
광의의 부동산자산관리	부동산자산의 가치와 수익성의 극대화

(2) 부동산자산관리의 필요성

최근 들어 지가상승을 이용한 시세차익의 획득방법 이외에도 정기적 수익을 얻는 다수의 부동산이 다양하게 활용되고 있다. 예를 들어, 월세주택, 월세아파트, 오피스텔, 원룸, 월세상가 등이 일반적으로 토지를 이용한 시세차익을 얻는 방법과는 달리 정기적인 수익을 내는 형태이다. 물론 매매차익을 통한 수익을 형성하는 과정에 비해 전체적인 비중은 적으나, 최근 수익산출형 부동산의 개발과 발전이 다양하게 진행되고 있으며 많은 관심을 얻고 있다. 그 이유는 저금리기조와 기존과 달리 부동산자산의 가격변동성이 커졌고, 인구구성의 변화가 일어나기 때문으로 알려져 있다. 이러한 상황에서 부동산자산의 매매차익이 점점 줄어들고 있으며 최근 손실이 발생하는 경우도 나타나고 있기에 부동산자산의 수익성을 극대화시키는 것은 중요한 부분으로 여겨진다. 이에 부동산자산관리는 점점 전문화된 형태로 운영이 되는데 미국의 경우 다양한 외부전문회사들을 통해서 부동산자산을 운영하고 있다.

(3) 부동산자산관리의 분야

미국의 경우 수십 년 동안 전문적으로 부동산자산관리를 수행해 온 회사들이 있다. 미국의 부동산자산관리업체들은 타인의 부동산을 위탁관리하는 자산관리자의 입장에서 부동산자산을 운영하며, 부동산소유주와 투자자의 부동산자산을 효율적으로 운영하여 수익률을 향상시켜 주는 대가로 그들이 획득하는 수익의 일부를 받는다. 이러한 부동산자산관리업체들은 세 가지 분야(시설관리, 재산/부동산관리, 자산관리)에서 부동산자산을 관리하게 된다. 우선 시설관리의 분야에서는 부동산자산의 시설에 전반적인 내용인 건축, 정기점검, 소방, 안전, 미관 등을 관리한다. 재산관리 또는 부동산관리의 분야에서는 재무나 회계를 이용하여 부동산의 수익성을 판단하고 이를 통해 부동산임대사업의 효율성을 높인다. 마지막으로 자산관리에서는 기존의 단편적인 관리에서 벗어나 부동산을 하나의 자산으로 판단하고 포트폴리오의 관점에서 자금의 조달과 부동산의 자산평가를 한다. 최근 우리나라의 경우도 미국의 부동산자산관리회사와 마찬가지로 전문적으로 분야를 나누어 부동산자산을 관리하고 있다. 이와 같은 부동산자산관리의 분야들은 〈표 1-3〉에 나열되어 있다.

〈표 1-3〉 부동산자산관리의 분야와 내용

관리 분야	내용
시설관리	시설관리란 부동산시설을 신축하거나 유지하는 것을 의미한다. 토지 위에 신축된 건물형태의 시설물들을 관리하는 것이다. 예) 건축, 정기점검, 소방, 안전, 미관, 주차장, 하자보수공사, 누수방수, 균열
재산/부동산관리	재산/부동산관리란 일반적으로 부동산의 재무나 회계의 관리를 포함한 임대수익의 관리를 통한 부동산 임대사업의 효율화를 의미한다. 부동산자산관리자들은 재산관리를 통해 수지분석이나 마케팅 세무관련 등 다양한 부동산재산의 관리를 시행하게 된다. 예) 세금, 회계, 재무, 수지분석, 보험, 임대차관리
자산관리	부동산의 자산관리는 부동산소유주가 다양한 부동산을 보유하고 있을 경우 포트폴리오의 관점에서 부동산을 관리하는 것을 의미한다. 이는 추가적으로 자산의 평가와 투자분석자금의 조달까지 관리한다. 예) 매입, 매각, 자금조달, 투자분석, 자산평가

출처: 정용식(2012). 부동산자산관리론. p.47 참고.

우리나라는 부동산관리의 경험이 많은 개인들이 주로 업무를 수행해 왔으며 최근 들어 부동산관리를 전문으로 하는 회사들이 등장하는 상황이다. 다음은 이와 관련된 분야에 대해 세부적으로 알아본다.

2. 부동산자산관리의 형태와 임대료 산정

1) 부동산자산관리의 방식

(1) 부동산자산관리 운영의 내용적 분류

① 시설관리

시설관리(facility management: FM)는 부동산자산관리의 가장 기본적이며 기술적인 단계이다. 시설관리의 목적은 관리공간의 환경을 쾌적하고 편리하게 사용할 수 있도록 각종 시설을 운영하고 유지하기 위한 것이다. 따라서 시설관리는 기술적 측면을 중시하여 건물의 설비, 기계운영, 예방적 차원의 시설물의 유지보수, 에너지관리, 보안 등을 위한 관리시스템(management system) 업무에 중점을 둔다. 이런 점에서 시설관리는 시설 사용자나 건물 소유자의 요구에 부응하는 정도의 소극적인 의미의 시설관리활동이라고 할 수 있다. 시설관리는 부동산 사용자와 관련된 활동을 중점적으로 취급하고 자산의 가치에 대해 직접 관여하지 않는다는 점에서 다음에서 설명한 재산/부동산관리와 구별된다.

일반적으로 빌딩을 제외한 임대사업자(예를 들어, 주택 5호 내외의 부동산 월세를 통해 수익을 창출하는 소규모 임대주택사업자)는 대부분 자신이 직접 시설관리를 한다. 이러한 경우에 임대사업자들은 시설관리로 자신의 시간을 빼앗기게 되고, 만약 정기적으로 출근해야 하는 직장이 있을 경우 시설관리에 소홀해질 수밖에 없다. 시설관리에 소홀해질 경우 입주자들의 불만을 사게 되고 자연스레 공실이 발생하여 수익성이 악화될 것이다.

따라서 이러한 시설의 문제로 수익성 악화를 예방하기 위해서 상업용 빌딩이나 운영하는 임대부동산을 많이 보유한 경우에는 외부업체에 위탁을 하거나 시설관리를 위임하게 된다.

② 재산/부동산관리

재산관리 또는 부동산관리(property management: PM)는 부동산자산에 발생하는 임대수입과 비용을 적정하게 관리하고 이에 맞는 임대수익 전략을 구성하는 것을 의미한다. 따라서 재산/부동산관리는 시설관리(FM)에 경영의 개념을 도입한 관리 형태로 개별 부동산으로부터 산출되는 현금흐름(cash flow)을 증가시키고 시장위험(market risk)을 총괄적으로 통제하고 중·장기적으로 해당 자산의 가치를 높이는 부동산 환경과 시장의 변화에 대응하는 관리서비스를 말한다.

〈표 1-4〉 재산/부동산관리(PM)의 업무내용

구분		업무내용
주요 업무	-	• 부동산투자 및 운영수지분석 • 부동산 임대마케팅 분석 • 임차인 유치 및 교섭업무
관리업무	건물(빌딩)관리	• 부동산의 유지관리업무 감독 및 수행 • 개 · 보수 공사감독, 정기적 점검 • 대관업무 및 마케팅 • 부동산 리스크 관리
	재무관리	• 연간 운영예산 및 관리계획서 작성 • 임대수입 및 비용관리 • 정기적인 재무보고 및 기록유지
	임대 및 입주관리	• 임차인 모집 및 선정, 임대계약, 임대료 및 관리비 수금 • 임차인 유치전략 및 홍보 • 주변지역 시장조사(공실률/임대료)
	인력관리	• 외주용역업체 선정, 입찰 및 감독 • 직원선발 및 고객서비스 교육
주변업무		• 증 · 개축 및 인테리어 공사 관리 • 건물주가 요구하는 기타 건물 관련 업무

출처: 정용식(2013). 부동산자산관리론 2판. p.51 보완.

재산/부동산관리(PM)의 주된 목적은 수익성의 극대화이다. 즉 보유하고 있는 부동산자산을 증식시키고 관리의 효율화를 통하여 자산가치를 상승시키는 것이다. 부동산관리자가 일상적인 관리와 운영의 책임을 지고서 개별자산 또는 특정지역의 자산을 직접 관리하는 데 필요한 주요 업무는 수지분석, 시장분석, 마케팅, 공간배치, 임대차 유치, 임대료 책정, 임대관리 및 보험, 세금, 재무보고, 유지보수 등이 포함된다. 이에 부동산관리

(PM)는 임대차관리, 수익관리, 공실관리, 시설물관리 등의 업무를 수행하여 소유자 및 입주자(tenant)에게 최고의 수익성과 만족을 제공하는 부동산 공간의 수익창출 지향적 활동이라 할 수 있다. 재산/부동산관리(PM)는 관리적 운영에 초점을 두어 가치창출을 도모한다는 점에서 자산관리(AM)와 구분된다. 실제로 미국의 연기금이나 투자신탁회사들은 부동산관리(PM)가 경영의 관점에서 자산관리(asset management: AM)와 구별되기 때문에 분리하여 전문가를 고용하고 있다.

〈표 1-4〉는 부동산관리의 업무내용을 구분하여 주요 업무, 관리업무, 주변업무로 구분하여 정리한 것이다.

일반적으로 투자자나 부동산소유주 또는 부동산자산관리자의 경우 부동산임대사업을 영위하는 과정에서 수익이 발생한다. 이때, 이 수익이 어느 정도 수준인지 그리고 부동산의 수익률이 적정한지에 대해 알기 위해 부동산의 현재 상황을 알아야 한다. 예를 들어 부동산자산관리자에게 A와 B라는 부동산이 존재할 경우 두 부동산 모두 매년 1억 원의 임대수입이 발생한다고 가정하자. 그리고 A부동산의 경우 부동산시설에 대한 관리비용으로 매년 200만 원이 지출되고 B부동산은 노후되어 부동산에 대한 관리비용으로 400만 원이 지출된다고 가정할 때, A부동산은 9,800만 원의 임대수익이 발생하며, B부동산은 9,600만 원이 임대수익이 발생한다. 만약 두 부동산의 가격이 동일하고 둘 중 하나만 선택해야 한다면 A를 선택할 것이다. 이렇듯 부동산의 수익에 대한 분석 또는 현재 상태에 대한 진단은 중요하다. 따라서 재산관리의 첫 과정이라 할 수 있는 부동산자산의 현황파악이 필요한 것이다. 그리고 주변의 임대수익률이 5%가 산출되는 데 반해 자신의 부동산의 수익률이 2%밖에 되지 않는다면 그 이유가 존재하기 마련이다. 이러한 것을 분석하는 것이 바로 재산/부동산관리이며 주변의 임대수익률 등을 참고하여 부동산의 운영목표를 설정하고 이에 맞추어 마케팅을 하거나 재산을 관리하는 일련의 과정은 부동산자산관리자에게 반드시 필요한 과정이다.

③ 자산관리

자산관리(asset management: AM)란 앞서 설명한 시설관리와 재산/부동산관리를 모두 포함하는 개념으로서, 부동산을 자산의 개념으로 판단하고 포트폴리오의 관점에서 해당 자산을 관리하는 것을 의미한다. 이는 부동산을 투자 또는 매입하기 위한 자금의 조달에서부터 시작하여 운영과 의사결정을 통해 매각하기까지의 과정을 나타내는 것이다. 이러한 과정은 효율적으로 수익을 창출하기 위해 시행된다. 과정에 따라 각 분야에 맞는 체계적인 의사결정 시스템이 필요하며 이를 위해 부동산자산관리자가 존재하게 된다. 자산관리는 [그림 1-1]과 같이 구성된다.

[그림 1-1] 부동산자산관리의 과정

④ 부동산자산 계획 및 설계

일반적으로 부동산을 매입하거나 투자를 하고자 할 때 부동산자산 계획 등을 설계하게 된다. 부동산자산의 경우 금액이 크고 투자기간이 상대적으로 길다고 알려져 있기에 구체적이고 세부적인 부동산자산에 대한 계획이 필요하다. 매입의 경우뿐만 아니라 부동산을 신축하는 경우에도 어떠한 부지를 매입하여 어떻게 건축할 것인지에 대한 구체적인 계획을 설계하는 과정을 의미한다.

⑤ 자금조달

부동산자산의 투자 또는 매입계획을 설계했다면 자산을 매입하기 위한 자금이 필요하다. 이때, 투자자들은 자신의 자금인 자기자본과 은행이나 다른 이들로부터 빌리는 자금인 타인자본을 통해 자금을 조달할 수 있다. 자기자본으로만 사업을 시행한다면 가격이 큰 부동산을 매입하기에 상당히 부담이 될 수 있다. 반면, 타인자본을 많이 사용하게 된다면 이에 따른 이자를 지급해야 하기 때문에 이 또한 부동산자산관리자에게 부담이 된다. 그러므로 부동산자금조달에 대한 계획을 철저히 구성하고 수익성을 확실히 분석하여야 한다.[1)]

1) 추가적으로 타인자본을 사용할 경우 레버리지효과(leverage effect)가 발생하여 투자자들에게 큰 위험과 큰 수익(high risk, high return)을 안겨 줄 수 있다.

⑥ 부동산매입

부동산자산을 매입할 때에도 이 부동산자산의 가격이 적정한지에 대한 평가가 필요하다. 이는 일반적으로 부동산자산 계획 설계의 부분에서 해당 부동산의 자산가치에 대해 산출이 되기에, 매입 시에는 해당 부동산자산이 산출된 가치에 대비해서 고평가되었는지 저평가되었는지 자세히 분석할 필요가 있다. 또한, 부동산매입 시 매도자와의 협상단계가 존재하며 이때 서로의 이해관계를 잘 해결하여 부동산을 매입할 필요가 있다. 그리고 매입 시에는 취·등록세와 같은 세금이 발생하고 소유권에 대한 등기가 필요하다. 이에 대한 일련의 과정들을 부동산매입의 과정에서 처리한다.

⑦ 부동산의 운영 및 관리

부동산자산을 매입한 이후에는 해당 자산에 대한 운영과 관리가 따르게 된다. 만약 건축을 해야 하는 경우라면 현장의 관리자를 선정해야 하며 그리고 건물이 완공되어 있어서 임대수익을 창출해야 하는 경우라면 세입자들을 모집해야 할 것이다. 그리고 건물의 경우는 시간이 지날수록 노후되고 해당 건물의 배관시스템 또는 난방시스템에 문제가 발생할 수도 있으므로 이에 대한 보수 및 관리가 필요하다. 이러한 과정들은 해당 부동산의 자산가치를 높이는 행위이며, 세입자들을 모집하여 수익률을 향상시키는 행위이다. 하지만 보수와 관리의 경우 부동산자산관리자의 입장에서는 지출로 판단되므로 이러한 지출을 효과적으로 관리해야 부동산자산의 가치를 높이고 수익률을 향상시킬 수 있다.

⑧ 부동산매각

부동산자산관리자들은 재무현황 및 수익성 분석 등을 통해 임대와 매각 중 어떠한 선택이 보다 수익성이 높은지 판단하게 된다. 만약 매각의 경우 앞으로의 임대를 통해 얻을 수 있는 수익률보다 높은 수익률이 나타난다면 부동산자산관리자들은 해당 부동산을 매각할 것이다. 이때 부동산자산을 처분하기 위한 사업성 평가 또는 시장상황의 평가를 포함하여 매각 시 발생하는 행정절차 및 납세의 과정까지 부동산자산관리자들이 신경써야 할 부분이다.

따라서 자산관리자는 부동산투자의 전 과정에서 포트폴리오 관점에서 전략적 의사결정시스템을 통해 부동산 자산의 가치를 보전하고 증식하여 수익을 극대화시키기 위해 노력하며 이들의 주요 업무내용은 일상적 관리업무 이외 필요공간의 계획, 개발부지의 선정 및 지역조사, 보유부동산의 재활용방안, 각종 부동산거래에 있어서의 다양한 협상방안 모색, 금융문제의 해결을 위한 자본시장 활용방안의 구상 등이다. 이를 구분하여 정리하면 다음의 〈표 1-5〉와 같다. 이에 자산관리의 주요 고객은 다양한 부동산자산을 대량으로 보유하고 있는 일반기업이나 다수의 부동산을 운영하는 특수법인들이다. 실제로 미국의 연기금이나 투자신탁회사들은 부동산관리와 자산관리를 분리하여 전문가를 채용하고 있다.

〈표 1-5〉 자산관리(AM)의 주요 업무내용

구분	업무내용
시장 및 지역경제분석	• 부동산시장 및 정책분석 • 시장 경쟁요인 및 수요분석(필요공간의 기획, 부지 및 지역조사) • 임대마케팅 시장분석
자산 및 투자분석	• 포트폴리오 관리 및 분석 • 매입 및 매각, 재활용
일상적 자산관리	• 일반적 관리업무 • 재무관리
주변 업무	• 필요 공간 기획 • 개발부지 선정 • 금융문제 해결을 위한 자본시장 활용방안의 구상과 실행 • 보유한 부동산의 재활용방안분석

이상의 부동산자산관리 운영의 내용에 따라 구분한 시설관리, 재산/부동산관리, 자산관리를 정리하면 〈표 1-6〉과 같다.

〈표 1-6〉 부동산자산관리의 내용적 분류

구분	시설관리(FM)	재산/부동산관리(PM)	자산관리(AM)
단계	부동산관리의 도입기 가장 초보적이고 기술적인 단계	부동산경영관리를 시도하는 중간적 · 이행적 단계	종합서비스업적 성격
개념	시설사용자와 건물소유자의 요구에 소극적으로 부응하고 기술적 측면을 중시	부동산소유자에게 최고의 수익성과 입주자에게 만족을 제공하는 부동산공간의 수익창출 지향적 활동	포트폴리오 관점에서 자산과 부채를 종합적, 전략적으로 관리하는 전문적이고 종합적인 최고수준의 관리

주요업무	• 건물의 물리적 관리(청소, 가구/집기 관리, 냉·난방 운용 등) • 설비, 기계의 운영 • 예방적 유지보수 • 에너지 관리	• 수익목표 수립 • 자본적/수입적 지출계획 수립 • 연간 예산수립 • 비용통제 • 경리보고(월/연간) • 임대실행 및 임차인 관리 • 일상적 건물운영 및 관리	• 시장 및 지역분석 • 포트폴리오 관리 및 분석 • 투자위험관리 • 경쟁요인 및 수요분석 • 증·개축을 통한 경쟁력 강화
그 외 업무	• 시설 보수공사 실행 • 보안 및 방재	• 증·개축 및 내장 공사관리 • 건물주가 요구하는 기타 건물 관련 업무	• 매입/매각 및 자금조달 • 자산평가 및 투자분석 • 프로젝트 파이낸싱 • 지분투자 검토 및 실행
중점목표	• 이용자에게 쾌적하고 편안하고 안전한 사용환경 제공 • 일상적 건물운영 및 관리를 통해 단기 생산성 증대	• 수익성(임대, 마케팅) • 비용절감	투자자산의 포트폴리오 관점에서 종합적 관리
대상고객	• 건물주 • 부동산관리회사(PMC)	• 건물주 • 자산관리회사(AMC)	REITs, 연기금, 은행, 보험사, 해외투자가, 기타 기관투자가

⑨ 부동산자산관리 운영체계

지금까지 설명한 부동산자산관리의 내용적 분류를 기초로 하여 부동산자산관리의 운영체계를 도식화하면 [그림 1-2]와 같다.

[그림 1-2]에서 보이는 것처럼 부동산자산의 소유자 또는 자산관리회사(asset management company: AMC)가 부동산자산의 운영주체인 부동산관리회사(property management company: PMC)에게 계약을 통하여 운영관리권한을 위탁하여 임대관리(leasing management: LM)업무와 시설관리(FM)업무를 일괄처리하는 것이 가장 보편적인 형태이다. 즉 건물자산의 소유주체가 건물의 운영관리 전반에 대한 권리를 부동산관리회사(PMC)에게 위임하면 부동산관리회사는 운영관리서비스를 제공하고 정기적 운영관리에 대한 현황을 건물자산 소유주체에게 보고한다.

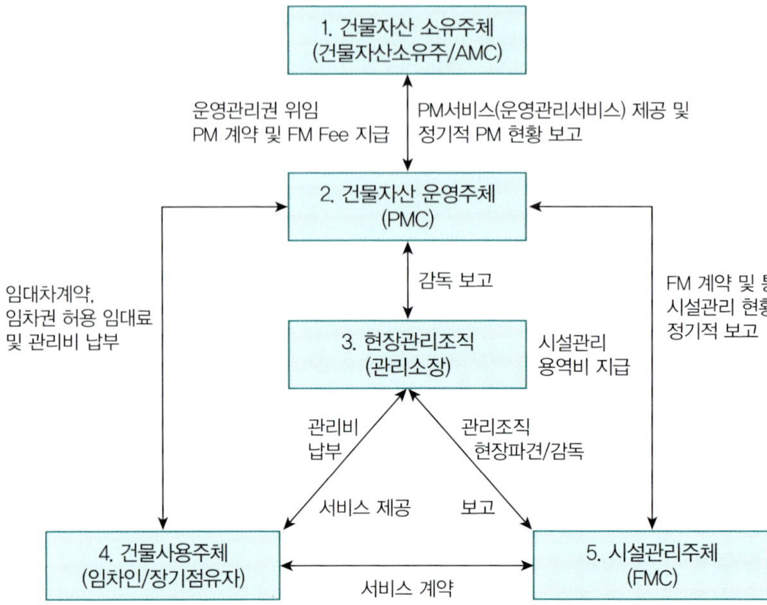

[그림 1-2] 부동산자산관리의 운영조직 체계

출처: 김일효(2011). 건물자산운영관리론. p.31.

한편, 건물자산의 운영주체인 부동산관리회사(PMC)는 시설관리주체 또는 회사(facility management company: FMC)에게 시설관리 용역운영 및 관리계약을 체결하여 관련 서비스를 제공받는 대가로 수수료를 지급하기도 한다. 물론 건물자산 소유주체 및 건물사용주체(임차인/장기점유자)가 직접 시설관리주체(FMC)와 위탁계약을 하여 운영되기도 한다. 건물사용주체는 건물자산 소유주체 또는 운영주체와 임대차계약을 체결하여 임차권을 허용받고 그 대가로 임대료와 관리비를 납부한다. 건물자산 소유주체와 운영주체는 효과적인 관리를 위하여 현장관리주체(site manager)를 고용하기도 한다.

(2) 부동산자산관리 운영방식

① 직접관리와 간접관리

가. 직접관리(자가관리, 자영관리)

직접관리(자가관리, 자영관리)는 부동산자산 소유자가 해당 부동산을 직접 관리하는 가장 오래된 전통관리형태의 운영방식을 말한다. 직접관리는 관리업무에 대한 통제력이 강하고 관리비를 절감할 수 있으며, 기밀보안유지 및 하자발생 시 신속한 조치 등의 장점이 있다. 그러나 부동산소유자가 전문적 관리지식이 부족한 경우 효율적 관리에 한계가 있기에 단독주택, 연립주택 등 소유하고 있는 부동산의 규모가 크지 않은 경우 많이 이용되고 있다.

나. 위탁관리(외주관리, 간접관리)

위탁관리(외주관리, 간접관리)는 부동산의 소유자가 관리전문가 및 관리대행업체에게 관리를 위임하는 방식이다. 위탁관리는 전문가가 책임지고 관리업무를 수행하기에 관리의 효율성과 합리성을 제고할 수 있다. 이에 임차인들은 양호한 서비스를 받을 수 있으며 소유자는 관리업무에서 해방되어 자기 본업에 전력할 수 있다는 장점이 있다. 그러나 해당 부동산자산에 대한 관련 기밀을 유지하기가 어렵다는 한계가 있으며 위탁자는 계약금액의 범위 내에서 관리할 수밖에 없으므로 물가와 임금이 상승할 때 계약금 증액이 어려우면 서비스의 질이 떨어지기 쉽다. 무엇보다 우리나라의 경우는 전문부동산관리업의 역사가 짧아 신뢰 있는 관리전문가의 확보가 어렵다.

우리나라에서는 주택법 시행령 제48조에 의하여 일정조건에 해당하는 공동주택[2]을 의무관리 대상으로 규정하고 있기에 아파트의 경우는 대부분 위탁관리방식을 채택하고 있다. 또한 2000년대 들어 상업용 부동산시장에서 자산관리의 중요성이 커짐에 따라 전문관리자에 의한 위탁관리가 확산되고 있는 추세이다.

다. 혼합관리

혼합관리는 직접관리와 위탁관리를 혼합한 형태로 관리업무의 전부를 위탁하지 않고 일부만을 위탁하는 방식을 말한다. 예를 들어 경제 및 법률관리 등은 자산소유자가 직접관리하고, 청소, 경비, 설비관리 등 기술관리만을 위탁하는 것이다. 혼합관리는 관리업무에 대한 통제를 용이하게 하면서 위탁관리의 편의를 도모할 수 있다. 그러나 수탁업자는 수탁된 부분만 책임을 지려 하여 자주성이 결여되고, 적극성을 잃어 책임소재가 불분명해질 수 있다는 문제가 있다. 또한 직접관리 종업원과 위탁관리종업원 간에 신분상 차이로 원만한 관계유지가 힘들며 이로 인하여 관리업무가 방해되는 경우도 있다. 혼합관리가 제대로 운영되지 않을 경우는 직접관리와 위탁관리의 단점만이 노출될 위험도 있다. 일반적으로 혼합관리는 자가관리에서 위탁관리로 이행할 때 과도기적 방식으로 이용된다.

2) 주택법 시행령 제48조의 의무 관리대상 공동주택의 범위는 300세대 이상의 공동주택, 150세대 이상으로서 승강기가 설치된 공동주택, 150세대 이상으로 중앙집중식 난방방식(지역난방방식을 포함)의 공동주택이다.

〈표 1-7〉은 부동산자산관리 운영방식으로 직접관리, 위탁관리, 혼합관리를 비교하여 정리한 것이다.

〈표 1-7〉 직접관리·위탁관리·혼합관리방식의 비교

구분	직접관리방식	위탁관리방식	혼합관리방식
관리방식	소유자가 직접 관리	전문 관리자가 관리업무를 대행	관리업무의 일부만 위탁
특징	• 가장 오래된 전통관리방식 • 소규모 부동산에 적합	• 전문성이 요구되며 최근 증가 추세 • 공동주택 및 대형건물에 적합	• 과도기적 관리방식 • 대형건물에 적합
장점	• 소유자의 직접관리를 통하여 하자 발생 시 신속한 조치와 종합적 관리가 용이 • 기밀보안유지 용이 • 관리비 절감 • 관리업무의 통제권한이 강함	• 관리업무의 효율성, 전문성 및 합리성 제고 • 전문가의 우수한 서비스 혜택 • 소유자는 본업에 전념	• 관리업무의 강한 지휘 통제력 가능 • 일부 업무만을 위탁하여 전문성 확보 • 자가관리에서 위탁관리로 이행하는 과도기적 조치 편리
단점	• 관리의 전문성 결여 • 관리의 비효율성 우려 • 소유자가 본업에 전념하기 어려움	• 전문관리업의 역사가 짧아 신뢰 있는 전문관리업자의 확보 기 용이하지 않음 • 관리업체가 영리만 추구시 부실관리 초래 우려 • 관리업체의 통제 관리에 한계가 있음 • 기밀보안유지가 용이하지 않음	• 책임소재가 불명확하고 전문관리업자의 전문성을 충분히 활용할 수 없음 • 자영관리요원과 위탁관리요원과의 원활한 관계유지의 어려움 • 운영미숙으로 직접관리와 위탁관리의 단점만 노출

출처: 정용식(2013). 부동산자산관리론 2판. pp.59-60 보완.

과거 부동산자산관리의 운영방식은 직영관리가 많았으나 최근에는 전문위탁관리방식이 점차적으로 증가하고 있는 추세이다. 특히 공동주택의 경우 제도적으로 일정 규모 이상일 경우 의무관리대상으로 규정하여 주택관리사(보)를 채용하여 전문적인 위탁관리를 하도록 하면서 위탁관리방식으로 정착되어갔다. 물론 공동주택의 관리의 내용은 아직도 시설관리(FM)단계에 머무르고 있다.

상업용 부동산은 외환위기 이후 외국계 자산운용사 또는 자산관리회사(AMC)들이 국내 부동산, 특히 서울의 큰 오피스건물에 집중적으로 투자하면서 이들의 부동산자산을 체계적으로 관리할 수 있는 외국계 부동산관리회사(PMC)가 함께 진출하여 국내 부동산관리에 새로운 장을 열게 되었다. 이전에는 기업부동산의 경우 기업 자체 내의 부동산관리팀에 의하여 관리가 이루어졌고 개인이 소유한 경우 직접관리를 하거나 위탁관리를 하더라도 시설관리에 머물렀다. 그러나 외국계 전문 부동산관리회사들이 자산운용사들의 부동산자산을 수탁하여 관리하면서 투자대상 부동산가치를 올리고 임대수입을 극대화하는 것을 목격하면서 국내 부동산자산 소유자들은 전문적인 위탁관리의 필요성을 실감하게 되었다. 또한 부동산투자회사(real estate investment trusts: REITs)와 부동산펀드(real estate fund: REF)의 증가로 부동산간접투자의 규모가 커지면서 부동산의 소유와 경영이 분리되는 현상이 점차 증가하게 되었다. 현재 과반수의 중대형 오피스빌딩은 전문적 부동산관리회사에 관리를 위탁하고 있다.

2) 부동산자산관리의 구성조직

부동산자산관리는 [그림 1-3]과 같이 구성되는데, 자산관리자가 시행하는 과정에 따라 그에 따른 전문 인력이 필요하다. 먼저 부동산자산계획을 수립하는 데 부동산 컨설턴트와 종합자산운영가의 자산운영에 대한 분석이 필요하며, 포트폴리오 분석가와 리스크 분석사의 자산수익률과 분산 그리고 위험에 대한 평가가 필요하다. 다음으로 부동산자금조달의 경우 은행이나 보험사 연기금을 통해 타인자본을 차입할 수 있으며 정부의 지원사업을 통해 안정적인 자금조달이 가능할 수 있다. 부동산 매입의 과정에서는 부동산을 소개해 주는 부동산중개업자와 매입과정에서의 법적인 분쟁을 해결해 줄 수 있는 변호사, 법무사가 필요하며 해당 부동산의 가치를 제대로 평가하기 위한 감정평가사가 필요하다. 부동산자산의 관리 및 운영 시에 시설관리자와 보수업체가 부동산건물 등 시설을 관리하게 되고 경비업체가 부동산의 보안을, 임대관리업자가 부동산임대운영을 맡아서 수행하게 된다. 마지막으로 부동산을 매각할 경우에도 해당 부동산을 구매할 사람을 소개해줄 중개업자 그리고 법적 분쟁의 해결을 도와줄 변호사와 법무사가 필요하다. 또한, 해당 부동산의 매각가격을 측정하기 위해 감정평가사가 필요하다.

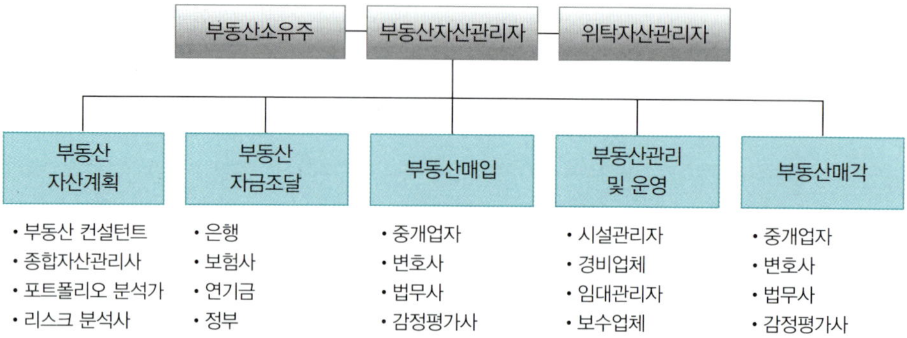

[그림 1-3] 부동산자산관리의 구성조직

출처: 정용식. 부동산자산관리론 2판. p.63. 참고.

(1) 개인부동산자산관리 컨설턴트

개인부동산자산관리 컨설팅은 주로 부동산을 소유한 의뢰인의 문제를 부동산 관련 자산관리 지식과 경험이 풍부한 전문가가 전문적인 조언과 행동을 제공하고 이에 대해 적절한 수수료를 받는 것이다. 이와 같은 보유 부동산을 개발하거나 활용하는 것과 관련해서 전문적으로 업무를 지원해 줄 사람들이 필요하다. 이것이 부동산 컨설턴트의 필요성이다.

개인부동산자산관리 컨설팅은 최근에는 은행이나 보험과 같이 고객들의 금융자산을 활용하는 기관들이 특히 더 필요하다. 우리나라 담보대출의 대부분은 주택담보대출이다. 또한 기업체들의 부동산자산을 담보로 제출하고 현금을 빌린 경우도 상당히 많다. 이와 같은 경우에 고객들의 소유부동산에 대해서 컨설팅을 해주거나 혹은 부동산 담보대출의 대금을 갚지 못해서 금융기관으로 넘어온 부동산의 활용을 위해서도 개인부동산자산관리 컨설팅이 필요하다.

(2) 종합자산관리사

종합자산관리사(financial planner)는 고객의 재무상태와 투자성향 등을 분석하여 자산운용의 전략을 구성할 때 전반적인 재무설계를 도와주는 전문가이다. 경험이 풍부한 전문가의 조언을 통해 부동산투자자의 안정적인 재무상태를 유지할 수 있으며, 현재 상태에서 어느 정도의 부동산을 구매해야 적정할지 조언을 받을 수 있다.

종합자산관리사는 최근 저금리기조와 불안정한 자산수익률이 나타나면서 차츰 중요해지고 있으며, 전문적인 운용의 설계를 도와줄 수 있다.

(3) 포트폴리오 분석가

포트폴리오 분석가(portfolio analyst)란 부동산에 투자계획을 수립할 시 해당 투자자가 보유하고 있는 부동산자산 또는 다른 자산 등을 분석하여 투자자의 전체적인 포트폴리오를 구성해 주는 역할을 한다. 이러한 역할을 통해 투자자의 위험관리(risk management) 또는 편중된 자산의 매입을 예방할 수 있으며 부동산자산 또한 자산의 한 종류로 평가되므로 수익률의 산정에도 활용할 수 있다.

(4) 리스크 분석사

리스크 분석사(risk analyst)는 부동산자산설계단계에서 부동산투자자의 위험 수준을 분석해 주고 이에 따른 전문적인 조언을 해주는 역할을 한다. 만약 위험에 대한 분석이 제대로 이루어지지 않는다면, 가격이 높은 부동산의 특징상 큰 손실을 입을 수 있다. 따라서 위험에 대한 분석이 필요하며 투자 시에 이러한 위험을 헤지(hedge)하기 위해 앞서 알아본 포트폴리오 분석가의 조언을 통해 위험을 분산하여 헤지하여야 한다.

3) 임대료 산정

임대료 가액의 산정은 상당히 중요한 문제이다. 부동산은 건립 시에 상당히 큰 자금이 투여되기 때문에 자금력이 충분한 업체들이 부동산사업에 나서는 것이 보통이다. 그러나 자금력이 충분하다고 할지라도 경우에 따라서는 주위 환경에 비해서 자금회전이 열악한 경우도 있고 또한 경기가 나쁜 경우에는 자금악순환이 지속되면서 부동산개발에 투입된 비용을 회복하는 기간이 길어질 수 있다.

보통 임대료의 산정은 정액제와 정률제로 나누어진다. 각각을 설명하면 다음과 같다.

첫째, 정액제란 우리나라의 거의 모든 부동산 운영에 이용되는 방법으로 사전에 임대인과 임차인이 결정한 가액대로 지불하고 받는 것을 말한다. 계약기간을 결정하고 보증금과 월세금액 혹은 전세금을 사전에 정하고 이것대로 집행하는 것이다. 정액제란 사전에 합의된 대로 진행하면 되므로 가액결정이 끝난 후에는 큰 문제가 없다.

둘째, 정률제란 백화점 지하의 푸드코트 코너를 임대한 경우와 같이 발생하는 수익에 따라 임대요금이 달라지는 것이다. 백화점의 작은 푸드코트 코너를 임대하고 나서 한 달 매출액이 생긴 경우에 이의 몇 퍼센트를 백화점이 매장 제공료의 형태로 받아가는 것이다. 정률제의 경우 운영이 잘 되어서 수익이 날 때는 별 상관이 없으나 영업이 잘 되지 않으면 임차인이 운영을 거부하는 경우도 있다. 시설인테리어 비용과 관련된 직접비도 충당하지 못하는 경우에는 영업을 중단하면서 음식점 전체의 이미지를 훼손시키기도 한다.

생각해 볼 문제

PROPERTY MANAGEMENT

1. 부동산자산관리란 무엇인가?

2. 위탁관리와 직접관리는 어떠한 차이가 있는가?

3. 부동산임대료 산정방식을 2가지로 구분하여 보시오.

4. 부동산자산관리의 목표 두 가지는 무엇인가?

5. 부동산자산관리의 세 가지 분야는 각각 무엇이며 어떠한 것인가?

CHAPTER

02

부동산자산관리 운영과 제도

주요 용어

부동산관리업, 부동산임대업, 공동주택관리법, 부동산간접투자시장

요약

우리나라 정부는 1970년 아파트 붕괴사건 이후 공동주택관리의 필요성을 인식하면서 부동산자산관리는 공동주택관리에 초점을 두어 관련 제도를 정비하고 발전시켜왔다. 즉 공동주택관리 적용 법규를 정비하고 주택관리사를 도입하여 일정규모 이상의 공동주택의 경우 반드시 주택관리사를 채용하여 관리하도록 규정하였다. 이에 비하여 비주거용 부동산관리는 법제화 정도가 상당히 미미하며 관련 자격제도도 시장주도하에 발전되어 왔으나, 공신력과 실효성 측면에서 의문이 제기되고 있다. 최근 우리나라에서 부동산간접투자시장이 발전하면 부동산을 전문적으로 관리하여 수익성을 극대화하고 해당 자산의 가치를 높일 수 있는 전문적인 부동산자산관리자에 대한 수요가 증가하리라 예상된다. 한편, 해외에서는 미국의 경우 수익형 부동산을 중심으로 민간주도의 부동산자산관리제도가 발전하였으며, IREM과 같은 기관은 미국 국내뿐 아니라 세계 대도시 부동산자산관리에 상당한 영향을 주고 있다. 미국의 부동산자산관리시장은 자본시장 및 부동산금융의 발전과 긴밀하게 연계되어 있다. 영국은 주거복지차원에서 주택관리제도를 발전시켜왔기에 주택관리사의 업무영역이 광범위하고 역할과 위상이 상당히 높다. 일본은 2000년대 들어 아파트관리의 중요성을 인식하여 아파트관리사제도를 도입하였다. 아파트관리사는 자산가치의 유지와 문제대응 등 전문가의 역량이 강조된다. 한편, 부동산자산을 활용하여 임대수입(income gains)과 자본이득(capital gains)을 추구하는 부동산투자신탁회사(REITs)와 부동산펀드(REF)의 규모가 커지면서 부동산자산관리에 대한 관심과 시장의 규모가 함께 성장하고 있다.

02 부동산자산관리 운영과 제도

학 습 목 표

국내외 부동산자산관리 운영과 제도를 이해한다.

1. 우리나라 부동산자산관리 운영현황

제10차 개정 한국표준산업분류(Korea standard industrial classification: KSIC)에 의하면 우리나라 부동산업(68)[1]은 〈표 2-1〉과 같이 분류된다. 이에 따르면 부동산임대 및 공급업(681)과 부동산 관련 서비스(682)로 크게 분류되며 부동산관리업(6821)은 부동산관련 서비스로 분류된다. KSIC에 의하면 부동산관리업(management of real estate)은 "수수료 또는 계약에 의하여 타인의 부동산시설을 유지 및 관리하는 산업활동"으로 정의되며 "부동산 관리활동에는 집세수납, 경비 및 청소활동이 부수적으로 수반될 수 있으나 개별 가구 또는 사업장의 내부 시설에 대해서는 직접적인 관리서비스를 제공하지는 않는다."라고 규정되어 있다. KSIC는 부동산관리업에 해당되는 활동의 예시로 주거용과 비주거용 부동산관리에는 유지와 개·보수 등을 명시하였으나, 건물청소(7421) 및 소독활동(7422), 사업시설 관리활동(7410)은 부동산관리업에 해당하지 않음을 밝히고 있다.

1) 한국표준산업분류(KSIC) 10차 개정은 2017년 이루어졌다. 산업별 괄호 안의 숫자는 KSIC의 산업 분류코드를 뜻한다. 2014년 KSIC 분류에서는 부동산중개 및 감정평가업(6822)을 부동산자문 및 중개업(68221)과 부동산감정평가업(68222)으로 세분화하였는데, 10차 개정에서는 부동산투자와 자문을 추가하여 중분류에서는 부동산중개, 자문 및 감정평가업(6822)으로 변경하고 이를 세분화하여 부동산중개 및 대리업(68221), 부동산 감정평가업(68223) 외에 부동산투자 자문업(68222)이 추가되었다.

〈표 2-1〉 KSIC 부동산업의 분류와 산업활동(10차 개정), 2017

KSIC				산업활동의 내용
68				부동산업
	681			부동산임대 및 공급업
		6811		부동산임대업
			68111	주거용 건물임대업
			68112	비주거용 건물임대업
			68119	기타 부동산임대업
		6812		부동산 개발 및 공급업
			68121	주거용 건물 개발 및 공급업
			68122	비주거용 건물 개발 및 공급업
			68129	기타 부동산 개발 및 공급업
	682			부동산 관련 서비스
		6821		부동산 관리업
			68211	주거용 부동산 관리업
			68212	비주거용 부동산 관리업
		6822		부동산 중개, 자문 및 감정평가업
			68221	부동산 중개 및 대리업
			68222	부동산 투자자문업
			68223	부동산 감정평가업

출처: 통계청, 통계분류포털(https://kssc.kostat.go.

KSIC에 의하면 부동산관리업은 주거용(68211)과 비주거용(68212)으로 구분되며 2016년 기준으로 부동산관리업체 수는 32,596개, 종사인원은 251,782명으로 집계되었다. 그런데 KSIC 분류상의 부동산관리는 아직까지 시설관리(FM)를 중심으로 현황을 파악하는 경향이 높아, 점차 그 중요성이 강조되고 있는 재산관리(PM) 및 부동산자산관리(AM)는 제대로 포함되지 않는 문제가 있다. 실제로 재산관리(PM)는 사업지원서비스업에서 사업시설유지관리서비스[2)]로 분류되어 있는 경우가 많고 부동산자산관리(AM)는 금융업에서 투자

2) 2016년 사업시설유지관리서비스업의 현황은 다음과 같다(검색일: 2018.3.7.).

	사업체 수(개)	종사자 수(명)	매출액(백만 원)
사업시설 유지관리 서비스업	3,370	115,540	8,255,346

출처: 통계분류포털(http://kosis.kr), 서비스업조사: 시도/산업/종사자규모별 현황

기관 중 자산운용회사 내에 포함되어 있기 때문에 정확하게 파악하기가 어렵다. 이런 문제를 의식하여 2017년의 KSIC 제10차 개정에서 부동산중개 및 감정평가업(6822)을 부동산중개, 자문 및 감정평가업(6822)으로 수정하고 그 하위 세(細)분류로 부동산투자자문업(68222)을 추가하여 부동산자산관리(AM)를 포함시켰다. 그러나 부동산투자자문업의 영업 범위를 어디까지 정의할 것이며, 이에 따라 통계적으로 명확하게 분류하여 제대로 파악할 수 있는 것인가는 여전히 과제로 남아 있다.

이에 본서에서는 우선 부동산업 중 부동산관리업(6821)의 현황을 살펴보고 부동산재산관리(PM)의 주요 업무 중 하나인 임대업을 살펴보기 위해 KSIC의 부동산임대업(6811)의 현황을 살펴보도록 하겠다.

〈표 2-2〉는 2007년, 2011, 2016년 각각 KSIC 분류에 의거한 부동산관리업의 매출액과 사업체 수의 변화를 보여주고 있다. 이에 따르면 부동산관리업(6821) 전체의 매출액은 2007년 10조 원에서 2016년 21.7조 원으로 116.8% 증가하였으며, 사업체 수는 2007년 22,425개에서 32,596개로 45.4% 증가하였다. 특히 이 기간 동안 비주거용 부동산관리업의 매출액 증가는 현격하여 2007년에 비하여 2016년 236%가 1,196억 원에 달한다. 사업체 수 증가율(73.2%)에 비하여 매출액이 증가하였다는 것은 비주거용 부동산관리업은 영세적인 사업규모에서 벗어나고 있다는 것을 보여주는 것이다. 이처럼 부동산관리업은 비주거용 부동산을 중심으로 보다 전문적인 부가가치를 창출하는 사업으로 성장하고 있음을 보여주고 있다.

〈표 2-2〉 부동산관리업(6821)의 매출액과 사업체 수(2007~2016)

	매출액(단위: 백만 원)				사업체 수(단위: 개수)			
	2007년	2011년	2016년	07~16년 증가율	2007년	2011년	2016년	07~16년 증가율
부동산관리업	10,000,500	13,649,354	21,684,614	116.8%	22,425	25,800	32,596	45.4%
주거용	6,441,079	9,151,157	9,724,337	51.0%	15,795	17,988	21,112	33.7%
비주거용	3,559,422	4,498,197	11,960,277	236.0%	6,630	7,821	11,484	73.2%

출처: KOSIS국가통계포털, 서비스업조사: 시도/산업/종사자규모별 현황(2018.3.7. 검색)

〈표 2-3〉은 2007년, 2011년, 2016년 부동산임대업(6821)의 매출액과 사업체 수의 변화를 보여주고 있다. 주목해야 할 점은 같은 기간 동안 주거용 건물임대업의 매출액은

833.5%로 크게 증가하였으나 사업체 수는 오히려 3.1% 감소하여 개인사업자 또는 영세업체 중심으로 이루어졌던 주거용 부동산의 임대업이 점차 사업규모가 확대되고 있다는 것을 알 수 있었다. 우리나라 부동산임대업은 주거용보다는 비주거용 부동산을 중심으로 발전하였으므로 사업체 수와 매출액 규모가 주거용에 비하여 상당히 크다. 즉 2016년 매출액을 기준으로 볼 때, 비주거용임대는 주거용 임대에 약 4.5배에 해당하는 10조 원에 해당한다. 그런데 언급한 것처럼 주거용 임대업이 매출액에 비하여 사업체 수가 감소하는 추세를 보인 반면, 비주거용은 매출액의 증가 정도가 사업체 수의 증가보다 높게 나타나고 있다. 따라서 이러한 추세가 지속된다면 중소규모의 비주거용 부동산임대업체의 경쟁이 보다 치열해질 가능성이 보인다. 한편, 물류임대업을 비롯한 기타 부동산임대업은 우리나라 부동산임대업에서 차지하는 비율이 매우 적은 편이지만 〈표 2-3〉에서도 볼 수 있듯이 사업체 수와 매출규모가 빠르게 증가하고 있다.

〈표 2-3〉 부동산임대업(6811)의 매출액과 사업체 수

	매출액(단위: 백만 원)				사업체 수(단위: 개수)			
	2007년	2011년	2016년	07~16년 증가율	2007년	2011년	2016년	07~16년 증가율
부동산임대업	4,549,502	5,351,625	12,645,612	178.0%	6,374	7,503	12,524	96.5%
주거용	242,095	573,946	2,259,950	833.5%	983	1,395	953	-3.1%
비주거용	4,270,124	4,748,176	10,276,891	140.7%	5,331	6,015	11,411	114.0%
기타	37,283	29,502	108,771	191.7%	60	93	160	166.7%

출처: KOSIS국가통계포털, 서비스업조사: 시도/산업/종사자규모별 현황(2018.3.7. 검색)

최근 주목해야 할 현상은 주택임대사업의 성장이다. 2009년부터 시행되기 시작한 민간임대주택 활성화정책과 2014년 '주택임대차시장의 선진화방안'에 힘입어 개인중심의 주택임대사업자가 폭발적으로 증가하고 있다. 〈표 2-4〉에는 주택임대사업자와 임대호수의 추이를 보여주고 있는데, 기존 주택을 매입하여 임대주택으로 등록한 매입임대사업자 수와 이들이 공급한 임대주택의 호수가 빠른 속도로 증가하고 있음을 확인할 수 있다. 2016년부터 민간임대주택에 관한 특별법이 시행되고 정부에서도 다주택자를 임대주택사업자로 등록하도록 유도하고 있기에 향후 임대주택시장의 규모가 더욱 커질 것으로 예상된다. 이에 따라 주거용 부동산자산관리시장도 성장할 것으로 예상된다.

〈표 2-4〉 주택임대사업자와 민간공급임대주택의 추이

사업자1(1)	사업자2(1)	2000년		2010년		2016년	
		사업자 수	임대호수	사업자 수	임대호수	사업자 수	임대호수
계	계	11,568	472,031	41,590	1,399,227	-	-
합계	합계	-	-	-	-	202,711	2,273,362
건설임대사업자	주택건설사업자	959	392,037	1,080	1,008,933	-	-
	건축법허가자	910	11,265	5,973	129,996	-	-
공공주택사업자	건설임대	-	-	-	-	34	1,004,870
	매입임대	-	-	-	-	1	187,067
	전세임대	-	-	-	-	2	165,764
매입임대사업자	매입임대사업자	9,699	68,729	34,537	260,298	-	-
기업형임대주택	건설임대	-	-	-	-	48	34,950
	매입임대	-	-	-	-	24	7,457
준공공임대주택	건설임대	-	-	-	-	282	7,006
	매입임대	-	-	-	-	2,608	9,859
단기임대주택	건설임대	-	-	-	-	1,451	25,517
	매입임대	-	-	-	-	42,637	96,781
종전 「임대주택법」에 따라 등록한 건설임대사업자	주택건설사업자	-	-	-	-	1,886	40,178
	건축법 허가자	-	-	-	-	11,185	193,736
종전 「임대주택법」에 따라 등록한 매입임대사업자	종전 「임대주택법」에 따라 등록한 매입임대사업자	-	-	-	-	142,553	500,177

출처: KOSIS 국가통계포털, 연도별 임대주택사업자현황(2018.3.8. 검색)

그런데 언급했던 대로 현재 재산관리회사(PMC)와 자산관리회사(AMC)의 운영현황은 산업분류체계로 인하여 통계적으로 제대로 파악되지도 못하고 있다. 이것은 관련된 정보 공유의 제한과 체계적인 표준화시스템(standard system)의 부족에서 야기된 문제이다. 따라서 미국 부동산관리협회(IREM)의 CPM(certified property manager)과 같은 공신력이 있는 부동산자산관리 분야 전문공인자격증을 신설하여 전문적인 서비스를 제공하여야 할 필요가 있다는 것이 업계와 학계의 공통된 주장이다.

과거 1997년 외환위기 후 우리나라에 진출한 CB Richard Ellis(CBRE)나 Jones Lang Wootton(JLW)과 같은 전문 외국계 재산관리회사(PMC)들이 일반적인 기술적 유지보수의 차원을 넘어 임차인 구성, 임대시기, 임대차 계약조건, 홍보, 예산 및 결산회계 등의 자산관리서비스를 상업용 부동산시장에 소개하면서 국내 상업용 부동산관리는 일대 변환을 맞게 되었다. 즉 해당 부동산에 대한 정확한 정보와 투자수익률 분석을 근거로 재산관리 업무를 시행하면서 국내에도 이를 배우고 시행하는 토종 재산관리회사들도 빠르게 성장하였던 것이다. 또한 부동산투자회사(REITs)와 부동산펀드(REF)와 같은 부동산간접투자 시장의 규모가 커지면서 재산관리(PM)와 자산관리(AM)의 중요성이 더욱 부각되고 있다.

[그림 2-1]에서와 같이 REITs의 성장세는 뚜렷하게 목격되며 최근 그 추세는 더욱 강화되고 있다. 즉 2010년 기준 REITs 회사는 총 50개, 총자산규모 7.6조 원에 불과하였는데 2017년 말에는 193개로 증가하였고, 총자산규모도 31.8조 원으로 성장하고 있다.

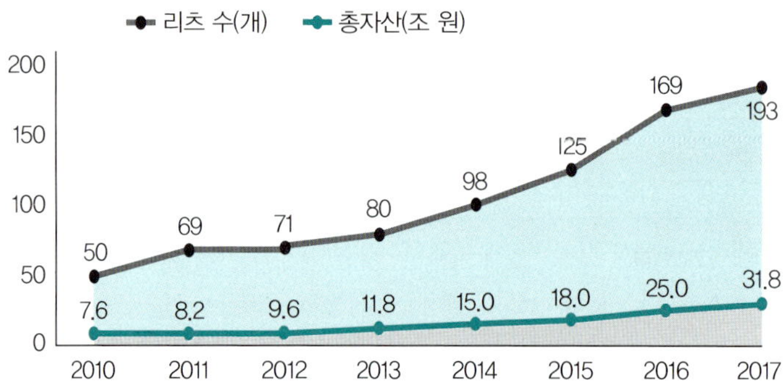

[그림 2-1] 부동산투자회사(REITs) 및 총자산 규모 추이

출처: 리츠정보시스템(http://reits.molit.go.kr/stack/stack/openStackMasterAsset.do)

또한 부동산펀드(REF)의 성장세도 지속되고 있어 2014년 말 순자산총액 29.7조 원은 2016년 47.2억 원으로 증가하여 총 누적자산 50조 477억 원에 이르고 있다. 부동산펀드의 약진은 사모펀드 제도개편 이후, 저금리 기조 아래 수익성이 높은 대체투자 활성화에 기인한다.

〈표 2-5〉에서 나타나듯이 대부분의 부동산펀드는 사모펀드이며, 2016년 말 기준 투자비중은 임대(수익)형 펀드가 50.8%로 절반 이상을 차지하고 있고 그 뒤를 이어 기타 26.4%, 대출형 14.0%, 개발형 4.9%, 리츠형 3.9%에 순이다.

〈표 2-5〉 부동산펀드 순자산규모 (단위: 십억 원, %)

구분	부동산				
	공모	비중	사모	비중	계
2016년 말	1,274	2.7	45,888	97.3	47,162
2015년 말	867	2.4	35,041	97.6	35,908
2014년 말	1,125	3.8	28,616	96.2	29,741

출처: 2016년 펀드시장 동향이 및 향후 대응과제(2017) 금융위원회 금융감독원 금융투자협회

리츠(REITs)와 부동산펀드(REF) 같은 부동산간접투자상품의 수익성은 투자한 부동산을 전문적으로 관리하고 운영하여 자산의 가치를 높이고 수익을 극대화시키는 것에 좌우된다고 할 것이다. 이처럼 우리나라 부동산간접투자시장이 발전하면서 재산관리회사(PMC)와 자산관리회사(AMC)의 성장이 두드러지고 있다. 그러나 아직 시장 수요에 비하여 자산관리(AM)와 재산관리(PM) 전문인력이 충분치 못하여 전문적이고 체계적인 운영에 한계가 있다. 부동산자산관리 시장의 변화와 수요증가에 적절하게 대응할 수 있는 제도적 기반과 인력양성을 위한 교육기반이 마련되지 못하고 있기 때문이다.

2. 우리나라 부동산자산관리의 운영제도

우리나라의 부동산자산관리제도는 정부주도의 주거용 부동산관리와 시장주도의 비주거용 부동산관리로 구분할 수 있다.

1960년대부터 시작한 경제발전과 도시화에 힘입어 서울을 비롯한 대도시의 주택난이 심각해졌다. 정부는 빠른 시간에 이를 해결하기 위하여 공동주택, 즉 아파트를 대량으로 공급하기 시작하였다. 1962년 마포아파트가 준공되어 민간시장에서 공급되기 시작하면서 초보적인 수준에서 관리문제가 거론되기는 하였으나, 1970년 와우아파트 붕괴사건[3]이 일어나기 전까지 주택관리의 필요성을 인식하지 못하였다. 와우아파트 붕괴사건은 정

3) 1969년 마포구 창천동에 공사기간 6개월이라는 짧은 기간에 완공되어 공급된 와우아파트는 건설된 지 4개월 만에 15개 동이 붕괴하면서 사망 33명, 중경상 39명이라는 사상자를 낸 대형 참사였다. 와우아파트는 그 당시 서울시의 고민이었던 무허가건물을 제거하고 서민아파트를 건설하겠다는 취지에서 건설되었으나, 서울시가 책정한 건축비용의 절반도 안 되는 비용으로 건설사가 아파트를 건설한 것으로 밝혀지면서 큰 논란을 야기하였다.

부에게 아파트 진단반을 구성하여 건축물에 대한 안전을 진단하도록 하고, 일반인들에도 건축물의 하자 및 보수에 대하여 관심을 갖게 하는 계기가 되었다. 이에 1979년 '공동주택관리령'을 제정함으로써 공동주택관리를 제도로 흡수하여 정책을 시행하며 발전시키게 된다.

이에 비하여 비주거용 부동산자산관리는 시장의 필요에 의하여 민간자격제도를 중심으로 발전되었다. 여기에서는 부동산을 주거용과 비주거용으로 구분하여 부동산자산관리 자격 및 운용제도에 대하여 살펴보기로 한다.

1) 주거용 부동산관리제도

우리나라 주거용 부동산의 관리제도는 공동주택 중 아파트 위주로 발전되었다. 여기에서는 공동주택관리에 적용되는 제도와 관리체제를 분양주택과 임대주택으로 구분하여 살펴보고 관련 자격제도에 대하여 알아보도록 하자.

(1) 공동주택관리 적용 법규

우리나라 공동주택의 법적인 관리제도의 정비는 지방자치단체나 대한주택공사가 건설하는 공영주택에 대한 건설 및 관리를 목적으로 1963년 제정된 공영주택법에서 시작되었다. 1972년 주택건설촉진법이 제정되면서 관련 조항이 계속 증가한 이후 1979년 11월 공동주택관리령과 12월 공동주택관리규칙이 제정되면서 본격화되었다고 볼 수 있다. 초기의 공동주택관리 법규는 주택 및 복리시설 관리기준과 입주자의 의무규정이 주류를 이루었으며, 1980년대 중반부터 공동주택의 노후화 방지를 위한 장기대책수립, 각종 안전사고의 방지, 주거환경보전, 자산가치의 유지, 주거생활의 안정, 회계사고의 예방대책 및 입주자 권익보호 등 관리의 전문화를 유도하는 방향으로 제도가 발전하였다. 1980년대 후반부터 막대한 자금이 건설시장으로 유입되면서 주택건설, 특히 아파트 건설이 급격히 증가하면서 공동주택관리의 중요성도 함께 부각되었다. 이에 1987년 12월 주택건설촉진법을 개정하여 공동주택관리에 있어 주택관리사 및 주택관리업자의 등록과 취소, 영업정지 및 처벌 규정 등 주택관리업자 제도가 신설되었다.

현재 우리나라 공동주택관리에 관한 법률은 공동주택관리법, 주택법, 민간임대주택에 관한 특별법(이하 '민간임대주택법'), 민법, 집합건물 소유 및 관리에 관한 법률(이하 '집합건물법'), 장기공공임대주택 입주자 삶의 질 향상 지원법(이하 '장기임대주택법'), 공공주택건설 등에 관한 특별법(이하 '공공주택 특별법') 등이 있으며, 각 시설관리에 적용되는 시설물안전관리에 관한 특별법, 전기사업법, 수도법, 소방법, 가스사업법, 승강기제조 및 관리에 관한 법률 등이 있다. 또한 관리사무소 직원관리를 위한 노동법, 연금법 등의 적용을 받으며, 관리비 등의 운영을 위해서는 기업회계기준을 적용받고 있다.

공동주택은 소유권의 형태에 따라 분양공동주택과 임대공동주택으로 구분되는데, 분양공동주택은 주로 공동주택관리법이 적용되며 이 법에서 정하지 아니한 사항은 주택법을 적용한다. 관리주체의 경우 의무관리 대상 분양공동주택에서는 주택관리사(보)를 관리사무소장으로 채용해 의무적 관리를 하도록 하고 있다. 임대공동주택의 관리는 민간임대주택법과 공공주택특별법에서 정하지 아니한 사항은 공동주택관리법에 규정된 바에 따라 주로 관리한다. 이하에서는 분양공동주택관리제도와 임대공동주택관리제도를 구분하여 설명하기로 한다.

(2) 분양공동주택의 관리제도

① 의무관리대상과 관리방법

분양공동주택 관리제도는 시초는 지방자치단체나 대한주택공사가 건설하는 공영주택에 대한 건설 및 관리를 목적으로 1963년 제정된 공영주택법이라고 할 수 있다. 1972년 주택건설촉진법이 제정되면서 관련 조항이 계속 증가하여 1979년 11월 공동주택관리령과 같은 해 12월 공동주택관리규칙이 제정되었다. 초기의 공동주택관리제도는 주택 및 복리시설 관리기준과 입주자의 의무규정이 주류를 이루었으며, 1980년대 중반부터 공동주택의 노후화 방지를 위한 장기대책수립, 각종 안전사고의 방지, 주거환경보전, 자산가치의 유지, 주거생활의 안정, 회계사고의 예방대책 및 입주자 권익보호, 주택관리업 및 주택관리사 제도 도입 등 관리의 전문화를 유도하는 방향으로 제도가 발전하였다. 1990년 후반부터 공공재와 자산의 관리란 측면에서 유지관리 및 회계 관련 규정에 주안점을 두던 제도적 방향이 입주자의 권익보호와 삶의 질 향상, 공동체 형성 등 관리의 새로운 분야가 부각되기 시작하였다. 그러나 현실은 아파트 관리비 관련 각종 비리와 갈등이 끊임없이 계속되자, 2016년 8월 공동주택관리법(시행령 동년 9월)을 시행하면서 공동주택을 투명하고 안전하며 효율적으로 관리할 수 있게 하여 국민의 주거수준 향상에 이바지하고자 하였다.

현 분양주택의 공동주거관리의 주요 방법은 입주자 등이 의무관리대상 공동주택을 공동주택관리법에 따라 자치관리하거나 주택관리업자에게 위탁하여 관리하도록 하고 있다. 이때 의무관리대상 공동주택이란 150세대 이상 공동주택 중 해당 공동주택을 전문적으로 관리하는 자를 두고 자치의결기구를 의무적으로 구성하여야 하는 등 일정한 의무가 부과되는 공동주택을 말한다(공동주택관리법 제2조). 의무관리대상 공동주택의 범위는 공동주택관리법 시행령 제2조에서 규정하고 있는데 300세대 이상의 공동주택, 150세대 이상으로서 승강기가 설치된 공동주택, 150세대 이상으로서 중앙집중식 난방방식(지역난방방식 포함)의 공동주택이 이에 해당한다. 이외에도 건축법 11조에 따른 건축허가를 받아 주택 외의 시설과 주택을 동일 건축물로 건축한 건축물로서 주택이 150세대 이상인 건축물도 의무관리대상이 된다. 그런데 이처럼 세대 수(또는 설비)를 기준으로 한 공동주택관리법의 적용은 20세대 이상 300세대 미만의 임의관리대상 공동주택, 특히 100세대 미만의 소규모 공동주택에 대한 법령 적용 시 문제가 발생하게 될 소지를 제공하고 있다. 이외 20세대 미만의 공동주택과 공동주택관리법의 규정을 받지 않는 주상복합아파트의 관리는 집합건물법 적용을 받는다.

언급하였듯이 공동주택관리법 제5조에 의하면 입주자 등은 의무관리대상 공동주택을 자치관리하거나 주택관리업자에게 위탁하여 관리하여야 한다. 의무관리대상 공동주택이 준공되어 입주가 시작되면 건설한 사업주체는 입주예정자의 과반수가 입주할 때까지 해당 공동주택을 관리하여야 한다. 입주예정자의 과반수가 입주하면 입주자 등에게 해당 공동주택을 관리할 것을 요구하여야 하며 이에 따라 요구를 받은 날부터 3개월 이내에 입주자를 구성원으로 하는 입주자대표회의를 구성하여야 한다. 입주자대표회의의 회장은 해당 공동주택의 관리방법을 자치로 할지 위탁으로 할지 결정해야 한다.

공동주택을 자치관리하기로 정했다면 입주자대표회의는 공동주택의 관리사무소장을 자치관리기구의 대표자로 선임하고, 자치관리기구를 구성하여야 한다. 주택관리업자에게 위탁관리하다가 자치관리로 관리방법을 변경하는 경우에도 마찬가지로 입주자대표회의는 자치관리기구를 구성하여야 한다. 만약 위탁관리를 결정하였을 경우 입주자대표회의는 전자입찰방식을 통해 주택관리업자를 선정하여야 한다. 이때 위·수탁관리계약은 입주자대표회의와 주택관리업자가 당사자가 되어 체결하는 계약으로 특성상 위임계약이다. 입주자대표회의는 공동주거의 관리라는 사무처리를 위임하고 주택관리업자는 선량한 관리자의 주의의무를 가지고 업무를 수행하도록 한다. 위·수탁계약에서 정하는 내용은 당사자 사이에 책임과 의무, 채권과 채무를 발생시키며 공동주거의 관리에 영향을 미치는 규범으로 작용하고 있다.

입주자 등이 기존 주택관리업자의 관리서비스에 만족하지 못한 경우에는 새로운 주택관리업자 선정을 위한 입찰에서 기존 주택관리업자의 참가를 제한하도록 입주자대표회의에 요구할 수 있으며, 입주자대표회의는 그 요구에 따라야 한다. 입주자대표회의 또는 관리주체는 공동주택 공용부분의 유지·보수 및 관리 등을 위하여 공동주택관리기구(자치관리기구 포함)를 구성하여야 한다. 공동주택관리기구는 대통령령이 정하는 기술인력 및 장비를 갖추어야 한다.

일반적인 경우는 아니지만, 입주자대표회의는 해당 공동주택의 관리에 필요하다고 인정하는 경우 인접한 공동주택단지(임대주택단지 포함)와 공동으로 관리하거나 500세대 이상의 단위로 나누어 관리하게 할 수 있다. 그러나 공동관리하는 총세대수가 1천5백 세대 이하여야 한다. 다만 의무관리대상 공동주택단지와 인접한 300세대 미만의 공동주택단지를 공동으로 관리하는 경우는 제외될 수 있다. 공동관리는 단지별로 입주자의 과반수의 서면동의를 받은 경우 가능하다.

② 분양공동주택관리와 관련된 주요 조직

분양공동주택관리의 가장 중요한 관리체제는 입주자대표회의라고 할 수 있다. 정부는 공동주택관리와 관련하여 발생하는 각종 분쟁과 사고를 제도적으로 사전에 예방하기 위하여 기본적 사항만을 공동주택관리령에서 규정하여 지도·감독하고 입주자는 동령에 근거하여 입주자대표회의를 구성하여 관리규약을 제정하고 이에 따라 기구를 조직하여 관리업무를 수행하게 하고 있다. 입주자대표회의는 500세대 이상인 경우 5~9명 이하, 500세대 미만인 경우 3~9명 이하로 구성되며 주요 의결사항은 다음과 같다.

※ 입주자 대표회의의 의결사항

1. 관리규약 개정안의 제안
2. 관리규약에서 위임한 사항과 그 시행에 필요한 규정의 제정 · 개정 및 폐지
3. 공동주택 관리방법의 제안
4. 관리비 등의 집행을 위한 사업계획 및 예산의 승인(변경승인 포함)
5. 공용시설물 이용료 부과기준의 결정
6. 관리비 등의 회계감사 요구 및 회계감사보고서의 승인
7. 관리비 등의 결산의 승인
8. 단지 안의 전기 · 도로 · 상하수도 · 주차장 · 가스설비 · 냉난방설비 및 승강기 등의 유지 · 운영 기준
9. 자치관리를 하는 경우 자치관리기구 직원의 임면에 관한 사항
10. 장기수선계획에 따른 공동주택 공용부분의 보수 · 교체 및 개량
11. 공동주택 행위허가 또는 신고 행위의 제안
12. 공동주택 공용부분의 담보책임 종료 확인
13. 주민운동시설 위탁운영의 제안
14. 장기수선계획 및 안전관리계획의 수립 또는 조정(비용지출을 수반하는 경우로 한정)
15. 입주자 등 상호 간에 이해가 상반되는 사항의 조정
16. 공동체 생활의 활성화 및 질서유지에 관한 사항
17. 그 밖에 공동주택의 관리와 관련하여 관리규약으로 정하는 사항

시장·군수·구청장은 입주자대표회의의 구성원에게 입주자대표회의의 운영과 관련하여 필요한 교육 및 윤리교육을 실시하여야 하고 입주자대표회의의 구성원은 그 교육을 이수하여야 한다. 주요 교육내용은 공동주택의 관리에 관한 관계 법령 및 관리규약의 준칙에 관한 사항, 입주자대표회의의 구성원의 직무·소양 및 윤리에 관한 사항, 공동주택단지 공동체의 활성화에 관한 사항, 관리비·사용료 및 장기수선충당금에 관한 사항, 입주민 간 분쟁의 조정에 관한 사항, 하자 보수에 관한 사항 등이다.

그런데 입주자대표회의는 때때로 비리나 권력 남용과 같은 문제를 안고 있으며 관리사무소의 업무를 감독하는 수준을 넘어 자신들의 이익에 따라 관리사무소를 운영하는 사례까지 발생하고 있다. 입주자대표회의 부정적인 모습의 가장 큰 원인은 바로 입주민들의 무관심이기에 자신들이 거주하는 공동주택의 투명한 관리와 공동체 활성화를 위해서라도 개선되어야 할 것이다.[4]

4) 전국 아파트 10곳 중 7곳 '관리비 비리'...우리 집은 괜찮나(한겨레, 2016년 3월 10일)
전국 아파트단지 10곳 가운데 7곳에서 관리비의 회계관리가 제대로 이뤄지지 않는 것으로 나타났다. 5곳 가운데 1곳에서는 관리비 횡령 등 부조리가 있었다. 국토교통부와 전국 17개 광역자치단체 및 기초자치단체, 그리고 경찰청이 참여한 '국무조정실 정부합동 부패척결추진단'(추진단·단장 오균 국무조정실 국무1차장)이 10일 공개한

한편, 담보책임 및 하자보수 등과 관련한 사무를 심사·조정 및 관장하기 위하여 국토교통부에 하자심사·분쟁조정위원회(하자분쟁조정위원회)를 설치하였다. 하자분쟁조정위원회의에서는 해당 공동주택의 하자 여부를 판정하고 하자담보책임 및 하자보수 등에 대한 사업주체·하자보수보증금의 보증서 발급기관과 입주자대표회의 등의 분쟁을 조정한다. 또한 하자의 책임범위 등에 대하여 사업주체 등·설계자 및 감리자 간에 발생하는 분쟁도 조정한다.

공동주택관리법에는 공동주택에서 발생할 수 있는 각종 분쟁을 조정하기 위해서 지자체별로 지방공동주택관리 분쟁조정위원회 상설기구로 구성하도록 의무화하고 있다. 그러나 둘 이상의 시·군·구의 관할 또는 자치구에 분쟁조정위원회가 설치되지 않은 경우 또는 분쟁 당사자가 중앙위원회에 조정을 신청하는 경우에는 국토교통부에서 중앙공동주택관리 분쟁조정위원회을 구성할 수 있다. 분쟁조정위원회는 공동주택관리 관련 다양한 분쟁[5] 등에 대해 심의 및 조정역할을 한다. 분쟁조정위원회는 공동주택관리에서 나타날 수 있는 다양한 주체 간 모든 형태의 충돌에 대해 보다 심각한 해결방안을 선택하기 전에 행정적 차원에서 해결책을 모색할 수 있는 기회를 갖는 등 긍정적인 측면도 있지만, 실효성을 높이고 분쟁조정위원회가 효율적으로 운영되기 위해서는 전문인력의 확보와 수사권 확대 등이 마련되어야 할 것이다.

공동주택관리법 제86조에 근거하여 공동주택관리의 투명화 및 효율화를 통해 누리고픈 아파트 공동체 생활의 가치 실현을 위하여 공동주택관리 지원기구로써 공동주택관리 지원센터를 설립하였다. 공동주택관리지원센터의 주요 사업은 공동주택관리 컨설팅, 민원상담과 입주자대표회의 운영교육의 지원 등이다. 이외에도 관리행정, 회계, 시설관리 등 관리주체 업무진단서비스와 모범적 관리주체 양성 및 효율적 관리기법 전파, 공동주택에서 시행되는 각종 공사업무에 대한 기술자문서비스 등을 제공하고 있다.

전국 공동주택 실태점검 결과를 보면, 주택법의 외부회계감사 대상인 전국 8991개 공동주택 단지 가운데 1610개(19.4%) 단지가 외부회계감사에서 '부적합' 판정을 받은 것으로 나타났다(이하 중략). 경찰청의 '공동주택 관리비리 특별단속'에서도 입주자대표회의 회장·동대표·관리사무소장 등의 관리비 횡령, 공사·용역업체 선정 과정에서의 금품수수 등 모두 99건이 적발됐다. 추진단은 "입주민들이 공동주택에 대한 외부회계감사 등 각종 감사결과·관리비 내역 등을 쉽게 볼 수 있도록 '공동주택관리정보시스템(www.K-apt.go.kr)'을 통해 공개하고, 감사방해 행위와 거짓자료 작성·제출 행위에 대한 제재를 주택법의 지방자치단체 감사방해 행위 제재 수준으로 강화하겠다"고 밝혔다.

5) 대표적인 분쟁사항은 입주자대표회의의 구성, 운영 및 동대표의 자격, 선임, 해임, 임기에 관한 사항, 공동주택관리기구의 구성, 운영 등에 관한 사항, 관리비 사용료 및 장기수선충당금의 징수, 사용 등에 관한 사항, 공용부분의 유지, 보수, 개량 등에 관한 사항, 공동주택의 리모델링, 층간소음에 관한 사항 등이다.

[그림 2-2] 중앙공동주택관리지원센터 홈페이지

출처: http://myapt.molit.go.kr/main/index.do

③ 공동주택 관리규약

관리규약이란 공동주택의 입주자 등을 보호하고 주거생활의 질서를 유지하기 위하여 입주자 등이 정하는 자치규약으로 분양공동주택 관리현장에 적용되고 있다. 특별시장·광역시장·특별자치시장·도지사 또는 특별자치도지사(이하 "시·도지사")는 공동주택의 관리 또는 사용에 관하여 준거가 되는 관리규약의 준칙을 정하여야 한다. 입주자대표회의의 회장은 관리규약의 제정·개정 및 입주자대표회의의 구성·변경사항을 시장·군수·구청장에게 신고하여야 한다. 공동주택관리규약은 공동주택에서는 공동생활을 하는 입주자 등의 다양한 이해로부터 주거생활을 안정시키고 공동생활의 합리적인 질서유지를 위하여 공동주택 전체로서의 인적 요소와 물적 설비를 규정하기 위하여 만들어진 자치규범이다. 공동주택관리법 시행령 제19조에는 28가지의 준칙을 포함하여 관리규약을 구체적으로 규정하도록 하고 있다. 이처럼 행정관청에서 준칙을 만든 것은 관리규약에 공동주택관리법령의 관리에 관한 중요한 내용을 포함시키고 공동주택관리의 통일성을 기하기 위해서이다. 또한 현실적으로 각 공동주택마다 주민들이 자체적으로 규약을 개발하기 어려움을 고려한 것이라 할 수 있다.

(3) 임대공동주택의 관리제도

임대주택이란 임대를 목적으로 제공하는 건설 또는 매입하여 임대하는 주택을 의미하는 것으로 공급주체에 따라 공공임대주택과 민간임대주택으로 구분할 수 있다.

1994년에 제정된 임대주택법은 주택법의 특별법으로서 임대주택의 공급과 관리에 관한 사항을 모두 규정하였다. 즉 임대주택 관리방법의 결정, 임차인대표회의, 특별수선충당금의 적립 등을 규정하고 있으며, 임대주택의 관리에 관하여 특별히 정하지 아니한 사항은 공동주택관리법을 적용하도록 하였다. 그러나 공공임대주택의 공급과 관리의 주요 대상은 사회적 취약계층이므로 민간임대주택 관리와는 근본적으로 성격이 다르다고 할 수 있다. 이에 2016년 8월부터 공공임대주택의 관리는 공공주택 특별법과 장기임대주택법에서 규정하도록 하였다. 하지만 여전히 입주자 선정, 거주의무기간, 임대보증금과 임대료 결정, 임차권 양도, 입주의무 적용주택 그 외 임차인대표회의 및 분쟁조정위원회 등은 민간임대주택법을 준용한다. 이는 기존 공공임대주택의 관리는 지방자치단체, 대한주택공사, 지방공사가 임대사업자로서 관리를 책임지고 있어 민간임대주택 등에 비해 적용받는 법 규정의 정도가 약하여 이를 보완한 것이다. 공공임대주택은 사회적 취약계층이 입주한 경우가 많아 이들에게 제공되어야 하는 서비스가 공동주택단지를 중심으로 이루어져야 함에도 불구하고 관리서비스는 매우 열악한 실정이었다. 이에 장기임대주택법을 통하여 입주자의 주거환경개선 및 주거복지를 위하여 필요한 사항을 지원하도록 할 수 있게 된 것이다. 이에 따라 국가나 지방자치단체는 장기공공임대주택 단지에서 복지서비스 시설을 직접 운영하거나 위탁하여 운영할 수 있도록 하였으며, 이에 필요한 비용을 보조할 수 있도록 하였다. 그렇지만 현실은 재정부족으로 인해 충분한 주거관리 관련 시설이 공급되지도 않고 무엇보다 관련 콘텐츠가 빈약하다는 문제에 직면하고 있다. 우리나라에서 공공임대주택단지가 들어선 많은 곳은 빠르게 시설이 낙후되고 슬럼화되고 있다. 이는 자원의 효율적인 이용 측면에서도, 소중한 국가자산을 보호한다는 측면에서도 바람직하지 않다. 미국에서는 정부나 각종 기금으로 보조금을 지원받아 건설되는 보조금지원주택(subsidized housing)은 정부의 중요한 자산관리대상 부동산이다. 향후 정부에서는 공공임대주택의 체계적인 관리를 위하여 제도를 보완할 필요가 있다.

민간임대주택의 관리는 2013년 기업형 임대주택이 허용되고 정부의 민간임대주택시장 확대 정책에 힘입어 민간임대주택법이 2016년 9월부터 시행되면서 본격적으로 제도가 마련되었다. 이 법에서 주택임대관리업을 규정함으로써 앞으로 민간임대주택의 공급과 관리시장이 지속적으로 성장할 것으로 전망된다. 임대주택관리란 임대를 목적으로 하는 주택(준주택)의 시설물 유지, 보수, 임대료 징수, 임차인 관리 등을 수행하는 것으로 자기관리형과 위탁관리형 등 두 가지 유형으로 구분된다. 자기관리형 주택임대관리업은 주택임대관리업자가 주택소유자(임대인)에게 장기간 매월 임대료를 고정액으로 지급하는 것을 보장하고 관리하는 형태로써 주택의 공실이나 임차료 체납에 대한 위험 등을 주택임대관리업자가 부담하는 계약형태를 말한다. 이에 비하여 위탁관리형은 주택임대관리회사가 임대리스크를 부담하지 않고 매월 실제 임대료 중 일정비율의 관리수수료를 수령하는 형태를 말한다.[6)]

향후 민간임대주택시장을 발전시키고 활성화하기 위해서는 효율적으로 임차인을 모집하고 전문적인 관리가 필요할 것이다. 이에 민간임대주택관리회사의 육성이 필요하고 이를 지원하기 위한 부동산관련 세금, 부가가치세, 법인세, 국민주택기금 지원방안 등 제도적 지원방안을 고려할 필요가 있다는 주장이 있다. 임대주택의 중개부터 투자 및 세무상담, 금융컨설팅을 모두 포괄하는 재산관리(PM)의 업무를 시행할 수 있는 전문가 양성이 필요하다고 판단한 정부에서는 '부동산종합자격증' 도입을 검토한다고 발표한 바 있으나[7)] 이에 대하여 현 공인중개사들의 반발이 거세어 무산되었다.

(4) 주택관리사와 주택관리업

우리나라에서는 분양공동주택의 전문적 관리를 위하여 1987년 주택관리사제도를 도입하고 주택관리업자에 관한 규정을 두어 제도적 차원에서 접근하기 시작하였다. 1989년 주택관리사제도를 시행하여 1990년에 제1회 주택관리사가 배출되었다. 주택관리사제도 시행과 함께 공동주택관리는 보다 전문적이고 체계적으로 변화되는 것같이 보였으나, 대

6) 보다 자세한 내용은 5장 주거용 부동산자산관리에서 자세히 다루고 있다.

7) "종합자격증 신설에 뿔난 중개사들"(매일경제, 2014년 3월 17일)
정부가 새로운 부동산 관련 전문 자격시험 도입을 검토하면서 공인중개업계의 반발이 거세다. 지난해 폐업한 공인중개사가 1만4,874명이나 되고, 휴업이 1,068명에 달할 정도로 업계가 불황에 시달리고 있는 상황에서 상위 자격증이 도입되면 공인중개사들에게 피해가 돌아올 수밖에 없다는 것이다. 17일 한국공인중개사협회는 공인중개업을 포함한 금융·세무 등 부동산 관련 업무를 종합하는 전문자격증에 대해 강경 대응할 것이라고 밝혔다. 특히 각종 부동산 업무를 종합한 자격사가 나올 경우 일반 공인중개사들의 일감이 줄어들 수밖에 없다. 업계에서도 이미 시장에 공인중개사 수가 사실상 포화상태인데 별도의 중개업 관련 상위자격증이 나올 필요가 있느냐고 반대 목소리를 내고 있다. 국토교통부 자료에 따르면 전국에서 영업하고 있는 공인중개사는 지난해 말 기준 7만5,630명으로 지난 2008년 이후 줄곧 7만 명대를 유지하고 있다. 협회는 곧 정부에 반대 입장을 공식적으로 전달할 예정이다.

부분 물리적인 측면에서의 유지관리에 초점을 맞추고 있으며 입주자들의 공동주택관리에 대한 관심 부족과 일부 공동주택관리에 종사하는 인력의 부도덕성 등은 여전히 개선되지 않았다.

1990년대부터 사회 전반적으로 성장보다는 분배와 복지가 강조되면서 2003년 주택건설촉진법이 주택법으로 전면 개정되고 주택의 건설과 함께 관리의 중요성이 부각되기 시작하였다. 이에 1997년부터 모든 공동주택에 주택관리사(보)의 채용이 의무화되었다. 〈표 2-6〉은 국토교통부장관이 시행하는 주택관리사보 자격시험의 시험과목으로 해당 국가고시 자격시험에 합격하면 주택관리사보 자격이 주어지고 자격 취득 후 일정기간 실무경력을 쌓아 자격을 인정받으면 주택관리사 자격이 주어진다. 주택관리사보의 시험과목은 민법과 회계학을 제외한 나머지 3과목이 모두 공동주택 시설관리(FM)에 초점을 맞추고 있다.

〈표 2-6〉 주택관리사보 자격시험

구분	시험과목
1차 시험	민법총칙(총칙, 물권, 채권 중 총칙, 계약총칙, 매매, 임대차, 도급, 위임, 부당이득 · 불법행) 회계원리 공동주택시설개론(목구조특수구조를 제외한 일반건축구조와 철골구조, 공기조화, 냉동설비, 홈네트워크를 포함한 건축설비개론 및 장기수선계획수립 등을 위한 건축적산 포함)
2차 시험	주택관리관계법규(주택법, 공동주택관리법, 민간/장기임대주택법, 건축법, 소방기본법, 소방시설설치유지 및 안전관리에 관한 법률, 승강기 제조 및 관리에 관한 법률, 전기사업법, 시설물의 안전관리에 관한 특별법, 도시 및 주거환경정비법, 도시재정비촉진을 위한 특별법, 집합건물의 소유 및 관리에 관한 법률 중 주택관리에 관련되는 규정) 공동주택관리실무(시설관리, 환경관리, 공동주택 회계관리, 입주자관리, 공동주거관리이론, 대외업무, 사무, 인사관리, 안전/방재관리 및 리모델링 등)

공동주택관리법에 의거 주택관리업을 하려는 자는 시장·군수·구청장에게 등록하여야 하며, 등록 사항이 변경되는 경우에도 변경신고를 하여야 한다. 등록은 주택관리사(임원 또는 사원의 3분의 1 이상이 주택관리사인 상사법인)가 신청할 수 있으며 〈표 2-7〉의 요건을 갖추어야 한다.

〈표 2-7〉 주택관리업의 등록기준(제65조제4항 관련)

구분		등록기준
1. 자본금		2억 원 이상
2. 기술인력	가. 전기분야 기술자	전기산업기사 이상의 기술자 1명 이상
	나. 연료사용기기 취급 관련 기술자	열관리산업기사 이상의 기술자 또는 보일러기능사 1명 이상
	다. 고압가스 관련 기술자	가스기능사 이상의 자격을 가진 사람 1명 이상
	라. 위험물취급 관련 기술자	위험물관리기능사 이상의 기술자 1명 이상
3. 주택관리사		주택관리사 1명 이상
4. 시설 · 장비		가. 5마력 이상의 양수기 1대 이상 나. 절연저항계(누전측정기를 말한다) 1대 이상 다. 사무실

최근 고급주상복합주택이나 주거용 오피스텔을 대상으로 전문적인 재산관리(PM)서비스를 제공하는 전문적인 공동주택관리회사가 등장하고는 있으나, 이들 회사들은 관리규모가 적고 아파트와 같은 보편적인 공동주택의 관리에는 관심조차 없는 실정이다. 현재의 공동주택의 관리체계가 주택관리업체에게 관리업무를 위탁하더라도 입주자대표회의의 의결에 의하여 관리규약 및 내용을 다시 규정할 수 있도록 하여 전문적인 자산관리자의 전문성을 활용한 소신적인 업무 자체가 불가능하기 때문이다. 실제로 현재 대부분 아파트입주자들은 공동주택관리업체의 전문성과 기술경험이 신뢰할 만한 수준이라고 판단하지 않기에 전문적인 재산관리(PM)서비스를 기대하지 않는다. 오히려 관리서비스의 질적 하락에 불만을 갖기보다는 관리비용의 감축만을 추구하는 실정이다.

※ 대한주택관리사협회의 역할

대한주택관리사협회는 주택관리사 또는 주택관리사보들이 회원으로 1991년 2월 24일 창립되었으며, 2004년 1월 14일에는 주택법 제81조 제2항 및 제82조 제1항에 의거한 정식 법정단체로 인가(인가증번호: 건교주택 제2004-1호)되었다.

협회의 목적은 주택관리사 등의 경제적, 사회적 지위 향상을 위해 노력하며 주택관리에 관한 업무 등에 관한 연구와 그 업무의 효율적인 수행으로 공동주택 등의 관리능력을 계발 및 향상, 보호와 국가경제발전에 기여함이다. 이에 주요 업무는 공동주택관리제도 개선을 위한 조사 및 연구, 주택관리사의 자질 향상 및 윤리의식 고취, 협회 및 공동주택 정보화기반 구축업무, 공동주택의 과학적, 체계적 관리시스템 연구 및 개발, 주택관리사 권익보호 및 업무지원, 국내외 관련업계와 교류 및 협력, 공동주택 입주자 민원상담 및 해결 등이다.

2) 비주거용 부동산관리제도

(1) 비주거용 부동산관리 적용 법규

우리나라에서 비주거용 부동산관리의 법적 제도는 매우 미약하다고 할 수 있다. 언급하였듯이 공동주택의 경우 공동주택관리법에서 공동주택의 관리에 관한 주요 사항을 규정하고 있으나, 비주거용 부동산에 대해서는 단일화된 법 규정을 두고 있지 않다.

집합건물의 소유 및 관리에 관한 법률(집합법건물법)에서는 건물에 대하여 구분소유관계가 성립하면 구분소유자는 전원으로서 건물 및 그 대지와 부속시설의 관리에 관한 업무의 시행을 목적으로 하는 관리단을 의무적으로 구성하게 한다. 또한 일부 공용부문이 있는 경우에는 그 일부의 구분소유자는 그 공용부분의 관리에 관한 업무의 시행을 목적으로 관리단의 당연설립을 규정하여, 공용법리에 의한 공동관리를 법정관리체제로 규정한다. 구분소유자 집회는 구분소유자가 일정한 장소에 집합하여 그들 사이의 공동문제를 협의하기 위하여 결합한 의회체로서, 구분소유단체의 최고의사결정기관이다. 구분소유자 집회는 공용부분의 보전, 관리에 대하여 의논하여 결정 또는 결의하여 실행하고, 구분소유물을 관리하는 권한 등을 가진 관리인을 선임 또는 해임한다.

구분소유물의 전유부문에 있어서 각 구분소유자는 자기관리권의 범위 내에서 상호 공동이익을 침해하지 않도록 협력하여야 하는 의무가 있다. 비교적 규모가 작은 구분소유물의 경우에는 자치적으로 관리할 수 있다. 즉 민법상 공유법리에 따라 임의적 관리가 가능하다. 그러나 대규모의 단지집합건물이나 수천 호의 구분소유권을 가진 집합건물에 있어서는 민법의 공유규정만으로는 불충분하고 필수적·전문적인 관리체계를 요구한다. 따라서 집합건물의 관리에는 그 관리체계를 법정관리체제와 임의관리체제로 구분하여 관리기능의 합리화를 기하고 있다.

또한 주거용 부동산의 시설관리와 마찬가지로 시설물안전관리에 관한 특별법, 전기사업법, 수도법, 소방법, 가스사업법, 승강기제조 및 관리에 관한 법률 등이 적용된다. 이외 관리사무소 직원관리를 위한 노동법, 연금법 등의 적용을 받으며, 관리비 등의 운영을 위해서는 기업회계 기준을 적용받는다.

(2) 자격제도

공동주택의 경우 주택관리사제도와 같은 공인자격제도가 있으나, 비주거용 부동산관리는 전문적인 공인자격제도가 존재하고 있지 않다. 이는 1990년대 중반에 이르기까지 시설관리(FM) 위주의 관리에 머물었던 우리나라 부동산자산관리의 역사와 관련이 있다.

〈표 2-8〉 부동산자산관리제도의 변화

구분	1995	1996	1997	1998	1999	2001	2004	2005	2010
변화 개요	FM관리		부동산금융제도 도입				PM 관리도입	AM 관리도입	
			외환위기 이후 구조조정		외국 PMC 진출		부동산금융		
시장 추세		• FM학회설립 • 관리시장개방	PM 개념 도입	임대분양시장개방					자산관리사협회(KRPM) 출범
관련 제도				자산유동화에 관한 법(ABS법)	주택저당채권유동화회사법(MBS법)	부동산투자회사법(REITs법)	간접투자자산운용업법(부동산펀드법)	일반REITs 규제완화	

비주거용 부동산관리는 〈표 2-8〉과 같이 부동산시장의 변화에 따라 대응하여 왔다. 1997년 외환위기 이후 많은 기업들이 유동성을 확보하기 위하여 회사소유 부동산을 매각하였고, 이를 적절한 투자의 기회로 판단한 해외의 부동산투자회사들이 국내에 진출하였다. 부동산투자회사들은 그들이 소유한 부동산자산관리를 체계적으로 담당할 수 있는 외국의 재산관리회사(PMC)와 함께 국내에 진출하면서 국내에 본격적인 재산관리(PM)의 업무란 무엇인가를 소개하였다고 해도 과언이 아닐 것이다. 이와 병행하여 주택저당채권유동화회사법(MBS법), 부동산투자회사법(REITs법) 등 국내의 새로운 부동산금융관련 제도가 도입되고 정비되기 시작하였다. 또한 REITs 및 부동산펀드가 도입되고 활성화되어 부동산자산관리회사(AMC)가 증가하기 시작하면서 2010년 부동산자산관리협회가 출범하였다. 언급하였듯이 REITs와 부동산펀드에 힘입은 부동사자산관리회사(AMC)의 성장은 두드러져 2008년 9개에서 2013년 20개로 증가하였다. 이처럼 대규모 오피스빌딩을 위시한 비주거용 부동산자산관리의 수요가 증가하면서 관련 전문가들의 수요도 증가하고 있으나, 이를 뒷받침할만한 제도 및 관련자격증이 없기에 미국 부동산관리협회(institute of real estate management: IREM)의 CPM(certified property manager)을 획득한 재산관리자(PM)들이 현장에서 전문가로 활동하고 있는 실정이다.

현재 국내에는 부동산투자회사법에 의하여 REITs(real estate investment trusts)의 영업인가 후 재산관리(PM)와 자산관리(AM)업무를 수행할 수 있는 '부동산 전문인력 의무채용 제도'를 시행하고 있을 뿐 법적으로 비주거용 부동산관리에 있어 부동산자산관리 자격증 소지자의 고용을 의무화하고 있지 않다. 즉 공동주택의 경우 주택관리사의 의무채용과 같은 조항이 존재하지 않다.

시설관리(FM)도 건축법 제35조에 의하면 건축물의 유지·관리 및 정기점검 및 수시점검의 실시, 건축법 시행령 제23조·수시점검 실시에 관한 사항만 열거되어 있을 뿐, 공동주택관리법에 있는 주택관리업 및 주택관리사와 같은 전문 국가공인자격제도는 언급되어 있지 않다. 따라서 부동산자산 중 규모가 커지고 있는 수익용 부동산, 특히 업무용 빌딩, 복합쇼핑몰 등은 유동인구가 많고 직원 및 고객 등의 안전 및 생명을 위해서도 전문적 관리를 의무화하는 제도적 접근이 필요하다. 그럼에도 불구하고 〈표 2-9〉에서처럼 비주거용 부동산관리에 대한 공신력 있는 국가자격제도는 아직까지 시행되고 있지 않다. 다만 (재)한국산업교육원이 실시하는 국가공인 민간자격인 '빌딩경영관리사'가 존재하지만 시장에서 보편적으로 활용되지 못하고 있고 기타 민간자격증이 운용되고 있으나, 공신력과 실효성 측면에 많은 의문이 제기되고 있다.[8)]

※ 부동산 전문 인력 운영제도

부동산투자회사법 제22조(자기관리 부동산투자회사의 자산운용 전문인력)

① 자기관리 부동산투자회사는 그 자산을 투자 · 운용할 때에는 전문성을 높이고 주주를 보호하기 위하여 대통령령으로 정하는 바에 따라 다음 각호에 따른 자산운용 전문인력을 상근으로 두어야 한다.

1. 감정평가사 또는 공인중개사로서 해당 분야에 5년 이상 종사한 사람
2. 부동산 관련 분야의 석사학위 이상의 소지자로서 부동산의 투자 · 운용과 관련된 업무에 3년 이상 종사한 사람
3. 그 밖에 제1호 또는 제2호에 준하는 경력이 있는 사람으로서 대통령령으로 정하는 사람

② 제1항에 따른 자산운용 전문인력은 자산운용에 관한 사전교육을 이수하여야 한다. 이 경우 교육기관, 교육과정 등 필요한 사항은 대통령령으로 정한다.

부동산투자회사법 시행령 제18조(자기관리 부동산투자회사의 자산운용 전문인력)

① 자기관리 부동산투자회사는 법 제22조 제1항 각호의 어느 하나에 해당하는 자산운용 전문인력을 다음 각 호의 구분에 따라 확보하여야 한다.

1. 법 제9조에 따른 영업인가 시: 3명 이상

8) 그러나 국가자격과 국가공인민간자격과는 법적의무채용(주택법 제55조)의 측면에서 큰 차이가 있다.

2. 법 제9조에 따라 영업인가를 받은 후 6개월 경과 시: 5명 이상

② 법 제22조 제1항 제3호에서 "대통령령으로 정하는 사람"이란 다음 각호의 어느 하나에 해당하는 사람을 말한다.

1. 부동산투자회사, 자산관리회사, 법 제23조에 따른 부동산투자자문회사(이하 "부동산투자자문회사"라 한다), 그 밖에 이에 준하는 부동산관계 회사나 기관 등에서 5년 이상 근무한 사람으로서 부동산의 취득・처분・관리・개발 또는 자문 등의 업무에 3년 이상 종사한 경력이 있는 사람
2. 부동산자산의 투자・운용 업무를 수행하는 외국의 부동산투자회사 또는 이와 유사한 업무를 수행하는 기관에서 5년 이상 근무한 사람으로서 부동산의 취득・처분・관리・개발 또는 자문 등의 업무에 3년 이상 종사한 경력이 있는 사람
3. 「자본시장과 금융투자업에 관한 법률」 제286조 제1항 제3호 다목에 해당하는 사람

③ 법 제22조 제2항 후단에 따른 교육기관은 다음 각호의 어느 하나에 해당하는 기관으로 한다.

1. 부동산・금융 관련 연구기관 및 단체
2. 고등교육법 제2조 제1호에 따른 대학
3. 국토교통부장관이 관계 중앙행정기관의 장과 협의하여 정하는 전문교육기관

③ 법 제22조 제2항 후단에 따른 교육기관은 다음 각호의 어느 하나에 해당하는 기관으로 한다.

1. 부동산・금융 관련 연구기관 및 단체
2. 고등교육법 제2조 제1호에 따른 대학
3. 국토교통부장관이 관계 중앙행정기관의 장과 협의하여 정하는 전문교육기관

④ 법 제22조 제2항 후단에 따른 교육과정에는 다음 각호의 교육내용이 포함되어야 한다.

1. 부동신자신의 투자・운용과 관련된 사항
2. 부동산 관련 법률・조세 및 회계 등 제도와 관련된 사항
3. 부동산 관련 증권의 발행・유통 및 자본시장에 관한 사항
4. 자산의 평가 및 분석에 관한 사항

⑤ 제3항 및 제4항에 따른 자산운용 전문인력의 교육과 그 밖에 필요한 세부사항은 국토교통부장관이 정한다.

〈표 2-9〉 부동산자산관리 자격증

구분	CPM	빌딩경영 관리사	매경부동산 자산관리사
발부기관	미국 IREM	(재)한국산업교육원	한국부동산자산관리사협회
시험과목	CPM 전 교육과정의 내용을 평가하는 종합시험	빌딩관리개론 빌딩행정관리론 빌딩관계법규 빌딩경영위험관리론 빌딩경영관리실무	부동산자산관리개론 주거부동산자산관리 토지자산관리 상가빌딩자산관리 부동산경매자산관리
자격취득 절차	시험합격, 부동산관리 경력 3년 이상, 추천(3인), 윤리과목 합격 시 자격취득	시험 합격 시 취득	시험 합격 시 취득
비고	부동산 관련 학・석사 학위자 일부 과목 면제	국가공인 민간자격증	

3. 해외의 부동산자산관리제도

1) 미국의 부동산자산관리제도

미국은 부동산자산관리산업이 가장 발달한 나라이나, 부동산자산관리제도는 상업용 부동산은 물론 주거용 부동산도 모두 정부에서 정책적으로 시행하기보다는 시장의 요구에 따라 자생적으로 발전해 왔다. 이하에서는 우선 미국의 부동산자산관리시장의 발전 과정을 시대별로 살펴보고 관련 자격제도의 특성을 알아보도록 한다.

(1) 시대별 자산관리제도

① 1920~1950년대

1920년대 전까지 부동산관리는 해당 건물을 소유한 소유주에 의하여 직접적으로 이루어진 것이 일반적인 상황이었다. 이 당시 퇴직자들은 빌딩을 매입하여 본인이 직접 관리하는 경우가 많았기 때문이었다. 1920년대 이후 기업들은 사업을 급속하게 확장시켜 가면서 임대공간에 대한 수요도 더불어 급증하게 되었다. 이처럼 시장에서 빌딩의 임대공간에 대한 수요가 증가하면서 대형빌딩들이 속속 건축되었다. 이에 따라 건물의 소유자들이 더 이상 건물을 스스로 관리할 수 없게 되면서 건물관리업이 등장하게 되었고 1921년 빌딩소유자·관리자협회(building owners and managers association: BOMA)가 설립하게 되었다.

1930년대의 대공황은 부동산자산관리산업이 획기적으로 성장할 수 있는 발판이 되었다. 즉 이제까지 부동산관리는 시설관리(FM)단계에 머물렀다면 금융기관의 대규모 부실자산을 인수하여 관리할 필요성이 증대되면서 수익성에 초점을 맞추는 경영의 개념으로써의 재산관리(PM)로 한 단계 발전하기 시작한 것이다. 특히 대공항의 여파로 주택을 소유한 사람들이 아파트를 건설하기 위해 빌린 은행대출금을 갚지 못하게 되면서 담보로 잡혔던 주택의 소유권이 은행이나 보험회사로 넘어가게 되자 자체적으로 주택관리부서를 두거나 외부의 관리회사와 계약을 하여 주택관리를 위탁하게 되면서 주거용 부동산관리에도 자산관리의 개념이 강조되기 시작하였다. 이 시기의 임대주택관리자의 업무는 주로 임대료 수금과 유지관리에 최소한의 비용을 지출하는 것이었다. 이에 따라 전문관리인에 대한 수요도 대폭 증가하게 되었다.

경제공황이 끝난 후 경기가 회복하기 시작하자 부동산의 소유는 점차 금융기관에서 부동산회사로 이전하게 되었다. 소유권의 이전 과정에서 부동산관리인과 관리업체는 그대로 유지되는 경우가 많았다. 이에 전문적인 건물관리업이 성장하면서 1933년에는 부동산관리협회(institute of real estate management: IREM)가 설립되었다. IREM은 1936년에 처음으로 협회차원의 교육 코스가 개설된 이후 오늘날까지 교육, 실무, 그리고 윤리 분야에서 엄격한 기준을 갖추고 미국뿐 아니라 전 세계 부동산자산관리산업에 지대한 영향을 미치고 있다. IREM은 1938년에 CPM(certified property manger) 자격제도를 도입하여 부동산관리업무의 전문성을 강화하였다. 1940년대 들어서면서 부동산관리인은 전문관리자로서의 위상을 갖추게 되었다. 제2차 세계대전 이후 경제호황으로 고층아파트와 고층사무실에 대한 수요가 크게 증가하면서 부동산개발사업이 호황을 맞게 되었고 고층건물의 보급에 따른 복잡한 설비와 시설에 대한 전문적인 관리가 요구되면서 부동산관리업도 호황을 맞게 되었다.

② 1960~1970년대

1960~1970년대 미국은 부동산금융업의 발전과 침체가 연이어 발생하였던 시기로 부동산관리업도 상당히 영향을 받았다. 1960년대 초반 도입된 REITs(real estate investment trusts)는 적은 자본으로도 대규모 부동산개발을 가능하게 함으로써 많은 금융기관 및 투자은행들이 REITs 시장에 참여하면서 부동산개발 시장은 급속도로 팽창하였다. 1969년 10억 달러에 불과한 REITs 투자자금이 단 1년 후인 1970년에 130억 달러로 증가하였다는 사실만으로도 이 당시 REITs가 얼마나 호황이었는지를 알 수 있다. 특히 개발사업에 자금을 대출해 주는 대출형 REITs(mortgage REITs)의 수익률은 상당히 높아 지속적으로 확대되는가 싶었다. 그러나 1973년 시작된 국제적 석유위기(oil crisis)는 REITs 시장 전반을 위축시켜 1973년 154개에 달하던 REITs 회사가 1975년에는 68개로 절반 이하만 남게 되었다. 특히 대출형 REITs의 타격은 보다 심각하였다. 담보대출에 주 투자처를 확보하였던 대출형 REITs는 대출금리와 예금금리가 역전하면서 대부분 파산하였다. 또한 호황기 때 제3자에게 자산관리를 위탁하면서 도덕적 해이(moral hazard)가 만연하였던 REITs 회사들은 줄줄이 도산하면서 투자자들에게 커다란 손해를 입히게 되었다. 그런데 REITs 투자

자들의 불운은 역으로 부동산관리업계에는 큰 이익이 되었다. REITs 회사는 자산관리를 위탁관리에서 자기관리형 REITs(self-managed REITs)로 전환하면서 자신이 소유한 부동산 자산을 직접 관리하는 운영체계를 갖추게 되었다. 이에 따라 투자자들은 투자의 수익시기, 자금회수시기 등을 예측하고 자금을 운용할 수 있게 되었다.[9)]

상업용 부동산의 자산관리가 투자수익 극대화를 목표로 이루어진 것처럼 주거용 부동산도 임대주택관리를 통한 수익성 극대화를 중심으로 전환되어 갔다. 즉 개인이 투자한 주택자산을 관리하는 전문관리업자는 주택을 가장 양질의 상태로 장기간 보전하고 투자된 자본에 대하여 가능한 최대의 순이익을 보장하는 것을 목표로 삼고 이를 달성하고자 하였다. 이에 장·단기 임대차계약을 수립하고 관리에 필요한 인원을 고용하는 등 각종 필요한 관리업무를 수행하였다. IREM은 임대주택(아파트)[10)]의 전문관리자 수요 증가에 부응하여 1975년에 ARM(accredited apartment manger) 자격증 제도를 도입하였다. ARM은 주거용 부동산을 관리할 수 있는 자격을 주는 프로그램으로 주택을 전체적으로 관리하여 거주자들의 생활을 향상시키는 데 그 목적이 있다.[11)] 한편, 분양공동주택의 관리를 담당하는 소유자협회를 사회적으로 지원하기 위하여 1973년 분양공동주택협회(community association of institute: CAI)는 관리자인증 프로그램을 개설하였다.

③ 1980년대

1980년대 초반 경제회복과 더불어 부동산경기의 회복 및 제도적 지원에 힘입어 부동산시장은 호황을 맞게 된다. 1980년 세제개혁은 부동산의 감가상각을 가속화시키고, 1983년 저축대부조합(aavings and loan association: S&L)의 대폭적 규제완화는 상업용 부동산에 대한 대출을 가능하게 하였다. 이러한 제도적 조치는 부동산시장을 지나치게 과열시켜 과잉투자를 유발하였다. 그 결과 1980년대 후반에는 경제성장이 주춤하면서 초과 공급된 도심 내 사무실의 공실률이 높아지고 호텔, 골프장, 유흥시설의 개발사업은 유동성위기를 겪게 된다. 특히 1980년 세제개혁안에 포함되었던 부동산투자에 유리한 규정들이 1986년 폐지됨으로써 부동산경기 위축을 가속화시켰다. 그 결과 부동산개발사업에

9) 김용남, 민규식(2010). "미국 부동산자산관리시장 분석 및 시사점 연구". 부동산학보 43, 한국부동산학회, pp, 5-20.

10) 미국에서 아파트(apartment)는 임대공동주택을 뜻한다. 우리나라의 분양아파트에 해당하는 것은 콘도미니엄(condominium)이라고 한다.

11) ARM이 되기 위해 요구되는 코스는 IREM에서 실시하는 교육학점을 취득하고 자격시험에 통과한 후, 윤리규약에 서명하고 최소한 1개 단지 이상에서 현장경험을 해야 한다.

상당한 자금을 대출해준 중소규모의 저축대부조합(savings and loan association: S&L)도 위기에 봉착하게 된다. 이에 정부는 1989년 금융기관 구조조정 관련 법(Financial institution reform, Recovery and enforcement Act of 1989: FIRREA)에 의거 연방예금보험공사 산하에 정리신탁공사(Resolution trust corporation: RTC)를 출범시킨다. 정리신탁공사(RTC)는 파산한 저축대부조합의 자산을 처분하고 회생가능한 저축기관들을 관리감독하면서 엄청난 양의 상업용 부동산 대출채권(commercial mortgage)을 빠른 시일 내에 매각해야 하는 임무를 맡았다. 금융권의 구조조정기관이라 할 수 있는 정리신탁공사(RTC)가 신탁자산을 처리하면서 부동산관리업계는 자산과 부채를 종합적으로 관리하는 차원의 자산관리(asset management: AM)로 발전하는 계기를 맞게 된다. 즉 부실채권과 부실 부동산자산의 처리방법으로 이용되는 워크아웃전략을 구사하고 부실자산의 처분을 민간에 위탁함으로써 자산관리(AM)로 업무영역이 확대된 것이다.

④ 1990년대

1990년대는 전례 없는 경제성장, 낮은 이자율로 부동산 임대료 및 자산가치가 급격하게 상승하였던 시기이다. 이 시기 미국 부동산시장에서 REITs는 큰 호황을 맞아 1990년대 들어 150개로 증가하였다. 또한 REITs의 자산규모도 크게 증가하여 1990년 60억 달러에서 1998년 3,000억 달러가 되었다. 주거용 REITs의 개발은 임대주택의 투자자를 대거 유치하였으며 이에 따라 임대차관리, 인적자원관리, 예산 작성 및 투자물의 가치를 증가시키는 데 필요한 기술을 잘 알고 훈련받은 주거자산관리 전문가에 대한 수요가 지속적으로 증가하였다. REITs 시장의 호황은 부동산회사의 발전에 커다란 기여를 하게 된다. Insignia/ESG, CB Richard Ellis(CBRE)[12], Cushman & Wakefield, Grubb & Ellis 등은 전국적인 규모의 종합부동산서비스회사로 성장하였다. 즉 이들 부동산회사들은 임대전문회사들을 공격적으로 인수하여 임대부터 투자컨설팅, 자산관리에 이르는 부동산 관련 종합서비스를 제공하게 된 것이다. 이처럼 1990년대는 부동산회사들이 기업합병과 자산유동화를 통하여 회사 규모를 키우고 서비스의 전문화를 가속화시키며 성장한 시기라고 할 수 있다.

12) 1997년 CB Commercial은 그 당시 5위의 자산관리회사인 Koll Real Estate Services를 인수하고, 1998년 REI Ltd.를 인수하여 CB Richard Elis로 재탄생하여 오늘날에 이르고 있다.

⑤ 2000년대

2000년대에도 대형 부동산자산관리회사들의 기업 인수 및 합병은 계속되었다. 2003년 CBRE는 Insignia Financial Group을 인수하였고 2006년 Trammell Crow Co.(TCC)를 인수 합병하였다. 2008년에는 Jones Lang LaSalle(JLL)이 The Staubach Company를 인수하였다. 이처럼 대형 부동산자산관리회사들이 중소업체를 인수하면서 미국의 부동산자산관리는 대형화, 종합화, 세계화를 지향하는 거대부동산회사들에 의하여 주도되었다. 또한 자산관리의 핵심이 서비스 제공에서 솔루션 제공으로 이동하기 시작하였다.

⑥ 2010년대 이후

2010년대 이후 부동산자산관리는 경제상황의 변화와 이러한 변화가 부동산관리에 미치는 영향력에 초점을 맞추고 있다. 최근 미국에서 부동산관리는 소셜미디어 등 다양한 매체를 통한 온라인 마케팅 기술, 지속가능성(sustainability)의 영향, 임차인을 최우선으로 자산의 상태를 유지하려는 기술 등에 초점이 모아지는 경향이 있다.

(2) 미국의 부동산관리 자격제도

미국에서 부동산관리 자격제도 및 운영은 언급하였듯이 정부에 의하기보다는 시장수요에 부응한 협회와 같은 민간비영리단체 주도하에 발전하였다. 관련 협회는 부동산관리

[그림 2-3] IREM 홈페이지

사를 교육하고 양성하는 체제로 구축하여 왔다. 시장에서 전문관리자의 수요가 점차로 증가하자 민간단체들은 부동산관리사 자격증을 수여하고 관리하면서 자격제도를 발전시킨 것이다. 이 중 대표적인 것이 부동산관리협회(IREM)에서 인증하는 자격제도와 분양공동주택협회(community association of institute: CAI)에서 운영하는 자격제도이다.

① 부동산관리 자격제도

미국의 부동산관리자격은 관련 협회에서 교육, 시험, 경력을 참고로 자격증을 수여하고 있다. 대표적으로 1921년 설립된 빌딩소유자·관리자협회(BOMA)는 부동산경영사(real property administrator), 설비유지경영사(system maintenance administrator: SMA), 시설관리경영사(Facilities Management Administrator) 자격자를 배출하고 있다. 부동산관리업계에서 가장 공신력 있고 시장에서 선호되는 자격은 부동산중개업협회(national association of realtor: NAR) 산하의 부동산관리협회(IREM)에서 수여하는 CPM(certified property manager)이다. CPM은 현재 IREM이 인정하는 부동산관리업무에 종사하는 자에 한해 그 지원자격을 부여하고 있으며, IREM에서 제공하는 교육 과정을 수료해야만 한다. ARM(accredited apartment Manger)은 주거용 부동산관리 분야의 전문가를 위한 프로그램이다. ARM이 되기 위해서는 IREM에서 실시하는 교육학점을 취득하고 자격시험에 통과한 후, 윤리규약에 서명하고 최소한 1개 단지 이상에서 현장경험을 해야 한다.

② 주택관리사제도

미국에서는 분양공동주택[13]의 관리를 담당하는 소유자협회를 사회적으로 지원하기

13) 미국의 분양공동주택의 유형은 다음의 표에서 보이는 바와 같이 3개의 유형으로 구분된다.

구분	내용
조합아파트 (Cooperative)	* 개념: 조합아파트는 법인회사의 개념으로 소유한 주식수에 비례하여 주호의 몫이 할당됨. 이사회를 구성하여 건물 보존과 유지관리 및 개별주호 매매를 결정하고 매매가격, 임대료, 구매 예정자의 자격조건에 관한 사항을 결정함 * 유형: 저층 타운하우스의 집합주택이 일반적임
콘도미니엄 (Condominium)	* 개념/유형: 콘도미니엄은 우리나라의 분양아파트와 같은 개념으로 고층, 저층아파트가 일반적임
계획단위개발 (Planned Unit Development: PUD)	* 개념: PUD는 개발자의 무분별한 토지이용과 개발방지를 위하여 클러스터(Cluster)방식의 주택 배치방법으로 주거와 녹지 및 위락공간을 확보한 주거단지 개발기법임 * 유형: 단독주택 또는 저층 타운하우스가 일반적임

출처: 공동주거관리회(2008). 공동주거관리이론. 교문사.

미국에서 분양공동주택은 구분소유가 아닌 공유개념을 강조하고 있기 때문에 공동주택 소유자들의 조직은 지역공동체협회(community association)라 명명되고 있다. 이에 분양공동주택의 관리는 콘도미니엄법에 규정되

위하여 1973년에 분양공동주택협회(community association of institute: CAI)가 조직되었다. CAI는 분양공동주택에 관련한 전국 규모의 단체로서 1995년에 분양아파트관리자(community association manager) 인증프로그램을 만들어 운영하고 있다. CAI의 분양아파트관리자 자격증 프로그램은 다음과 같다.

첫째, CMCA(certified manager of community association)는 주택관리업무를 해본 경험이 없는 초보자가 취득할 수 있는 자격으로 Community Association Management에서 운영하는 시험에 합격하고 후 2년 동안 16시간 이상의 교육을 수료해야 자격증을 취득할 수 있다. 또한 2년마다 자격인증을 받아야 한다. CMCA는 반드시 CAI의 회원일 필요는 없으나, CAI의 직업수행 기준을 준수해야 한다.

둘째, AMS(association management specialist)는 CMCA 자격증을 갖고 있으며 2년 이상 분양아파트 관리경험이 있는 주택관리자만이 응시할 수 있는 자격이다. AMS를 취득하기 위해서는 해당 시험에 합격해야 하고, 교육학점을 이수해야 한다. AMS를 취득하기 위해서는 반드시 CAI의 회원으로 가입해야 하기에 본격적으로 관리자로서 전문가의 위치에 서게 된다. AMS는 자격을 유지하기 위해서 3년에 한번씩 CAI에서 주최하는 자격인증 교육을 받아야 한다.

셋째, PCAM(professional community association manager)은 5년 이상의 주택관리 경험이 있어야 하며, 자격인증에 필요한 각각의 시험을 우수한 성적으로 통과해야 획득할 수 있는 가장 숙련된 공동주택관리자라 할 수 있다. PCAM 자격을 인증받기 위해서 관리자는 관리에 대한 사례연구 논문을 제출하여야 한다. 또한 PCAM 자격을 유지하기 위해서 지속적으로 CAI의 세미나 및 워크숍에 참가해야 하며, 3년마다 상급 교육 과정도 이수해야 한다.

이외에도 전국조합아파트협회(national association for housing cooperatives)에서는 조합아파트관리자 인증자격으로 RCM(registered cooperative Manager)을 운영하고 있다. 국립아파트협회(national apartment association)는 미국 주택도시개발청(department of housing and urban development: HUD)의 공인을 받은 RAM(registered apartment manager)과 공인 임대전문가 자격증인 CLP(certified leasing professional) 자격증을 발급하며, 전국 주거용 부동산관리협회(national association for residential property management: NARPM)는

어 있는데 주요 내용은 구분소유자 단체의 조직과 책임관계, 관리 규정, 어린이나 애완동물 세칙, 집회 등을 규정하고 있다. 일반적으로 분양공동주택의 관리조직은 이사회와 상임위원회로 구분된다. 이사회는 단지의 특성에 따라 위탁, 자가, 혼합 등의 관리방식을 선택하게 된다.

개인에게 PPM(professional property manager)과 MPM(master property manager) 자격증을 부여하고 있다.

분양주택관리사 자격제도 이외 전문적인 주택관리회사를 인증하는 제도도 있다. 1993년부터 시작된 AAC(accredited association company)는 주택관리업에 3년 이상된 주택관리회사로써 자사의 능력을 검증하기 위해 3개 단지 이상의 고객으로부터 추천을 받고 직원의 최저 25%가 전문적인 자격검정기관에서 자격증을 인정받을 때 주어지는 주택관리회사 인증 프로그램이다.

2) 영국의 부동산자산관리제도

영국의 부동산자산관리제도는 우리나라와 마찬가지로 주거용 부동산에 맞추어져 있다. 영국은 1900년대 초부터 오랜 시간 주거복지 차원에서 주거관리제도를 발전시켜 왔기 때문에 주택관리사의 업무영역이 광범위하며 역할과 위상은 거의 고위공직자 수준이다. 따라서 주택관리사의 양성조건도 매우 까다롭다.

(1) 주거용 부동산관리제도의 특징

영국의 주거관리는 1916년 Octavia Hill이 주축이 되어 결성된 여성하우징워커협회(the association of women housing workers: AWHW)에서 시작된다. AWHW는 여성을 훈련시켜 임차인의 갱생 및 사회적응 등 복지적 차원의 주거관리를 추구하였다. 1년 후인 1917년 AWHW는 여성주거자산관리협회(the association of women housing property Managers: AWHPM)로 개칭하였으며 1932년 공식적인 직업 자격인증제도를 도입하였다. 1937년에 법인으로 등록하면서 이를 여성주거관리인협회(the society of women housing managers: SWHM)로 개칭하였다. 그러나 남성입회에 대한 문제로 인하여 1948년 주거관리사협회(the society of housing managers: SHM)로 또다시 개칭하고 조직을 강화하였으며 1975년에는 공인주거협회(the chartered institute of housing: CIH)로 바뀌면서 오늘에 이르고 있다.[14] 영국의 주거관리는 처음 여성에 의해서 거주인(임차인)과의 친밀한 관계 속에서 주

14) CIH는 회원들의 재교육을 위해 월간지 하우징을 발행하고 회의 및 세미나, 그 외 주거에 관한 교육프로그램을 개설하고 1년 1회의 전국회의 및 수차례의 지역회의를 개최한다. 또한 주거관리에 관련된 디자인과 구조, 재정 등

택의 물리적 관리보다는 복지차원의 통합적인 주거관리로 시작하였다. 탄탄한 관리인 조직의 역사를 통해 교육과 훈련기관의 역할을 담당할 뿐 아니라 주거관리에 관련된 직능단체와의 연합활동 등을 통해서 끊임없는 회원들의 재교육에 힘쓰고 있다. 영국이 주거관리의 모범이 된 것은 일찍이 사회개혁가들이 도시의 노동자계급 및 저소득계층이 사는 열악한 주거상태 개선의 일환으로 주거관리를 중요하게 여겨왔기 때문이다.

실제로 영국은 모든 주택사업을 정부의 통제하에 두면서 실질적인 사업의 시행은 지방자치단체(이하 지자체)를 토대로 전개하는 특성을 보인다. 주택관리시스템도 지방자치단체 소속의 주택관리사가 단지관리를 담당하고 있으며 주거관리는 국가재산의 보존과 직결되어 있는 주택정책의 기본과제로 여기고 있다. 즉 영국에서는 지자체가 공공주택과 관련된 거의 모든 사항을 주도적으로 결정하고 지자체는 지역의 주택사정과 주택요구를 파악하여 지역에 맞는 주택공급과 주택관리서비스를 제공해 왔다. 1985년에는 주택법을 전면적으로 개정하여 국가와 지자체에서만 담당하고 있던 공공주택의 공급을 민간에서도 할 수 있도록 등록된 공공주택 임대인(registered social landlords) 제도를 도입하여 민간도 공공임대주택의 공급과 관리를 할 수 있도록 하였으며, 주택조합(housing association)에 소속시켰다. 현재 영국에서는 지자체, 임대인 대표, 기타 이해관계들이 참여하는 지역주택회사(local housing companies)가 공공주택의 공급 및 관리자의 역할을 하고 있다.

지자체를 위시한 공공에 의하여 이루어지는 주거관리는 주택조합과의 협력을 통해 거주자 중심의 사회복지적인 차원으로 접근하고 있다. 즉 주거관리는 전문적인 공공주택관리 형태를 취하여 주택정책과 관리시책에 의해 단계적으로 운영되고 있는 것이다.[15]

영국 주거관리의 또 하나의 특징은 공공임대주택에서 입주자의 참여가 적극적으로 이루어진다는 것이다. 즉, 주거관리의 대상은 부동산뿐만 아니라 입주민도 포함되어 있으며 주택문제에 관해서도 '최적 가치(best value)'를 목표로 주민참여를 통해 문제를 해결하려 한다. 임대주택의 입주자들은 살고 있는 공동주택에서 발생되는 각종 문제들을 지자체에 알리거나, 해결방안을 건의할 수 있고 지자체에서는 기본시책을 결정함에 있어서 주민의 의견을 수렴하게 된다. 임차인의 주거관리 참여로 공실과 임대료 체납이 감소되었으며 건물관리도 보다 효과적으로 이루어졌고 또한 시설물 파괴와 범죄 행위, 입주자의 이주율

의 직능 단체와의 연합활동을 장려하고 있다.

15) 주택법의 집행을 총괄하는 중앙기관으로 정부에 주택성이 있으며, 그 상부기관으로 중앙정책심의회가 있고, 그 하부구조로서 주택법을 직접 담당하는 지방공공단체인 주택협회가 있다. 여기에는 공동주택의 유지, 관리에 관한 자율적인 권한과 책임을 재량에 따라 수행할 수 있는 주택관리위원회가 설치되어 있다.

〈표 2-10〉 영국지자체의 주거관리 내용

• 지역의 주택사정과 주 요구 파악
• 주택의 임대 및 임대계약에 관한 사항으로 주택임차인의 선정에 대한 재량권을 갖고 주택의 임대관리업무로서 입주신청자의 자격 등을 종합하여 입주자를 선정하고 동 · 호를 배정하며 입주자 상황을 등록하는 임대차 관련 업무를 수행
• 주택의 개조와 시설설비의 교체 및 빈집의 손질과 처리
• 임대료, 관리비 등 제징수금을 수금하고 체납자에 대한 독촉업무와 명도소송 등의 업무
• 공동주택 및 시설물의 유지관리 · 보존업무로서 수선업무, 소규모단지 내 자체 및 외주 공사업무, 식재 및 조경 업무, 어린이 놀이터 · 주차장 · 창고 및 차고 등의 건설 및 유지관리
• 입주자들의 가족상황 및 주택상황 파악
• 각종 입주자 고충처리 및 노인문제 해결

출처: 홍영옥(2003). 공동주거관리론.

이 크게 줄어들었다. 이처럼 임차인 참여 프로그램은 임차인이 단지의 주인이라는 의식을 갖게 함으로써 공공주택단지 입주자의 의식이 향상되고 단지 내의 환경개선에 큰 도움이 됨이 입증되었다.

(2) 주택관리사 양성제도

영국의 주택성은 사회복지사업의 추진과 주택의 효율적인 관리 및 주택관리사 제도를 관장하고 있다. 영국에서 주택관리사 자격을 취득하기 위해서는 일정조건, 즉 지방정부의 공공주택, 주택조합의 주택 등에 일정기간을 근무하며 관련분야 교육 과정을 이수하고 영국 왕립측량사협회(the royal institute of chartered surveyors: RICS)나 주택관리사협회(S housing manager: SHM)[16]가 실시하는 시험에 합격해야 한다.[17]

그 외 자격을 취득하는 방법으로 기술전문학원에서 2~3년간의 교과 과정을 이수하고 왕립측량사협회(RICS)의 중간시험에 합격한 후 최종시험에 응시하기 위하여 파트타임제 학습을 인정하는 조건으로 공동주택 관리주체에 고용되어 2년간 실무를 쌓은 후 최종시

16) 주택관리사협회(SHM)에 의한 자격수여는 17세 이상의 연구생이나 학업을 마친 자, 학위취득자의 경우에는 18개월 이상, 20세 이상의 지원자는 2년 이상, 20세 이하의 지원자는 3년간의 통신교육 및 야간수업을 통해 교육을 이수하여야 한다. 교육이수 후 주택관리사협회에서 실시하는 시험에 합격함으로써 자격을 취득하게 된다.

17) 지방자치단체·주택조합·신도시개발공사·개인회사에서 주택관리사 자격을 취득하고자 할 경우는 이들 조직에 하급보조자로 고용되어 실습기간을 충족하고 야간학교나 방송강의 등의 교육을 받아 영국의 왕립측량사협회(RICS)의 주택관리부문의 시험이나 주택협회, 단지관리인협회 등에서 실시하는 시험에 합격하여야 한다.

험에 합격하여 자격을 얻는 것이 있다. 대학에서 학위를 받은 후 학사 후 자격(postgraduate diploma)을 받은 후 왕립측량사협회(RICS)가 인정하는 2년간의 실무경력을 쌓은 사람은 자격시험이 면제된다.

한편, 법령에 명시되어 있는 영국 주택관리사의 업무는 다음과 같다.

- 주택의 임대 및 알선 업무
- 임대료, 관리비 등의 수금과 임대료 체납 등에 관한 소송 업무
- 유지, 수선에 관한 업무
- 단지와 시설물의 유지, 보전 및 주택개조, 주택시설교체 등 일반적인 업무
- 노인문제, 주택임대차 문제 등 사회복지적 측면에서의 각종 사회서비스 업무
- 행정과 홍보, 대주민 관계개선
- 공공편익시설 유치, 주민의 오락시설 및 운동시설관리
- 일선 행정기관, 파출소, 소방서 등 공공기관과의 연락 업무

영국에서 주택관리사는 처음에는 주로 국가나 지자체에서 공급하는 사회주택(social or rented housing)[18]에 대한 관리를 하였으나, 1980년대부터는 민간주택까지 관리업무를 확대하여 나가고 있으며 사회적 위치 또한 상당히 높은 편이다.

3) 일본의 부동산자산관리제도

일본의 부동산관리제도는 관련 협회와 자격제도로 구분된다. 대표적 관련협회는 주택관리협회, 일본 종합주생활, 고층 주택관리업협회, 일본 부동산관리협회(JERM) 등이다. 부동산관리 자격제도는 우리나라와 마찬가지로 민간자격과 공인자격으로 구분된다. 빌딩관리사(building manager: BM)와 시설관리사(facility manager: FM)는 공인자격증이며, 2001년부터 시행 중인 아파트관리사(또는 맨션관리사)와 부동산관리사는 민간자격증이다.

공인자격증인 빌딩관리사와 시설관리사 자격시험제도는 〈표 2-11〉과 같다.

18) 사회주택(social housing)은 국가별 주택정책의 목표와 내용에 따라 다양하기에 많은 국가에서 정형화된 주택 공급을 의미하지는 않는다(박은철 외, 2017). 영국에서는 social (rented) housing은 지방정부 또는 등록사회임대인(registered social landlords)이 소유하고 있는 주택을 의미한다.

〈표 2-11〉 일본의 부동산관리 자격시험제도

자격명칭	빌딩관리사(BM)	시설관리사(FM)
목적	빌딩관리계획, 수선계획에 필요한 회계·경영에 관한 지식 임대차 등의 계약에 관한 지식, 설비관리에 관한 지식 등	기업의 시설 및 환경을 경영적 시점에서 종합적으로 기획·활용하는 경영관리활동에 관한 전문지식의 획득에 도움이 됨
시험과목	① 기획·입안업무 ② 임대영업업무 ③ 관리·운영업무	① FM의 기초지식 ② FM의 업무 ③ FM의 기술
자격취즉 절차	연면적 1,000m^2를 넘는 5층 이상의 임대빌딩의 경영관리업무에 종사하여 이하의 조건을 충족하는 자 ① 임대빌딩경영관리에 관하여 3년 이상의 실무경험 ② 임대빌딩경영관리에 관하여 2년 이상의 실무경험 센터의 빌딩경영강좌를 수료한 자 ③ 부동산경영관리에 관하여 5년 이상의 실무경험, 그 기간 동안에 임대빌딩의 경영관리에 관한 2년 이상의 실무경험이 있는 자 ④ 부동산경영관리에 관하여 5년 이상의 실무경험이 있고, 센터의 빌딩경영관리강좌를 수료한 자	합격 후 협회등록에 일정의 자격을 충족할 필요 없음 ① 4년제 대학 또는 이에 준하는 자 → 실무 3년 ② 3년제 단기대학 → 실무 4년 ③ 2년제 단기대학(전문대학) → 실무 5년 ④ 고등학교 등 → 실무 7년 ⑤ 기타 → 실무 10년
비고	(재)일본빌딩경영센터 www.bmi.or.jp	(사)일본퍼실리티메니지먼트추진협의회 www.fis.jfma.or.jp

2000년대 들어 아파트 관리의 중요도가 높아지면서 2000년 12월 의원입법으로 도입된 아파트관리사제도는 일본의 아파트 관리에 새로운 전환점을 맞이하였다. 아파트관리사의 자격취득은 실무경험의 제한은 없으나, 합격률이 1회 기준 7.4%밖에 되지 않아 상당한 전문가적 소양을 요구하였으며 실무와 관련된 시험을 통해서 현장에서의 효용도가 높았다. 시험과목은 아파트관리에 대한 실무와 관리조합운영의 원활화에 관한 것, 아파트의 구조와 시설 적정화 추진 법률에 대한 것이다. 아파트관리사의 업무영역은 자산가치의 유지와 문제대응 등이며 아파트 조합에 대한 조언자(Advisor)의 역할을 하는 것이다. 이를 위하여 아파트관리사는 주민과 아파트 관리조합에 대한 넓은 지식과 컨설팅 능력을 요구하게 된다. 고층주택관리업협회는 연례 심포지엄을 개최하여 아파트관리사들이 지속적으로 정보를 공유하고 재교육을 받을 수 있도록 한다. 또한 5년마다 정기적인 아파트 종합조사를 실시하여 데이터 확보와 관리와 관련된 주요 논점들을 정기적으로 업데이트한다.

4. 우리나라 부동산자산관리 관련 금융제도

부동산자산관리와 관련된 금융제도는 앞서 임대주택시장과 부동산간접투자시장의 성장을 통해서 그 중요성이 언급된 바 있다. 부동산자산관리에는 상당한 자본이 필요하기 때문에 자금차입과 운용이 중요한 변수로 등장하며, 이로 인하여 금융업과 밀접한 관련을 맺고 있다. 부동산은 자산의 특성상 경제적 가치가 크고 활동이 장기화되는 경향이 있으므로 자산관리상에 자본조달에 제약이 따르게 된다. 부동산금융은 이런 제약을 해결하기 위한 수단이므로 부동산자산관리에서 매우 중요하다고 할 것이다. 여기에서는 담보대출과 주택유동화증권(MBS)와 부동산간접투자제도에 초점을 맞추어 부동산자산관리와 관련이 있는 금융제도에 대하여 살펴보도록 한다.

1) 담보대출과 주택저당채권유동화(MBS)

(1) 담보대출 관련 제도

담보대출이란 현재 자신이 소유하고 있는 주택과 같은 부동산가치에 대한 한정된 융자만을 의미한다. 담보대출은 부동산의 저당을 근거로 금융기관에서 발행하는 채권을 포함하지 않는다는 점에서 저당채권(mortgage)과 차이가 있다. 또한 대출자가 저당권을 타인에게 양도할 수 없게 되어 있었다.

부동산자산관리에는 타인의 자본을 적절하게 이용하는 것이 중요하다. 왜냐하면 타인자본을 지렛대삼아 자기자본이익률, 즉 레버리지효과(leverage effect)를 추구할 수 있기 때문이다. 그러나 부채의 비율이 과도하게 높아지면 그에 따라 발생하는 차입위험(risk credit)이 높아서 금리상승시기에는 도산위험이 높아질 수 있으므로 주의를 기울여야 한다. 따라서 정부에서는 담보대출 관련 제도를 활용하여 담보대출총액을 조절하여 왔다. 담보대출 관련 중요한 제도를 알아보기로 하자.

① 담보대출비율(LTV)

담보대출비율(loan to value ratio: LTV) 또는 담보인정비율은 담보물건의 채무부담능력을 나타내는 것으로 담보물의 자산가치 대비 대출금액 크기를 나타낸다. 담보대출비율

실제 생활에서 사용가치를 동시에 내포하고 있다는 특성이 있다.

우리나라의 부동산간접투자는 1991년 신탁업법에 의한 부동산신탁의 도입으로 출발하여 1998년 자산유동화에 관한 법률에 의하여 자산유동화증권(asset-backed securities: ABS)이 도입되었으나 그다지 활성화되지는 않았다. 외환위기를 거치면서 부동산간접투자시장의 전문성이 결여된다는 문제가 부각되면서 상당한 변화를 경험하기 시작하였다. 즉 외환위기 전 부동산 관련 투자 및 금융제도는 부동산신탁과 은행대출로 한정되었으나 2000년 7월 부동산투자신탁 상품이 처음으로 판매되었고 2001년 부동산투자회사법이 제정됨에 따라 2002년 1월 최초의 부동산투자회사(real estate investment trusts: REITs)가 인가를 받게 됨에 따라 부동산간접투자시장이 제도적 지원을 갖추기 시작하였다. 그러나 기대하였던 것과는 다르게 REITs는 구조조정 기업의 부동산처분이라는 역할에 치중하여 일반적인 투자기구로서의 역할이 축소되었고, 은행의 부동산투자신탁 또한 과거의 건설자금 대출 등과 유사하여 2002년 이후 은행의 프로젝트대출(project financing)이 활성화되면서 수탁고가 주춤거리는 양상을 보였다.

한편, 2002년부터 우리나라 간접투자시장에는 근본적인 접근방식의 변화가 시작되었다. 즉 본질적으로 동일한 기능을 가진 행위가 권역의 차이로 인해 다른 규제를 받은 점을 지양하고, 보다 자유로운 시장 환경 조성을 위해서 2003년 10월 간접투자자산운용업법(간투법)이 제정되고 2004년 3월 시행령이 제정됨으로 써 은행·투신·보험 등으로 나누어진 권역별 규제체계를 간접투자행위라는 기능에 대해 규제하는 기능별 규제체계로 통합하였다. 이후 2009년 2월부터 자본시장과 금융투자업에 관한 법률(자본시장법)[23]이 시행됨으로써 금융투자업 상호간 겸영 허용, 포괄주의 규제로 전환, 투자자 보호 확대, 증권사에 대한 지급결제업무 등이 허용되었다. 자본시장법은 간투법상의 부동산간접투자기구를 승계하여 부동산집합투자기구를 도입하였다.

23) 일명 자본시장법은 종전의 증권거래법과 선물거래법, 간접투자자산운용업법, 신탁업법, 종합금융회사에 관한 법률, 한국증권선물거래소법 등 자본시장과 관련된 6개 법률을 통합하여 제정된 법률(법률 제8635호)로서 2007년 8월 3일 공포되어 2009년 2월 4일부터 시행되고 있다.

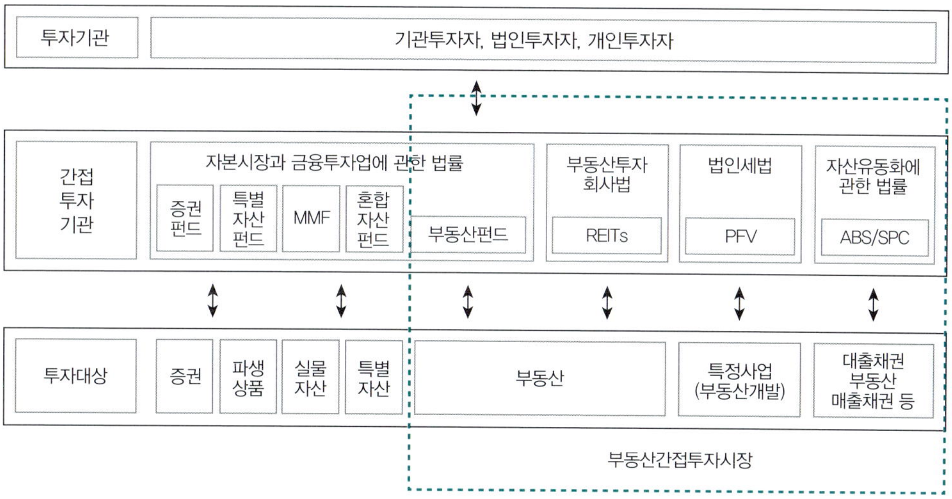

[그림 2-6] 부동산간접투자시장의 주요 상품

출처: 한국자산신탁(https://www.kait.com/reits/01.php)

[그림 2-6]에서처럼 현재 우리나라의 부동산간접투자시장은 부동산투자회사법에 의한 부동산투자회사(REITs)와 자본시장법)에 의한 부동산집합투자기구인 부동산펀드(REF), 법인세법에 의한 프로젝트금융투자회사(project financing vehicle: PFV), 자산유동화에 관한 법률에 의한 ABS와 SPC 등으로 구분된다. 〈표 2-12〉는 주요 부동산투자간접기구를 비교 정리한 것으로 이들은 근거법령과 구조에서 상당한 차이가 존재하는 것을 알 수 있다.

〈표 2-12〉 주요 부동산투자간접기구를 비교 정리

구분	REITs	부동산펀드(REF)	PFV
근거법령/설립	부동산투자회사법 (국토교통부 인가)	자본시장법 (금융위원회 신고)	법인세법 (금감위 등록제)
형태	실체/명목회사	신탁형/회사형	주식회사
최소자본금	위탁: 50억/ 자기관리: 70억	규제 없음	50억
주식분산	1인 지분 40% 초과금지. 공모예외기관(국민연금, 공제회 등)은 1인 100% 투자 가능	신탁형: 없음 회사형: 금융업법 등에 의한 제한	금융업법 등에 의한 제한
개발산업	총 자산의 30% 이내 가능	제한 없음	제한 없음
자금차입	순자산의 10배 이내 가능 (주총특별결의) 자기자본의 2배 이내	제한 없음	제한 없음

자금대여	불가(Mortgage REITs 불가)	가능(PF형 REF)	제한 없음
세제혜택	90% 이상 배당 시 법인세 비과세 (자기관리리츠 제외)	90% 이상 배당 시 법인세 비과세	90% 이상 배당 시 법인세 비과세

출처: 한국자산신탁(https://www.kait.com/reits/01.php)

이하에서는 우리나라의 부동산간접투자시장의 대표적인 상품이라 할 수 있는 REITs와 REF에 대하여 좀 더 살펴보기로 한다.

(1) 부동산투자신탁회사(REITs)

REITs(real estate investment trusts)로 잘 알려져 있는 부동산투자회사는 다수의 투자자로부터 자금을 모집하여 부동산 또는 부동산 관련 대출, 유가증권 등에 투자하여 발생한 수익을 투자자에게 배당하는 회사(corporation) 혹은 투자신탁(business trust)을 말한다.[24] [그림 2-7]은 REITs의 기본구조를 보여주고 있다.

[그림 2-7] REITs의 기본구조

출처: 리츠정보시스템(http://reits.molit.go.kr/svc/svc/openPage.do?pageId=010100)

REITs의 주요 목적은 일반인에게 부동산 간접투자의 기회를 제공하고, 부동산가격 안정 및 건설시장 활성화를 도모하며 마지막으로 부동산산업의 발전을 유도하는 것이다.

부동산금융의 대표적 선진제도로 꼽히는 REITs는 1997년 아시아 외환위기 이후 우리

24) 우리나라에서 REITs는 부동산투자회사법 제2조 제1호에서 정의하고 있으며, REITs의 주요 조건은 다음과 같이 법으로 규정하고 있다. 우선 다수의 투자자는 최저자본금준비기간(영업인가 후 6월 이내)까지 발행주식 총수의 30% 이상을 일반인의 청약에 제공(법 제14조의3 제1항)하여야 하며, 총 자산의 70% 이상을 부동산(건축 중인 건축물 포함)에 투자·운용(법 제25조 제1항)하여야 하고, 배당가능 이익의 90% 이상을 투자자에게 배당 의무(법 제28조)하도록 규정한다. 마지막으로 주식회사는 부동산투자회사법에 정한 사항 외에는 상법을 적용(법 제3조 제1항 및 제2항)하도록 규정하고 있다.

나라 기업들의 보유 부동산유동화를 통한 기업구조조정을 촉진하기 위하여 부동산투자회사법이 2001년 5월 제정됨에 따라 본격적으로 도입되었다. 당시 민간업계와 공공 그리고 학계 및 전문가들은 우리나라 부동산시장의 낙후성을 혁명적으로 변화시킬 대안이라는 공통된 의견을 가지고 있었으나, 초기 부동산투자회사법은 기업구조조정을 목적으로 하는 CR-REITs에 비하여 일반-REITs를 지나치게 규제하여 일반-REITs의 활성화가 매우 어려웠다. 실제로 법제화 이전부터 설립을 준비 중이던 일반-REITs는 투자자 보호 목적으로 지나친 진입장벽 및 인허가 절차, 기존 자본시장과 부동산시장의 관행 및 시스템과의 부조화 그리고 세제 측면의 지원 부족 등으로 당초 기대와는 달리 대부분 시장진입 자체를 포기하였다. 이에 비하여 CR-REITs는 부동산 ABS 등 타 경쟁상품에 비하여 절차 및 제도적 제약에도 불구하고 일반-REITs에 비해 상대적으로 유리한 세금감면·면제혜택, 자산운용의 특례조항 그리고 공신력 있는 기관 중심의 참여 등을 통해 우리나라 리츠(K-REITs) 시장에서 주도적인 역할을 하였다. 그러나 기업의 구조조정이 어느 정도 마무리되고 부동산가격상승으로 적정 투자수익을 얻을 수 있는 자산을 확보하기 어렵다는 난관에 봉착하게 됨으로써 제도상의 변화가 필요하게 되었다. 이에 부동산투자회사법은 2004년 4월 개정되어 자본금을 낮춰(500억 원에서 250억 원으로 하향조정) 회사설립을 자유롭게 하고, 투자대상, 회사형태, 투자방법 등을 운영주체가 결정할 수 있도록 하는 등 제도가 완화되어 시장규모가 급격하게 증가하여 2006년 4월 기준 2조 원을 돌파하게 되었다. 2009년 자본시장법이 제정된 이후 부동산펀드(REF)의 약진이 두드러지면서 상대적으로 규제가 강했던 REITs의 활성화를 위하여 2010년 부동산투자회사법을 개정하여 REITs의 최저자본금을 인하하고 차입한도를 자기자본 10배까지 허용하였다. 2015년 임대주택 활성화정책과 맞물려 임대주택-REITs에 대한 공모·분산의무 면제기준을 완화하였고 부동산개발사업에 투자하고 자산의 투자·운용 등 전반적인 자산관리를 직접 또는 외부의 전문자산관리회사에 위탁하는 개발전문-REITs는 폐지하였다.[25] 〈표 2-13〉은 2001년 설립 이후 2017년까지 변화한 REITs의 주요 연혁을 정리한 것이다.

25) 2014년 국토교통부는 자산의 경직적 운영을 초래한다고 비판받았던 개발전문-REITs를 폐지하고 개발사업에 대한 투자비율을 주주총회 특별결의로 정하도록 함으로써 개발사업에 대한 투자를 자기책임하에 결정하도록 하였다.

〈표 2-13〉 REITs의 주요 연혁

2001.04	부동산 간접투자기회 제공 및 부동산 시장의 활성화를 위해 부동산투자회사법 제정(1998년부터 준비) 자기관리 부동산투자회사(실체형 회사) 도입, 자본금 500억 원, 2단계 인가절차(예비인가 → 설립인가)
2001.05	기업구조조정 부동산에 전문적으로 투자하여 기업의 구조조정을 촉진하고 재무구조를 개선하기 위해 CR-REITs 도입
2004.10	위탁관리 부동산투자회사 도입, 최저자본금 완화(500억 원, 250억 원), 차입허용(자기자본 2배 이내)
2007.07	영업인가제 전환, 최저자본금 완화(250억 원→100억 원), 부동산개발사업을 전문으로 하는 개발전문-REITs 도입, 공모요건 완화 (국민연금 등 30% 이상 참여 시) 등 규제완화
2010.04	최저자본금 완화(100억 원→70억 원(자기), 50억 원(위탁/기업구조조정)), 차입한도 확대(자기자본 10배)
2012.12	REITs의 설립 및 운용 요건을 완화하고, 부동산투자회사 제도를 운영하는 과정에서 나타난 구조적 불합리성과 운영상의 문제점을 종합적으로 개선 · 보완
2013.06	REITs에 대한 주식소유한도를 일부 완화하고 현물출자 비율 자율화, 법인이사 및 감독이사 제도 도입 등으로 제도의 운영상 나타난 일부 미비점을 개선 · 보완
2015.06	임대주택-REITs에 대한 주식의 공모 · 분산의무 면제기준을 완화하고, 개발전문-REITs 제도를 폐지하여 개발사업의 비율을 주주들이 결정할 수 있도록 자율화 및 이익배당의무를 완화하고 리츠정보시스템 도입 근거 마련
2016.01	리츠의 자회사에 대한 증권투자 제한 완화, 비개발 사모 위탁-REITs 진입규제 완화, 수시공시 제도도입
2017.03	다른 법률에서 정한 방법 및 절차 등을 이행하기 위해 소요되는 기간의 최저자본금준비기간 불산입, 주주 1인의 주식소유한도 완화, 상장-REITs의 특수관계자 거래 요건 완화 등 규제 완화

출처: 리츠정보시스템(http://reits.molit.go.kr/svc/svc/openPage.do?pageId=010100)

우리나라 REITs(K-REITs)의 경우 자산운용 전문인력을 포함한 임직원을 상근으로 두고 자산의 투자 및 운용을 직접 수행하는 실체회사인 자기관리-REITs와 자산의 투자·운용을 자산관리회사에 위탁하는 명목형 회사인 위탁관리-REITs, 위탁관리 부동산투자회사와 동일한 구조이나 투자대상 부동산이 기업구조조정용 부동산으로 한정한 기업구조조정-REITs로 구분되며 각각의 구조는 [그림 2-8]과 [그림 2-9]로 표현될 수 있다.

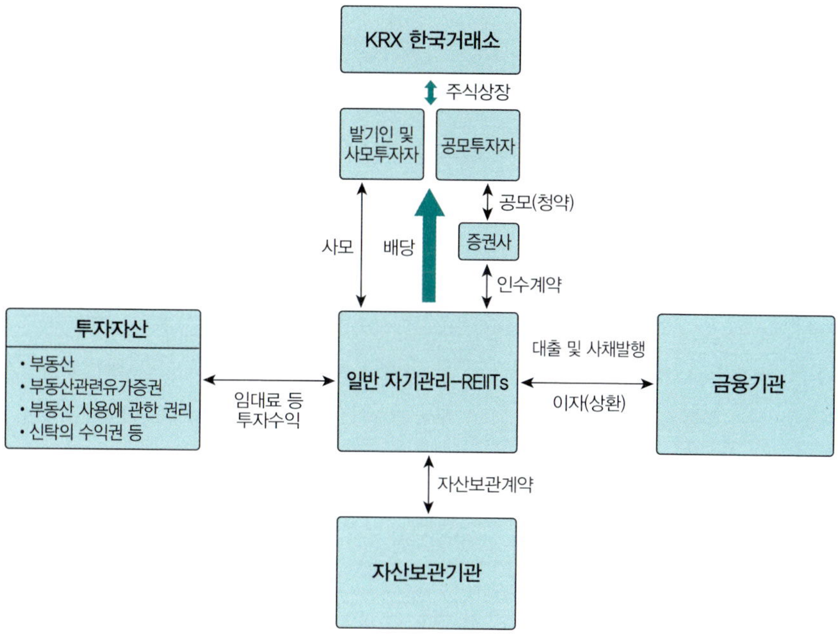

[그림 2-8] 자기관리-REITs

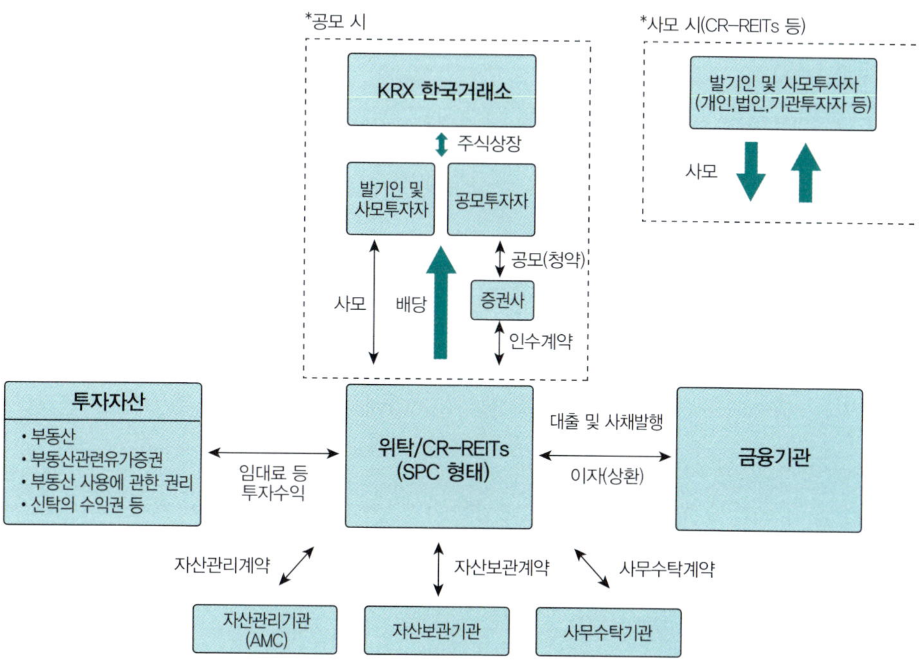

[그림 2-9] 위탁관리-REITs 및 CR-REITs의 구조

출처: 리츠정보시스템.

〈표 2-14〉 K-REITs의 비교

종류	자기관리-REITs	위탁관리-REITs	CR-REITs
투자대상	일반부동산/개발사업	일반부동산/개발사업	기업구조조정용 부동산
영업개시	국토교통부 영업인가(공모, CR-REITs는 금융위 사전협의)		
설립주체	발기인(발기설립)		
감독	국토부, 금융위	국토부, 금융위	국토부, 금융위
회사형태	실체회사(상근 임직원)	명목회사(상근 없음)	명목회사(상근 없음)
최저자본금	70억 원	50억 원	50억 원
주식분산	1인당 30% 이내	1인당 40% 이내	제한 없음
주식공모	주식 총수의 30% 이상	주식 총수의 30% 이상	의무사항 아님
상장	요건 충족 시	요건 충족 시	의무사항 아님
자산구성(매분기말)	부동산: 70% 이상 (부동산, 부동산 관련 증권 및 현금 80% 이상)	부동산: 70% 이상 (부동산, 부동산 관련 증권 및 현금 80% 이상)	기업구조조정부동산: 70% 이상 (부동산, 부동산 관련 증권 및 현금 80% 이상)
자산운용 전문인력	5인(리츠 상근 고용)	자산관리회사(5인)에 위탁운용	자산관리회사(5인)에 위탁운용
처분제한	1년	1년	제한 없음
	개발사업 후 분양하는 경우에는 처분 제한기간 없음		
자금차입	자기자본의 2배 이내(주총 특별결의 시 10배)		
회사존속	영속	선택적	한시적

* 부동산개발사업에 투자하려면 부동산투자자문회사가 작성한 평가서를 부동산개발사업에 투자하기 1개월 전에 국토교통부장관에게 제출 (법 제26조 제3항)

출처: 리츠정보시스템.

[그림 2-8]과 [그림 2-9]에서 임대료와 투자수익을 거두기 위해서는 자산을 보관하여 관리하는 담당하는 재산관리회사(PMC)의 역할이 매우 중요하다고 할 것이다. [그림 2-9]에서 보이는 부동산자산관리기관 또는 회사(AMC)에서는 투자대상 부동산을 선정하여 REITs를 설립하여 영업인가를 받고 자금조달 및 자산을 수탁받아 관리, 처분, 청산 등 일련의 과정을 명목회사 형태인 REITs를 대신하여 담당하는 회사이다.[26)] 위탁관리-REITs에서 중요한 역할을 담당하는 AMC는 위탁관리형 REITs 이외에도 개발사업에서 주로 활용되는 PFV를 설립·운용할 수 있다. 이처럼 부동산자산관리 분야는 언급한 바와 같이 향

26) 한국리츠협회에 의하면 자산관리회사를 설립하기 위한 요건은 자본금 70억 이상, 자산운용 전문인력 5인 이상 확보, 국토교통부 인가 등이다.

후 부동산간접투자시장에서 매우 중요한 역할을 담당하고 있다.

한편, 〈표 2-14〉는 구조와 투자대상에서 차이가 있는 자기관리-REITs, 위탁관리-REITs, CR-REITs를 비교한 것이다.

K-REITs 시장규모는 2002년 자산규모 5,584억 원을 시작으로 2010년도 7.6조 원, 2014년 15조 원, 2016년 25조 원, 2017년 기준 31.8조 원으로 빠르게 성장하고 있다. 이것은 2011년 이후 수익률의 안정적 흐름이 지속되어 2015년까지 평균 배당수익률이 약 8.1%에 달하고 있기 때문이다. 특히 [그림 2-9]에서 보이듯이 2016년부터 급속하게 성장하는 것은 당해 1월 리츠정보시스템이 구축되어 수시공시제도가 도입되어 운영의 투명성 확대와 정보접근성이 개선되었기 때문이다. 부동산투자회사는 2001년 12월 교보메리츠퍼스트 CR-REITs를 시작으로 2017년 말 기준 자기관리-REITs(6개), 위탁관리-REITs(146개), CR-REITs(34개) 등 총 193개의 REITs가 인가되어 운영되고 있다.

〈표 2-15〉 REITs 유형별 REITs 수 및 자산 총계

구분	REITs(개)	자산총계(조 원)	자산기준 비율(%)
CR-REITs	31	5.5	17.23
위탁관리-REITs	157	26.0	81.89
자기관리-REITs	5	0.3	0.88
계	193	31.8	100.00
(상장-REITs)	(4)	(0.3)	(1.10)

출처: 리츠정보시스템(http://reits.molit.go.kr/stack/stack/openStackMasterAsset.do) (2017년 말 기준)

2017년 말 기준 유형별 투자자산의 현황을 보면 주택이 52.23%로 압도적으로 많고 이어 오피스가 29.97%로 K-REITs의 주 투자대상은 주택과 오피스에 집중되고 있다(그림 2-10 참조). K-REITs 도입 초기 오피스빌딩이 주요 투자대상이었던 것에 비하여 시장변화 및 정부지원정책에 따라서 임대주택시장이 확대되면서 변화가 발생한 것이다. 1, 2인가구 수가 급격하게 증가하고 있는 우리의 인구구조 변화를 고려할 때 추후 임대주택시장 확대는 REITs 성장에 긍정적 영향을 줄 것으로 예상된다.

구분	리츠 수(개)	총자산(조원)	투자비율(%)
오피스	45	9.6	29.97
리테일	25	3.4	10.81
주택	95	16.5	52.23
물류	15	0.8	2.65
호텔	8	0.5	1.97
복합형	5	0.8	2.37
계	193	31.8	100

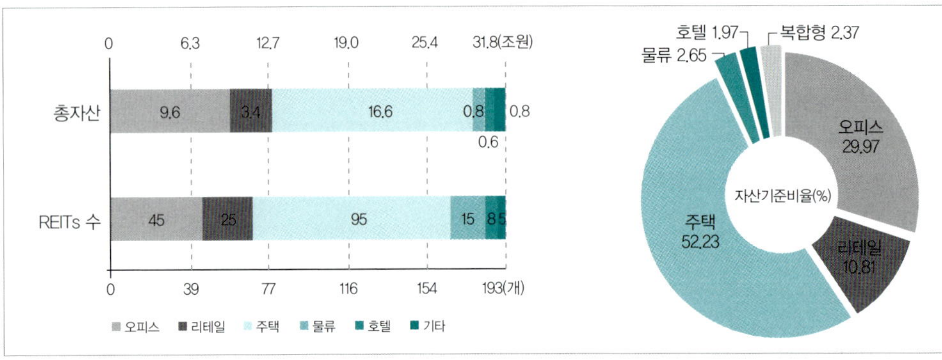

[그림 2-10] 운용부동산 유형별 REITs 수 및 총자산

출처: 리츠정보시스템(http://reits.molit.go.kr/svc/svc/openPage.do?pageId=010100)(2017년 말 기준)

(2) 부동산펀드(REF)

부동산펀드(real estate fund: REF)란 부동산의 집단적·간접적 투자를 위한 법적 수단 내지 기구(vehicle)로서 투자자들로부터 자금을 모아 전문적인 지식과 경험을 가진 펀드 운용자가 부동산개발사업, 수익성 부동산, 프로젝트 파이낸싱 및 부동산관련 유가증권(ABS) 등에 투자하여 그에 따른 수익을 투자자에게 배당하는 부동산간접투자상품을 통칭한다. REF의 구조는 [그림 2-11]과 같다.

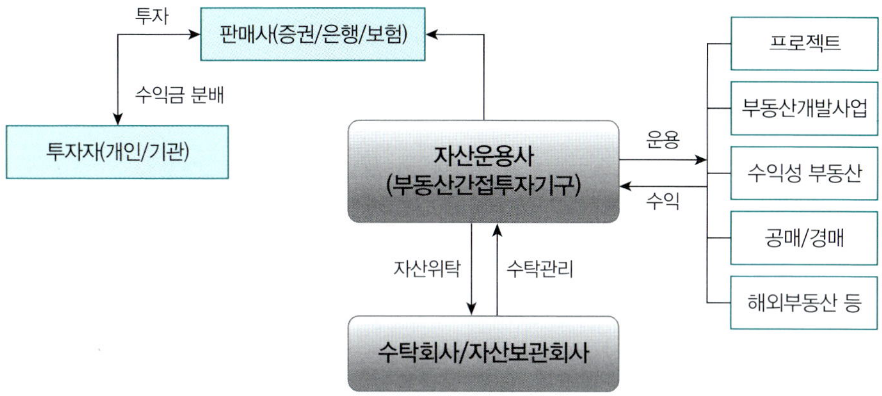

[그림 2-11] 부동산펀드의 구조

출처: 김지현(2018). 부동산경제학의 이해.

우리나라는 2004년 간접투자자산운용업법(간투법)이 제정됨으로써 REF는 실질적 의미를 갖게 되었고, 2009년 자본시장과 금융투자업법에 관한 법률(자본시장법)이 제정되어 간투법상의 부동산간접투자기구를 승계하여 부동산집합투자기구를 도입함으로써 부동산시장과 자본시장의 통합이 보다 심화되는 계기를 맞게 되었다. [그림 2-12]는 부동산투자시장에서 REF의 위치를 보여 준다.

REF는 자산운용의 대상에 따라 구분될 수 있다. 우선, 대출형 또는 PF형 부동산펀드(project financing REF)는 아파트, 상가, 오피스텔 등을 신축하거나 리모델링하는 등의 부동산 개발 관련 사업에 소요되는 자금을 대출형태로 빌려주고 부동산개발회사로부터 사전에 약정한 대출이자를 받아 이를 재원으로 부동산펀드 투자자에게 이익을 지급한다. 이 펀드는 부동산개발회사(시행사)에 대한 자금대출 또는 대출채권이 주된 운용방법이므로 PF형 부동산펀드라고 불린다. 펀드는 자금을 제공하고 확정된 이자를 받는다는 점에서 회사채에 투자하는 것과 유사한 성격을 가지고 있다. 둘째, 수익형 또는 임대형 부동산펀드(buy and lease REF)는 업무용이나 상업용 부동산을 매입하여 임대하는 것을 주된 운용방법으로 하는 펀드이다. 이 펀드의 주된 수입원인 임대수입은 임대료와 공실률에 의하여 결정되므로, 이에 영향을 미치는 경제상황이나 주변 상권분석이 중요하다. 또한 펀드 만기 이전에 부동산을 매각하여야 하기 때문에 향후 부동산가격에 대한 예측 또한 중요하다. 수익형 펀드는 부동산 매입가격 대비 매각가격이 높을 때는 자본이득이 발생한다는 장점이 있으나, 반대로 부동산 매각가격이 낮을 때에는 자본손실이 발생하여 펀드수익을 감소시키기도 한다. 셋째, 경매·공매형 부동산펀드는 법원이 실시하는 경매나

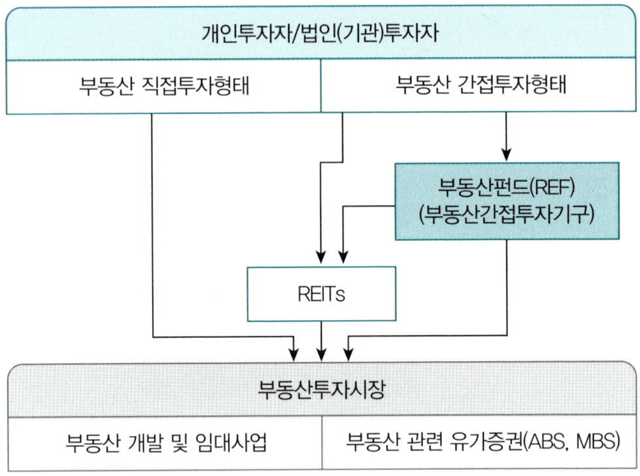

[그림 2-12] 부동산투자시장에서 부동산펀드의 위치

출처: 하나금융경영연구소(http://hanaif.re.kr)

자산관리공사, 은행이 실시하는 공매를 통해 주로 상업용 부동산을 저가에 매입하여 임대하거나 또는 매각함으로써 임대수익과 자본이득을 추구하는 펀드이다. 업무용이나 산업용 부동산은 권리분석이나 명도 과정이 복잡하고 경매·공매 참여자금도 크기 때문에 일반인들의 참여가 용이하지 않아 낙찰가율도 상대적으로 낮게 유지되므로 대부분의 경매·공매형 부동산펀드는 상업용 부동산을 대상으로 주로 개발되고 있다. 넷째, 직접개발형 부동산펀드는 부동산펀드가 시행사의 역할을 수행함으써 직접 개발에 참여하여 분양 또는 임대를 통해 개발이익을 추구하는 형태를 띠고 있다. 마지막으로 해외부동산펀드는 해외부동산에 투자하는 펀드로써 2004년 12월 한국투자증권이 사모형태로 탑스 미국 부동산특별자산투자신탁을 판매한 것이 시초라고 할 수 있다. 해당 펀드는 오피스빌딩을 매입하여 고급아파트로 개조 후 분양하는 사업을 시행하였다. 이처럼 REF는 해외 부동산에 직접 투자도 하지만 해외부동산펀드나 부동산 관련 기업의 주식이나 REITs에 투자하는 경우도 있다.

부동산펀드는 2004년 6월 초 첫 상품이 나오자마자 곧바로 매진사례를 빚는 등 저금리시대의 투자대안으로 각광을 받으며 성장하고 있다. 최근 자본시장에서 사모펀드제도가 개편된 이후, 저금리 기조 아래 상대적으로 수익성이 높은 REF에 투자가 급속하게 확대되고 있다.[27] 금융투자협회에 의하면 2016년 한 해만 13.2조의 자금이 유입되어 2016년 말 기준 REF의 순자산은 47.2조 원에 달한다. 2013년 24.2조 원에 비교할 때 약 2배가량 증가한 것이다. 우리나라에서 REF는 2016년 기준 수익형 펀드가 50.8%로 주를 이루었는데 이것은 대내외 불안정성에 따른 안전자산의 선호에 적합한 투자상품이기 때문이다. REF는 국내뿐만 아니라 해외자산에 대하여도 증가하여 해외펀드에서 차지하는 REF는 2016년 기준 약 46.8%에 달한다.

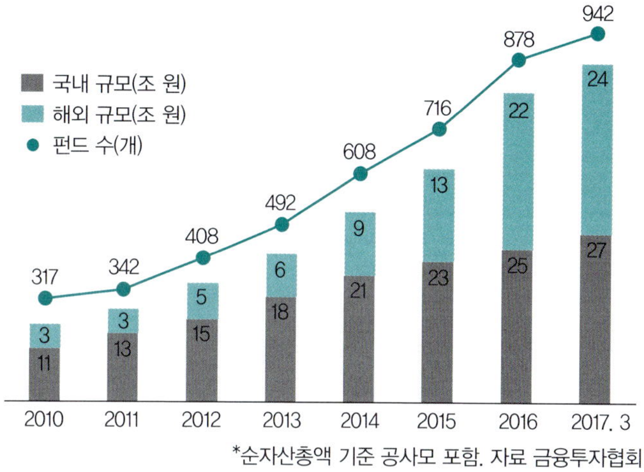

[그림 2-13] 부동산펀드 순자산 증가 추이

출처: KCMI, 자본시장 포커스(2017년 10호).

이와 같이 REF는 짧은 기간에 비하여 전체 펀드시장에서 차지하는 비중이 상당히 커져 2016년 기준 약 21%에 달하고 있다. 2016년을 기준으로 REF는 전년 동기 대비 순자산 규모가 34.4%가 증가하였으며, 이는 특히 해외펀드의 급격한 증가(69.1%)에 의한 것이다. 저성장·저금리가 지속됨에 따라 수익률을 제고하고 위험분산 및 장기투자를 목적으로 한 주요 연기금 등 기관투자자의 대체투자 수요가 증가할 것으로 예상되므로 REF의 시장규모는 추후 규모가 계속 확대될 것으로 예상된다. 그러나 최근 수년간 REF를 운용하는 자산운용사의 수가 크게 증가하고 있어 자산운용사 간 경쟁이 심화되는 양상이다.[28]

27) 금융투자협회에 따르면 2016년 펀드의 평균 수익률은 2.82%에 불과하나 REF의 수익률은 8.82%에 달한다. 이것은 부동산임대 및 개발업 등 부동산시장 호황으로 인한 것이다. REF의 높은 수익률은 기관투자자를 중심으로 시장규모의 확대를 촉발하고 있다.

28) 자본시장연구원에 따르면 2017년 3월 말 REF를 운용하는 자산운용사는 71개사로 2015년 말(55개사) 대비 16개사(29.1%)가 증가하였다.

해외 부동산을 대상으로 하는 해외 REF가 증가하고 있는 상황에서 자산운용사의 역량 강화의 중요성이 대두된다고 할 것이다. 또한 현재 REF는 거의 사모펀드가 일반화되어 있으므로 부동산과 같은 실물자산에 대한 펀드운용 규제를 완화하여 공모펀드 투자자들도 다양한 투자전략으로 이용가능하도록 해야 할 것이다.

이상에서 살펴본 것처럼 우리나라의 경제성장이 제한적이고 전반적으로 시장금리가 낮은 상황에서 부동산간접투자상품은 검증된 대형부동산에 투자도 가능하고 비교적 안정적인 배당수익 및 매각차익을 누릴 수 있을 뿐만 아니라, 전문운용인력에 의한 위험관리 등의 장점이 부각되고 투자의 포트폴리오를 다양하게 운영할 수 있다는 장점이 있어 앞으로도 지속적인 성장이 예상된다. 이는 부동산자산관리시장의 확대와 긴밀하게 맞물려 있음을 시사하는 것이기도 하다.

생각해 볼 문제

PROPERTY MANAGEMENT

1. 우리나라 부동산간접투자시장의 발전을 위해서 제도적으로 보강되어야 할 부동산자산관리제도는 무엇이라고 생각하는가?

2. 우리나라에서 고질적인 아파트관리비와 관련된 비리문제는 부동산자산관리의 제도적 측면에서 어떻게 개선할 수 있을까?

3. 민간임대주택시장의 확대가 국민들의 주거생활에 미치는 부정적인 영향을 줄이고 긍정적 영향을 증대시키기 위하여 필요한 것은 무엇이라고 생각하는가?

4. 미국과 영국의 부동산자산관리제도를 비교하고 우리나라에 적합한 벤치마킹모델을 선택하시오.

5. 부동산간접투자시장과 관련 있는 금융제도는 무엇이며, 해당 제도의 장점과 단점은 무엇인가?

CHAPTER

03

부동산시장과 경제

주요 용어

부동산공간시장, 부동산자산시장, 부동산경기 변동, 정부의 부동산시장 개입

요약

부동산은 이동이 불가능하며, 유형과 입지에 따라 수요가 차별되어 시장분할현상이 발생하고, 특성상 단기간 내 공급이 어렵기 때문에 일반상품과 구별되는 독특한 시장의 모습을 보인다. 부동산시장은 공간사용을 목적으로 하는 공간시장(Space Market)과 자산으로서의 이용가치가 목적인 자산시장(Asset Market)으로 구분된다. 그런데 이 두 시장은 분리된 것이 아니라 서로 밀접하게 연계되어 있다. 예를 들어 공간시장에서 부동산수요가 증가되면 단·장기적으로 공간시장뿐만 아니라 자산시장에 영향을 미치게 되며, 마찬가지로 자산시장의 변화도 공간시장에 영향을 미치게 된다. 부동산은 국민경제에서 차지하는 규모가 크기에 국가경제에 미치는 영향이 매우 크다. 즉 부동산가격의 변동은 총수요와 총공급에 영향을 주어 거시경제에 영향을 미친다. 물론 거시경제 지표의 변화도 부동산시장에 영향을 줄 수 있다. 부동산시장의 상승 또는 하강의 변화는 경기변동을 유발하는데, 이에 대한 원인으로 부동산 과잉투자, 화폐적 경기변동의 영향, 투기적 거품, 정치적 전략이 지목된다. 일반적으로 정부개입이 제한적이고 시장의 원리가 잘 지켜지는 국가에서는 부동산경기와 일반경기가 역순환변동(Counter Cyclical Movements)을 한다고 알려졌으나, 최근 장기불황과 함께 세계 경제의 동조화 현상이 빈번하게 발생하면서 반드시 역순환변동이 일어난다고 할 수 없다. 정부는 부동산시장의 효율성과 형평성을 제고한다는 명분하에 부동산시장에 개입한다. 정부개입의 유형은 직접개입, 규제, 간접개입의 세 가지 유형이 있으나, 이러한 정책들이 특정 부동산을 대상으로 집행되었다 하더라도 반드시 해당 부동산에만 영향을 미치는 것이 아니므로 신중한 정책도구 선택 및 집행이 필요할 것이다. 즉 정부개입이 모든 부동산문제를 해결할 수 없다는 정부실패의 문제를 인지할 필요가 있다.

03 부동산시장과 경제

학습목표

부동산시장의 작동원리를 경제학적으로 이해한다.

1. 부동산시장의 이해

1) 부동산의 개념

(1) 부동산의 정의

우리나라는 민법(民法) 제99조 제1항에서 부동산을 토지 및 그 정착물로 규정하고 있다. 그러나 상품(commodity)으로서의 부동산의 성격은 이보다 더 복잡하다.[2] 물론 부동산이 위치한 사회와 문화에 따라 특별한 제도적·경제적 요인들이 작용하기는 하나, 일반적으로 상품으로서의 부동산은 인공적으로 만들어진 공간(man-made space)이며, 이러한 인공(人工)적 공간은 개발(건축), 사용, 처분에 이르는 전 과정에는 여러 주체들이 참여하게 된다. [그림 3-1]에서 보이는 바와 같이 건축업자와 개발업자는 부동산의 공급과 개량을 담당하고, 투자자들은 지분이나 필요한 자금을 대출해 주는 과정 중에 담보설정을 통해 부동산의 소유권을 확보하게 된다. 한편 부동산의 사용은 소유자뿐만 아니라 적정한

1) 본 장의 내용은 김지현(2018)의 《부동산경제학의 이해》에서 발췌 및 보충하여 정리한 것이다.

2) 오늘날까지 토지의 상품화에 대해서는 상반된 의견이 팽팽히 맞서고 있다. 이정전(1999)은 이러한 이견(異見)의 원인을 토지관의 차이에서 비롯된다고 주장하고 있다. 즉 토지를 대자연의 무상공유물로서 보는 입장은 공급의 고정성과 공공성을 강조하고 이에 따라 계획지향형 토지관을 갖고 있기에 토지의 상품화를 반대한다. 그러나 토지의 경제성과 가변성을 강조하고 토지와 관련된 사익보호에 관심 있는 시장지향형 토지관을 갖고 있는 사람들은 토지의 상품화를 적극 찬성하게 된다.

임대료를 지불한 임차인도 가능하다. 또한 중앙 및 지방정부는 부동산의 개발·이용·거래과정 중 정부의 계획이나 법령을 준수하는지를 감독하고 제재를 가한다. 그런데 여기서 주목해야 될 점은 다양한 주체들은 저마다 공간과 시간에 대하여 다른 효용함수를 가지고 있으며 이에 따라 각기 다른 의사결정을 내리며 그 결과, 부동산의 가치 결정에 중요한 영향을 준다는 것이다. 결국 공간과 시간은 부동산시장을 다른 시장과 구분하여 분석해야 할 필요성을 야기한다. 따라서 우리가 부동산을 상품으로서 규정한다고 해도 시장에서 거래되는 다른 상품과는 분명한 차이가 있으므로 부동산시장을 정의함에 앞서 부동산의 특징을 살펴보아야 할 것이다.

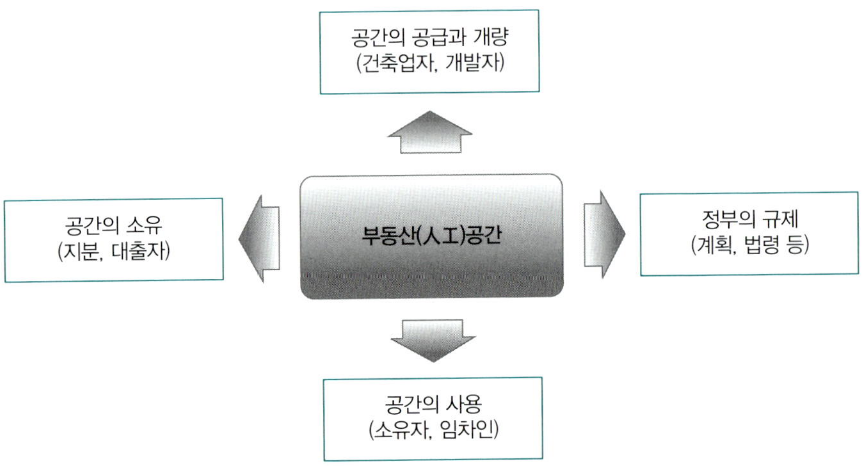

[그림 3-1] 인공(人工)공간으로서의 부동산과 부동산시장 참여자들

출처: Shilling, J. D. (2002). Real Estate. South Western, p.7.

(2) 부동산의 특성

첫째, 부동산은 물리적으로 비이동성(immobility) 또는 고정성의 특성이 있다. 이동이 불가능하다는 것은 위치가 고정되어 있다는 것을 의미하며, 이러한 위치의 고정성은 부동산시장이 대체적으로 거래되는 지역적인 범위로 나뉘는 지역시장(local market)을 형성하도록 한다. 비이동성은 위치에 따라 부동산의 가치를 차별화시키며 주변 환경에 민감하게 반응하게 하는 원인을 제공하기 때문이다.

〈표 3-1〉 완전경쟁시장과 부동산시장의 비교

특 징	완전경쟁시장	부동산시장
1. 구매자와 판매자의 수	대다수의 구매자와 판매자가 존재하기에 독점(monopoly), 과점(oligopoly), 독점적 경쟁시장(monopolistic competition market)이 존재하지 않는다.	상대적으로 소수의 시장참여자가 존재하기에 "매입자 중심의 시장(buyer's market)"이 조성될 수도 있고, "판매자 중심의 시장(seller's market)"이 조성될 수도 있다.
2. 상품에 대한 지식과 거래의 용이성	구매자와 판매자 모두 상품에 대한 충분한 지식을 갖고 있기에 상품에 대한 거래가 쉽게 이루어진다.	구매자와 판매자 모두 상품에 대한 충분한 지식을 갖고 있지 않기에 거래가 쉽게 이루어지기 어렵다.
3. 상품의 표준화 정도	모든 제품은 동일하며 교환가능하다. 따라서 서로 다른 구매자가 구입한 상품 간에 차이란 거의 없다.	실질적으로 이 세상에는 동일한 부동산이 존재하지 않는다. 따라서 부동산 상품의 표준화란 불가능하다.
4. 이동성	제품은 이윤을 보다 더 창출할 수 있는 시장으로 언제든지 이동이 가능하다.	부동산은 입지가 고정되어 있기에 다른 곳으로의 이동은 불가능하다. 따라서 부동산시장은 국가단위가 아닌 지역/지점에 형성된다.
5. 규모와 구매의 빈도	구매하는 품목은 소량이고 상대적으로 값이 비싸지 않기에 빈번하게 구매된다.	거래시 거액의 자금이 필요하고, 상당한 거래비용이 소요되므로 빈번하게 구매되지 못하는 상품이다.
6. 가격	가격은 수요와 공급에 의하여 원활하게 조정된다.	가격은 수요와 공급의 상호작용에 의하여 영향을 받지만 원활하게 조정되지는 않는다. 구매자와 판매자의 정보 부족은 가격을 왜곡시킬 수 있다.
7. 정부의 역할	정부의 개입은 불필요하므로 자유방임정책(laissez-faire)이 선호된다.	정부는 재정정책/금융정책과 같은 경제정책 및 토지이용, 환경규제 등을 이용하여 부동산 개발을 장려 또는 위축시키는 데 강력한 영향력을 행사한다.

출처: 김지현(2018). 부동산경제학의 이해.

둘째, 부동산은 이질적(heterogeneity)이다. 즉 이 세상에 모든 면에서 똑같은 부동산이란 존재하지 않는다. 이에 전문가들은 부동산은 위치에 특성화된 이질성을 갖는 상품이라고 한다. 이질성은 부동산 사용이나 판매를 둘러싼 계약에서 법적으로 대체가능성(substitutability)이 없게 하는 원인이 되기도 한다. 부동산의 이질성은 유사하면서도 다른 속성을 함께 가지고 있는 부지(site)나 자산(property)의 비교를 어렵게 하기에 부동산 가치 파악을 어렵게 한다.

셋째, 부동산은 공급의 한정성 내지 부증성(不增性)이 있다. 경제학적으로 단기적으로 수요가 있다고 해서 시장에서 즉각적으로 공급될 수 없는 매우 비탄력적인 공급곡선을

가지고 있다는 것이다.[3)]

마지막으로 부지 및 부동산 개발사업에 투입된 비용을 회수하기까지 상당한 시간이 걸리는데 이런 특성을 투자의 고정성 또는 내구적 투자성이라고 한다. 일반적으로 상·하수도, 쓰레기처리시설, 전기, 가스설비 또는 건물 등은 경제적으로 소멸될 수 없으며, 수요가 더 많은 지역으로 옮겨갈 수도 없다. 따라서 투자는 부동산에 '매몰(埋沒, sunk)'되었다고 하고 개량사업을 통하여 다시 복구되어야 한다. 이와 같은 투자의 고정성 때문에 부동산의 가치는 장래의 현금흐름에 영향을 미치는 각종 개발계획이나 조세정책에 영향을 받게 된다.

2) 부동산시장의 정의와 특성

(1) 부동산시장의 정의

경제학적으로 시장(market)은 상품으로서의 재화와 서비스의 거래가 이루어지는 추상적인 영역을 의미한다. 경제학에서 시장은 완전경쟁시장을 가정하기에 수요와 공급에 의하여 결정된 가격은 희소한 자원을 가장 효율적으로 배분하는 기구가 된다. 부동산시장(real estate market)은 거래되는 재화 또는 서비스를 부동산으로 한정지은 것으로 부동산을 팔고, 사고, 교환하고, 사용하고 또한 개발하는 모든 활동에 참여하는 경제주체들 간의 활동과 상호작용이라고 정의할 수 있을 것이다. 그런데 이때 부동산 자체가 거래되는 것은 아니기에 Byrl N. Boyce는 부동산시장에서 거래되는 상품은 부동산 그 자체가 아닌 추상적인 부동산권리(right in real property)라는 사실을 고려하여 부동산시장을 "부동산권리의 교환, 가격결정, 경쟁적 이용에 따른 공간분배, 토지와 공간이용의 유형 결정 및 수요 공급의 조절을 돕기 위하여 의도된 상업활동을 하는 곳"이라 정의한 바 있다.

(2) 부동산시장의 특성

부동산시장은 경제학에서 가정하는 완전경쟁시장과 다른 독특한 특성들이 있다. 이하

3) 물론 토지의 경우 물리적으로 생각한다고 공급을 증가하는 것이 불가능하나, 여러 가지 용도로 이용될 수 있음을 고려한다면 현실적으로 완전한 부증성이란 없다.

에서는 주목해야 할 부동산시장의 특성을 알아보도록 하겠다.

첫째, 부동산의 비이동성, 이질성이라는 특성은 입지에 따라 경제적 가치를 결정하게 된다. 또한 부동산시장이 지역과 유형에 따라 경쟁이 이루어지도록 시장분화를 초래하여 지역적인 차이가 크게 나타나는 지역시장(local market)의 특성을 갖게 한다. 따라서 상품별 시장의 조직화가 어렵다. 이처럼 부동산시장이 비조직적 시장(unorganized market)의 모습을 보이는 것은 하위시장(sub-market)이 존재하기 때문이다. 이에 구매자는 동질적이지도, 표준화되지도 않은 이질적인 부동산이라는 상품을 쉽게 비교할 수 있는 수단이 없기 때문에 상품들 간의 경쟁이라는 것이 매우 제한적이다. 지역성으로 인한 경쟁(localized competition)의 제한성은 각 지역마다 상당히 차이가 있는 고용, 임금수준과 같은 지역경제가 국가경제보다 부동산시장에 더 영향을 준다는 점과도 관련이 있다.

둘째, 부동산시장은 부동산의 유형과 입지에 따라 수요가 다르다. 즉 수요자에 따라 원하는 부동산의 유형과 위치가 다르기에 부동산은 계층화된 수요(stratified demand)에 따라 분화되며 이같이 분화된 시장을 시장분할(market segmentation)이라고 한다. 한편 부동산의 공급자들도 점차 분화 또는 전문화하고 있으나, 수요보다는 아직 그 정도가 약한 편이다.

셋째, 부동산거래는 구입자와 판매자가 소수이며 이들이 개별적으로 만나 거래를 하고 그들의 제안과 합의된 가격은 누설하지 않으며 거래 당사자들은 상호이익을 위하여 사실상의 거래가격을 변경하기도 한다. 이에 우리나라 정부에서는 정확한 조세징수의 목적을 위하여 부동산시장에서 유통거래의 내용을 명시하도록 행정규제를 한다. 부동산시장의 비공개적인 거래는 시장정보를 모으는 것이 어렵고 비용이 많이 들기에 전문 중개인의 도움이 필요한 경우가 많다. 따라서 부동산은 거래비용(transaction cost)이 높다. 하지만 거래 유통기구가 발달하여 잘 정비되고, 인터넷 및 통신기술의 발달로 점차 부동산정보가 공개되면서 시장의 투명성이 크게 증가되고 시장의 독점 정도가 약화되고 있다.

넷째, 부동산시장은 그 특성상 수급조정의 어려움이 있다. 수요가 증가하더라도 공급이 탄력적으로 증가할 수 없기 때문이다. 새로운 건축물을 완성하기에는 일정한 시간이 소요되고, 구조물 성격을 변경시키는 데도 시간이 필요하다. 일반적으로 1년 정도의 기간 동안 부동산 공급은 약 2~3%만이 증가한다고 한다.[4] 이에 반해서 특정한 지역 또는 유형의 수요는 단기간이라도 쉽게 불안정하게 된다. 예를 들어 수요의 증가로 가격이 상

4) 보다 자세한 내용은 김지현(2018). 부동산경제학의 이해를 참조할 것.

[그림 3-2]에서처럼 어떤 지역의 부동산공간시장에 수요가 증가하게 되면 주택에 대한 수요곡선은 D_1에서 D_2로 이동하게 되고 그에 따라 가격은 단기적으로 상승하게 된다. 주택을 공급하는 건설업체는 상승한 가격이 비용을 초과하므로 이윤발생으로 신규주택을 건설하게 될 동기를 갖게 된다. 이에 장기적으로 공급곡선은 S_0에서 S_1으로 이동하게 되어 그 결과 공급곡선 S_1과 수요곡선 D_1이 만나는 지점에서 새로운 균형가격 P_1이 형성된다. 새로운 균형가격 P_1은 생산비용과 같아지는 지점이며 신규 주택건설은 Q_1까지만 이루어지게 된다. 왜냐하면 이 이상 신규건설을 하여 주택을 공급할 경우 비용이 가격보다 높아져 이윤이 발생하지 않기 때문이다. 수요가 계속 증가하여 수요곡선이 D_2로 이동하게 되어 다시 공급을 초과하는 상황이 발생하게 되면 가격은 또다시 오르게 되며 추가적인 건설공급이 이루어지게 되어 수요곡선 D_2와 공급곡선 S_2가 만나는 지점에서 새로운 균형을 이루게 된다. 이때 이 지역의 주택의 양은 Q_2가 되고, 새로운 주택가격은 P_2가 된다.

이처럼 공간시장에서 장기(長期) 부동산공급곡선은 추가적인 공간을 공급하는 데 필요한 장기한계비용(long-run marginal cost: LRMC)을 나타낸다. 이처럼 새로운 부동산개발(공급)을 자극할 만한 수준의 단기의 임대료 또는 가격을 임대료 대체비용(replacement cost)이라 한다. 왜냐하면 임대료가 일정수준 이상 상승하면 건설업계에서는 신규 개발사업이 이윤을 창출할 수 있을 것이라 판단하여 부동산공급이 추가적으로 이루어지기 때문이다. 물론 추가적 공급은 장기적으로 임대료를 하락시키는 힘으로 작용할 수 있다.

이상에서 설명한 바처럼 부동산공간시장에는 단기의 비탄력적 공급곡선과 장기의 탄력적 공급곡선이 존재하는데 이 두 곡선이 만나는 지점에는 부조(不調, kink)가 존재한다. 부조(kink)의 존재는 현재는 균형상태에 있다고 하더라도 미래에 수요가 증가하게 되면 단기적으로 공급이 비탄력적으로 대응하기에 부동산가격의 폭등을 야기하지만 장기적으로는 대부분의 시장에서 부동산가격이 크게 오르지 못할 것이라는 것을 보여준다. 반대로 단기적으로 공급이 비탄력적으로 대응하기에 수요의 감소가 상대적으로 더 빠르고 심각하게 시장가격을 떨어뜨릴 수 있다는 것을 알려준다. 이와 같은 공급곡선의 특성은 공간시장이 주기적인 경기변동, 즉 공급이 초과되는 기간 후에는 수요초과시장의 모습을 보여주는 주요한 원인을 제공한다.

이제까지 부동산공간시장에서 공급곡선이 단기적으로 비탄력적이나 장기적으로는 탄력적이 될 수 있다는 것을 설명하였다. 부동산공급은 단기적으로 비탄력적인 데 반해 부동산수요는 탄력적으로 움직이므로 공급과 수요의 시간차(time lag)가 발생하게 된다. 이러한 수요와 공급의 시차는 통상적인 균형가격 결정과정이 아닌 독특한 형태의 균형가격 결정과정을 보이는데 이를 체계적으로 설명하는 것이 거미집모형(cobweb model)이다. 거미집모형은 기본시장모형에서 설정된 가정 위에 시장의 동태적 성격을 나타내는 몇 가지 가정을 추가한다. 첫 번째, 수요와 공급이 다른 시점에서 시장이 형성된다. 즉 t기의 수요량은 t기의 가격함수이지만, t기의 공급량은 t기가 아닌 $t-1$기 가격의 함수이다. 두 번째, 수요곡선은 정상적인 방향의 기울기를 갖는다. 세 번째 공급자는 현재의 균형가격이 아닌 초과가격에서 공급을 계획한다. 일단 결정된 공급계획은 변경될 수 없고 또 실제로 공급된 양은 어떠한 가격수준에서도 모두 처분된다고 가정한다. 이와 같은 가정 아래 거미집모형은 앞서 수요와 공급이 즉각적으로 균형가격과 균형거래량을 찾아가는 시장의 작동원리와는 다르게 좀 더 복잡한 가격결정과정을 보이게 되며, 이는 [그림 3-3]에서 보이는 것처럼 발산형과 수렴형의 2가지 형태를 띠게 된다.

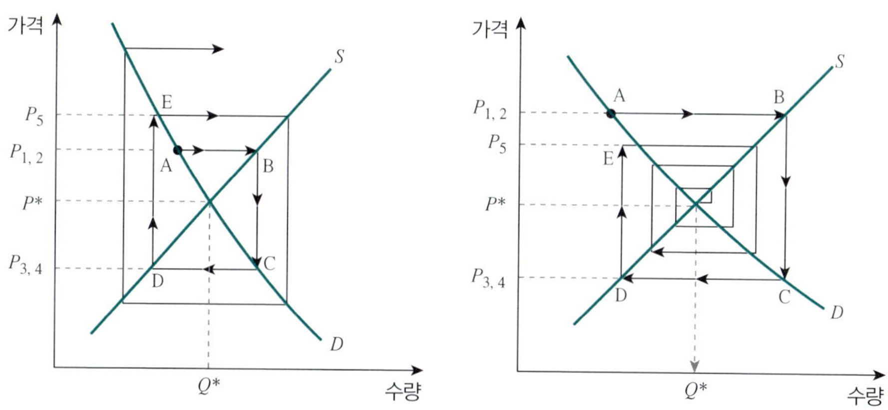

(a) 발산형(불안정균형) (b) 수렴형(안정균형)

[그림 3-3] 거미집모형(cobweb model)

우선, 거미집모형의 발산형과 수렴형 모두 공통으로 [그림 3-3]에서 보면 출발점 A에서 공급자는 t기의 가격 $P_{1,2}$에 대응하여 B만큼의 공급을 계획하여 $t+1$기에 실현시키려 한다. 그런데 $t+1$기에 공급량은 B인데 비해 수요량은 부족하여 수요곡선상의 C에 머물기 때문에 가격은 $P_{3,4}$로 하락하게 된다. 가격이 하락하면 수요가 증가하게 되어 초과수요가 발생하게 되면 수요곡선상의 E지점의 P_5까지 가격이 상승하게 된다. 이 가격에서 공급자는 $t+3$기에 공급량을 계획하므로 이전과 같은 과정이 반복되게 된다. 발산형과 수렴형의 차이는 새로운 균형으로 회복될 수 있는 안정성(stability)의 존재 여부이다. 발산형의 경우 가격 P_5가 $P_{1, 2}$보다 높아서 앞으로 순환이 반복될수록 새로 형성되는 가격이 공급곡선과 수요곡선의 접점인 장기균형가격 P^*와 장기균형거래량 Q^*에서 점점 멀어지기 때문에 균형가격에 안정성이 없는 반면, 수렴형은 P_5가 $P_{1, 2}$보다 낮기 때문에 계속적으로 순환이 반복될수록 장기균형가격 P^*와 장기균형거래량 Q^*에서 수렴될 가능성이 크다. 이처럼 거미집모형은 공급이 비탄력적으로 주어졌을 때 그에 비하여 수요가 얼마나 탄력적으로 움직이느냐에 따라 발산형과 수렴형이 결정된다. 두 경우 모두 가격형성과정을 선으로 표현하면 거미줄을 연상시킨다 해서 거미집모형이라 명명하게 된 것이다.

거미집모형은 원래 제2차 세계대전 이전 미국의 옥수수 및 돼지가격의 주기적인 변동을 분석하는 데 사용되었으나, 공급의 시차가 존재하는 부동산시장에도 잘 적용될 수 있다. 그러나 거미집모형은 공급과 수요의 시차가 시장참여자의 정보부족으로 인하여 현재의 정보만으로 미래의 경제활동을 결정한다고 가정하고 있기에 수요자와 공급자 모두 미래를 합리적으로 예측하고 행동하게 된다면 그 설명력은 떨어지게 될 것이다.

(2) 자산시장의 작동원리와 특성

자산시장(asset market)은 부동산과 관련된 자산의 현금흐름(cash flow)과 관련된 시장으로 자본시장(capital market) 속에서 작동한다. 자산시장의 공급자는 부동산자산의 지분을 팔거나 줄이기를 원하는 투자자이며, 수요자는 부동산자산의 지분을 늘리거나 더 많은 부동산을 구입하고자 하는 투자자이다. 수요와 공급의 균형은 한 국가의 다른 유형의 물리적 자본과 비교하여 부동산자산 가치의 전반적인 수준을 결정한다. 일반적으로 개개 부동산자산 또는 건물의 가치는 각 자산이 미래에 발생시킬 수 있는 현금흐름의 수준과 위험을 투자자들이 어떻게 인식하고 있느냐에 따라 결정된다. 그런데 부동산은 유형과 규모, 입지 등에 따라 가치의 차이가 크기 때문에 부동산자산의 가격 또는 가치를 측정하는 것은 쉬운 작업이 아니다. 이에 상업용 부동산은 해당 부동산에서 창출하는 순수입을 이용하여 자산의 가치를 계산하는 경우가 많다.

부동산투자의 수익성을 고려할 때 흔히 사용되는 자본환원율(capitalization rate, 흔히 cap rate 또는 CRP이라 부른다)은 다음의 식으로 표현된다.

$$\text{해당 부동산의 적정 시장가치} = \text{연간 순운영소득(NOI)/cap rate}$$

이때 연간 순운영소득(net operating income: NOI)은 상업용 부동산의 경우 순임대료 수입(net rent revenue: NRR)과 기타 소득 및 경비환급을 모두 합한 실질총소득(effective gross income: EGI)에서 총운영경비를 제한 것이다. 해당 부동산의 연간 순운영소득(NOI)을 산출한 후 이를 자본환원율로 나누면 부동산의 적정 가치를 예측할 수 있다.

자산시장의 투자자들은 부동산의 물리적 특성보다는 미래의 현금흐름을 중시한다. 따라서 투자자들은 주식이나 채권시장에서 얻은 수입과 부동산의 임대수익을 구별하지 않는다. 이들은 수익성에 근거하여 투자 적정성을 평가하기 때문이다. 이는 부동산자산시장이 부동산공간시장보다 훨씬 통합되어 있음을 의미한다. 앞서 설명하였듯이 공간시장은 상품의 표준화 정도가 대단히 낮아 중앙시장으로 통합되기 어렵기 때문에 하위시장(sub-market)이 발달되어 있다. 그러나 부동산자산시장은 통합 정도가 강하다. 예를 들어 물리적 특성 및 입지가 전혀 다른 부동산이 존재하여도 해당 자산들이 유사한 성장 잠재력과 위험도를 가지고 있는 것으로 인식된다면 자본환원율은 유사할 것이다.

자산시장에서 자주 논란꺼리가 되는 것은 '자산가격의 적정성'이다. 자산가격이 지나치게 높아 거품(bubble)이 존재하느냐는 것이다. 경제학적 관점에서 시장이 원활하게 작동할 때 시장가격은 자산의 내재가치와 같아진다. 그러나 어떤 이유로 인하여 가격이 내재가치보다 더 커지고 그 차이가 지속되거나 점점 더 커지게 되면 내재가치와 시장가치의 격차가 발생하게 되는데 이를 가격거품이라 한다.[7)]

자산가격의 거품이 형성되는 이유는 크게 두 가지로 나누어 생각할 수 있다. 첫 번째는 유동성 과잉공급이다. 유동성은 자산시장에서 투자를 실현시키는 수단인 자금의 확보를 가능하게 하기 때문에 유동성이 충분하게 공급되지 않는다면 자산가격의 거품이 형성되기 어렵다. 유동성은 정부에서 경기부양책으로 통화공급을 증가시킬 때, 금융기관들이 호황을 예상하여 과도하게 대출을 증가시킬 때, 해외에서 자금이 유입될 때 증가한다. 두 번째는 미래가격에 대한 불확실성이다. 경제 내부의 사정, 즉 시장근본요인(fundamental factors)에 의해 현재가격이 상승하고 그 상승세가 일정기간 유지되면 미래가격이 상승할 것으로 예상한다. 특히 부동산시장의 경우 소비자는 가격상승 시 공급이 즉시 이

7) 자산가격이 내재가치와 차이가 있다고 해서 반드시 거품이라고 단언할 수는 없다. 모든 재화와 서비스의 시장가격은 일시적으로 균형가격과 다를 수 있으며, 시장가격이 균형가격을 찾아가는 과정에서 과잉조정이 발생하는 경우도 흔하다. 더구나 부동산시장은 완전경쟁시장과 차이가 크기가 때문에 가격과 가치가 다른 경우가 빈번하며 이를 이용한 재정거래(arbitrage)가 많아지면서 그 차이가 줄어든다. 이처럼 가격이 내재가치에 접근하는 방향성을 가지고 움직인다면 거품이라고 단언할 수 없는 것이다. 보다 자세한 내용은 김경환·손재영(2014). pp.247-249를 참조할 것.

루어지기 힘들기에 '시장의 자기조절능력'을 믿지 않고 계속 가격이 오를 것이라는 착각을 하여 부동산투자를 멈추지 않음으로써 가격폭등(거품)을 유발하는 사례가 많다. 이때 시장의 자기조절능력이란 수요의 법칙에 따라 가격이 상승하면 수요량이 감소하고 가격이 하락하면 수요량이 증가하여 수요와 공급이 균형을 이루게 되는 과정을 의미한다. R. Shiller는 이러한 사람들의 비합리적 사고가 '부족의 착각(shortage illusion)'에서 야기된다고 하였다. 이를 극단적으로 표현하면, 수요자들은 특정 가격하에서 공급이 부족한 것이라 생각하지 않고 모든 가격에서 절대적인 공급부족이 있다고 생각하여 앞으로도 가격이 계속 오를 것으로 기대하면서 가격상승과 함께 수요량도 증가하는 수요곡선의 모습을 띄게 됨으로써 더 이상의 수요의 법칙이 작동하지 않게 된다는 것이다. [그림 3-4]에서 보이듯이 우상향하는 비정상적인 수요곡선이 존재할 때는 부동산공급이 증가하면 오히려 자산가격의 상승을 초래하는 부작용이 발생할 수 있다.

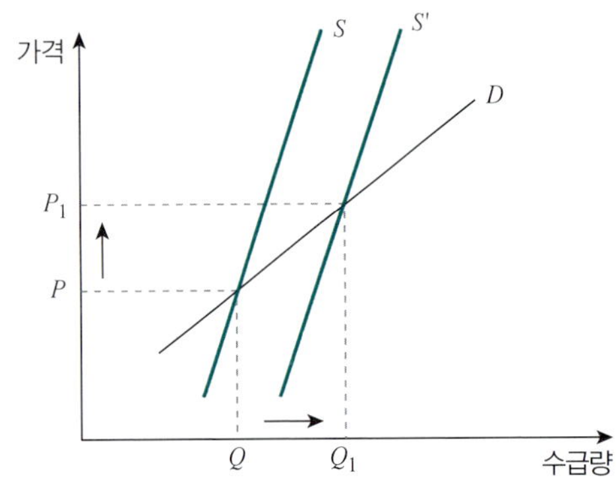

[그림 3-4] 우상향하는 수요곡선과 공급증가 시 균형가격과 균형거래량의 변화

4) 공간시장과 자산시장의 연계

이제까지 살펴본 공간시장과 자산시장은 상당히 다른 특성을 보여주나, 이들은 서로 상호 밀접하게 연계되어 있다. Dispasquale와 Wheaton(1996)의 4사분면 모형은 공간시장과 자산시장 간의 상호관계 및 장기균형을 체계적으로 설명하고 있다.

(1) 공간시장과 자산시장의 장 · 단기 균형

우선 공간시장과 자산시장이 어떻게 연계되어 있으며, 이로 인하여 어떻게 장기균형이 이루어지는지를 살펴보자.

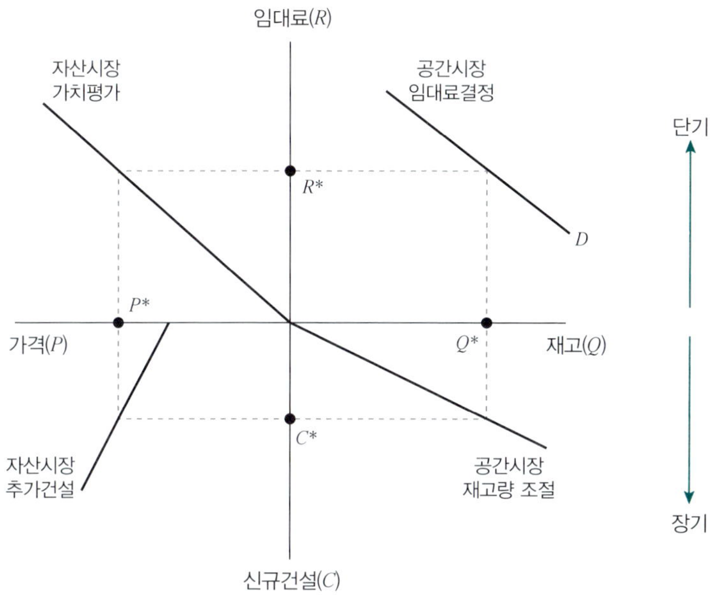

[그림 3-5] 공간시장과 자산시장의 장기균형

[그림 3-5]에서 오른쪽의 제1, 제4사분면은 공간시장을 나타내고 왼쪽의 제2, 제3사분면은 부동산의 자산시장을 나타낸다. 점선으로 이루어진 사각형의 각 축은 오른쪽 수평선부터 시계반대방향으로 건축된 공간의 재고량, 임대료, 부동산가격, 그리고 신규 건설량을 나타내는 것으로 각각의 균형가격과 균형량은 Q^*, R^*, P^*, C^*로 표시되어 있다. 이제 단기 임대료수준이 결정되는 제1사분면부터 살펴보기로 하자.

단기적으로 공간시장에서 결정되는 임대료를 설명해 주고 있는 제1사분면에서 횡축은 부동산공간의 물리적 재고량을 말하고 종축은 단위당 연간 임대료이다. 여기서 수요곡선(D)은 공간이용에 대한 수요에 의해 결정된다. 이에 공간시장의 현재 재고량 Q^*와 수요곡선이 만나는 지점에서 현재의 임대료 R^*이 결정된다.[8)]

제2사분면은 제1사분면에서 결정된 임대료 수준과 부동산자산의 가격과의 관계를 설

8) 이를 수식으로 표현하면 $D(R,$ 경제변수$) = Q$가 된다. 여기서 D는 수요, Q는 재고량, R은 임대료이다.

명한다. 제2사분면에서 원점에서 시작되는 곡선은 임대료와 부동산자산의 가격과의 비율을 나타내는 자본환원율, 즉 cap rate이다. 임대료 R^*과 cap rate가 만나는 지점에서 부동산가격(가치) P^*가 결정된다.[9] 정리하면 제1사분면과 제2사분면은 공간시장과 자산시장에서 단기간에 결정되는 임대료와 부동산가격을 설명한다.

제3사분면은 자산시장에서 개발 산업부문이 새로운 부동산을 추가공급할 것인가를 결정하는 과정을 보여준다. 즉 제3사분면에서 보이는 곡선은 주어진 부동산의 가격수준에 따라 재건축과 재개발을 포함하는 연간 부동산의 신규 건설량이 어떻게 결정되는가를 나타내는 건설공급곡선이라 할 수 있다.[10] 건설공급곡선은 부동산건설의 장기한계비용(long-run marginal cost: LRMC)이므로 [그림 3-5]에서 보이는 것처럼 좌(左)하향한다. 이는 부동산가격이 높으면 높을수록 신규건설이 촉진되고 자본의 이용가능성을 높여주어 개발과정 자체도 빠르게 진행될 수 있음을 의미한다. 건설공급곡선은 부동산가격을 나타내는 축의 원점에서 떨어진 지점에서부터 시작하는데 이는 부동산 가격이 어느 시점 이하로 떨어지게 되면 개발 자체가 이루어질 수 없음을 반영한 것이다. 제2사분면에서 결정된 부동산 가격 P^*은 건설공급곡선과 만나는 지점에서 연간 시장에서 신규로 건설되는 건설량 C^*를 결정하게 된다.

마지막으로 제4사분면에서 공간시장에서 이용가능한 부동산공간의 총량과 신규로 개발되는 건설량을 연계시키므로 공간과 자산시장의 장기적 통합이 완성된다. 원점에서 시작되는 곡선은 시장에서 꼭 유지하여야 하는 공간의 재고량 수준을 유지하기 위하여 필요한 신규건설량을 연평균으로 나타낸 것이다. 공간시장에서 필요로 하는 재고량이 많으면 많을수록 장기적으로 이 수준을 유지하기 위하여 필요한 연간신규건설의 비율 또한 올라갈 것이다. 따라서 건설활동 수준을 나타내는 C^*는 총 건설된 공간공급량 Q^*와 연계된다. 결과적으로 제3사분면과 제4사분면은 시장에서 공급된 총 부동산 재고량에 대한 건설산업의 영향을 보여줌으로써 부동산개발의 장기효과를 보여준다고 할 수 있다.

이상의 DW모형은 공간시장과 자산시장의 장기균형이 어떻게 이루어지는가를 설명하고 있다. 즉, 공간시장의 부동산재고량과 수요가 임대료를 결정하고, 이것이 자산시장에 의해 부동산가격으로 전환된다. 자산가격은 다시 새로운 건설을 유도하고 이것이 다시 공간시장에서 새로운 부동산재고량을 산출하게 된다. 여기서 우리는 부동산재고량의 수

9) cap rate를 i라고 하고 부동산자산의 가격을 P라 하면 $P = \frac{R}{i}$ 로 표시할 수 있다.

10) 이를 수식으로 표현하면 $P = f(C)$가 된다.

준이 같다면 공간시장과 자산시장이 균형(equilibrium)을 이루게 되지만, 같지 않다면 균형상태가 깨진다는 것을 알 수 있다.

DW모형은 부동산시장의 공간시장과 자산시장을 통합하는 장기균형모형(general equilibrium model: GEM)으로써, 두 개의 시장을 명확하게 구분하면서도 상호밀접하게 연계되어 있음을 간단하지만 명료하게 보여줌으로써 부동산시장의 설명에 현격한 공헌을 하였다. 그러나 Colwell(2002)은 DW모형이 다음과 같은 문제점이 있다고 지적하였다.

첫째, 2사분면에서 cap rate가 외생변수(exogenous variables)로 주어지고 임대료와 만나 자산가격이 결정된다고 하였는데, cap rate는 자본시장의 여러 가지 요인들에 의하여 결정되는 내생변수(endogenous variables)라는 것을 간과하였다. 둘째, DW모형은 단기조정 요인들을 내포하지만, 균형관계가 깨어지고 난 후의 조정과정의 중요한 특징들을 보여주지 못하고 있다. 즉 균형관계가 깨어지면 과잉조정(over-shooting)과정이 명확하게 드러나서 장기균형관계를 바로 파악할 수 있는 것이 아니라, 무수한 시행착오(trials and errors) 과정을 통하여 균형관계가 다시 성립하게 된다는 것이다. 마지막으로 부동산시장에 대한 사람들의 기대심리(expectations)와 공실(vacancies)을 무시하고 있다. 그러나 기대심리와 공실은 임대료와 자산가격 조정과정에 커다란 영향을 준다는 점을 고려하여야 한다.

2. 부동산과 국민경제

1) 부동산의 위상

부동산은 국민경제에서 차지하는 규모와 그 파급효과에서 매우 중요하다고 할 수 있다. 매년 신규로 건축되는 건물의 가치[11] 및 자가(自家)주택으로부터 창출되는 귀속임대료는 부동산 유량(流量, flow)으로써 국내총생산(GDP)에서 파악할 수 있다. 이에 비해서 토지와 완공된 건물은 부동산 저량(貯量, stock)으로 국가자산에 해당한다. 토지와 건물 등 부동산자산은 국가자산에서 차지하는 규모가 가장 크며 약 68.7%에 해당한다.[12]

11) 신규건축물에 부속된 토지는 생산된 재화가 아니므로 GDP에는 포함되지 않는다.

12) 미국의 경우도 부동산이 전체 경제의 실질적 부의 가장 많은 부분을 차지하고 있으며 고형재산(tangible wealth)의 70%를 차지한다고 한다. 특히 주거용 부동산이 국부에서 차지하는 규모는 약 50%를 초과한다고 한다.

따라서 부동산의 가격변화는 가계의 소비와 저축, 기업의 투자, 생산원자재 등에 국민경제에 영향을 줄 수 있고 역으로 거시경제 변수들은 부동산경기와 부동산가격에 영향을 미칠 수 있다. 1990년대 중반 이후 선진국의 주택가격이 약 10년간 동반 상승했다가 2006년 하반기 이후 하락하면서 세계적 금융위기와 실물경제의 침체를 초래한 사실만 보더라도 부동산이 거시경제와 밀접하게 연계되어 있다는 사실을 입증하고 있다.[13] 따라서 부동산시장 현상의 설명에는 거시경제와의 관계를 고려하여야만 할 것이다.

2) 부동산과 거시경제

단기적으로 한 나라의 GDP와 물가수준은 총수요와 총공급에 의하여 결정된다. 따라서 부동산 부문이 거시경제에 미치는 영향을 분석하기 위해서는 부동산가격의 변화가 총수요와 총공급에 어떠한 영향을 미치는지 분석할 필요가 있다.

(1) 부동산과 총수요

국내총생산, 즉 GDP(gross domestic products)는 "일정기간 동안 어느 나라에서 생산된 모든 최종재화와 서비스의 시장가치"로 정의된다. GDP는 경제의 모든 구성원의 소득총액과 그 경제에서 생산되는 모든 재화와 서비스에 대한 지출총액이라는 두 가지 측면을 함께 나타낸다. 경제학자들은 GDP(Y)를 정부지출(G), 소비(C), 투자(I), 순수출(NX)의 4가지 요소로 나누는데 이 4가지 항목의 합은 반드시 GDP와 일치하는 항등식이 성립한다.

$$Y = C + I + G + NX$$

GDP는 소득과 지출을 함께 반영하고 있기에 부동산가격이 변화하면 정부지출은 정책변수로 고정된 것으로 가정하여 제외한다고 하더라도 총수요를 구성하는 소비, 투자, 순수출에 영향을 미치게 된다. 부동산가격의 변화가 총수요를 구성하는 소비, 투자, 순수출에 어떻게 영향을 주는지를 생각하여 보자.

13) 김경환·손재영(2010). 부동산경제학. 건국대학교 출판부. p.341.

우선, 소비자는 실질가처분소득이 증가하거나 보유하고 있는 자산의 실질가치가 상승할 때 소비를 늘리는 경향이 있다. 따라서 부동산가격이 상승하면 가처분소득이 일정하더라도 소비자들은 더 부자가 된 것으로 생각하여 소비가 증가하는 이른바 자산효과(wealth effect) 또는 피구효과(pigou effect)가 나타난다.[14] 자산효과는 부동산의 매각을 통해 얻어진 일시적 소득으로 인한 소비증가와는 달리 부동산의 처분 여부와 관계없이 작용한다는 차이가 있다. 자산효과에 의한 소비증가는 부동산 가격상승에 따른 자산가치 증가분을 현금화하기 쉬울수록 더욱 빈번하게 나타난다. 자산을 매각하지 않더라도 증가한 부동산가치를 담보로 대출을 받아 소비를 늘릴 수 있기 때문이다. 실제로 2000년대 미국에서 주택가격이 상승할 때 많은 가계에서 기존 대출을 더 큰 대출규모로 재대출(refinancing)하여 현금화된 주택가치 증가분이 소비증가에 기여한 것으로 나타났다.[15] 이러한 현상은 우리나라뿐만 아니라 다른 나라에서도 찾아볼 수 있다. 영국에서는 1980년대 주택가격 폭등과 금융자율화로 인하여 주택관련 대출이 급증하였고 이는 내구재 및 수입소비재 구입의 증가와 개인 저축률의 하락으로 연결되어 국제수지 적자와 해외자본 유입의 원인이 되었던 적이 있었다.[16]

둘째, 부동산가격의 변화는 저축에도 영향을 미친다. 일반적으로 부동산가격이 오르면 상대적으로 수익률이 낮은 금융저축이 감소한다. 물론 주택가격의 상승은 주택구입에 필요한 자금규모를 증가시키므로 이에 따라 주택자금마련을 위한 저축이 늘어날 수도 있으나, 구매능력 이상으로 주택가격이 올라가면 사람들은 주택구입 자체를 포기하고 대신 승용차 또는 기타 고가 내구재를 구입하고 저축을 줄일 가능성이 높기 때문이다. 2000년대 초 미국에서 주택가격이 지속적으로 상승하던 시기, 가계저축률은 0%까지 하락하고 가계부문의 적자는 정부재정적자 및 무역적자와 함께 해외자본의 유입으로 충당하였다.[17]

셋째, 일반적으로 기업의 설비투자는 자금의 조달비용 및 조달가능금액, 투자의 기대

14) 그러나 자산효과의 존재 여부와 작동원리 및 규모에 대해서는 논란이 많다. Friedman, M.의 항상소득가설에 의하면 가계소비는 당해 연도의 소득보다는 장기적 기대소득, 즉 항상소득에 의하여 영향을 받는다. 그러나 Glaseser, E.(2008)와 Buiter, W.(2008)는 주택가격상승으로 인한 자산효과는 임차인과 자가보유자 간에 상쇄되며 이들 집단 간의 한계소비성향의 차이가 있거나 차입제약 해소효과를 제외하면 소비에 미치는 순증효과는 없다고 주장하였다.

15) 김경환 · 손재영(2010). 부동산경제학. 건국대학교 출판부. p.345.

16) Muellbauer, J. (1990). "The Housing Market and the UK Economy: Problems and Opportunities," in Housing and the National Economy, ed. John Ermisch, Avebury, pp.48-71.

17) 김경환 · 손재영(2010). 부동산경제학. 건국대학교 출판부. p.346.

수익률, 자본재의 상대가격 등에 의해 결정되는데 이러한 기업의 투자는 몇 가지 경로를 통해 부동산가격 상승의 영향을 받을 수 있다. 우선 부동산가격이 상승하게 되면 자본이득(capital gains)에 대한 기대로 인하여 자금이 부동산시장으로 몰리게 되어 상대적으로 증권시장은 위축되게 된다. 이렇게 되면 주식과 채권은 기업이 자금을 확보하는 대표적인 수단이기 때문에 기업의 자금조달비용이 높아지고 조달가능금액도 감소하여 투자가 위축될 수밖에 없다. 투자와 자본재가 생산에 있어서 보완관계에 있는 경우 지가상승으로 토지의 상대가격이 높아지면 토지의 투입량은 감소하고 따라서 보완적 생산요소인 기계설비의 투입량도 줄게 되어 투자는 감소할 수 있다. 또한 지가상승으로 인하여 도로나 기타 사회간접자본의 투자를 위축시키면 장기적인 생산성의 저하를 초래할 수도 있다.

마지막으로 부동산가격이 상승하면 일반물가가 상승하여 국산품의 대외경쟁력이 저하되고 언급한 자산가치의 증가로 수입재화 및 해외여행에 대한 수요가 증가하므로 수출은 줄고 수입은 늘어 순수출은 감소하게 된다. Andre(2010)는 2000~2007년 동안 주요 국가들의 실질 주택가격 상승률과 GDP 대비 경상수지비율의 관계를 분석한 후 주택가격이 상승하면 경상수지가 악화된다고 하였다.

이와는 반대로 부동산가격이 하락하였을 경우 총수요가 감소하여 자산효과로 인하여 GDP가 감소하고 기업의 담보제공능력이 떨어져 금융기관의 부실채권이 증가하여 은행에서 대출규모를 감소한다면 기업의 투자도 위축될 수 있다. 경기침체는 부동산가격의 추가적인 하락을 유도하는 경우가 많고 이에 다시 총수요를 감소시키는 경향이 있다. 이에 정부는 경기 침체 시 이러한 악순환적인 자산 디플레이션(asset deflation) 현상이 발생하지 않도록 주의하게 된다.

(2) 부동산과 총공급

부동산은 총공급에도 영향을 미친다. 주택가격이 상승하면 근로자들의 생계비가 상승하여 실질임금에 영향을 주게 된다. 이에 근로자들은 임금인상을 주장하게 되며 만약 그들의 의견이 반영된다면 생산성 증가 없이 임금인상에 반영되어 제품생산비용은 상승하게 된다. 더구나 주택가격 상승은 주택 보유에 따른 자본이득을 맛본 근로자들에게 근로소득을 상대적으로 과소평가하게 만들어 여타 근로자들의 근로 의욕을 저해하여 전반적인 노동생산성을 저하시킬 수 있다. 이처럼 부동산가격의 상승은 근로자에게 영향을 줄 수 있다.

이뿐만 아니라 주택가격의 상승은 노동의 지역 간 이동을 저해하여 인력수급의 괴리를 초래할 수 있다. 즉 노동수요가 많은 지역의 주택가격과 임대료가 크게 상승하면 다른 지역으로부터 근로자들이 이주하기 어려워져 이 지역은 노동의 초과수요가 발생하고 다른 지역에는 노동의 초과공급이 지속되는 등 인력수급에 차질이 생겨 자원배분이 왜곡되고 생산성이 저하될 수 있다.

한편 부동산가격의 변화는 생산요소가격에도 영향을 미친다. 상업용 부동산이나 공장 등과 같은 제조용 부동산의 가격 또는 임대료가 토지의 생산성 증가보다 큰 폭으로 상승하게 되면 생산비용이 상승한다. 또 지가가 상승하면 일정규모 이상의 건물을 필요로 하는 업종에 대한 신규기업의 참여가 어려워져서 시장구조가 독과점화되기 쉽다. 이처럼 부동산가격의 상승은 생산요소가격의 상승을 유발하여 제품가격에 전가되는 등 자원배분의 왜곡을 가져오고 물가를 상승시켜 전국적인 경제침체를 유발할 수 있다. World Bank(1993)에 의하면 영국에서는 부동산가격의 급등현상으로 인하여 전국 실업률이 2% 정도 상승하였다고 한다.[18]

이상에서 본 것과 같이 부동산가격의 변화는 총수요와 총공급에 영향을 미쳐 궁극적으로 실질 GDP와 일반물가에 영향을 미치게 된다. 실질 GDP가 증가하고 성장률이 높아지면 소비재 또는 생산요소로서의 부동산수요가 증가하고 일반물가가 상승하면 인플레이션 헷지(inflationary hedge)[19] 역할을 할 수 있는 부동산자산의 수요가 증가하여 결과적으로 부동산가격이 상승하게 된다. 그렇지만 부동산가격 상승은 기업에게 자금조달비용과 생산요소비용의 상승을 가져와 투자가 위축되고 생산성이 저하되어 경제침체를 유발할 수 도 있다. 물론 경기위축은 부동산가격을 하락시키는 요인으로 작용할 수 있다.

이처럼 경제성장과 물가와 같은 거시경제 변수와 부동산가격은 서로에게 상당한 영향을 주고받을 수 있기에 경제정책과 부동산정책은 긴밀하게 조율할 필요성이 있다.

18) 김경환·서승환(1994). 도시경제론. 홍문사 재인용.

19) 인플레이션 헷지(inflationary hedge)란 인플레이션에 의한 화폐가치의 하락으로 인하여 현금, 예금, 공사채 등 보유자산의 가치가 실질적으로 감소하는 것을 방지하기 위하여 귀금속, 토지, 가옥, 주식 등에 투자하는 것을 말한다.

3. 부동산과 경기변동

자본주의 경제체제하에서 경기변동(economic fluctuation)은 경제활동의 상승국면과 하강국면이 주기적으로 이어지며 나타나는 현상을 말한다. 경기변동은 전쟁 및 자연재해와 같은 역사적·자연적 요인 등으로 인하여 발생하기도 하지만 주로 경제적 요인에 의해 주기적 또는 순환적으로 나타나기에 경기순환(business cycle)이라고도 한다. 보통 일반경제를 대상으로 정립된 경기순환을 부동산에 적용하였을 때 이를 부동산경기라고 한다. 여기서는 부동산경기변동의 특성과 발생 이유에 대한 다양한 이론을 소개하고 부동산경기의 특성 및 일반경기와의 관계를 살펴보기로 한다.

1) 부동산경기변동의 특성

부동산경기변동은 부동산시장이 일반 경기변동처럼 상승과 하강국면이 반복되는 현상을 말한다. 즉 부동산경기도 일반경기처럼 크게 회복, 호황, 후퇴, 불황의 주기로 움직이는데 Janssen 등(1994)은 부동산경기를 벌집순환모형(honeycomb cycle model)으로 체계화하였다. [그림 3-6]에 보이는 것처럼 부동산시장의 거래량과 가격의 관계는 6개의 전환점에 의해 벌집모형의 시계 반대방향으로 순환하면서 변동한다고 하였다. 벌집순환모형에서는 부동산거래량과 가격간의 관계는 부동산시장의 외부환경인 일반경기와 건설공정 때문에 부동산공급의 지체효과(lagging effect)가 존재하여 신규부동산과 중고부동산의 수요자와 공급자의 반응에 차이가 있음을 가정한다.

우선 1국면은 경제전망이 순탄한 국면(active)으로 1차 시장에서 신규부동산 구매자가 증가(D1→D2)하면 공급도 증가하여(S1→S2) 부동산가격이 가격이 상승하고 거래량도 증가한다. 그런데 중고부동산이 거래되는 2차 시장에서는 공급이 증가한다고 해도 가격에는 영향을 미치지 못한다.

2국면은 정체기(stagnating)로 경기전망을 부정적으로 보는 시각이 증가하는 단계이다. 부동산건설(1차 공급)의 착공이 연기됨으로써 공급이 감소(S2→S3)하고 거래량도 감소한다. 수요는 가격상승 전 시장진입을 원하는 1차 수요가 증가하므로(D2→D3) 가격은 아직도 상승 중이나 2차 시장에서도 부정적 시장전망 때문에 거래량은 감소한다.

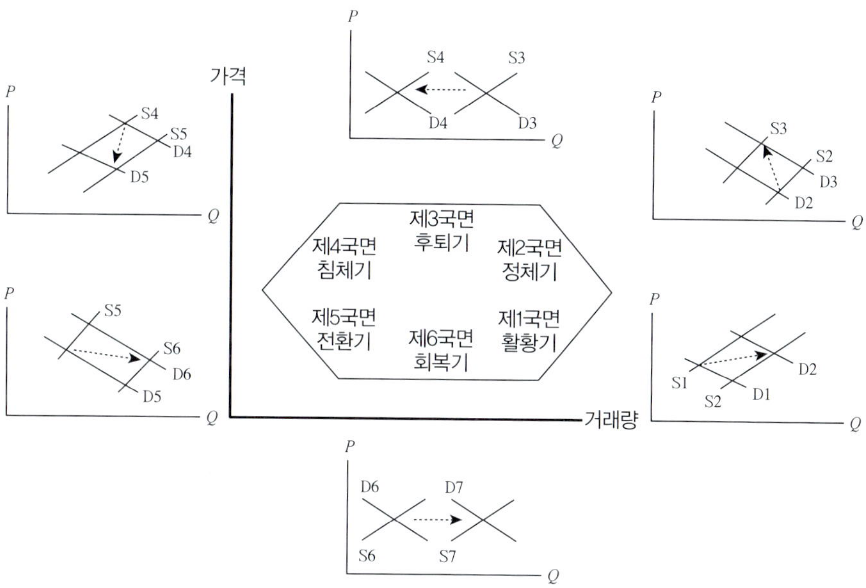

[그림 3-6] 벌집순환모형과 국면별 수요와 공급

출처: 서수복·최승영(2011). p.94 재인용.

3국면은 침체로 진입하는 시기(recession)로 부동산경기는 향후 불황으로 전망된다. 1차 수요는 감소(D3→D4)하고, 1차 공급자의 신규부동산 건설도 감소(S3→S4)한다. 이처럼 수요와 공급 이 감소하여 거래량은 추락하고 가격은 정지상태가 된다. 그러나 건설(생산)의 지체효과(시차) 때문에 이미 착공되었던 주택공급은 계속된다. 2차 시장의 수요와 공급 역시 감소하여 거래량도 감소한다.

4국면은 모든 가계가 경제적 슬럼프에 빠져 있는 침체국면(inactive)이다. 1차 수요의 감소는 빠르게 진행되며(D4→D5) 이에 따라 주택공급도 더 감소한다(S4→S5). 이미 완공물량이 수요보다 많아 가격하락과 거래량 감소가 뚜렷하다. 2차 시장도 마찬가지로 거래량이 하락하고 경직되어 있다.

5국면에는 불황기이나 경제적 낙관론이 싹트기 시작하면서 주택시장의 전환점(turning point)에 놓이게 된다. 1차 수요는 증가하고(D5→D6), 1차 공급은 신규공사를 착공하지만 아직 수요보다 공급이 많아(S5→S6) 가격하락이 지속되지만 거래량은 증가한다. 2차 시장은 거래량이 증가하면서 가격하락이 나타난다.

6국면은 경기가 회복기(recovering)로 진입한다. 1차 수요는 증가하나(D6→D7), 1차 수요증가만큼 1차 공급이 활발하지 않기에(S6→S7) 가격이 안정되고 거래량은 차츰 증가한다. 2차 수요는 연기된 주거이주를 실현하는 경향으로 거래량이 증가한다.

이상의 6국면에서 나타나는 수요와 공급의 변화를 정리하면 다음 〈표 3-2〉와 같다.

〈표 3-2〉 벌집순환모형의 수요-공급 반응과 부동산시장 순환

국면	시장	1차시장		2차시장		부동산시장 순환	
		수요	공급	수요	공급	가격	거래량
1	활황기	+	0/+	0/+	0/+	+	+
2	정체기	+	0/+	–/0	–/0	+	–
3	후퇴기	–/0	–/0	0/–	–/0	0	–
4	침체기	–	–/0	–/0	–/0	–	–
5	전환기	0/+	+	0/+	0/+	–	+
6	회복기	+	+	+	+	0	+

+: 상승(증가), –: 하락(감소), 0: 안정(정체)

그러나 현실에서 부동산경기변동은 부동산시장을 구성하고 있는 각 부문에서 순환(cycle)변동만이 발생하는 것은 아니다. 즉 부동산경기변동은 추세(trend), 계절(season), 무작위(random)변동으로도 나타나기도 한다. 추세변동은 경제성장으로 건축허가량이 지속적으로 증가하는 일정한 경향을 보여주는 변동을 일컫는다. 이에 비하여 계절적 변동은 계절에 따라 나타나는 현상으로 봄과 가을에 이사수요가 많아지면서 주택거래 건수가 증가하는 것이 대표적인 예라 할 것이다. 대학교 근처의 임대주택이 방학을 주기로 공실률이 높아지는 것은 계절적 변동에 속한다. 무작위적 변동이란 예기치 못한 사태로 초래되는 비순환적 경기변동 현상을 말한다. 이처럼 부동산경기변동은 반드시 순환변동만이 있는 것이 아니다. 그러나 장기적으로 관찰 시 순환적 변동을 보이는 경우가 많다. 그러나 순환적 경기변동을 보이더라도 순환주기가 일정하지 않은 경향이 있으며 부동산의 유형에 따라 각각 다른 변동 특성을 보이기도 한다.

2) 부동산경기변동의 발생 이유

부동산경기변동이 발생하는 이유는 다양하다. 여기에서는 발생 이유에 대한 다양한 이론을 소개하도록 한다.

(1) 공간시장과 자산시장의 변화에 의한 부동산경기변동

우선 앞서 설명하였던 DW모형을 이용하여 부동산시장이 호황과 불황이 주기적으로 발생하는 이유를 설명하도록 한다. DW모형은 부동산시장의 단기적 균형이 깨지면서 장기적으로 다시 균형을 찾아가는 과정을 거치면서 부동산경기변동이 일어나고 있음을 보여준다. 부동산시장이 단기적으로 균형이 깨지는 원인은 수요의 변화와 같은 부동산 공간시장 내의 내생변수의 변화에 의해서도 찾을 수 있지만 자본시장의 변화와 같은 외생변수의 변화에 의해서도 야기된다. 그렇다면 우선 공간시장에서 수요가 변화할 때 어떤 변화가 있는지 살펴보도록 하자.

[그림 3-7]은 공간시장에서 수요가 증가하였을 경우 공간시장과 자산시장에 미치는 영향을 설명하고 있다. 우선 제1사분면 공간시장에서 인구증가 또는 가구 수의 증가로 수

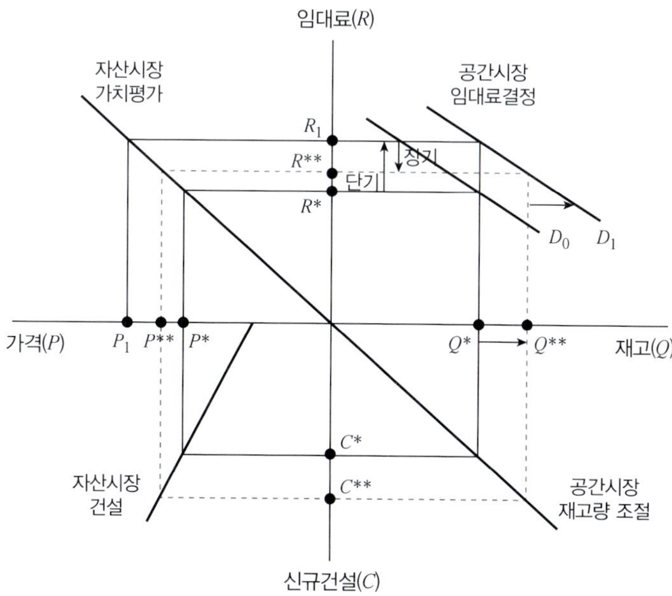

[그림 3-7] 공간시장에서 수요증가의 영향

요가 증가하여 수요곡선이 D_0 에서 D_1 으로 이동하였다고 하자.

단기적으로 공간에 대한 추가적인 공급이 이루어질 수 없기에 현재의 공간공급 Q^* 의 수준에서 임대료는 R^* 에서의 R_1 으로 인상된다. 그러나 이와 같이 인상된 임대료가 장기적으로 지속되는 것은 아니다. 수요곡선 D_1 에 대한 새로운 장기균형상태는 점선으로 이루어진 사각형이 되기 때문이다.

그림에서 보이는 새로운 균형임대료 R^{**} 는 처음의 균형임대료 R^* 보다는 위에 있지만 단기임대료 R_1 보다는 아래에 있다. 이것은 공간시장에서 공간사용 수요증가는 임대료를 상승시키고 높은 임대료는 높은 자산가격 상승의 원인이 되어 신규건축을 초래하지만, 증가한 만큼의 자산가격을 고스란히 모두 반영하여 신규건축이 이루어지지 않기 때문이다. 왜냐하면 만약 단기적으로 상승한 자산가격을 모두 고려하여 신규건축이 이루어지면 장기한계비용곡선 상에서 그만큼 개발비용이 상승하는데 다른 재화와 달리 부동산의 경우 일단 토지에 구조물이 건설되게 되면 이를 철거하거나 대체하기가 매우 어렵기 때문에 공간시장에서 추가공급된 공간이 빠르게 소화되지 못한다면 건설회사는 큰 타격을 받기 때문이다. 따라서 건설회사 입장에서는 신축건축량에 대하여 신중한 의사결정을 내리게 된다. 결과적으로 추가건설된 공간의 장기균형량은 처음의 균형점보다는 높게 결정된다($Q^{**} > Q^*$). 이때 새로운 균형점을 연결한 굵은 점선의 사각형 모양은 각 사분면의 수요곡선, cap rate, 건설곡선의 탄력도에 따라 결정된다.

예를 들어 제3사분면에서 신규건축되는 건축량이 자산가격에 대하여 매우 민감하다면(탄력성이 높다면), 새로운 균형가격과 균형임대료의 수준은 비탄력적인 경우보다 상승폭이 낮지만, 균형건축량과 균형재고는 상당히 증가하게 될 것이다.

[그림 3-7]은 제3사분면의 부동산건설곡선이 증가하고 있는 한계비용을 반영할 때, 공간수요증가로 인한 새로운 균형은 항상 처음 균형상태를 나타내는 점선 사각형의 바깥쪽에 형성된다는 점을 강조한다. 임대료, 부동산가격, 그리고 부동산공간의 재고량이 모두 다 증가해야만 하는 것이다. 그렇지만 상승의 정도는 다르다. 즉 증가폭은 공급과 수요의 상대적 탄력성과 자본시장의 부동산투자에 대한 태도에 따라 다르게 나타난다. 특히 수요증가에 따라 임대료가 상승할지의 여부는 제3사분면의 건설공급을 나타내는 건설곡선의 형태와 관련이 있다.

다음은 자본시장의 투자가들 사이에 부동산투자수요가 증가하였을 경우 부동산시장에 미치는 영향에 대하여 살펴보도록 하자. 투자자들의 선호가 변화하여 제2사분면의 자산시장에서 cap rate가 11%에서 8%로 하락하여 C_0에서 C_1으로 이동하였다고 하자.

cap rate의 하락은 부동산에 대한 가치가 실질적으로 상승하였다는 것을 의미한다. 실질임대료가 그대로라고 가정하면 부동산 가치는 37.5%가 상승하게 된다(1/0.11 → 1/0.08).[20] 따라서 투자자가 근시안적이어서 자산시장에 투입되는 부동산 신규건설을 자극하는 금융자본 흐름의 속성을 파악하지 못할 때, 부동산가격은 일시적으로 P^*에서 P_1으로 상승하게 된다. 그러나 이 수준이 장기적으로 지속될 수 있는 것은 아니다.

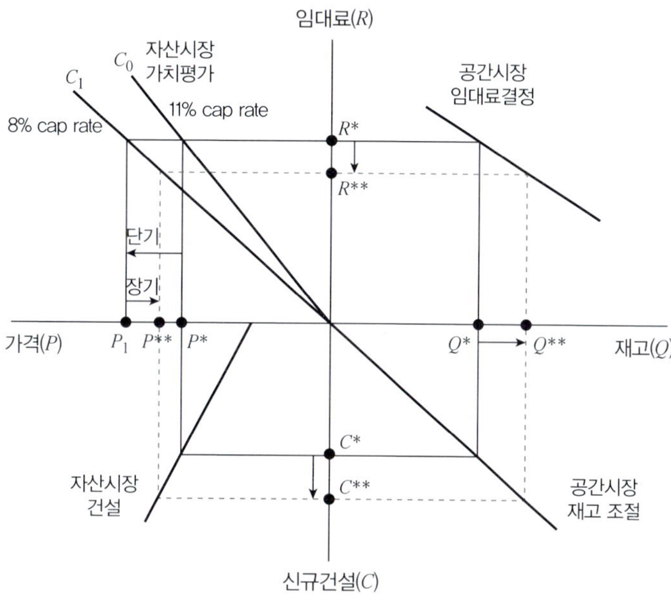

[그림 3-8] 자산시장에서 cap rate 변화의 영향

[그림 3-8]에서 새로운 장기균형은 cap rate 8%에 근거한 굵은 점선의 사각형으로, 여기에서 새로운 균형량(Q^{**}), 임대료(R^{**}), 가격(P^{**}), 건설량(C^{**})이 결정된다. 주목할 점은 새로운 균형상태는 추가건설로 인하여 공간시장의 부동산재고량이 Q^{**}으로 실질적으로 증가하여 부동산개발사업의 호황을 반영하고 있다는 것이다. 결과적으로 부동산 자산에 대한 투자자들의 선호로 인하여 자산시장으로 유입된 금융자본(financial capital)이 물적자본(physical capital) 증가의 결과를 초래하였다. 새로운 균형상태에서는 임대

20) 공간시장에서 공간이용에 대한 수요와 공급에 변화가 없다면, 처음 일정 기간 임대료는 상승하지 않고 그대로 있을 수도 있다.

료가 하락하였고($R^{**} < R^*$), 이에 따라 원래의 균형상태보다 더 많은 공간이 사용된다($Q^{**} < Q^*$). 낮아진 임대료는 자산시장에서 떨어진 cap rate가 초기에 예상하였던 만큼의 높은 부동산가격을 지탱할 수 없음을 보여준다. 이에 균형상태의 부동산가격은 P^*보다는 높지만, P_1보다 낮은 수준인 P^{**}에서 결정된다.

이상에서 본 것과 같이 자산시장에서 투자수요의 증가는 cap rate를 낮추고, 이에 따라 처음의 균형상태보다 부동산가격 및 공간의 재고량을 증가시키고, 임대료는 하락시킨다. 그러나 변화의 폭은 변수마다 다르다. 이는 앞서 공간시장의 수요변화에서 본 것과 같이 각각 사분면의 수요와 공급의 탄력성에 따라 결정되기 때문이다.

(2) 가속도-승수이론

가속도-승수이론은 투자가 저축을 초과함으로써 경기변동이 야기된다는 과잉투자이론(過剩投資理論)을 종합하여 동태모형화한 경기순환이론이다.

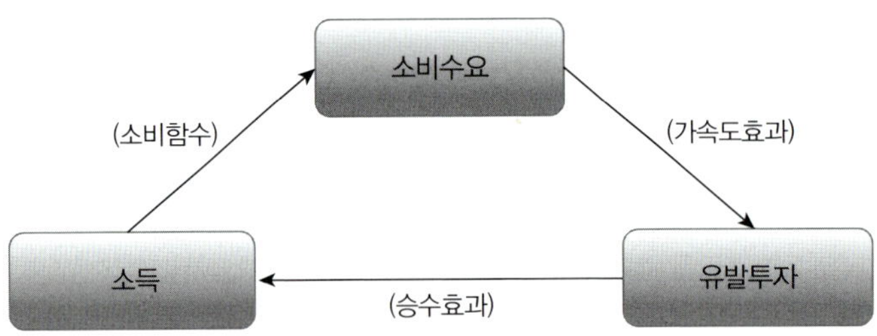

[그림 3-9] 가속도효과와 승수효과의 결합

[그림 3-9]에서 보이는 바와 같이 부동산에 대한 소비수요가 늘면 이에 대응하여 생산(공급)증가를 초래하게 되고 이러한 생산증가는 다시 투자수요의 증가를 초래한다. 이때 투자재의 불가분성 때문에 유발투자의 증가율은 일반적으로 소비수요의 증가율보다 더 높게 나타나는데 이를 가속도원리(acceleration principle)라고 한다. 예를 들어 매년 부동산 100단위를 공급할 수 있는 건설회사가 중장비 1대를 가지고 부동산 수요 100단위를 충족시키고 있다고 가정하자. 만약 부동산 수요가 110단위로 증가하게 되면 해당 건설회사는 10단위의 부동산을 더 공급하기 위하여 건설 중장비를 1대 더 추가적으로 구입하여야 한다. 그 결과 10%의 부동산소비 증가에 대응하여 유발투자는 중장비 1대에서 2대

로 100% 증가하게 되어 과잉투자가 이루어지게 된다. 이러한 가속도 원리로 인해 유발투자가 확대되면 승수효과(multiplier effect)로 인해 유발투자의 증가보다 더 빠른 속도로 소득증가가 나타나게 되고, 소득증가는 다시 소비수요를 더욱 확대시키는 연쇄적 효과가 나타난다. 이처럼 가속도-승수이론은 가속도효과와 승수효과의 상호작용으로 부동산경기가 누적적으로 상승하거나 하락하게 된다고 설명한다.

P. Samuelson과 J. Hicks의 가속도-승수이론은 부동산경기변동의 확장에서 수축국면으로, 다시 수축국면에서 확장국면으로의 전환을 설명하는 데 다소 부족한 점이 있지만, 부동산경기변동에서 각 국면의 누적적인 특성을 설명하는 데 상당히 효과적이다.

(3) 거품경기변동이론

거품경기변동이론은 경제의 객관적인 상태와는 상관없이 경제주체들의 주관적인 요소, 즉 시장심리에 의하여 경기변동이 발생하는 것을 말한다.

현재와 미래의 의사결정은 상호 밀접한 관련을 가지면서 동시적으로 결정된다. 현재의 경제상태가 변하면 미래의 경제상태에 관한 예상이 바뀌고 반대로 미래의 경제상태에 대한 예상이 변하게 되면 현재의 경제상태도 달라지기 때문이다. 따라서 모든 경제주체들이 미래의 경제가 자신들이 예상하는 대로 진행될 것이라고 확신을 하고 행동한다면 경제는 실제로 그렇게 되어간다. 예를 들어 부동산투자가들 모두가 향후 1년 후 부동산가격이 100% 상승하리라 예상하여 부동산수요가 계속 증가하면 1년 뒤에 실제 부동산가격은 100% 상승하게 될 것이다. 결과적으로 부동산투자가들은 자신의 예상을 스스로 실현시키게 되는 것이다. 그런데 경제주체들의 미래에 대한 이러한 기대는 부동산의 내재적 기본가치(fundamentals)와 반드시 관련이 있는 것이 아닌 충격(shocks)에 의한 것일 수도 있는데, 이러한 단순한 충격들이 실질효과를 갖게 됨으로써 경기변동현상이 발생된다는 것이다.[21] 이처럼 경제주체들의 미래에 대한 기대가 자기충족적인 예언(self-fulfilling prophecy)을 가능하게 하는 상황하에서는 부동산시장이 경쟁적이고 가격기구가 신축적으로 작용한다 하더라도 기대에 의하여 유발된 경기변동이 발생하게 된다. 이때의 경기변동이 경제의 내재적 가치와 관련없이 발생한다는 점에서 거품(bubbles) 혹은 투기적 거품(speculative bubbles)경기변동이라 한다.

21) 본서 5장에서 부동산 자산가격의 결정 및 거품에 대하여 설명한 바를 참조할 것.

(4) 정치적 경기변동이론

정치적 경기변동이론은 유권자들이 낮은 실업률과 낮은 인플레이션을 선호하지만 매우 근시안적(myopic)이어서 단기간 실업과 인플레이션 간의 상충관계, 즉 필립스곡선(Phillips curve)[22)]을 모르고 있으며 오직 과거의 경험과 선거기간 중의 경제상태를 근거로 투표를 한다고 가정한다. 한편 선거의 승리를 유일한 목표로 하는 집권당에는 유권자들이 원하는 저(低)실업, 저(低)물가수준을 유지하기 위하여 선거 전에는 경기부양정책을 실시하여 실업률을 최대로 낮추고, 선거후에는 긴축정책을 실시하여 필립스곡선의 상충관계를 이용하는 것이 최적의 전략이다. 즉 선거 직후 강력한 긴축정책을 실시하여 인플레이션을 낮추고 실업률을 높여 놓아야 차기 선거에 실업률을 정책변수로 활용할 수 있기 때문이다. 이와 같이 집권당이 경제정책을 집행할 경우 실업률과 인플레이션 간의 반복적 고저(高低)현상이 나타나며 이에 따라 선거기간을 주기로 하는 경기변동이 발생하게 된다.

정치적 경기변동이론은 W. Nordhaus에 의하여 주장된 이론으로써 선거 당선이라는 목적으로 가지고 있는 집권당의 정치적 전략에 의해서 경기변동이 나타날 수 있음을 논리적으로 설명한 것이며 이후 여러 학자들에 의하여 실증적 근거가 제시되기도 하였다. 우리나라도 선거 직후 부동산가격이 폭등한 경험이 있기에 우리의 실정과도 부합되는 이론이라고 할 수 있다.

(5) 야성적 충동에 의한 비이성적 과열

G. Akerlof와 R. Shiller[23)]는 J. Keynes가 그의 저서 《고용, 이자 및 화폐의 일반이론(The general theory of employment, interest and money)》에서 언급한 사람들의 경제적 결정에 중요한 역할을 하는 '야성적 충동(animal spirits)'의 개념을 2008년 전 세계 금융위기를 비롯한 경기변동의 원인을 설명하는 데 적용하였다. Akerlof와 Shiller는 부동산시장의 경기변동의 원인에 대해서 자세히 논하였는데 주기적 경기변동은 두 가지 원인에 의하여 야기된다고 주장하였다. 첫째 원인은 입지와 상관없이 집값이 오를 것이라는 사람들

22) 필립스곡선(Phillips curve)은 인플레이션과 실업률 사이의 단기적 상충현상을 보여주는 것으로 1958년 영국의 경제학자 A. W. Phillips에 의하여 발표되었다.

23) Akerlof George A. & Robert J. Shiller (2009) How much Phycology Drives the Economy, and Why It Matters for Global Capitalism?, Princeton University Press.

의 순진하거나 직관적인 믿음이다. 인플레이션을 고려하지 않고 명목상 주택가격이 상승하였다는 사실은 이 믿음을 현실화시켜 주는 듯한 착각으로 인하여 더욱 돈독해진다. 주택가격이 좋은 투자수단이라고 기대할 만한 '합리적' 이유가 없음에도 불구하고 부동산가격은 시간이 지나면 오른다는 믿음은 전파되고 사람들이 주택구매를 할 수 있는 원동력이 된다. 대표적인 예로 2000년대 중반 미국에서 경제활성화를 위해 시행한 금리인하는 이런 믿음에 기름을 부으며 너도나도 주택투자에 뛰어들게 만들었다. 더구나 금융권의 야성적 충동에 의한 도덕적 해이(moral hazard)까지 더해지면서 상환능력이 부족한 사람들에게까지 주택담보대출이 쉬워지면서[24] 사람들이 주택투자에 무리지어 동참하면서 집값은 더더욱 상승하게 된 것이다. Shiller(2005)는 사람들의 비이성적 과열(irrational exuberance)에 의해 충분한 정보도 없이 가장 비싼 내구재인 주택매입에 뛰어드는 이른바 '떼 짓기 행동(herd behavior)'에 의해 주택가격 상승을 견인하고 이런 믿음은 구전(口傳)에 의한 전염력도 강하여 주택매입을 더욱 촉발시킴으로써 가격상승을 부추겨 가격거품(bubble)을 야기한다고 주장하였다.[25] 그러나 거품은 약간의 외부충격 또는 내부요인으로도 쉽게 꺼지므로 금리상승 또는 가격이 너무 올랐다는 불안감이 조장되면 걷잡을 수 없이 이제까지 매입한 주택을 매각하려 할 것이고, 유동성이 낮은 주택이 시장에 쏟아지게 되면 가격은 급속도로 하락하게 된다. 최근 이와 같은 소비자 심리(consumer sentiment)요인이 부동산시장에 미치는 영향에 관심이 높아지면서 신고전경제학에서 설명하지 못하거나 부족한 현상을 보다 풍요롭게 해석하고자 하는 대안으로 등장한 행동경제학(Behavioral Economics)[26]이 주목을 받고 있다.

3) 부동산과 경기변동

(1) 일반경기와 부동산경기의 관계

시장은 여러 요인들에 의하여 복합적으로 반응하며 작동한다. 그 중 가장 중요한 요인

24) 이것이 바로 서브프라임 모기지(sub prime mortgage)이다.

25) 보다 자세한 내용은 다음을 참조할 것. Shiller, Robert J. (2005). Irrational Exuberance, Princeton University.

26) 행동경제학은 20세기 대표적인 경제학인 신고전경제학(Neoclassical Economics)에서 가정하는 합리적인 인간에 대한 비판세력으로 등장하였다. 행동경제학은 신고전경제학의 기대효용이론 또는 합리적 선택이론과 달리 재화에 대한 선호에 있어 사람들의 비일관성이나 불안정성을 고려한다(홍훈, 2013).

이 수요와 공급의 원리인데 완전경쟁시장과 달리 현실에서 수요와 공급은 좀처럼 균형을 이루기가 어렵다. 언급한 대로 경기순환을 의미하는 일반경기는 산업전반 경기의 가중평균적 성격은 띠게 되며 [그림 3-10]에서 보이는 것처럼 경제활동의 증가와 위축이 반복되는 순환적 변동의 모습을 보인다.

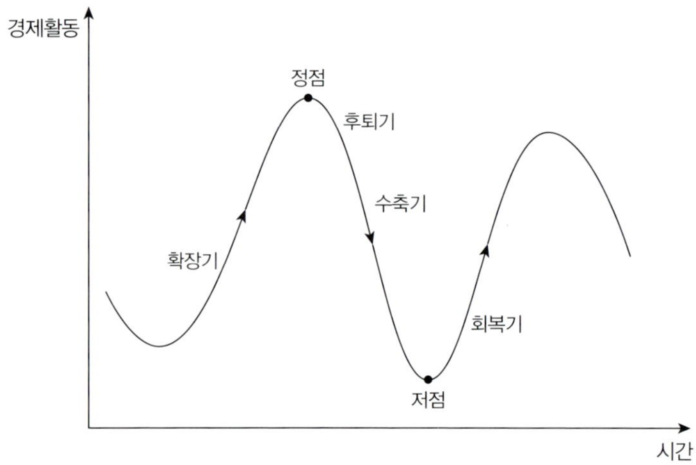

[그림 3-10] 경기순환(business cycle)

경기확장기(expansion or prosperity)에는 생산(공급)이 증가하고 고용상황도 좋아 완전고용수준에 육박한다. 이에 따라 노동자들의 임금과 구매력이 가장 높은 수준에 이르게 되며 제품 및 서비스에 대한 수요도 증가한다. 그러나 초과수요는 가격상승을 유발하고 화폐가치를 하락시키게 된다. 경기후퇴기(recession)는 제품과 서비스의 과잉공급이 발생하게 되면서 순환국면의 정점을 지나 경제활동이 점차 위축하게 된다. 이런 상황이 지속되며 나타나는 경기수축기(contraction or depression) 때는 제품 및 서비스의 수요 및 공급의 감소, 그리고 실업률 증가와 소비위축이 나타나게 된다. 소비자의 낮은 수입과 제품의 가격하락은 화폐가치의 상승을 유발한다. 회복기(recovery)에는 생산활동이 위축된 만큼 이제까지 초과공급된 제품들이 모두 소비되는 시기로써 소비자들은 낮은 가격에 매력을 갖기 시작하여 구매를 연기하지 않게 된다. 즉 경기저점을 통과하며 경제활동은 수축과 확장의 두 능선 사이에서 일어나게 된다. 경기는 약하게 상승하고 경기회복의 확신이 회복됨에 따라 기업은 생산설비의 투자와 추가적 고용을 시작하게 된다.

이와 같은 경기변동의 추세를 부동산시장에 한정하여 살펴보고 일반경기와 부동산경기 간의 관계를 생각해 보도록 하자.

일반적으로 부동산경기순환은 주로 건설경기를 지칭할 때가 많다. 건설경기는 주택, 사무실, 공장 등의 건설활동에서 볼 수 있는 순환적 파동이며, 일반경기순환과 비교할 때 더 장기적이며 보다 규칙적인 주기(15~20년)를 갖는 것으로 알려졌다. 건설활동은 수요의 증가 및 감소가 있다 해도 확대 및 축소에 있어 상당한 시간적 지연이 발생하기 때문이다. [그림 3-11]에서 보이는 것처럼 경기확장기에 부동산의 초과수요는 건설부문을 자극할 수도 있다. 앞서 설명한 것처럼 부동산공급은 단기간에 이루어지지 않기에 더욱 더 가격 상승을 유발하여 부동산가격의 거품(bubble)을 조성할 가능성이 크며 이에 따라 초과건설(overbuilding)이 이루어지게 된다. 이에 경기가 후퇴기에 들어서게 되더라도 부동산경기는 한동안 상승국면을 지속하게 만든다. 그러나 시장에서 초과공급에 따라 공실률이 발생하게 되고 임대료가 하락하면서 조정을 받게 되면 부동산경기의 위축은 일반경기의 폭보다 더 크게 지속될 가능성이 높다. 일반경기가 수축기를 지나 회복단계로 넘어가고 기업의 투자가 증가하면 부동산부문은 조금씩 추가적 개발(건설)을 고려하게 된다.

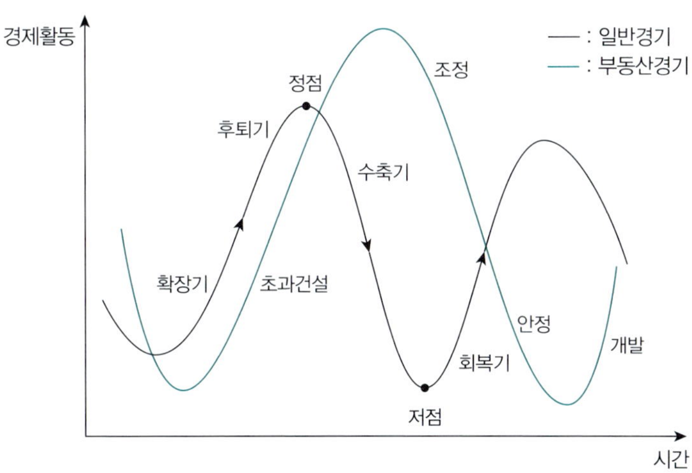

[그림 3-11] 일반경기와 부동산경기

일반적으로 부동산시장이 시장에서 결정된 가격을 매개변수로 하여 자율적으로 조정되는 경제에서는 부동산건설경기의 변동이 거시경제활동의 경기변동과 선행 또는 후행하는 경향이 있다고 경제학자들은 주장한다. 즉 일반경기변동과 부동산경기의 경기순환 정점과 저점이 서로 엇갈려 나타날 가능성이 높다는 것이다. 대표적으로 J.

Guttentag(1961)는 거시경제가 호황일 때 주택투자가 침체되고 반대로 거시경제가 불황일 때는 주택투자가 활발해지는 양 경기변동 사이의 역순환변동(counter-cyclical movements)이 발생한다고 주장하였다.[27] 이러한 현상은 상당수 국가에서 주택부문은 거시경제 운영상 투자우선순위가 낮기 때문에 거시경제활동의 경기순환과정상 호황기에 접어들면 기업의 투자활동이 활발해지므로 금융시장의 대출자금은 기업들에게 우선적으로 배분되기 때문에 발생하는 것으로 설명된다. 물론 침체시기에는 주택건설투자재원이 쉽게 마련되어 주택투자활동이 활발하다.[28] 주택금융 공급축소로 인한 주택수요 감소는 주택건설부문을 위축시킨다. 주택 이외의 다른 경제활동부문은 활발하여도 주택투자활동이 위축될 수 있는 것이다. 즉 단기적인 측면에서 주택건설 경기순환의 가장 큰 원인은 주택에 대한 수요를 결정하는 주택금융 공급량의 변화이며, 주택부문은 호황시에 자본시장에서 신용할당을 받게 되어 일반 경제활동과는 역순환변동을 하게 되는 것이다.

요약하면 경기변동을 경제 내 한 부문의 팽창 또는 수축이 다른 부문의 팽창 또는 수축을 유도하는 과정이라고 볼 때 단기적으로는 거시경제활동의 호황 또는 불황이 부동산 건설부문에서 반대방향으로 변화를 일으키는 힘을 유발하며, 장기적으로는 부동산투자활동의 변동이 거시경제활동의 경기변동을 완화시키는 작용을 한다. 즉 일반경기의 하향전환이 건설순환의 상승기에 일어나면 활성화되던 건설활동이 경기에 반영되어 불황이 심각해지는 현상을 저지할 뿐만 아니라 침체된 경기도 빠르게 회복될 것이나, 반대로 건축순환의 하강기와 일치한다면 불황은 심각해지고 장기화될 수도 있다. 이처럼 건설경기 파동은 장기적이기 때문에 경기순환에 중대한 영향을 미친다고 여겨진다. 이에 선진국의 많은 제도권 금융기관에서는 투자 포트폴리오를 구성할 때 일반경기변동과 밀접한 관계가 있는 주식, 채권과 함께 부동산을 포함하여 투자의 위험요소를 감소시키고 있다.

〈표 3-3〉은 부동산경기변동주기별 수요자, 정부, 금융권, 건설업체의 일반적 대응전략을 정리한 것이다.

27) Guttentag, J. M. (1961). "The Short Cycle in Residential Construction", American Economic Review, Vol. 51, No. 3, pp.275–298.

28) 이를 잉여사용자가설(residual user hypothesis)이라고 한다.

〈표 3-3〉 부동산경기에 따른 시장 참여자들의 대응

시장상태	수요자	정부	금융권	건설업체
회복기	부동산 구입	규제완화 유지 단기 공급확대(다세대, 다가구)	부동산담보대출 확대	부동산공급 시작
활황기	가격지속상승에 따라 가수요 가세	낮은 수위의 가격억제정책 장기공급 대책	부동산담보대출 확대	토지매입 경쟁 부동산공급 확대
침체진입기	수요 감소	가격안정대책 후속적 추진 담보대출 억제	부동산담보대출 축소	토지매입 자제 부동산공급 감소
침체기	수요 감소	안정대책 수위조절 및 부분적 공급규제 완화	개인 및 건설대출 억제	미분양 확대 공급량 축소 선별수주
불황기	수요 위축 지속	건설경기 회복 위한 부동산규제 완화	대출억제	부동산공급 축소
회복진입기	실수요 증가	규제완화 지속	신규 담보대출 재개	부분적 부동산공급 재개 토지물색

출처: 매일경제신문사(2012). 부동산자산관리.

(2) 부동산경기변동의 지표

부동산경기변동주기는 여러 가지 측면에서 측정될 수 있으며 이를 결정하는 영향요인은 건설주기 이외에도 다양하다. 물론 건설주기도 지역별 공급과 수요의 차이, 개발 가능한 토지량, 건축설비의 변화, 시장흡수율, 공실률에 의하여 결정된다. 즉 부동산경기변동은 인구의 변화, 도시자체 및 인근지역의 변화, 부동산 용도별 주기, 방학 및 결혼시즌과 관련된 계절적 변동, 선호도 등에 의해 영향을 받을 수 있다. 도시 자체 및 인근지역의 변화는 도시구조물의 수명과 근린 및 도시 자체의 생성, 성장, 교외화(郊外化), 그리고 쇠퇴 등의 도시생애주기(urban life-cycle)의 동향과 관련이 있다. 용도별 주기는 아파트, 오피스, 상가 등에 있어 수급의 변화와 새로운 수요 등에 따라 영향을 받을 것이다. 또한 저출산 경향의 고착과 노령인구 및 단독인구의 증가, 소비자 권리의식의 강화, 환경의식의 증대와 같은 사회변화를 반영한 선호의 주기도 점차 중요한 부동산경기 주기로 인식되고 있다.

〈표 3-4〉 부동산경기의 지표와 측정기준

구분	개념	내용
선행지표	미래의 경제활동수준을 예측하는 경기종합지수 부동산경기조절 정책에 반영	건축허가면적(신청 수), 건설수주동향, 택지분양실적, 택지조성량, 공실률 및 공가율, 건축자재 수요동향, 건설인력수요
동행지표	경기변동 측정시점에서의 경제활동수준을 나타내는 경기종합지표	건축착공량, 거래량
후행지표	경기변동 측정시점 이전(과거)의 경제상황을 나타내는 경기종합지표	건축완공량

출처: 매일경제신문사(2012). 부동산자산관리.

이상의 부동산경기변동주기를 파악하기 위하여 전체 시장의 지표와 하위시장의 지표를 구분하여 이용하기도 하고 가격, 건설(허가, 착공, 분양, 준공)물량, 거래량 등을 지표로 설정하기도 한다. 그리고 건설 및 주택사업자의 경기전망 실시지표 등도 많이 사용된다(〈표 3-4〉 참조).

그런데 이러한 부동산경기지표들은 다음과 같은 문제점을 공통적으로 지니고 있다. 먼저, 가격과 물량을 종합한 지표의 산출이 곤란하고 두 번째로 전체 시장과 하위시장 간의 괴리가 존재한다. 세 번째는 건설기간의 장기화로 착공과 준공 간의 시차가 발생하는 경우 정확한 지표가 될 수 없다는 점이다. 마지막으로 사회적 요인 및 거시경제적 변화와 정책의 영향이 부동산시장에 미치는 영향이 매우 크기 때문에 부동산경기지표 자체의 한계가 있다.

4. 지역경제와 지역부동산시장

부동산시장의 특징 중 하나는 지역시장(sub-market)이 존재한다는 것이다. 지역부동산시장은 해당 지역의 경제성장과 직접적으로 연계되어 있다. 여기에서는 지역부동산시장과 지역경제의 관계를 이해하기 위하여 지역생산물(상품과 서비스)시장, 노동시장, 부동산시장으로 구분하여 설명하기로 한다.[29]

29) 보다 자세한 설명은 김지현(2018)의 부동산경제학의 이해를 참조할 것.

우선 어떤 지역의 상품에 대한 수요는 기본적으로 수출에 의해 주도된다. 이에 해당 지역의 수출량은 다른 지역에서 생산된 유사제품의 가격에 따라 달라질 수 있다. 결과적으로 해당 지역의 수출량은 지역생산물 가격에 대하여 음(negative)의 함수가 된다. [그림 3-12]의 맨 위에 있는 생산물시장에서 지역의 모든 재화와 서비스의 생산물에 대한 수요량(Q_d)은 가격(P)이 올라가면 수요량이 감소하고, 가격이 내려가면 수요량이 증가하므로 우하향하는 수요곡선의 모습을 띠고 있다.

한편 지역경제의 공급능력을 좌우하는 생산요소는 그 특징을 고려하여 분석할 필요가 있다. 먼저 중간투입물과 원재료는 대부분 다른 지역으로부터 수입하기 때문에 모든 지역에서 가격이 비슷하다. 이는 중간재의 가격이 일반적으로 지역 간 상대적 생산비용에 영향을 별로 주지 않는다는 것을 의미한다. 또한 자본의 이동도 비교적 신속하고 자유로워 지역 간 차이가 별로 없다.

그렇지만 생산요소 중 노동력과 부동산의 경우는 지역적인 차이가 존재하므로 생산비용의 차이를 야기한다. 노동과 부동산시장에는 대체물이 없다고 가정하면 생산물의 각 단위에서 생산에 필요한 노동과 부동산은 고정되게 된다. 산출물 단위당 생산비용은 다음과 같이 표현할 수 있다.

$$a_K r + a_L w = C \qquad \text{(식 3−1)}$$

여기서 a_K와 a_L는 산출한 생산물 단위당 부동산과 노동의 생산비용이고 r은 지대, w는 임금이다. 산출물 단위당 생산비용(C)은 고정되어 있기에 [그림 3-12 (a)] 생산물시장 그림에서 수평선으로 표현된다.

[그림 3-12 (b)]는 노동시장을 나타낸 것으로 생산물시장에서 결정된 생산수준을 달성하기 위하여 노동이 얼마나 투입되어야 하는지, 즉 노동수요(L_d)를 보여준다. 여기에서 노동의 수요(L_d)는 생산물 산출량(Q)과 생산물당 노동의 생산비용(a_L)의 곱에 의하여 결정된다($a_L Q = L_d$). 노동시장에서 대체요소가 없다고 가정하고 있으므로 수요는 가격에 영향을 받지 않고 다만 생산량에 의하여 결정될 뿐이다. 이에 수요곡선은 완전 비탄력적인 수직선으로 나타나 있다. 이때 종축의 노동가격, 즉 임금은 이 지역의 재화와 서비스의 가격수준에서 표현되는데 이를 지역의 효율적 임금(w/p)이라 한다.

지역의 효율적 임금은 지역 내의 생계비와 물가수준에 의해 조정되는데 장기적으로 지

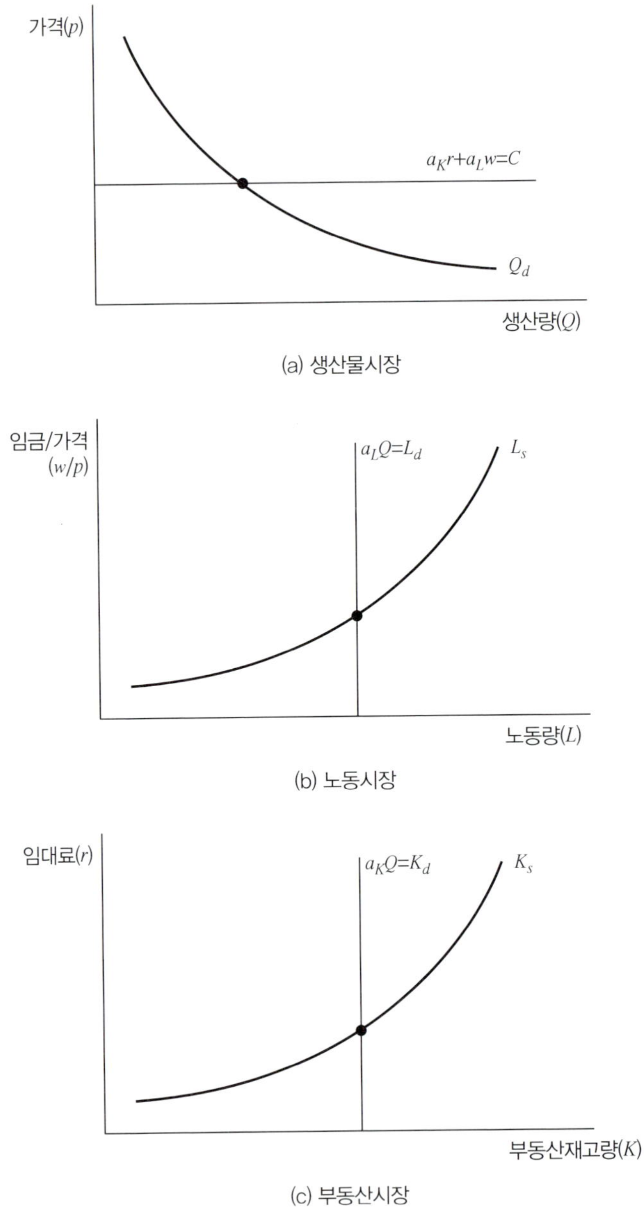

[그림 3-12] 지역경제의 생산물시장, 노동시장, 부동산시장

역의 노동공급(L_s)을 결정한다. 왜냐하면 임금수준이 올라가게 되면 타 지역에서 이 지역으로 사람들이 이주하게 되어 노동공급이 증가하게 되고 반대로 임금수준이 내려가게 되면 이 지역 주민들이 타 지역으로 이주하여 노동공급이 줄어들기 때문이다. 노동공급

곡선의 기울기가 수평에 가까우면 노동공급이 탄력적이어서 다른 지역으로부터의 노동력 유인이 수월하며 이에 반해 수직에 가까우면 비탄력적이어서 다른 지역으로부터의 노동력 유인이 어렵다는 것을 의미한다.

[그림 3-12 (c)]의 부동산시장은 노동시장과 매우 유사하다. 그림에서 볼 수 있듯이 종축은 건축물과 토지를 포함한 임대료(r)를 나타내고 횡축은 부동산재고량(K)을 나타낸다. 생산물시장에서 결정된 생산수준을 달성하기 위한 부동산수요량(K_d)은 노동시장과 같은 논리에 의하여 부동산생산비용(a_K)과 생산량(Q)의 곱으로 결정된다($a_KQ = K_d$). 공급곡선(K_s)은 임대료(r)수준에 따라 변화하는 부동산재고량을 보여준다. 대도시 지역에서는 부동산개발 수요가 많기 때문에 이에 따른 임대료 상승은 필연적이라 할 것이다. 이외 지형적 제한, 건축제한, 그리고 개발제한구역 등은 공급곡선을 비탄력적으로 만들 것이다. 반면 개발제한이 거의 없는 지역에서의 공급곡선은 보다 탄력적이 된다.

이와 같이 생산물시장, 노동시장, 그리고 부동산시장은 밀접하게 연계되어 있다. 생산물시장에서 수요곡선이 주어지면 임금과 임대료에 의하여 생산비용이 결정되어 생산수준을 결정하게 된다. 노동시장과 부동산시장에서는 생산물시장에서 주어진 생산수준에서 각각 수요가 결정되며 이는 공급곡선과 만나 해당 생산요소의 가격을 결정한다. 결과적으로 생산물시장에서 결정된 생산량(Q)과 생산물가격(P)은 부동산시장의 임대료(r)와 노동시장의 임금(w)을 결정하는 것이다. 이러한 균형상태에서 지역의 생산물시장, 노동시장, 부동산시장은 안정적이고 더 이상의 성장은 없다.

이제까지 살펴본 지역경제와 부동산시장은 관계는 해당 지역이 얼마나 경제성장을 하느냐에 따라서 영향을 받는다는 것을 설명한다. 여기서 우리는 지역경제성장을 가능하게 하는 2가지 원동력을 발견할 수 있다. 첫째, 수요주도의 성장으로써 해당 지역의 산출물에 대한 수요가 증가할 때이다. 미국의 실리콘밸리에서 생산하는 다양한 IT관련 제품과 서비스에 대한 세계적인 수요가 이 지역을 미국에서 가장 부유한 도시로 만들었다는 것을 생각한다면 쉽게 연상이 될 것이다. 두 번째는 공급주도의 성장이다. 임금과 부동산가격이 높아 기업에게 부담으로 작용하면 기업은 보다 저렴한 노동력과 부동산을 찾아 이동하게 된다. 저개발된 지역에서 적극적으로 투자를 유치하려고 노력하는 것도 바로 이런 맥락에서 이해하면 될 것이다.

5. 부동산시장과 정부

1) 정부의 부동산시장 개입

(1) 부동산시장의 정부개입의 명분

① 효율성 제고

효율성 차원에서 부동산시장은 완전경쟁시장의 조건을 제대로 충족시키지 못하기 때문에 자원배분이 사회적으로 최적상태를 이룰 수 없어 매우 비효율적이다. 시장이 어떤 구조적 원인으로 인해 자원의 용도별 효율적 배분에 실패하는 현상을 시장실패(market failure)라고 하는데 바로 이 시장실패 현상이 부동산시장에 대한 정부개입을 정당화하는 가장 큰 명분이 된다. 시장실패를 초래하는 원인으로 외부효과, 공공재, 정보의 편재(偏在), 독과점이 지적된다. 이 중 부동산시장과 관련해서 외부효과와 공공재가 문제가 되는 경우가 가장 흔하다.

외부효과(外部效果, external effect) 또는 외부성(externality)이란 어떤 경제주체가 제3자에게 미친 영향에 대한 응분의 보상이나 대가를 지불하지 않고 제3자의 생산방법이나 생산량 혹은 소비자들의 복지에 직접적으로 영향을 미치는 것을 뜻한다.[30] 이에 외부효과는 '가격을 통하지 아니한 효과' 또는 '시장을 통하지 아니한 효과'라 한다. 대부분의 경제활동은 토지 위에서 이루어지므로 당연히 대부분의 외부효과문제는 토지이용과 결부된다. 즉 외부효과가 현저하게 존재할 때는 토지라는 자원의 배분이 가격을 통하여 효율성을 달성하기 어렵기 때문에 시장실패가 발생하게 된다. 용도별 토지배분이 가격을 통해서 순조롭게 이루어지지 못할 때에는 정부개입에 의한 토지이용규제가 강력한 대안이 된다. 실제로 화장터나 쓰레기매립장 등 혐오시설이나 공업단지와 같이 주거지역과 잘 조화되지 않는 토지이용은 공간적으로 격리시킴으로써 전체적으로 토지용도들 사이의 조화가 잘 이루어지도록 사전에 토지이용계획을 작성하고 이에 따라 토지이용을 법적으로 규제

30) 외부효과는 환경오염과 같이 사회적으로 바람직하지 못한 부정적 효과가 지나치게 많이 발생하는 부정적 외부효과(negative externality)와 환경미화와 같이 사회적으로 바람직한 긍정적 효과는 지나치게 적게 발생하는 긍정적 외부효과(positive externality)로 구분된다. 효과가 긍정적이든 부정적이든 간에 이와 같은 현상을 경제학에서는 자원배분에 왜곡이 발생하였다고 한다.

하는 방법이 보편화되어 있다.

공공재(公共財, public goods)는 소비의 비경합성(non-rivalness)과 비배제성(non-exclusiveness)을 갖고 있는 재화로 정의된다. 비경합적 소비는 어느 한 개인의 특정 재화소비가 다른 개인의 해당 재화소비에 영향을 미치지 않는다는 것을 의미하며 비배제성은 어떤 한 개인 또는 집단이 타인의 재화소비를 막을 수 없다는 것을 의미한다.[31] 소비의 비경합성과 비배제성을 모두 가지고 있는 공공재의 특성상 소비에 대하여 대가를 지불하지 않으려는 '무임승차의 문제(Free Rider's Problem)'가 발생한다. 이에 공공재는 우리 생활에 꼭 필요한 매우 유용한 재화임에도 시장을 통해서 원만하게 공급되지 못하므로 결국 정부가 직접 공급하게 된다. 즉 정부가 토지를 직접 보유하거나 또는 직접 개발하는 주된 이유 중의 하나는 경찰서, 군기지, 기상대, 공원 등 각종 공공재를 공급하기 위함이다.

이처럼 정부는 부동산시장의 불완전경쟁으로 인한 시장실패를 개선하고 효율성을 제고한다는 명분 아래 부동산시장에 개입하고 각종 공적 수단을 동원하게 된다. 즉 정부는 시장실패로 인한 문제, 특히 부동산의 이용과 결부된 부정적인 외부효과 문제해결과 공공재 공급을 위한 토지확보에 주력하게 된다.

② 형평성 제고

부동산시장에 대한 정부개입의 또 하나의 중요한 근거는 "경제적 약자에게도 인간다운 삶을 보장한다"거나 "사회적 위화감을 없앤다"라는 인간 본성에 내재한 형평성 확보의 욕구이다.[32] 시장이라는 기구를 통하여 확보하기 힘든 형평성은 그 자체로서 가치가 있는 정책목표이며 형평에 대한 욕구가 제대로 충족되지 못할 경우에는 경제성장과 같은 중요한 정책에 대한 국민적 역량도 모으기가 쉽지 않게 된다. 우리나라도 1980년대 말 이후부터 형평에 대한 국민적 요구가 봇물처럼 터져 나오고 있으며 정부에서도 이를 정책적으로 수용하기 시작하였다. 그런데 정부의 개입이 자원배분의 효율성을 어느 정도 저하시킨다고 해도 형평성의 효과가 이를 상쇄하고 이에 대하여 국민적 합의가 이루어지고 이를 정치적 과정을 통하여 입법화하여 제도로 시행한다면 문제가 될 것이 없을 것이다. 그러나 문제는 이제까지 형평성 문제에 초점을 맞춘 정책들이 형평성을 제고하지도 못하면

31) Samuelson, P. (1954). "The Pure Theory of Public Expenditure", Review of Economics and Statistics, 36, p.386.

32) 손재영(1999). "자유주의 경제학과 토지정책", 땅과 한국인의 삶. 나남출판사.

서 효율성의 손실만을 가져온 경우가 많다는 데 있다. 형평성을 제고하는 정책들이 실패하는 중요한 이유로 손재영(1999)은 어떤 상태가 형평성이 충족되는 상태인지에 대한 정의가 없다는 점을 지적하였다. 즉 사안마다 제각기 다른 의견이 존재하면 이를 과학적으로 분석하고 정치적으로 수렴하여 정책을 일관되게 집행하여야 할 것이다. 그러나 일반적으로 정치인들은 형평의 제고와 효율의 저하 간의 균형을 잘 찾아내지 못할 뿐 아니라 오히려 그 균형을 찾으려고 노력하지도 않는 경향이 있다는 것이다. 정치인들의 궁극적 관심은 유권자의 표를 획득하는 것이기에 정책이 가져올 장기적이고 거시적인 파급효과를 엄밀히 따져보기보다는 현재에 즉시적으로 나타날 결과를 선호하기 때문이다. 결과적으로 형평성 제고를 위하여 정부가 시장에 적극적으로 개입하여야 한다고 주장할 수는 있으나, 이를 위한 효과적인 수단을 찾아내고 집행하는 것이 쉽지는 않다. 효율성의 저하를 상쇄시키는 형평상의 편익이 있는 경우도 매우 드물다. 형평을 표방하는 저소득계층의 주거생활안정, 토지의 적절한 배분, 국토균형개발 등과 관련된 많은 계획이나 정책들의 실질적 효과에 대하여 의구심을 느끼는 것도 바로 이런 이유 때문이다.

(2) 정부개입의 유형

정부개입의 유형은 크게 직접개입, 규제, 간접개입의 세 가지로 구분된다.

첫째, 직접개입은 정부나 공공기관이 부동산시장에 직접 개입하여 수요자 및 공급자의 역할을 적극적으로 수행하는 방법이다. 직접개입은 증가하는 부동산수요에 능동적으로 대처하기 위하여 공급을 원활하게 하고 가격을 안정시키는 데 주력한다. 직접개입의 수단으로 토지은행(land banking), 토지구획정리(land readjustment), 공영개발(公營開發) 등이 있다.

둘째, 규제는 부동산의 이용행위를 사회적으로 바람직한 방향으로 유도하기 위하여 법적·행정적 조치에 의거하여 개인의 부동산이용, 거래, 소유규모를 구속하고 제한하는 방법을 총칭한다. 이 방법은 법적으로는 개인의 소유권을 변경시키지 않는 범위 내에서 수행된다는 점에서 직접개입과 차이가 있다. 부동산관련 규제 중에서 가장 대표적인 것은 토지이용규제로 구체적인 수단으로 도시계획, 용도지역·지구제(zoning)와 같은 토지이용계획, 지구상세계획, 토지구획규제(subdivision regulation), 건축규제, 정부의 각종 인·허가제 등이 있다.

마지막으로 간접개입은 기본적으로 시장기구의 기능을 통해서 간접적으로 소기의 효과를 노리는 방법이다. 간접개입은 정부가 부동산시장에 간접적으로 영향을 준다고는 하지만, 특히 부동산관련 조세는 대체로 전국 혹은 넓은 지역에 걸쳐 획일적으로 적용되면서 그 효과가 무척 광범위하기 때문에 상당히 강력한 영향력을 가진 정책이라고 할 수 있다. 그러나 이 방법은 시장을 통해서 효과가 나타나기에 효과가 불확실하고 광범위해서 실시결과를 예측하고 통제하기 매우 어렵다는 문제를 안고 있다. 부동산조세 이외에도 부동산시장이 원활하게 작동하도록 여건을 조성하거나 부동산시장의 원활한 기능을 저해하는 요인들을 줄이기 위한 각종 행정상의 지원도 간접개입에 해당한다. 전자의 대표적인 예로 부동산개발 및 이용에 대한 각종 금융지원 또는 보조금이 있고 후자는 부동산거래에 필요한 양질의 자료 및 정보체제의 구축, 지적 및 등기를 통한 부동산소유권의 명확한 설정, 부동산관련 정부 부서 간의 협조체제 구축 등이 있다.

(3) 정부개입의 한계

시장실패를 개선하기 위한 정부개입이 오히려 효율적인 자원배분을 더 저해하는 정부실패(government failure)가 나타날 수 있다. 그렇다면 정부실패가 일어나는 원인은 무엇일까?

첫째, 정부가 올바른 정책을 수립하여 집행할 수 있을만큼 완전하고 충분한 지식과 정보를 갖고 있지 않은 경우가 많기 때문이다. 일반적으로 정부는 정보취득에서 기업보다 우월하지 않은 것으로 알려져 있다.

둘째, 일단 정부가 시장개입을 시작하면 자원배분은 효율성보다는 공공복리라는 추상적인 정책목표를 추구하는 가운데서 이루어지는 경향이 높다. 즉 정부는 공공복리를 추구하면서 효율과 형평을 모두 정책목표로 설정하나, 이 두 목표를 한 가지 정책수단으로 달성하기란 사실상 불가능하다. 또한 정부는 정책집행의 결과를 제대로 평가하지 못하는 경우가 많다.

셋째, 일반적으로 정부와 공공부문은 민간에 비하여 경직적이고 관료적인 경향이 있다. 따라서 사회적 자원배분을 공공부문이 주도하게 되면 창의성과 유연성이 결여되어 장기적으로 경쟁력이 떨어질 수 있다는 문제가 있다. 또한 정부개입은 독점의 폐해를 가져오기도 한다.

넷째, 양적·질적으로 충분한 자원 및 조직적인 행정력과 법적 뒷받침이 갖추어지지 않은 상태에서의 정부개입은 예산만 낭비하고 각종 부작용까지 발생하여 결과적으로 막대한 사회적 손실만 남길 수 있다. 이러한 문제는 특히 자본과 고급인력이 부족한 개발도상국에서 더욱 심각한 것으로 알려져 있다. 법적·행정적 체제와 관련하여 행정관료의 높은 자질과 부동산 관련 정부부서 간의 협조체제, 그리고 관련 법제들 사이의 체계가 특히 중요시되는 사항이다.

다섯째, 정부와 공기업 조직, 정치권의 이해관계가 국민 전체의 이해와 얼마나 일치하는가의 문제가 있다. 일반적으로 정부 부처와 공기업은 모두 조직의 존재가치를 높이고, 권한을 확보하고, 예산을 늘리기 위하여 필요 없는 일을 부풀리는 경향이 없지 않다. 이런 행태는 시간이 흐를수록 규제와 각종 명목의 부담금, 분담금 등 각 부처의 자체 재정확보를 위한 준조세들이 많아지는 현상으로 가늠할 수 있다.

2) 부동산정책의 경제적 효과

부동산정책은 유형에 따라 경제에 미치는 효과가 다르게 나타난다. 여기서는 부동산 관련 조세와 토지이용규제가 미치는 영향에 대해서 살펴보도록 하자.

(1) 조세의 경제적 효과

부동산주택관련 조세의 경제적 효과는 재산세와 양도세로 나누어 볼 필요가 있다.

① 재산세 부과의 효과

재산세(property tax)는 부동산보유에 대하여 정기적으로 부과되는 세금을 말한다.[33] 주택에 대하여 재산세율을 올려 부과할 경우 그 효과는 소유자가 거주하는 경우와 임대를 주어 소득을 올리는 경우에 따라 다르게 나타난다. 우선 자가거주(自家居住)의 경우 주택소유자는 주거서비스를 획득·소비하는 데 소요되는 사용자비용이 증가한다. 이때 주택의 사용자비용(bonsing user's cost)이란 "주택의 소유자가 한 단위의

33) 재산세는 국가마다 성격을 달리하는데, 일부 국가에서는 재산세를 순부유세(net wealth tax)의 형태로 부과하기도 한다. 미국에서는 지방세를 지방정부가 제공하는 공공서비스의 대가로 인식하므로 이익세 또는 응익세(benefit tax)라 한다.

주택서비스를 획득하기 위해 한 단위의 주택을 소유하는 데 드는 비용"으로 금융(이자)비용(주택대출의 상환액+주택구입에 투입한 자기자금의 기회비용, I), 조세비용(주택 취득관련 조세와 보유관련 조세, 이들 본 세액에 부가되는 조세(piggyback tax, T), 그리고 유지관리비용(수선비, 감가상각비, 보험료 등 주택유지관리에 드는 제 경비, M)에 예상 자본이득(양도가격과 취득가격의 차액에서 양도소득세를 차감한 금액, G)을 뺀 금액으로 구성된다.

$$사용자비용 = I + T + M - G \quad (식\ 3-2)$$

(식 3-2)에 의하면 재산세의 증가는 사용자비용을 증가시키므로 주택소유자는 비용상승으로 주택수요가 감소하고, 그 결과 주택거래량과 가격이 떨어지게 된다. 이를 그림으로 표현하면 [그림 3-13 (a)]가 된다.

한편 임대주택의 경우 재산세가 증가할 경우, 주택소유자의 경우 순임대소득이 감소하는 효과를 가져오기에 이를 보상하기 위해 임대료를 인상하거나 건물의 개·보수를 줄일 것이며, 장기적으로 수익성이 낮아진 임대주택에 대한 투자가 감소할 것이다. 그 결과 임대주택의 공급이 감소함으로써 임대료는 상승하고 거래량은 감소한다([그림 3-13 (b)] 참조). 주택에 대한 재산세율의 증가는 조세부담을 증가시켜 거래량을 감소시킨다는 측면에서 자가거주주택과 임대주택의 차이가 없다. 하지만 주택가격의 변화와 그에 따른 조세부담의 귀착(tax incidence) 측면에서는 자가거주주택의 경우 주택가격의 하락을 통해 소유자가 재산세를 부담하지만, 임대주택의 경우는 임대료의 상승을 통해 임차인에게 전가된다는 점에서 차이가 난다.

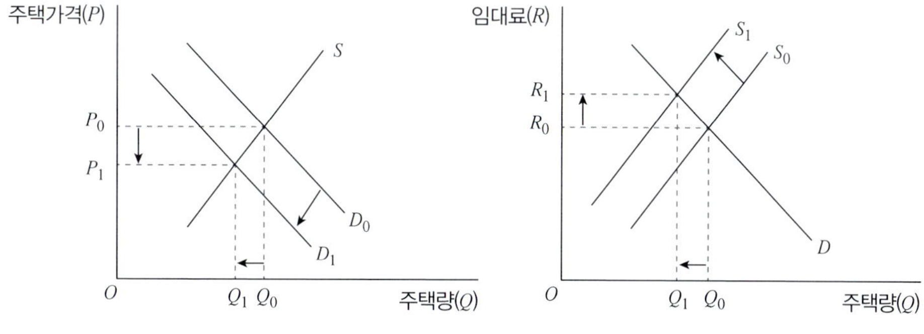

[그림 3-13] 재산세 부과의 효과

이러한 이유로 정부는 임대주택시장을 활성화시키기 위하여 다주택보유자가 해당 주택을 임대주택사업자로 등록한 경우, 일정조건에 해당하는 경우 취득세와 재산세를 감면해 주는 등 다양한 조세혜택을 제공하여 저소득계층 등을 위한 임대주택의 공급량이 감소하지 않고 임대료가 인상되지 않도록 유도한다.

② 양도세 부과의 효과

부동산양도 시 판매가격과 구입 시의 가격 차이에 대하여 부과되는 양도소득세의 경제적 효과는 '부동산공급의 동결효과(lock-in-effects)'의 유무와 그 정도에 따라 거래량, 가격변화, 그리고 조세의 귀착 정도가 달라진다. 여기서 동결효과란 가격이 오른 부동산의 소유자가 양도소득세를 납부하지 않기 위해 부동산처분을 기피함으로써 부동산공급이 감소하는 효과를 말한다. 일반적으로 정부에서는 주택의 경우, 1세대 1주택소유의 일정조건을 충족하는 경우 양도세를 면제하여 건물의 감가상각 및 주택거래비용으로 인한 손실을 감소시키도록 하고 있다.

그런데 만약 주택공급의 동결효과가 없다면 양도소득세 부과효과는 앞서 설명한 재산세의 효과와 동일하여 사용자비용 상승과 이에 따른 주택수요 감소, 거래량의 감소, 주택가격의 하락을 초래한다. 즉 [그림 3-14]에서 양도세부과 강화로 인하여 수요가 감소하면 수요곡선이 D_0 에서 D_1 로 이동하게 됨에 따라 주택가격은 P_0 로에서 P_1 로 떨어지고 거래량은 Q_0 에서 Q_1 로 감소한다. 그러나 주택공급의 동결효과가 있는 경우 주택공급이 급격하게 감소하여 공급곡선이 S_0 에서 S_1 로 이동함으로써 주택거래량을 대폭 감소시켜 (Q_2) 버리면, 수요감소에 따른 가격하락의 효과를 상쇄시키고 결과적으로 주택가격이 오히려 상승하는 현상($P_1 \rightarrow P_2$)을 초래할 수도 있다.

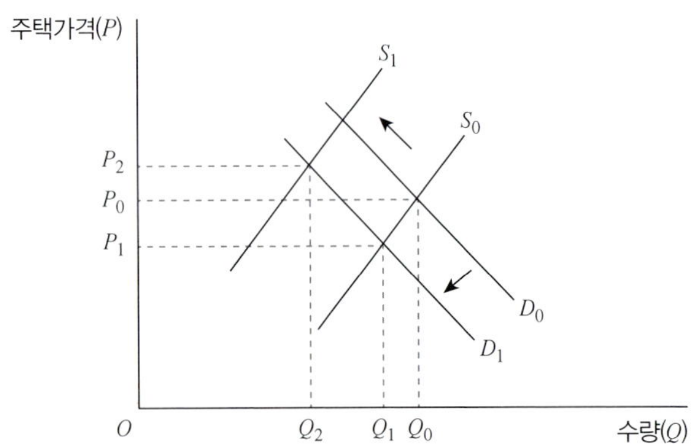

[그림 3-14] 양도소득세 부과의 효과

양도세를 강화할 경우 주택공급의 동결효과로 인한 주택공급 감소가 주택수요 감소의 효과를 얼마나 상쇄할 것인가는 해당 지역의 경제상황 및 인구 그리고 부동산경기 등에 따라 다를 것이다. 그러나 양도소득세가 경제에 미치는 이러한 이중적 효과를 고려할 때, 통상 주택가격안정을 위한 투기억제 정책으로 양도소득세를 지나치게 강화할 경우 오히려 주택가격을 상승시킬 가능성이 있다는 것을 보여 준다. 또한 양도소득세 강화는 저소득층의 주거비용 부담의 증가와 중·고소득층의 조세납부 연기로 인한 소득보전의 효과로 소득분배를 악화시키고 주거이동과 노동이용의 제약을 가져와 생산요소의 효율적 배분을 저해할 가능성이 있음을 주지하여야 한다. 이에 정부에서는 주택시장의 안정화를 위하여 재산세와 마찬가지로 양도소득세를 주택시장 상황에 따라 주택규모와 가격, 지역을 고려하여 세율을 강화하기도 하고 약화하기도 한다.

(2) 토지이용규제의 영향

토지이용규제의 구체적 수단은 여러 가지가 있을 수 있으나, 우리나라를 비롯하여 가장 보편적인 것은 용도지역제이다.[34] 용도지역제가 해당 토지 및 주변지역의 지가에 어떠한 영향을 미칠 수 있는지를 [그림 3-15]로 설명하도록 하겠다.

해당 지역의 토지이용이 [그림 3-15]에서 보이는 것처럼 어떤 도시의 토지가 상업용, 주거용, 농업용으로 이용된다고 가정할 때, 각 용도별 토지의 지대경쟁결과 도심에서 z까지의 토지는 상업용으로 사용되고 z에서 z'까지는 주거용 토지로, z' 밖은 농업용으로 이용되고 있다. 이때 P_u는 상업용 토지의 지대곡선을 나타내며 P_s는 주거용 토지의 지대곡선, P_a는 농업용 토지의 지대곡선을 나타낸다.

만약 이 지역의 공공재 확보 또는 환경개선 등의 명분으로 정부에서 z에서 z'까지의 토지에 대하여 개발밀도를 제한하였다고 가정하자. 이렇게 되면 z에서 z'의 주거용 토지의 개발수요가 사라지게 됨에 따라 지대하락을 가져와 새로운 지대곡선 P'_s가 된다. 이제 z에서 z'에는 신규주택이 더 이상 공급되기 어려워지므로 사람들은 도심이나 외곽으로 이동하게 된다. 이에 따라 도심지역이나 외곽의 농업지역에 택지수요가 증가하게 되고

34) 2002년 제정된 국토의 계획 및 이용에 관한 법률(국토계획법)은 전 국토를 포괄하는 기본적인 용도지역·용도지구·용도구역을 지정하도록 하고, 각종 개별법에 의해서도 용도지역·용도지구·용도구역 등을 구획·지정할 수 있도록 하고 있다.

결국 도심과 외곽지역의 지가가 상승하여 각각 새로운 입찰지대곡선인 점선 P'_u 와 P''_s 가 된다. 결과적으로 도심의 상업용지는 더욱 고밀도로 이용되고, 종래 농업용 토지였던 z' 에서 z'' 까지의 토지는 새롭게 주거지로 이용되는데 오히려 기존의 주거지보다 고밀도로 이용될 가능성이 높다.

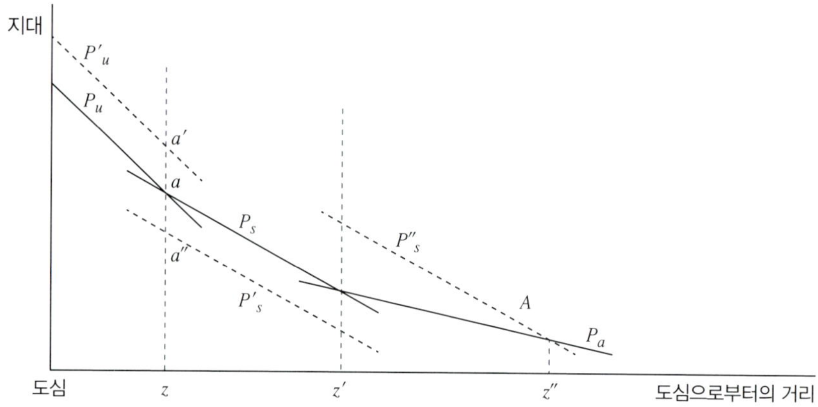

[그림 3-15] 토지이용규제(개발제한구역 지정)의 효과

이처럼 z에서 z' 의 토지이용규제는 도심으로부터 z까지의 토지소유자들은 aa'만큼의 지가상승으로 인한 우발이익을 얻게 하는 반면, z 밖의 토지소유자들은 aa''만큼의 지가하락으로 인한 우발손실을 가져오게 한다. 토지이용규제로 인한 우발이익과 우발손실의 문제는 두 용도가 인접한 접경지대에서 가장 첨예하게 발생하게 된다. [그림 3-15]에서 z 부근의 토지소유자들은 개발제한구역 지정 z 바로 안의 지가가 a'이고 z 바로 밖의 지가가 a''이 되기 때문에 결국 $a'a''$만큼 우발손실을 입게 되었다고 주장할 수도 있다. 하지만 이해당사자가 아닌 경우 정부는 토지이용규제 전의 상태를 기준으로 삼아 사실상의 우발손실은 aa''라고 할 것이다. 이와 같은 입장차이, 즉 우발이익 또는 우발손실 간의 견해차이는 실제로 개발제한구역의 지정 및 해제로 인한 해당 지역뿐만 아니라 주변지역과도 첨예한 갈등을 야기하고 있다.

(3) 분양가규제의 효과

분양가규제란 주택가격의 상승을 억제하고 무주택자의 주거안정을 위한다는 목적하에 일률적으로 아파트의 분양가격을 균형시장가격보다 낮은 임의의 수준으로 통제하는 이른바 분양가상한제, 즉 일종의 '최고가격제(price ceiling)'를 말한다.[35]

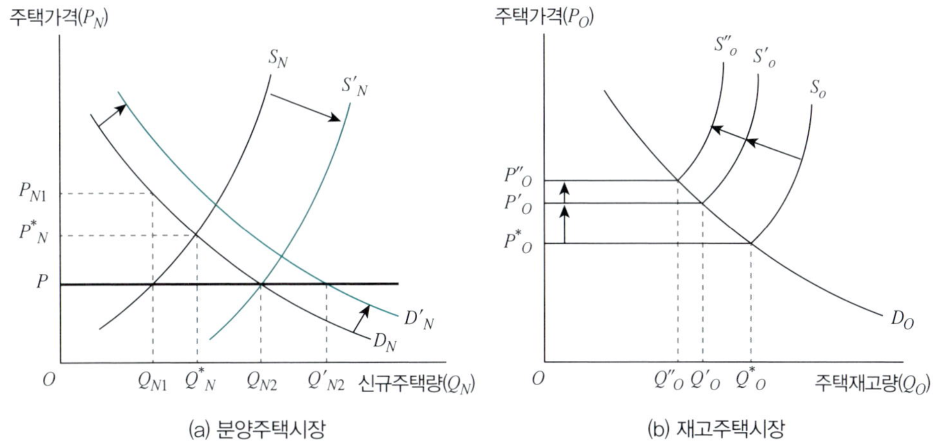

[그림 3-16] 분양가규제가 분양주택시장과 재고주택시장에 미치는 효과

[그림 3-16 (a)]에서 분양가격이 시장에서 이루어지는 균형가격 P^*_N 보다 낮은 P로 통제가 되면 주택건설업체는 더 이상 Q^*_N 만큼의 주택을 공급할 수 없게 된다. 일반적으로 물가와 아파트 건설비는 시간이 흐름에 따라 상승하기 마련인데 가격규제로 인하여 신규아파트의 분양가격이 이를 반영하지 못하다면 공급량이 감소할 수밖에 없게 된다. 그런데 분양가상한제 실시에 따라 공급자가 주택의 질을 낮추어 공급한다고 하더라도 정부의 통제가격이 소비자의 최대 지불의사액(willingness to payment)보다 낮다면 소비자는 불만을 갖지 않을 것이다. 즉 [그림 3-16 (a)]에서 분양가 상한선 P에서 주택공급량이 Q_{N1}일 때, 소비자는 신규주택에 대하여 P_{N1}까지 지불의사가 있기 때문에 신규주택의 품질을 현격히 떨어지지 않는다면 분양에 문제가 없는 것이다. 공급자가 주택품질을 낮추거나 기술발달로 한계비용이 하락하여 공급곡선이 S_N에서 S_N'로 이동하게 되면 시장균형가격과 통제가격이 일치하여 분양가상한제의 효과가 사라질 수도 있다. 이처럼 분양가상한제로 인한 주택품질저하와 공급량 감소는 상호대체적인 성격을 갖고 있다. 즉 주택공급자는 품질저하를 통해 한계비용을 낮추면 공급량 감소효과는 줄어들 수 있으나, 품질저하를 통해 한

35) 최고가격제란 어떤 재화의 판매가격에 대하여 법정 최고치를 설정하는 것이다. 이에 반하여 최저가격제(price floor)란 어떤 재화의 판매가격의 법정 최저치를 정부에서 강제적으로 설정하는 것을 말한다.

계비용을 낮추기 어렵다면 공급량을 감소시키게 된다. 분양주택의 경우 일반소비자들이 건축원가를 완벽하게 파악하기 어려운 특성에 의한 정보의 비대칭(asymmetric information)이 존재할 가능성이 크기 때문에 분양가상한제의 실시는 주택공급자로 하여금 신규주택의 품질을 낮추려는 동인으로 크게 작용할 가능성이 있다. 즉 수분양자는 신규주택의 부실시공 여부를 알기 어렵기 때문이다. 실제로 건설사를 대상으로 실시한 설문조사에서 약 38.9%에 해당하는 건설사들이 분양가상한제가 실시되면 브랜드 품질이 하락하게 될 것이라고 하였다.[36] 실제로 손재영(2009)은 실증분석을 통하여 분양가가 자율화되었던 시기 신규아파트의 품질이 향상되어 시장가격에 반영되었다는 것을 밝혔다.

① 신규주택의 배분문제와 분양프리미엄

분양가상한제가 실시되면 공급량은 Q_N^* 에서 Q_{N1}으로 감소하는 반면, 수요량은 Q_{N2}로 증가하기에 만성적인 초과수요($Q_{N2}-Q_{N1}$)가 발생하게 된다. 이 경우 분양경쟁률은 $\frac{OQ_{N2}}{OQ_{N1}}:1$이 된다. 분양가규제가 시행되면 신규주택의 가격은 재고주택의 가격보다 항상 낮기 때문에 시장균형가격에서 주택을 구매할 의사가 없던 가계들조차 낮은 분양가격으로 인하여 자본이득(capital gains)을 추구할 수 있게 된다. 만약 청약과 전매에 대하여 어떠한 제약도 없다면 자산의 무위험차익거래(arbitrage trade)가 가능하기 때문에 이를 추구하는 투자자 또는 소위 투기수요가 신규 분양주택시장으로 몰리게 된다. 분양주택에 대한 투기수요는 분양가와 시가(時價)의 차이가 클수록 증가하기 마련이므로 분양주택에 대한 수요는 더욱 더 확대되어 수요곡선이 D_N에서 D_N'로 이동하게 되며 그 결과 초과수요는 ($Q_{N2}-Q_{N1}$)에서 ($Q_{N2}'-Q_{N1}$)로 확대된다. 이처럼 신규분양주택의 통제가격이라는 인위적인 배분기준은 수요자들의 행동에 영향을 미치게 될 것이며 이러한 행동변화는 자원배분의 비효율성 문제를 야기할 수 있다. 초과수요량이 어느 정도 존재하는가는 시장균형가격과 정부통제가격 간의 격차, 그리고 공급자의 품질저하 정도와 이에 대한 소비자의 인식 정도에 따라 달라진다. 즉 시장균형가격과 통제가격 간의 격차가 클수록 초과수요가 커지게 되며, 반대로 신규주택의 품질저하가능성이 높을수록, 소비자의 이러한 품질저하 문제에 대한 인지가능성이 높을수록 초과수요는 감소하게 된다. 정부에서는 분양가상한제로 인한 자본이득을 추구하는 투자수요의 진입을 막고 주택이라는 공간 사용에

36) 주택산업연구원·한국건설산업연구원(2008). 주택공급규제 개선을 위한 토론회.

대한 수요자들에게 신규주택이 배분될 수 있도록 청약제도 변경과 전매제한 강화 등 또 다른 규제를 사용하게 된다.

신규주택의 배분문제는 분양프리미엄과 밀접한 관련이 있다. 언급하였듯이 분양가상한제로 인하여 통제된 분양가(P)와 소비자들의 지불용의액(P_{N1})간에는 차이가 발생하게 되므로 분양을 받은 사람은 ($P_{N1}-P$)에 해당하는 자본이득을 얻게 되는데 이를 분양프리미엄이라고 한다. 분양프리미엄은 일반 재화와 서비스에 대해서는 암시장(black market)이라는 단어로 설명될 수 있다. 신규아파트시장의 분양프리미엄은 첫 번째 구매자(수분양자)가 또 다른 수요자에게 분양가격보다 더 높은 가격에 주택을 다시 판매할 수 있음을 뜻한다. 분양프리미엄이 존재하는 근본적 원인은 분양가상한제에 따른 공급량 감소이다. 따라서 공급량 감소효과가 크지 않다면 분양프리미엄의 크기도 크지 않게 된다.[37] 또한 분양프리미엄의 크기는 분양가상한제에 따른 공급량 감소효과, 수요곡선의 탄력성, 신규주택의 품질, 소비자의 인지 등에 따라 달라진다.

② 재고주택가격의 상승

경제학적 관점에서 신규주택과 재고주택은 대체재이기 때문에 두 재화의 시장은 상호 연관성이 있다. 즉 분양경쟁률이 높아져 청약을 통하여 신규분양으로 아파트를 구입한다는 것이 복권에 당첨되는 것처럼 어려워지면 수요자들은 분양시장에서 재고주택시장으로 관심을 돌리게 된다. 이에 따라 재고주택 보유자들은 신규주택의 공급이 한정되는 반면, 주택수요의 증가로 향후 주택가격이 상승할 것이라는 기대감을 갖게 된다. 이에 따라 시장에 주택매물이 줄어들게 되어 공급곡선이 S_O에서 S_O'로 이동하게 되고 재고주택시장의 가격은 P_O^*에서 $P_O^{*\prime}$로 상승하게 된다. 이처럼 재고주택의 가격이 분양가격에 동조화되는 현상을 공표효과(announcement effect) 또는 전염효과(contagion effect)라고 한다. 분양가규제가 재고주택가격에 미치는 영향은 규제로 인한 공급감소 및 수요증가에 따라 다르게 나타날 수 있다.[38]

37) 김지현·김성욱(2010)에 의하면 2007년 다시 도입된 분양가규제는 통제된 분양가격과 시장균형가격 간의 차이가 건설사 수익성에 영향을 줄 만큼 크지 않아서 신규아파트 공급량을 감소시키는 효과가 미미하였다고 주장하고 있다.

38) 우리나라에서 분양가규제가 재고주택 가격에 미치는 영향을 실증적으로 분석한 대표적 연구는 정의철 외(1996), 권주완 외 (2009), 윤종만 외(2017) 등이 있다. 서울시를 분석한 윤종만 외(2017)은 분양가규제를 실시(폐지)하는 해당 지역(동)에 신규아파트가 공급되었다면 그 지역의 재고주택 가격증가율은 다른 지역에 비해 유의하게 하락(상승)하였다고 한다.

그런데 이러한 재고주택가격의 상승은 다시 분양주택에 대한 투기적 수요 형성에 이바지할 수 있다. 재고주택의 가격상승은 신규주택의 통제가격을 상대적으로 더 낮추게 되므로 실수요자이든 투자수요자이든 신규주택을 분양받게만 되면 상당한 분양프리미엄이 예상되기 때문이다. 분양주택의 수요증가는 또다시 분양경쟁률을 높여 분양주택의 수요곡선을 우상향 이동시키고, 이에 따라 분양경쟁률을 높이는 악순환(vicious cycle)현상이 발생하게 된다.

생각해 볼 문제

PROPERTY MANAGEMENT

1. 부동산시장을 활성화하기 위하여 주택담보대출금리를 하락시켰을 때, 공간시장과 자산시장에 어떠한 영향이 미칠 것인가?

2. 최근 우리나라에 부동산경기와 일반경기가 역순환관계를 보이지 않는 가장 중요한 이유는 무엇인가?

3. 수도권 주변의 개발제한구역(greenbelt)을 대규모 해제하였을 경우, 예상되는 서울시의 지가 및 토지이용 변화는 무엇인가?

4. 전세수요의 급증에도 불구하고 공급이 제대로 이루어지지 못하여 전세가격이 계속 급등할 때 정부는 전세가격 안정화를 위한 강력한 정책을 실행하여야 하는가?

5. 부동산관련 조세강화가 오히려 자가주택 거주자보다 임대주택 거주자에게 더 높은 주거비용을 줄 수 있는 이유는?

CHAPTER 04

부동산자산관리계획

주요 용어

부동산자산관리계획, 소유자목표분석, 지역 및 근린분석, 부동산자산분석, 시장분석, 대체방안분석, 재무분석

요약

부동산자산관리계획은 부동산소유자의 목표를 달성할 수 있도록 부동산의 물리적·재정·운영상태와 경쟁 요인을 분석하여 기존 자산의 유지·이용 또는 개량, 재투자를 효율적으로 시행할 수 있도록 관리 및 재무업무의 계획을 수립하는 것이다. 현재 자산상태가 소유자의 목표를 추구함에 있어 적합하지 않다고 판단되면 물리적, 재정적, 운영의 변화를 제안하는 계획을 수립해야 한다. 자산소유자의 목표는 법인, 기관, 개인, 정부에 따라 다르다. 부동산자산관리계획의 단계는 다음과 같다. 첫째, 거시적 접근으로 지역분석과 미시적 접근으로 근린분석을 시행한다. 둘째, 해당 부동산자산을 분석한다. 이에는 토지분석, 건물분석, 임대차(계약)분석, 관리상태분석이 이루어진다. 셋째, 시장분석을 한다. 시장분석은 시장권역 설정, 수요분석, 공급분석의 단계로 이루어진다. 넷째, 대체방안을 모색한다. 이 단계에는 해당 부동산의 운용 및 구조의 변화와 자산사용의 변화를 추구한다. 5단계에서는 재무적 분석을 실시하여 마지막 6단계에는 결론을 내려 자산소유자에게 제안사항을 제시한다.

CHAPTER PROPERTY MANAGEMENT

04 부동산자산관리계획

학습목표

부동산자산관리계획을 단계별로 작성할 수 있다.

1. 부동산자산관리계획의 정의와 목적

부동산자산관리계획이란 부동산자산의 물리적, 재정적 상태, 경쟁력 요인, 운영상태를 분석하는 것을 말한다. 부동산자산관리계획의 수립목적은 부동산소유자의 목적을 달성하는 것으로 부동산이 최고최상의 효용(highest and best use: HBU) 상태가 될 수 있도록 기존 자산의 유지·이용 또는 개량, 재투자 등을 통하여 관리업무 및 재무적 운영이 원활하게 이루어지도록 하는 것이다. 현 자산의 상태가 소유자의 목표를 추구하는 데 적합하지 않다면 자산관리자는 물리적, 재정적, 운영의 변화를 제안하는 계획을 수립해야 한다. 부동산자산관리계획을 명확하게 수립하기 위해서는 지역 및 근린지역의 분석, 개별 부동산에 대한 분석, 소유자의 목표에 대한 분석을 중점적으로 해야 할 것이다. 다시 말해서 이 세 가지 분석에 근거하여 관리계획을 입안하고 현재와 미래에 예상되는 경기순환하에서 실현가능도록 예산을 세울 필요가 있다.

주지하듯이 부동산자산관리계획에는 다양한 분석이 이루어진다. 〈표 4-1〉은 전미부동산수탁자협의회(NCREIF, 1995)와 Greer에 의해서 제안된 부동산자산관리계획 수립에 필요한 분석내용을 정리한 것이다. 분석내용은 연구자에 따라 약간의 차이가 존재하나, 일반적으로 부동산자산관리계획을 수립함에 있어 지역 및 근린분석, 해당 부동산의 분석, 수요와 공급 또는 시장경쟁력 분석, 대안분석, 재무분석 등이 필요하다.

부동산자산관리계획의 수립은 많은 시간과 노력이 요구되기 때문에 일반적으로 자산관리자는 계약이 체결된 경우에만 계획을 작성한다. 그러나 자산관리시장이 경쟁적인 경우, 보수를 받지 못하더라도 계약유치 과정의 일부로 생각하여 부동산자산관리계획 작성 서비스를 제공하기도 한다.

〈표 4-1〉 부동산자산관리계획 수립을 위한 분석 내용

연구자	분석 범주	분석 내용
	지역구분	지역경제 기반, 경쟁시장 구분, 시장지역 구분
전미부동산 수탁자협의회 (NCREIF, 1995)	수요분석	수요요인 결정, 수요단위 결정, 총수요와 지역수요 거시경제적 수요요인과 지역시장 수요의 연계
	공급분석	공급재고량과 특성, 과거 공급 유형, 공급주기상 현시장의 위치, 신규공급 영향요인 확인, 장·단기공급 예측 미래의 공급제약요인 검토, 거시경제의 영향요인분석
	흡수율분석	과거흡수율, 미래수요와 시장조건의 연계분석, 예상흡수율과 흡수시간, 부동산 유형 및 등급별 손익분기 임대료분석
	공실률분석	과거 공실률 유형 및 미래 공실률 예측, DCF 가정과 연계분석
	시장임대료분석	임대조건분석, 과거 임대료 동향, 등급별 임대료 차별화 효과분석
Greer (타당성 분석)	범위와 한계	타당성 분석에 제한을 주는 비용 및 시간요인
	지역 및 도시분석	타당성 분석에 직접 영향을 주는 지역 및 도시에 대한 정보
	입지 및 부지분석	부지의 물리적, 법적 측면에 대한 평가: 용도지역, 상하수도, 토양, 배수, 오염 등
	시장분석	시장상황 및 시장추세분석, 수요공급분석, 경쟁공간분석
	재무분석	재무비용추계, 흡수율추계, 현금흐름추계, 투자지표 및 재무비율계산
	추천대안	분석결과의 요약 및 추천안 제시: 위험, 현금흐름전망, 투자유동성, 인플레이션 헷지, 조세컨설팅

2. 소유자 목표분석

부동산자산관리계획을 세우기 위해서는 먼저 부동산소유자의 목표를 이해하여야 한다. 소유자의 목표는 개인, 법인, 신탁회사 및 정부기관 등에 따라 달라질 수 있다. 예를 들어 현재 사용하고 있는 부동산을 소유자의 목표에 따라 다른 용도로 변경하는 것이 좋은 경우에는 부동산자산관리계획에 반영하여 새로운 용도변경에 따른 비용과 운영방식의 변화도 제안하여야 할 것이다.

1) 법인 소유자의 목표분석

법인의 부동산소유는 크게 2가지 형태로 분류되며 이에 따라 부동산 소유의 목표에 차이가 존재한다. 첫째는 투자수익을 위한 REITs나 신디케이트(syndicate)로 부동산을 소유하는 형태로 이런 경우 법인은 수익실현이 부동산소유의 가장 큰 동기가 된다. 이에 자산관리자는 임대수입(income gains)과 투자자산의 가치를 극대화하여 매각을 통한 자본이득(capital gains)을 실현하기 위해 노력하게 된다. 둘째는 법인이 부동산을 소유하고 사용하는 형태로 이때 법인은 임대소득과 자본이득을 추구하는 동시에 소유한 부동산의 감가상각 및 대출금의 비용처리를 통하여 법인세의 절감을 추구하기도 한다.

2) 기관 소유자의 목표분석

부동산자산관리 수탁기관들은 자산관리와 관련하여 두 가지의 신탁방식을 취하며 이 방식에 따라 관리의 목표가 결정된다. 즉 자산의 관리를 위탁자 요구에 따라 관리하거나 수익부동산을 매입하는 투자대행 업무이다. 물론 부동산자산관리 수탁자의 주목적은 수익자에게 합리적인 수익률을 제공하면서도 수탁받은 자산의 가치를 유지하는 것이다.

3) 개인 소유자의 목표분석

개인 소유자들은 자산관리에 대한 장기계획을 수립한 경험이 거의 없으므로 자산관리자의 도움을 받아 소유자의 자기자본과 부채를 종합평가하여 보유 또는 처분 등의 목표를 수립하는 것이 바람직하다. 그러나 대부분의 개인 소유자들은 장기계획보다는 부동산투자에 따른 일정 수익과 현금흐름을 확보할 수 있는 관리방식을 선호한다. 따라서 자산관리자들은 필요한 자금을 설정하고 소유자들이 이해하기 쉽도록 부동산자산관리계획을 수립하여야 한다. 자산관리자는 소유자로부터 연간 부동산관련 세금과 부채상환액, 보험료 명세서 자료를 취득하고 시장분석 및 해당 부동산을 실사하여 자산관리계획 수립에 반영하여야 할 것이다.

4) 정부의 소유 목표

정부와 국가기관들이 관리하는 부동산자산은 국민들의 주거복지 향상과 특정 부동산의 가치를 보전하는 데 그 목적이 있는 경우가 많다. 예를 들어 정부가 지원하는 대부분의 임대주택은 저소득계층의 주거공간을 제공하기 위한 것이지 임대소득을 추구하고자 하는 것이 아니다.

3. 단계별 부동산자산관리계획

부동산자산관리계획은 단계별로 수립하는 것이 합리적이다. 부동산자산관리계획은 [그림 4-1]과 같이 6단계로 이루어지는 것이 보편적이다. 이하에서는 각 단계별 부동산자산관리계획의 내용을 살펴보기로 하겠다.

[그림 4-1] 단계별 부동산자산관리계획

1) 1단계: 지역 및 근린분석(regional and neighborhood analysis)

부동산시장의 주요 특성의 하나는 지역시장(regional market)이 존재한다는 것이다. 부동산자산관리자는 자산소유자를 위하여 해당 지역의 지역 및 근린을 분석하여 특정 입지의 부동산가치에 어떠한 영향이 있을 것인지 확인해야 된다. 이때 지역에 대한 광역정보를 해당 부동산이 위치한 지역의 세부적인 정보와 통합시켜야 한다. 세부정보에는 토지용도, 교통과 편익시설의 가용성, 근린지역의 위락시설뿐만 아니라 지역경제기반과 수요와 공급의 추세 등도 포함된다.

(1) 지역분석(거시적 접근)

지역분석(regional analysis)이란 국가경제가 지역경제에 미치는 영향을 살펴보는 것으로 해당 부동산자산이 위치한 지역의 경제적 상황, 인구특징과 지리적 특성을 분석하는 거시적 접근을 말한다. 이때 지방정부정책과 지역의 사회적 분위기도 중요한 분석대상이 된다. 지역분석의 내용은 다음과 같다.

- 해당 지역 인구의 통계와 추세
- 해당 지역 평균(또는 중위)소득과 고용자료
- 해당 지역의 경제활동과 경제기반, 미래의 지역경제 전망
- 해당 지역 부동산수요와 공급의 추세
- 해당 지역 교통망의 분석

지역분석은 특히 상업용·산업용과 같은 비주거용 부동산의 소유자에게 매우 중요하다. 왜냐하면 지역분석을 통하여 해당 지역의 미래 성장과 기회요소를 파악하고 현 상태를 유지할 것인지 여부를 결정하여 궁극적으로 경기침체상황에 대비하여야 하기 때문이다.

※ 미국의 떠오르는 새로운 실리콘밸리 시애틀

2017년 7월 17일 Microsoft and Tech News에 의하면 2017 Scoring Tech Talent Report에서 미국 서북부에 위치한 시애틀(Seattle)을 차세대 실리콘밸리로 지목하고 있다고 한다. 실리콘밸리에 집중되었던 경쟁력 있는 IT회사들에서 고임금을 받고 있는 전문인력들조차 살인적인 실리콘밸리의 부동산가격은 시애틀이라는 대안을 부각하게 하였다. 시애틀은 타 지역에 비하여 교육수준이 높은 인력을 구하는 것이 쉽고 이미 오래전부터 자리 잡고 있는 보잉사와 마이크로소프트 등 첨단기술시장(Hi-tech market)이 존재하기 때문이다. 부동산자산관리회사 CBRE은 시애틀의 경쟁력은 우수한 IT 기업들이 입주하고 우수한 인력이 유입되면서 더 강화될 것이며 이에 따라 부동산시장도 활황을 이어갈 것이라고 전망하고 있다. 실제로 시애틀은 2016-2017년 연속하여 가장 건설공사가 많은 지역으로 선정되었다. 아마존(Amazon), 구글(Google), 페이스북(Facebook)과 같은 IT 기업들의 오피스건물들과 함께 젊은 우수인재들이 유입되면서 호텔, 임대아파트, 콘도미니엄 등이 건설 중에 있다.

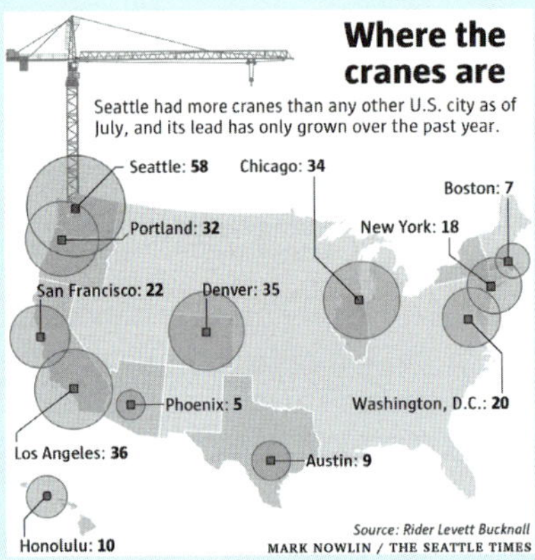

[그림 4-2] 미국의 새로운 실리콘밸리, 시애틀

출처: The Seattle Times https://www.seattletimes.com/business/real-estate/seattle-has-most-cranes-in-the-country-for-2nd-year-in-a-row-and-lead-is-growing/?utm_source=email&utm_medium=email&utm_campaign=article_title_1.1

이러한 상황을 반영하듯이 2017년 7월 기준 일 년 동안 시애틀의 주택가격은 미국의 주요 20개 도시 중 가장 높이 인상하여 13.5%을 기록하였다.

〈표 4-2〉 미국 주요 도시의 주택가격 변화(2017년 7월 기준)

주요 대도시	월 변화율	연간 변화율
Atlanta	0.3%	5.3%
Boston	1.1%	6.8%
Charlotte	0.6%	6.4%
Chicago	0.7%	3.3%
Cleveland	0.8%	3.8%

Dallas	0.4%	7.3%
Denver	0.6%	7.2%
Detroit	0.8%	7.3%
Las Vegas	0.8%	7.4%
Los Angeles	1.1%	6.1%
Miami	0.6%	5.1%
Minneapolis	0.7%	5.8%
New York	0.8%	3.9%
Phoenix	0.6%	5.6%
Portland	0.6%	7.6%
San Diego	0.6%	7.1%
San Francisco	0.6%	6.7%
Seattle	0.6%	13.5%
Tampa	0.6%	7.0%
Washington	0.4%	3.3%

출처: Home-price gains accelerate in July as a reminder of the housing bubble stirs to life Published: Sept 26, 2017 9:00 a.m. ET (http://www.marketwatch.com/story/home-price-gains-accelerate-in-july-as-a-reminder-of-the-housing-bubble-stirs-to-life-2017-09-26)

(2) 근린분석(미시적 접근)

근린분석(neighberhood analysis)은 해당 부동산자산 인근 지역의 인구와 부동산에 대한 보다 자세한 분석을 말한다. 자산관리자는 건물에 대한 최적소득을 결정하기 전에 인근시장의 환경을 파악해야 한다. 근린분석을 하는 목적은 해당 자산에 영향을 크게 줄 수 있는 인구, 경제적 요인, 자산의 유형적 특성을 파악하기 위함이다.

근린분석은 다음과 같이 이루어진다. 우선 경계지점(boundary definition)을 정의한다. 이를 위하여 '근린은 어디까지인가?'를 결정하여야 하는데 일반적으로 자연적 환경 또는 구조물에 의하여 결정되는 경향이 높다. 두 번째는 물리적 검사(physical inspection)를 해야 한다. 해당 자산의 첫인상에 영향을 주는 근린의 청결상태는 매우 중요하다. 또한 주택의 경우 학군, 근린상가, 교통편이성 등을 명시하여야 한다. 마지막으로 연령, 소득, 가구 크기, 임대료, 자산가격의 변화 등의 데이터분석(data evaluation)을 통하여 인구와 경제의 변화를 예측하는 것이다.

근린분석이 제대로 이루어지기 위해서는 주변지역에 영향을 미치는 다음의 5가지 요인을 평가하여야 한다.[1)]

첫째, 경계와 토지용도이다. 일반적으로 근린지역은 공통적인 인구특성과 토지이용을 보이는 지역으로 정의된다. 호수, 강, 산과 같은 자연적인 지형은 통행뿐만 아니라 심리적·사회적 장벽이 되기도 한다. 옹벽이나 고속도로, 철도 등 인공 구조물도 인근지역의 경계로 활용한다. 이처럼 명백한 경계가 없는 경우에는 어느 정도의 면적이 동일한 용도로 사용되고 유사한 인구가 존재하는지 파악하여야 한다. 인근지역과의 경계가 설정되면 미래의 지역발전에 저해를 미칠 요인이 무엇인지 파악하고 지역지구제의 변경 등 제한사항을 파악해야 한다. 예를 들어 토지이용규제상 산업용지에 공동주택 건설을 제한할 수 있으나, 반대로 특정 지역에 산업용지 개발을 허용한다면 인근 주거지역의 가치가 하락할 수도 있다.

둘째, 교통과 편의시설이다. 부동산가치는 유형별로 차이가 있다 하더라도 도로상황, 교량의 개통 또는 폐쇄, 새로운 도로의 건설 등에 따라 크게 영향을 받는다. 또한 주차공간에 대해서도 많은 부동산 이용자들이 관심을 가진다. 상업용 부동산의 경우 직원과 고객을 위한 주차공간의 확보는 매우 중요한다. 이와 함께 인근 공공 및 편익시설에 대한 서비스의 내용과 질도 부동산의 가치에 영향을 준다.

셋째, 지역경제이다. 부동산자산관리자는 지역경제를 파악하기 위하여 여러 가지 데이터분석과 기법을 동원한다. 지역의 경제기반[2)]은 몇 개의 업종에만 의지하는 것보다 여러 산업에 기반을 두는 것이 보다 바람직하다. 단일업종으로 지역경제가 움직일수록 해당 부문이 쇠퇴하면 지역경제 자체도 붕괴할 수 있기 때문이다. 광산물의 채굴에 기반을 둔 광산도시가 그 대표적 예라 할 수 있다. 이에 지역경제의 현재 및 미래의 잠재 성장을 평가하는 것은 대단히 중요하다. 입지상(location quotients: *LQ*)은 특정 지역에 수출부문이 산업부문을 얼마나 차지하고 있는지를 계량적으로 파악하기 위하여 개발된 가장 보편적으로 사용되는 경제기반분석기법으로 이를 수식으로 표현하면 (식 4-1)과 같다.

1) Kyle, R. C. (2007). 자산관리. 신창득 옮김. 부연사.

2) 어떤 지역의 경제기반(economic base)이란 그곳의 소득원천을 말한다. 경제기반은 해당 지역의 내수와 외부로의 수출을 위한 재화와 서비스의 생산, 자본의 투자수익, 정부의 사회보장기금 양도 등으로 구성되는데 이 중 외부수요를 위한 재화와 서비스를 생산하는 수출산업이 가장 중요하다. 보다 자세한 내용은 김지현(2018)의《부동산 경제학의 이해》를 참조할 것.

$$LQ_{mi} = \frac{N_{mi}/N_m}{N_i/N} \qquad (식\ 4-1)$$

여기에서 N_{mi} = 도시 m에서 산업 i에 고용된 노동자의 수
N_m = 도시 m에서 모든 산업에서 고용된 노동자의 수
N_i = 국가 전체에서 산업 i에 고용된 노동자의 수
N = 국가의 모든 산업에서 고용된 노동자의 수

LQ가 1.0이라는 것은 국가 전체로 볼 때 특정 산업에서 일하고 있는 노동자의 수가 그 산업에 종사하는 지역노동자의 수와 같은 비율임을 의미한다. LQ가 1.0보다 크면 다른 지역 또는 국가 전체와 비교하였을 때 그 지역에는 해당 산업에 종사하는 노동자의 수가 많다는 것을 의미하며 반면, LQ가 1.0보다 작으면 이 지역에서 해당 산업 종사자가 적다는 뜻이다.

마지막으로 현재 임대차 상황에서 특정 부동산 유형의 수요와 공급의 관계이다. 수요와 공급의 관계는 점유율(occupancy rate)과 공실률(vacancy rate)에 의하여 파악이 가능하나, 전체 임대인구의 임대수요와 공급은 끊임없이 변화하므로 점유율과 공실률의 추세를 확인할 필요가 있다.

명심할 것은 근린분석이 지역분석과 다른 결과가 나올 수 있으므로 언제나 지역과 근린분석을 같이 해야 한다는 것이다.

2) 2단계: 부동산자산분석(property analysis)

부동산자산분석은 해당 부동산을 분석하는 것으로 해당 건물을 면밀히 검사하고 임대가능 공간, 공용면적, 건축디자인, 전반적 물리적 상태, 최근 운영과 관계된 요소들을 자세히 기술하여야 한다. 자산관리자는 시장분석을 통해 표준적인 공간의 최적 임대구조를 결정할 수 있으나, 건물의 속성 및 주변 건물과의 상대적 경쟁력과 단점도 분석해야 할 것이다. 부동산자산분석은 토지, 건물, 관리상황으로 구분할 수 있으며 주요 분석 내용은 다음과 같다.

(1) 토지분석

토지의 분석은 나대지와 건물이 있는 경우를 구별하여 이루어져야 한다. 건물이 없는 나대지의 경우 토지 자체의 가치로 판단할 수 있지만 건물이 있는 경우 건물의 사용년수, 즉 노후도에 따라 감가상각을 고려하여야 하기 때문이다. 토지분석에는 해당 토지의 관련 법규, 매년 국토교통부에서 발표하는 공시지가와 시가분석, 개발 타당성 등이 검토대상이다.

(2) 건물분석

건물분석은 해당 건물의 규모부터 살펴보아야 한다. 즉 건물의 단위(unit)가 존재하는지, 임대가능한 공간의 면적은 어떻게 되는지를 검토한다. 건물의 물리적 상태도 주요 점검대상이다. 건물의 구조적·물리적 상태(지붕, 엘리베이터, 케이블 등)의 유지·보수가 가능한지를 판단하고 그렇지 못할 경우 어떻게 이 문제를 해결할 것인가를 고민하여야 한다. 또한 외관, 실내, 설비, 위생, 안전을 위협하는 요소는 무엇인가 점검하고 이에 대한 운영비용도 계산한다.

건물분석의 구체적 내용은 다음과 같다.

첫째, 공간의 양과 질을 살펴보아야 한다. 가장 객관적 자료인 건폐율과 용적률을 파악한다. 출입자의 동선, 관리상태, 조경 등 건물의 외적인 모습에서 첫 인상이 결정되기 쉽다는 점을 인식하여야 한다. 또한 최적임대료와 임대의 용이성 확보를 위한 내부공간의 디자인도 실사를 할 필요가 있다. 이를 통해 자산관리자는 개별적으로 임대할 단위의 수 또는 면적을 결정할 수 있다. 최적의 임대료 수입을 얻기 위해서는 건물 내의 공간 디자인뿐만 아니라 시설물의 시공상태도 질적으로 우수해야 한다. 즉 설비상태, 배관, 벽지, 전기설비 등 위생과 안전시설들이 정기적으로 수선·교체되고 있는지 간과해서는 안 된다.

둘째, 가장 빈번하게 사용되는 공용면적의 상태는 어떠한지 살펴야 한다. 예를 들어 층계, 로비, 입구 등은 주요 점검대상이다.

셋째, 입주자들의 개별 공간을 점검해야 한다. 임대가능공간으로서의 매력은 무엇인가를 꼼꼼하게 점검하고 전망 및 편이시설의 접근성 등도 살펴보아야 한다. 또한 현재뿐만 아니라 과거의 점유율을 살피고 임차인의 특성도 알아두어야 한다.

(3) 임대차(계약)분석

부동산자산관리자는 새로운 부동산을 매입하여 인수 시 임대차 계약관련 서류를 분석하는 것이 선행되어야 한다. 임대차 계약의 내용에 따라 임대료 수입의 총액과 임대기간이 파악되기 때문이다. 또한 임대료 할인, 연장계약 조건, 중도해지, 원상복구, 계약종료 등의 특약조항도 분석하여야 한다. 물론 공실률, 재계약률, 임대료 수준 등도 검토대상이다. 만약 임대차 재계약률이 낮다면 임차인의 서비스가 만족스럽지 않거나, 기존 임대료가 주변보다 높았다는 것을 의미한다. 반대로 임차인의 변동이 없었다면 임대료가 낮았다는 것을 의미할 수 있기에 임대료를 상승시킬 수 있는 가능성을 보여준다.

(4) 관리상태분석

해당 부동산의 준법상태(compliance status)를 점검하여야 한다. 즉 해당 부동산이 인간의 건강, 안전, 환경 기준을 위반하지 않았는가를 따져 보아야 한다. 또한 현재 관리상태를 점검하여야 한다. 건물관리의 현재 기준이 무엇인지 파악하여야 하고 주거용 부동산의 경우 거주자들이 해당 부동산을 선택할 때 영향을 줄 수 있는 관리적 요인은 무엇인지 파악하여야 한다. 물론 모든 유형의 부동산 관리에는 인력의 고용과 훈련, 건물유지 등에 영향을 줄 수 있는 정책과 규칙이 무엇인지 점검해야 할 것이다.

부동산관리에는 인력관리 및 재무관리도 포함되어야 한다. 인력관리는 해당 부동산의 관리에서 고용현황은 어떠한지, 피고용자들의 태도, 능력, 훈련상태는 효율적인 부동산관리에 적합한지를 점검해야 한다. 또한 고용자의 목표가 해당 부동산관리의 목표와 일치하는지도 점검해야 할 것이다. 재무관리는 해당 부동산의 재무적 건전성을 살펴보는 것이다. 구체적으로 해당 부동산의 순운영소득(NOI)과 채무상황을 경쟁대상 자산과 비교할 때 경비지출 정도가 과도하지 않고 적정한지를 비교하여야 할 것이다.

관리자는 해당 건물의 직원 인건비, 임차인에게 청구되지 않는 공익비용, 잔디관리, 엘리베이터 유지, 쓰레기 처리 및 경비 등 서비스 계약, 공급처리시설과 설비, 광고와 관리비용 등의 정보를 통하여 일상적인 운영비용을 파악할 수 있다.

3) 3단계: 시장분석(market analysis)

(1) 시장분석의 정의와 내용

시장분석은 지역 및 근린분석과 부동산자산분석에 기반을 두고 일정지역 시장단위에서 대상 부동산의 수요와 공급에 미치는 영향을 분석하고 경쟁 부동산과 비교하여 장단점을 평가하는 것이다. 시장분석은 입지, 공간연계, 수요, 공급, 경쟁 및 시장에 관한 상호관계를 규명하는 것이기에 부동산재활용에 대한 최적의 부동산의사결정을 도출하는 활동이라 할 수 있다. 대부분의 시장분석에서는 목표사업에 대한 시장잠재력(market potential)과 시장성 분석(marketability) 혹은 경쟁성(competitiveness)을 검토하기에 궁극적으로 경쟁 부동산 임대공간의 수요와 비교하여 해당 건물이 임대공간 수요수준을 결정하는 데 도움을 줄 수 있다는 것에 그 의의가 있다.

최근에는 시장분석을 지역시장권역 내의 매출액, 임대료, 공실률, 흡수율 등의 계량적 추정치 외에 소비자 심리, 선호도 등을 분석하는 질적 특성(설문조사, 소비자심리조사, 군집분석)에 대한 분석이 시장세분화와 전문화에 따라 중요해지는 추세이다.

(2) 단계별 시장분석의 내용

일반적으로 부동산시장분석은 ① 시장권역 설정, ② 수요분석, ③ 공급분석의 단계로 접근한다. 이하에서는 각 단계별 시장분석의 내용을 알아보기로 한다.

① 시장권역 설정

시장권역을 설정하기에 앞서 시장권역의 규모와 형태에 영향을 미치는 요인을 살펴보아야 한다. 우선 호수, 강, 산 등 자연적인 지형은 사람들의 실질적인 통행에 영향을 줄 뿐만 아니라 심리적·사회적 장벽이 되기도 하므로 시장권역 설정에 상당한 영향을 준다. 옹벽과 같은 인공구조물도 영향을 준다. 우리는 고속도로, 철도 등 사회기반시설이 서울과 같은 대도시의 접근성을 개선하고 시간을 감소시켜 대규모 시장의 영향력이 상당히 커지고 있다는 것을 잘 알고 있다. 고밀도로 개발된 도시 인근의 쇼핑센터는 지방 소규모 도시의 쇼핑센터에 비하여 시장권역 범위가 좁다. 즉 인구밀도가 높을수록 시장권역은 좁아진다. 교통상황도 시장권에 영향을 준다. 예를 들어 교통체증이 심한 곳은 잠재적인 수요자들이 부동산 구입이나 임차를 포기할 수 있다는 것이다. 또한 교통체증은 구매자가 운전을 포기하게 하기도 하므로 소매용시설의 시장을 악화시킬 수도 있다. 행정구역 경계, 학군(school district)은 특히 주거용 부동산의 시장권역에 영향력이 크다. 예를 들어 범죄율이 낮고 학군이 좋은 곳은 주거용 부동산의 넓은 시장권역을 확보할 수 있다. 인근 지역 경계와 동질성(거주자들의 가구소득, 가족구성형태, 교육수준과 연령분포 등 커뮤니티의 동질성)은 주거용 부동산과 소매용 부동산의 시장권역을 결정하는 데 매우 중요한 역할을 한다. 개발 유형과 범위도 시장권역 설정에 영향을 준다. 대형사업일수록 더 넓은 시장권역을 결정한다. 한편 복합용도 개발사업은 용도별로 다른 시장권역을 가질 수 있다.

이상 시장권역에 영향을 미치는 요인을 고려하여 시장권역을 설정하여야 한다. 시장권역의 설정은 다음과 같은 단계로 이루어진다.

첫째, 1차 시장권역과 2차 시장권역을 구분하여야 한다. 이를 위해 우선 다수의 잠재 임차인 또는 잠재구매자를 추출하여 구분하여야 한다. 그리고 핵심경쟁자들이 위치한 지리적 범위도 살펴야 한다. 이때 우편번호를 기준으로 한 인구통계조사자료 또는 교통접근 축과 행정구역은 유효한 자료가 될 것이다. 최근에는 지리정보시스템(GIS)을 이용하기도 한다. 이러한 자료를 기반으로 고객포획을 위한 1차 시장권역(60~80%)과 2차 시장권역(15~20%)을 설정한다. 1차 시장권역이란 반복적으로 구매고객을 이끌어낼 수 있는 지역으로 주거용과 소매용이 주축을 이룬다. 소매용 부동산의 경우 시장권역보다는 소매상권(trade area)이라는 용어를 더 많이 사용한다. 2차 시장권역은 1차 시장권역을 제외한 나머지 20~40%에 해당하는 수요자나 반복구매고객을 이끌어낼 수 있는 지역을 말한다. 소매용 부동산에서 1, 2차 시장권역에 거주하지 않는 관광객이나 기타 방문객이 구매하는 일부 수요는 유입매출(inflow)로 구분하여 추정하기도 한다. 유입매출은 대형 의류센터 매출에서 15~20% 정도를 차지할 수 있는 중요한 요소이다. 호텔, 리조트, 세컨드 홈(second home)의 경우는 지역 인구의 현황보다는 교통접근성(고속도로나 공항 접근성)과 전반적 관광객 수, 골프나 스키 같은 스포츠 활동, 소득증가 정도 등을 고려하여야 한다.

둘째, 시장의 경쟁력을 파악하여야 한다. 오피스용 부동산이나 산업용 부동산과 같은 수익용 건물은 주요 교통로, 고속도로 진입부근, 공항, 항구, 대학교, 종합병원, 지역 쇼핑몰과 같은 활동 중심지 주변에 밀집하는 경향이 있으므로, 이들의 시장성(경쟁력)은 지역경제 동향과 유사부동산의 밀집지역, 하위시장의 유사부동산의 성과를 동시에 고려해야 한다.

셋째, 대상 부동산을 실사(實査)하여야 한다. 도면으로는 부동산 면적 정도만 확인할 수 있기 때문에 해당 부동산을 방문하지 않고는 대상부지와 주변 환경을 정확하게 이해할 수 없다. 이때 지형, 자연적 형상, 경관을 파악해야 한다. 예를 들어 단독주택의 분양을 고려할 때 해당 부지에 큰 나무가 있을 경우 분양에 장점이 될 수도 있으나, 지상 정지작업이 필요한 경우 비용발생의 가능성을 염두하여야 할 것이다. 또한 대상 부동산과 주변 부동산용도와의 조화 여부를 평가한다. 해당 부동산의 실사는 장단점을 평가하는 형태로 정리하는 것이 좋다. 예를 들어 역사문화지역에 위치하고 있다든지, 도심의 스카이라인과 같은 매력적인 경관 등은 장점이라고 할 수 있다. 반면, 해당 부동산과 상충되는 인근지역의 토지 이용, 고속도로 소음, 철로, 공항 등은 치명적인 단점이 될 수 있다. 물론 어떤 대상부지의 특성은 토지이용계획에 따라 긍정적 또는 부정적이 될 수 있다. 예를 들어 주요 공항에 근접한 경우 호텔과 물류창고는 바람직한 입지가 될 수 있으나, 고급 주거지로는 바람직하지 않다.

마지막으로 근린생활시설과의 근접성을 살펴보아야 한다. 구매자나 임차인의 핵심적 관심사항이 될 근린생활시설의 위치를 주목하며 대상 부동산에 가까운 주변지역을 직접 운전하거나 도보로 탐색해 보는 것이 중요하다. 주거용의 경우 근린쇼핑시설, 공원, 학교, 교회, 도서관, 병원, 이외 일상생활에 필요한 시설을 살펴보고, 오피스용은 고속도로 진입부와의 접근성, 주차편리성, 전철역 접근편리성, 식당이나 소매점, 다른 회사업무 출장자나 지사근무 직원들을 위한 호텔/숙박시설이 있는지를 파악하여야 한다. 소매체인점 물류센터와 물류창고시설은 고속도로나 고속도로 교차점, 그외 산업용은 철도서비스, 항구근접성, 항공화물공항 등의 접근성이 중요한 점검대상이다.

② 수요분석

부동산 수요는 국가와 지역경제의 상황에 영향을 받고 있기에 수요분석은 국가경쟁력이나, 거시지표분석뿐만 아니라 지역경제상황에 대한 파악이 포함된다. 그렇지만 부동산은 지역시장이라는 점을 고려할 때, 수요분석을 포함한 부동산시장조사는 지역경제지표에 더 중점을 두어야 할 것이다. 언급한 입지상(location quotients: LQ)은 지역경제 상황을 계량적으로 알려주는 대표적 지표라 할 수 있다.

이외 소비자의 특성을 파악하는 인구통계학적 자료도 매우 중요한 수요분석이다. 시간의 경과에 따라 인구수의 변동률을 파악하여 신축 주택건축의 수요를 파악할 수 있기 때문이다. 명문대학들이 밀집한 미국의 보스턴의 경우 국내외에서 학생들이 계속 유입하자 호텔과 같은 비주거용 부동산을 주거용 임대주택으로 전환한 것은 좋은 사례라 할 것이다. 우리나라의 경우 최근 10년 동안 인구는 감소하였으나, 자녀 분가, 고령가구 증가, 독신, 젊은 부부 증가 등 1~2인 가구 수가 빠르게 증가하여 주택수요는 꾸준히 증가하고 있다. 따라서 연령에 따른 주거형태 및 소비 유형도 주요한 분석대상이 될 것이다. 우리나라 베이비부머세대들이 은퇴 후 주택 규모를 줄이거나, 저렴한 주택으로 이주하여 필요한 생활비를 충당하는 사례가 많아진다면 부동산시장 및 경제 전반에 지대한 영향을 미칠 것이다.[3)]

수요분석을 통하여 추정구매력(purchasing power)과 매출잠재력(sales potential)을 파악할 수 있다.

③ 공급분석

공급분석의 핵심자료는 부동산면적이다. 시장권역 내 현재의 재고규모, 과거 및 현재의 재고상황, 가까운 시기에 예상되는 건축활동 등은 공급분석의 주요 대상이다.

주택의 경우 등급별 현재 및 과거 재고가격(단위면적당 거래가격 평균), 월별 또는 연간 평균임대료 추이(침실 수 별로 집계)를 살펴, 동일한 주택등급과 시장경쟁력이 있는지 판단하여야 된다. 상업용 및 산업용 부동산의 경우는 임대가능면적당 평균 월간·연간임대료, 평균공실률 추이를 살펴보아야 할 것이다. 건축 중인 소매용 및 산업용 부동산의 현황파악, 사전임대 및 분양의 규모도 주요 분석대상이다.

공급분석에는 목표 부동산과 경쟁대상과의 비교가 포함되어야 한다. 즉 입지와 연결성(접근성, 편리성, 주변조망, 지명도), 임대료나 가격, 주택 유형의 구성형태(침실 수, 욕실 수 등), 관리비, 주차공간, 편의시설, 거주안전, 건물과 단지의 수선유지 정도와 비용도 비교하여야 된다. 〈표 4-3〉은 대상 부동산과 경쟁하는 부동산을 비교한 예시 표이다.

이처럼 해당 부동산의 유형에 따라 시장분석표를 이용하여 시장분석이 이루어지면 자산관리자는 적정한 임대료 수준을 결정하고 보고서 작성에 관련 자료를 이용할 수 있다. 시장분석은 경쟁 부동산과의 리포지셔닝(repositioning)을 위한 필요한 요소와 운용 또는 재투자, 매각 등에 대한 정보를 얻을 수 있다.

3) 생애주기가설(life cycle hypothesis)에 따르면 대부분 가구들은 은퇴 이후 생활을 영유하기 위하여 주택소비를 줄이려는 경향이 있다. 이를 주택다운사이징(housing down-sizing)이라 하는데 주택점유형태 전환(자가→차가), 저렴한 주택으로 이주, 주거면적 감소 등을 포함한다.

〈표 4-3〉 주거용 임대부동산 비교 예시 표

	대상 부동산	비교대상 1		비교대상 2		비교대상 3	
명칭/주소							
단위유형							
단위크기							
임대비율							
범주	상태	상태	조정	상태	조정	상태	조정
위치							
건축연도							
건물상태 • 외관 • 정원 • 공용면적							
주차장 • 실내/실외 • 주차 공간							
인테리어 • 가전제품(세탁기, 냉장고, 세척기, 렌지 등) • 커튼/블라인드 • 옷장 • 그외							
편의시설 • 세탁실 • 체력단련실 • 수영장 • 그외							
공실률							
총 임대 공간							
단위당 조정된 임대료							
면적당 조정된 임대료							

4) 대체방안의 분석(alternative analysis)

해당 부동산의 대체방안은 크게 세 가지로 구분된다. 첫째, 운용의 변화이다. 운영의 변화는 매우 다양하다. 즉 시장분석에 기초한 새로운 임대스케줄의 적용에서부터 에너지

절약형 전구교체, 공동난방비의 절약에 이르기까지 관리자의 다양한 창의적 노력이 요구된다. 둘째, 구조변화이다. 건물의 장비개선을 통한 현대화 등은 건물의 수명을 연장시킬 수 있다. 셋째는 자산이용의 변화이다. 새로운 용도로 사용하는 재활용이 대표적 예이다. 미국에서는 수익성이 떨어지는 호텔을 임대아파트로 전환하는 사례가 종종 있으며 이럴 경우 재활용이 신규건설보다 경제적이다. 또한 콘도미니엄을 개조하여 임대아파트로 사용하여 수입증가효과를 얻는 경우도 있다. 재활용은 신규개발을 위한 기존 부동산의 철거보다는 상당히 저렴한 대체방안이 될 수 있다. 대체방안과 관련하여 예상되는 위험상황에 대한 설명과 자금조달방법, 대체방안을 달성하기 위한 임대마케팅 전략과 개량·매각에 따른 전략이 있어야 한다.

〈표 4-4〉 부동산 운용변화의 예시

구분	발생가능한 문제점
건물용도 변경	인허가 가능 여부와 기간, 추가비용
임차인 구성변경	양질의 임차인 모집 및 구성방법
노후 수선비 조정	수선한계와 수선비용
새로운 임대공간 창출(옥상과 조경시설 변경)	준법 여부, 안정성, 비용

5) 재무적 분석(financial anlysis)

(1) 재무적 분석의 정의와 내용

재무적 분석이란 해당 부동산에서 창출되는 현금흐름 및 수입, 즉 수익률과 위험도를 평가하는 것이다. 재무분석의 내용은 〈표 4-5〉와 같으며 자세한 사항은 본서 11장에서 자세히 다루기로 한다.

〈표 4-5〉 재무적 분석의 내용

수익률 관련 분석	위험 관련 분석
자기자본수익률	부채감당률(DCR)
투자수익률	담보대출비율(LTV)
자본현금수익률	총부채상환비율(DTI)
순현재가치(NPV)와 내부수익률 (IRR)	공실률
현금흐름 증가율	자본회수기간
자산가치 증가율	

(2) 재무계획보고서

부동산자산관리계획에는 연간 운영예산, 5년간의 운영예산 추정치, 수입과 비용 비교분석 등 세 가지의 재무계획보고서가 포함되어야 한다.

(3) 재무분석을 위한 정보

재무분석을 위하여 요구되는 정보는 적정임대료, 총 임대료, 총 예상수입, 운영비용, 준비금, 현금수지 등이다.

자산관리자는 다른 임대차 조건 검토 후 특정 공간의 적정임대료(optimum rents)를 결정한다. 적정임대료는 목욕탕, 침실, 대중교통, 편의시설, 노후도, 조망권, 중심시설의 접근성 등 장단점을 비교분석 후 결정하나, 잠재적 임차인의 소득수준을 고려하여 현실적으로 조정하여야 한다. 자산관리자는 해당 부동산의 총 임대료 수입을 예측할 수 있다. 임대수입 이외에도 주차장, 자동판매기, 세탁실 등 잠재적 추가 수입이 발생할 수 있으므로 이를 고려하여 총 예상수익을 산정한다. 이때 공실, 임차인 도산, 임차인 이동 등 임대손실비율을 고려하여야 하며 재계약 시 임대료 인상 및 인하가능성을 검토하여야 한다.

운영비용은 대상 부동산의 운영 및 자산을 유지하는 데 필요한 비용을 산출하고 부동산조세, 임금, 공공요금, 하청계약서비스, 수리교체비용, 행정관리비용을 고려하여 산정한다. 이때 인근 유사부동산의 평균운영비용, 연간비용 부분의 증가율을 분석하여야 한다. 지출항목은 관리자가 당해 건물을 얼마나 효율적으로 관리하는지를 반영한 것이다.

준비금(reserve funds)은 홍수나 재앙 등 예상하지 않은 지출을 위한 것으로 지붕수리, 보일러 교체, 외벽수리 등 예외적 지출을 의미한다. 일반적으로 수선유지비의 10~15%를 적립한다.

현금수지는 비용지출과 부채상환 후 사용가능한 금액이다. 한 해 동안의 예산수입에서 부채상환과 운영비지출을 공제하여 결정하며 만약 연간 현금수지가 해당 부동산투자에 따른 기대수익률을 반영하지 못한다면 운영예산은 가능한 범위에서 조정되어야 한다.

6) 결론 및 제안(conclusion and suggestion)

자산관리자는 최종적으로 운영예산 및 향후 5년간 예상 수지표와 부동산의 개량계획을 검토하여 부동산자산관리계획을 제출하게 된다. 부동산자산관리계획서 보고서 맨 앞에 간단하게 결론 및 제안사항을 요약·정리하면 소유자의 이해도를 높이는 데 도움이 된다.

소유자들은 자산목적에 따라 ① 장기간의 수익증가나 조세절감을 위하여 제안한 부동산의 변경이나 개량계획을 승인하거나, ② 새로운 자본을 투입하지 않고 단지 미루었던 수선만을 통하여 부동산가치를 보전하기를 원하거나, ③ 어떠한 자본지출이나 변동 없이 당해 부동산에서 단기간 최대한 수입을 창출하기를 원한다.[4] 만약 해당 부동산의 자산관리에 변경사항이 있을 경우, 자산관리자는 이행시기 또는 단계적 시행인지 여부와 대상 부동산에 대한 운영계획을 명시하여야 한다.

그런데 부동산자산관리에서 가장 빈번하게 직면하는 문제는 어떤 주어진 사안에 대하여 복수의 대안들이 존재한다는 것이다. 이에 자산관리자는 소유자가 이행가능한 부동산자산관리계획에 동의할 경우 계약을 체결하여 관리업무를 시행하여야 할 것이다.

---

4) 세 번째의 의사결정이 이루어지는 경우는 소유자가 조달할 수 있는 자금이 부족하거나, 용도지역 변경이 단시일 내 예정되어 있다거나, 건물의 물리적·경제적 수명이 다한 경우거나, 당해 토지가 도로 등 공공사업에 편입될 때이다.

생각해 볼 문제

PROPERTY MANAGEMENT

1. 부동산자산관리계획의 수립 시 지역 및 근린분석을 포함하는 이유는 무엇인가?

2. 정부 및 공공기관의 부동산 소유목표와 회사법인의 부동산자산 소유목표의 가장 큰 차이는 무엇인가? 이를 근거로 우리나라 정부의 자산 소유목표 달성 정도를 평가하여 보시오.

3. 부동산자산관리계획의 단계별 특성을 설명하고 현실에서 가장 제대로 시행되지 않는 단계 및 그 이유가 무엇인지 논의하여 보시오.

4. 향후 약 500호 규모의 임대주택사업을 하려고 하는 법인에 제출하기 위한 부동산자산관리계획을 수립하여 보시오.

CHAPTER 05

주거용 부동산자산관리

1. 주거용 부동산자산관리의 의의와 현황
2. 국내 주택임대시장 동향
3. 주택임대관리업 도입
4. 주택임대관리업 도입에 따른 사업전망
5. 국내 주택임대관리회사 설립동향과 사업전략
6. 선진형 주택임대관리업: 일본 사례
7. 미국의 임대주택사업의 현황
8. 시사점과 과제

주요 용어

주택임대관리리업, 임대사업자, 기업형 임대주택사업, 주택임대차시장

요약

국내는 부동산자산관리 선진국에서는 이미 정착되어 있는 임대주택개발과 운영이 기업형으로 이루어지기보다는 개인사업의 형태로 존재한다. 임대관리회사 또한 겸업의 형태로 운영되는 경우가 대부분이다.

최근 주택시장은 매매시장의 침체가 지속되고 있으나 임대시장은 활성화되고 있다. 특히, 임대시장 중 전세시장은 매물부족과 재계약의 증가로 인해 전세가격이 지속적으로 상승했으며 월세거래량의 증가에 따라 월세 임차시장 또한 확대되고 있다. 이에 반해 수요측면에서는 주택을 소비하는 방식에 있어 구조적인 변화가 예상되지만 주택수요는 증가할 것으로 전망되어 주택임대관리업 도입에 좋은 환경을 조성해 주고 있다.

최근 정부는 주택시장의 변화에 대비하여 주택임대시장에 대한 지원을 강화하고 있다. 2013년 6월 27일 국회본회의를 통과한 주택임대관리업 도입을 골자로 한 주택법 개정안을 필두로 주택매입임대사업자의 은행대출을 용이하게 하고, 저소득층이 지불하는 월세의 일정부분에 대해 재정으로 지원해 주는 방안을 도입하고 있다. 대한주택도시보증공사가 주택임대사업에 대한 다양한 보증상품을 출시하였으며 현행 주거급여제도를 주택바우처제도로 확대, 발전시켜 지급대상 확대와 함께 임대료 지원기능을 강화할 예정이다.

이러한 정부의 지원과 함께 시장의 여건 또한 주택임대관리업을 하는 데 유리하게 변하고 있다. 기존 전세주택이 월세로 전환되고 신규 월세주택이 급격하게 증가하고 있어 임대인들은 임차인 확보가 갈수록 어려워져 문제해결을 전담할 수 있는 관련 서비스의 수요가 증가하고 있다. 기존의 주택보다는 신축하는 월세형 주택투자자들에 대한 중개, 임대관리 서비스 시장 형성가능성이 더욱 높다고 볼 수 있다. 2017년 현재 주택임대관리회사는 총 202개가 등록하였다. 이들이 관리하는 주택은 모두 2만3520가구다. 이는 등록업체에 대한 세제혜택 등 관련 인센티브가 아직 없는 것을 고려하면 업계의 관심은 어느 정도 있는 것으로 해석된다.

하지만 과거 일본도 주택임대차시장이 후진적인 모습을 보였으나, 버블 붕괴 이후 사회, 경제적 변화를 수용하면서 선진화된 기업형 임대사업 형태로 변모해갔다. 여러 가지 차이점으로 우리나라 임대시장이 일본처럼 제도권 내에서 체계적으로 발전하기까지는 상당한 시일이 소요될 것으로 생각되지만 장기 방향은 유사한 패턴을 보일 것이다. 큰 흐름에 있어서는 월세 중심의 임대시장이 활성화되면서 기업형 임대주택사업은 확대될 것으로 기대된다. 특히 1~2인 가구의 증가 속도가 빨라 향후 소형 임대주택시장은 크게 발전할 가능성이 높다. 지금처럼 분양사업의 한 대안으로서의 임대주택사업이 아닌 개발시점부터 분양사업과 임대사업을 구분하여 일본과 같이 개발과 운영이 결합되는 새로운 임대주택사업이 적극 도입될 전망이다.

05 주거용 부동산자산관리

학 습 목 표

주거용 부동산자산관리시장의 특성과 배경을 이해하고 국내 도입 방향과 향후 전망을 살펴본다.

1. 주거용 부동산자산관리의 의의와 현황

1) 부동산자산관리와 주거용 부동산

앞서 설명하였듯이 부동산자산관리는 세 개의 분야로 분류된다. 첫 번째는 부동산의 물리적 측면을 유지 관리하는 시설관리(FM)가 있다. 부동산자산관리 중 가장 소극적인 형태로 아파트의 관리사무소를 떠올리면 된다. FM을 수행하는 회사는 기계설비의 유지 및 보수, 청소, 에너지관리, 보안, 가구나 집기 등을 수행한다. 시설 사용자나 사용과 관련한 부문의 요청에 단순히 대응하는 수준이다. 그동안 주택에서는 중개업자나 소유주가 직접 해오던 영역이다. 두 번째는 재산/부동산관리(PM)가 있다. PM은 FM에서 임대·재무·인력관리 영역까지 확대된 영역이다. PM회사는 부동산의 수지분석, 시장조사, 마케팅, 공간배치, 임대료책정, 임대차관리, 세무관리 등 부동산관리 및 보유와 관련해서 통상적으로 발생하는 서비스를 제공한다. 보통 대로변에 위치한 빌딩들과 오피스 등을 관리하는 회사들이다. 최근 시행된 주택임대관리업은 PM의 개념이 새롭게 도입된 경우이다. PM회사는 집주인을 대신해 주택의 세입자를 유치하거나 이와 관련된 업무를 처리하게 될 전망이다.

마지막은 매입매각을 포함한 협의의 자산관리(AM)가 있다. AM은 주로 부동산 자산을 다양하게 다량으로 보유하고 있는 일반기업들이나 다수의 부동산을 운영해야 하는 특수법인들에 해당되는 경우가 많다. AM회사는 필요 공간의 기획, 부지 및 지역 조사, 금융문제의 해결, 보유 부동산의 재활용방안 등까지 가장 적극적인 관리를 하게 된다. 주택관리에서 AM은 보유하고 있는 주택들의 운용과 금융상품과의 연계 등 전반적인 개인의 자산 포트폴리오를 관리하는 형태다.

〈표 5-1〉 부동산 유형별 부동산임대관리방식 비교

부동산 유형	상업용(오피스, 상가) 빌딩	임대주택
소유주	기관, 기업, 리츠, 펀드	대부분 개인 소유주, 일부 공공
부동산의 규모	대형건물 중심, 중소형 포함	대단지보다는 개별임대주택, 오피스텔, 다세대연립, 고시원
PM주체	외국계 및 국내 대형법인	중개업소 중심, 중소규모회사
업무영역	임차인 선정-임대계약-임대관리-퇴거-시설관리 등 전 영역	부분역할 수행 중심
FM과의 관계	일반적으로 별도의 FM회사와 계약, 부분 수행의 경우가 있음	자체적으로 해결, 일부 아웃소싱

그런데 국내의 경우 이러한 부동산자산관리 개념이 상업용 부동산에서는 비교적 활발히 활용되고 있는데 반해 주택시장에서는 취약한 상태이다. 우리나라에서 부동산자산관리가 도입된 시기는 IMF 외환위기 때인데 외국인들이 대규모로 상업용 부동산을 매입하면서부터 시작되었다. 당시 국내 오피스빌딩은 대기업의 사옥이 대부분으로 FM 위주의 시장이었다. 그렇지만 국내 오피스빌딩들을 외국계 투자자들이 매입하면서 수익률을 중심으로 한 부동산 PM업무가 태동하게 되었다. 이들은 자본차익보다는 운용수익에 초점을 두고 유지보수와 함께 좋은 임차인을 유치하는 데 집중했다.

이러한 부동산자산관리방식에서 가장 중요한 요소는 PM능력이다. 임차인 유치부터 임대계약, 관리, 퇴거, 시설관리 등 전 영역을 총괄하는 PM회사의 능력이 부동산의 투자수익률을 좌우하게 된다. 이러한 추세는 국내 자본들이 리츠나 부동산 펀드 등에 투자하는 것으로 이어지면서 현재 국내 상업용부동산시장에서 부동산자산관리의 체계가 형성된 것이다.

이에 비해 주택임대관리는 초보적인 단계에 머물고 있다. '주택법'에 300세대 이상의 공동주택에 한해 공용시설의 FM관리가 이루어지고 있다. 그나마 공공임대주택에는 주택임대관리가 이루어지고 있으나 민간임대주택은 개인 소유주들에 의해 개별적으로 임대관리가 이루어지고 있으며, PM업무의 수행은 근처 중개업소에서 담당한다. 중개업소가 중개업무 외 겸업으로 수행하는 경우 이외에 일부 중소규모의 임대관리회사들이 있지만, 임대관리하는 주택의 규모가 많아도 1천 호 내외에 머무는 등 영세한 수준이다.

하지만 국내 오피스빌딩들 또한 외국계투자자들이 매입의 주체로 나서면서 투자수익률을 올리기 위한 방안으로 PM업무가 본격적으로 도입되었다. 부동산의 PM업무는 단기의 자본차익(시세차익)보다는 장기의 운용수익에 초점을 맞추고, 리모델링과 우량임차인 유치에 역량을 집중하게 된다. 이러한 부동산자산관리 방식에서 가장 중요한 업무는 PM이다. 임차인의 유치에서 임대계약, 관리, 퇴거, 시설관리 등 전 영역을 총괄하는 PM회사가 투자수익률을 좌우한다.

2) 국내 주택임대관리의 현황과 문제점

국내는 부동산자산관리 선진국에서는 이미 정착되어 있는 임대주택개발과 운영이 기업형으로 이루어지기보다는 개인사업의 형태로 존재한다. 임대관리회사 또한 겸업의 형태로 운영되는 경우가 대부분이다. 이처럼 임대주택시장에서 민간의 역할이 부진한 이유는 임대주택개발이나 운영에 필요한 법적 뒷받침이 거의 없고, 사회경제적으로도 분양위주의 자가주택 마련이 중심이 되어 임대주택에 대한 법적, 제도적 지원은 미흡하다.

예를 들면, 전 세계에 유일한 임대차 관행인 전세를 유지하기 위해 깡통주택의 전세에 대해서도 정부에서 보증을 해주는 유래 없는 일까지 벌어지고 있지만 월세에 대한 지원은 미흡한 편이다. 다소 시간이 걸리겠지만 전세가 월세로 이전해 가는 방향은 가속화될 것이다. 그렇다면 정부는 전세정책을 수립할 것이 아니라 월세임차인에 대한 주택정책을 지금부터 세우는 것이 합리적일 것이다. 여전히 주택임차인에 대한 지원과 정책은 전세임차인에 초점이 맞춰져 있다. 고가 전세주택에 대해 계속된 자금지원으로 전세가격을 천정부지로 높여 놓은 데는 정부의 책임도 크다고 본다.

2015년 말 민간부문에서 보유한 임대주택은 68만호에 불과하다. 이는 전체 임대주택 826만호에 비하면 8.2% 수준에 그친다. 반면 비제도권 임대주택은 무려 632만호에 달하며 이들 임대주택은 체계적인 관리가 거의 이루어지지 않고 있다고 봐야 할 것이다.

〈표 5-2〉 임차주택의 제도권 및 비제도권 구성비 (단위: 천 가구, %)

구분	총 가구 수	자가점유	임차가구		
			소계	비제도권	제도권
계	19,112	10,850	8,262	6,324	1,938
비중	100.0	56.8	43.2	33.1	10.1

출처: 통계청(2016). 2015년 인구주택총조사보고서.

현재 우리나라의 임대계약 형태는 전세이거나 보증부월세가 많기 때문에 임대인들은 주택임대관리서비스를 이용하여 임대사업을 효율화할 필요성이 낮았다. 대부분은 주택가격 상승에 기대해 자본차익(시세차익)을 얻는 것이 주목적이었다.

하지만 최근 주택가격이 하락하고 전세에서 월세로의 전환이 가속화되면서 임대 목적이 변화하고 있다. 임대인들은 효율적인 임대관리를 통해 임대수입을 증가시킬 필요성이 커진 것이다. 또한 임차인들 입장에서도 전세가가 계속 올라가기 때문에 일시에 전세금이나 월세보증금 등 목돈을 마련하는 데 어려움을 겪고, 저렴한 전세물건 확보도 쉽지 않은 상황이다.

그럼에도 불구하고 임대주택을 위탁하여 운영하는 경우는 많지 않다. 2016년에 수행한 한 연구에 의하면 임대주택을 본인이 직접 관리한다는 응답이 52.2%로 다수였으며, 관리회사에 일괄 위탁한다는 비중은 0.4%에 그치는 실정이다.

〈표 5-3〉 임대주택관리방법 (단위: 명, %)

구분		빈도	비중
임대주택관리방법	본인이 직접관리	143	52.2
	인근 중개업소를 통한 관리	89	32.5
	공용부분 청소만 위탁	29	10.6
	시설물 관리만 관리회사 위탁	8	2.9
	관리회사 일괄 위탁	1	0.4
	기타	4	1.5

출처: 김필선(2016). 주택임대사업 위탁관리 활성화에 관한 연구. 동의대학교 석사학위논문.

월세 임대주택의 경우 전세에 비해 임대관리업무는 상대적으로 매우 과중하다. 임차인 모집뿐 아니라 임대료 징수, 유지보수, 퇴거 등 임대관리를 임대인이 직접 수행하기는 어렵다. 또한 전세 위주의 임대차제도는 대출, 보증 등 제도적 뒷받침이 잘 정비되어 있는데 비해 월세는 매우 부족하다.

임대시장이 선진화되어 있는 국가들은 임대인들이 적극적으로 임대주택을 공급할 수 있도록 세제 및 금융혜택을 제공한다. 투자금 회수에 유리하도록 가속상각[1]이나 임시투자세액 공제, 상속 증여세 감면 등을 실시하고 있다. 이러한 정부의 세제혜택은 궁극적으로 임대주택의 공급이 늘어나 임대료가 떨어지게 되므로 임차인에게 그 혜택이 돌아간다.

또한 국내는 보증금이 과도하게 높아 월세시장에 큰 장애요인으로 작용한다. 일반적으로 외국은 보증금이 임차인의 원상복구 의무를 수행하기 위해 월임대료 2~3개월 정도만 받는 것이 관례이다. 하지만 국내는 보증보험제도가 정비되어 있지 않아 임대료 체납에 대비하기 위해 최소 1년의 보증금을 수령한다. 따라서 임대료 연체에 대한 보증보험상품을 도입해 월세시장 안정에 도움을 주면서, 동시에 높은 보증금 부담을 줄여야 할 것이다.

2. 국내 주택임대시장 동향

1) 주택공급

최근 주택시장은 매매시장의 침체가 심화되고 있으나 임대시장은 활성화되고 있다. 특히, 임대시장 중 전세시장은 매물 부족과 재계약의 증가로 인해 전세가격이 지속적으로 상승했으며 월세 거래량의 증가에 따라 월세 임차시장 또한 확대되고 있다.

2008년 금융위기 이후 주택시장이 침체 국면에 접어들었음에도 불구하고 주택 인허가 물량은 계속 증가했다. 2015년에는 76.5만호에 이를 정도로 그 증가폭이 컸다. 지방의 인허가물량이 상대적으로 더욱 늘어났지만, 수도권의 인허가물량 또한 크게 감소하지 않았다. 실제로 공급과잉이 해소되어 가는 2016년에도 준공실적은 오히려 증가한 것으로 나타나 당분간 공급과잉 상태를 벗어나기는 쉽지 않을 것으로 보인다.

1) 감가상각방법의 일종으로 내용연수 초기에 많은 금액을 상각하고 기간이 경과할수록 적은 금액을 상각하는 방법이다. 이는 고정자산이 초기에 능률이나 그 효용이 크다는 가정하에서 상각하는 방법이다.

〈표 5-4〉 사업단계별 주택공급 실적 (단위: 호, %)

구 분	2016년	2015년	전년 대비증감	5년 평균 ('11~'15)	5년 평균 대비증감
인허가	726,048	765,328	△5.1%	571,435	27.1%
착공	657,956	716,759	△8.2%	511,734	28.6%
분양*	469,058	525,467	△10.7%	350,418	33.9%
준공(입주)	514,775	460,153	11.9%	398,175	29.0%

출처: 국토교통부(2016).
* 분양은 공동주택만 해당

이에 더해 집값 상승기에 시작한 신도시와 보금자리주택을 포함한 공공분양 인허가물량마저 지속되고 있다. 향후 공공을 중심으로 한 주택 인허가물량은 다소 줄겠지만, 대규모 아파트 위주인 국내 주택사업의 특성상 이를 단기간에 급격히 줄이기는 쉽지 않을 전망이다.

이에 반해 주택투자수요는 줄어들고 있다. 총인구에서 생산가능인구가 차지하는 비중이 2012년을 정점으로 감소하고 있으며 가구 수 또한 연평균 증가 속도가 둔화되고 있다. 2011년부터 전체 인구의 14.6%에 달하는 베이비붐세대의 은퇴가 본격화되면서 주택의 매각가능성 또한 우려해야 하는 상황이다.

주택가격 상승기에 도입된 정책 기조가 시장위축기에도 지속되면서, 수도권을 중심으로 수급불균형에 따른 시장침체는 2018년 이후 본격화될 듯 보인다. 하지만 현재의 주택시장은 실질적으로 기존의 투자와 개발 위주의 패러다임에서 임대차와 관리 위주의 패러다임으로 변화하고 있기 때문에 벌어지는 현상으로 이해해야 한다.

주택가격의 순환주기가 짧아지면서 진폭 또한 축소되고 있다. 예전에는 확장기에서 수축기까지 7년이 걸렸다면 현재는 5년도 안 되는 기간에 한 번의 순환주기를 밟는다. 더욱 큰 문제는 확장기는 짧아지고 수축기가 길어지고 있다는 점이다.

서울의 경우 평균매매가격과 중위매매가격 간 가격 차이 또한 줄어들고 있다. KB국민은행에 의하면 2013년 5월 1,802만 원이었던 가격차이가 2017년 5월에는 73만 원으로 줄어들었다. 아파트 평균가격은 전국 아파트 가격을 모두 더해 가구당 숫자로 나눈 것으로, 고가주택이 많을수록 높아진다. 중위가격의 전체 주택을 순서대로 나열했을 때 가장 중간에 위치하는 중간값이다. 평균가격과 중위가격의 격차가 줄어들고 있다는 것은 주택가격이 중간값으로 수렴하고 있다는 의미로서 고가주택은 싸지고, 저가주택은 비싸지면서 아파트 가격의 평준화 경향이 강해진다는 말이다.

〈표 5-5〉 평균과 중위매매가격 간 가격차이 (단위: 만 원)

연도	서울		
	평균매매	중위매매	차이
2017년 5월	60,708	60,635	73
2016년 5월	55,896	54,683	1,213
2015년 5월	50,198	49,460	738
2014년 5월	48,566	47,347	1,219
2013년 5월	48,889	47,087	1,802

출처: KB국민은행(2017년 5월).

대형아파트와 소형아파트의 분양가격 차이도 줄고 있다. 2007년 3.3㎡당 분양가 격차는 대형이 소형보다 400만 원 가량 높았으나, 2016년 들어서는 대형(1,103만 원)과 소형아파트(1,066만 원) 간 분양가 가격차이가 거의 없다. 이는 2000년대 중반, 주택시장 호황기 때는 높은 가격의 중대형 아파트 공급이 집중적으로 이뤄졌지만 이후 부동산 경기침체로 자금 부담이 큰 중대형이 수요자들로부터 외면받으면서 분양가 역시 낮아졌다. 주택공급업체들 또한 미분양 위험을 줄이기 위해 분양가를 보수적으로 책정했기 때문인 것으로 풀이된다.

이렇게 부동산의 가격순환주기의 변화와 함께 아파트 간의 가격차이도 줄어드는 현상은 거래에 의한 자본이득을 확보하기가 갈수록 어려워지고 있음을 의미한다. 따라서 주택시장의 투자수요는 대폭 감소할 것으로 판단된다.

2) 주택수요

총량적인 주택수요는 부정적이지 않다. 오히려 증가하는 것으로 나타난다. 현재 인구추계를 적용하면 주택수요의 정점은 기존에 추정했던 2030년에서 2043년으로 연기된다. 2043년까지 주택수요는 지속적으로 증가한다는 말이다. 그 시점의 주택수요 또한 2010년보다 59% 가량 증가할 것으로 추정된다.[2)]

2) KDI(2012). 인구사회구조 변화에 대비한 중장기 주택정책 검토.

주택수요는 증가하지만 주택을 소비하는 방식의 구조적인 변화가 예상된다. 즉 주택의 소비패턴이 외형적 크기보다 거주의 편리성을 중시하는 방향으로 변화하고 있다. 점유방식에 대한 선호는 기존의 매매 위주에서 임대차 위주의 방식으로 급격히 전환되고 있다. 장기적으로 주택가격 상승이 힘들 거라는 인식이 확산되면서 전세가격은 매매가격의 턱밑까지 추격했으며, 심지어 특정지역, 특정규모의 아파트는 전세가격이 매매가격을 추월하는 양상까지 벌어졌다. 주택매매가격이 하락하고 전세가격이 상승하면서 주택전세매물은 월세로 급격히 전환되고 있다.

이렇게 전세매물의 월세전환을 유인하는 주요한 동력으로 두 가지를 들 수 있는데 첫 번째는 전월세전환율의 급격한 하락이다. 전월세전환율이란 상승된 전세금에 대한 지불을 대신하고자 할 때, 추가로 지급해야 하는 전세금을 월세로 전환할 때 적용하는 이율이다. 전월세전환율은 2000년대 초부터 현재까지 지속적으로 하락하는 추세를 보이고 있으나, 여전히 시장이자율보다는 높은 상태이다. 3년 만기 국고채금리는 2008년 5.27%에서 2016년 말 기준 1.44%이나 같은 기간 전국의 전월세전환율은 11.8%에서 6.40%로 하락하였다. 월세가격이 안정되고 시중금리가 하락하면서 전월세전환율이 하락한 것으로 판단되는데 이는 주택 소유주와 함께 주택임차인들마저 임대차방식을 전세에서 월세로 바꾸려는 유인을 제공한다. 주택담보대출금리나 전세자금 대출금리와 전월세전환율 간의 이자율 차이가 줄어들면 전세의 월세전환은 더욱 가속화, 구조화될 가능성이 높다.

두 번째는 전세가격의 상승이다. 한국감정원의 자료에 의하면 2017년 7월 현재 매매가격 대비 전세가격 비율인 전세가율이 수도권은 74.2%, 지방 74.9%로 거의 모든 지역이 70% 중반대를 기록 중이다. 2012년 1월 수도권이 56.0%에 그친 점을 감안하면 수도권의 상승세가 가파르다. 이로 인해 수도권에서 경매로 넘겨진 아파트 중 임차보증금을 모두 회수하지 못한 비율이 계속 증가하고 있다. 이로 인해 2017년 1분기 전세금반환보증보험 가입 또한 전년 같은 기간보다 2배 넘게 증가했다.

이렇게 주택시장의 패러다임이 변화하고 있지만 국내 주택임대시장은 이러한 변화를 따라가지 못한다. 대부분의 주택임대시장은 비제도권시장으로 정확한 주택임대시장의 특성과 실상조차 파악되지 않는다. 임대주택사업자 또한 정부의 정책적 고려에 의해 그 숫자가 변화되어 왔는데, 사업자 기준이 강화되면(2005.12.24, 매입임대주택 5세대 이상) 임대사업자가 감소하고 기준이 완화되면(2008.11.26, 매입임대주택 1세대 이상) 다시 증가하는 양상을 보인다. 이로 인해 주택임대시장은 체계적으로 접근하거나 과학적인 관리의 방식이 적용되기가 어려웠다.

주택임대시장이 발전된 미국과 일본의 경우에는 금융위기로 인해 주택가격 등락폭이 컸던 반면 주택가격이 하락할 때조차도 월세가격은 장기적으로 상승세를 지속하였다. 일본의 평균 월세가격은 1968년 5,352엔에서 2008년 53,565엔으로 연평균 5.9% 상승했으며, 미국의 가구당 평균임대료는 1960년 1분기에서 2012년 3분기 동안 일시적인 소폭 하락을 제외하고는 상승세를 지속하였다. 국내 주택임대시장은 전세 재계약이 증가하고 저금리로 인해 월세를 선호하는 현상이 두드러지면서 전세매물은 감소하고 월세매물은 증가하였다. 이로 인해 월세가격이 감소하는 등 조정기를 거치고 있다. 실제로 한국감정원이 조사한 8개 시도의 월세가격은 2017년 7월 현재 전월대비 0.03% 하락하여 2017년 들어 계속 하락세를 보였다. 이러한 조정기가 지나면 외국의 사례처럼 월세는 장기적으로는 안정적인 상승세를 나타낼 것으로 예상된다.

〈표 5-6〉 월세가격 증감률 (단위: %)

구 분		연도별 7월 동향			월별 동향					연도별 누계변동률		
		2015	2016	2017	'17.3	4	5	6	7	2015	2016	2017
월세 통합*	지수	100.0	100.2	99.9	100.0	100.0	100.0	100.0	99.9			
	전월비	0.03	-0.03	-0.03	-0.01	-0.03	-0.04	-0.02	-0.03		-0.09	-0.16
	전년동월비		0.14	-0.24	-0.20	-0.23	-0.26	-0.25	-0.24			

출처: 한국감정원(2017. 7).

3. 주택임대관리업 도입

임대를 목적으로 하는 주택에 대한 시설물 관리, 임차료 징수 등 종합적인 서비스를 제공하는 주택임대관리업을 신설하고 도입하기 위한 주요 내용을 규정하는 주택법 개정안이 2013년 8월 6일 공포되었다. 주택법 하위법령에 위임사항을 규정하는 "주택법 시행령" 및 "주택법 시행규칙" 일부 개정안을 마련하여 2013년 9월 10일부터 40일간(9월 10일~10월 21일) 입법 예고하였다. 주택법 개정안이 공포된 뒤 6개월 후인 2014년 2월 7일 본격적으로 주택임대관리업체의 등록을 실시하였다. 법안의 주요 내용은 다음과 같다.

1) 주택임대관리업 등록대상 및 기준 규정

주택임대관리업은 임대를 목적으로 하는 주택(준주택)의 시설물 유지, 보수, 임대료 징수, 임차인 관리 등을 수행하는 것으로 자기관리형과 위탁관리형 등 두 가지 유형으로 구분된다.

자기관리형 주택임대관리업은 100호 이상으로 사업을 하려는 경우 의무등록을 하도록 하여 대규모 사업자들의 건전한 관리 및 운영을 도모하도록 하였다. 등록요건으로는 자기관리형의 경우 자본금 1.5억 원과 전문인력 2명이다. 이에 비해 위탁관리형 주택임대관리업은 자본금 1억 원과 전문인력 1명을 보유하도록 하였다.

여기서 자본금이란 법인의 경우에는 주택임대관리업을 영위하기 위한 출자금을 말한다. 전문인력은 등록기준 가, 나, 다 중 어느 하나에 해당하는 사람으로 상시 근무하는 인력을 말한다. 부동산 관련 분야란 경영학, 경제학, 법학, 부동산학, 건축학, 건축공학 및 이에 상당하는 분야를 말한다. 부동산 관련 업무란 공인중개업, 주택관리업, 부동산개발업을 하는 법인 또는 개인사무소나 부동산투자회사, 자산관리회사 및 그 밖에 이에 준하는 법인·사무소 등에서 수행하는 부동산의 취득·처분·관리 또는 자문 관련 업무를 말한다. 사무실은 건축법 및 그 밖의 건축 관련 법령상 기준을 충족시키는 건물이어야 한다.

〈표 5-7〉 주택임대관리업의 등록기준

<table>
<tr><th colspan="2">구분</th><th>자기관리형
주택임대관리업</th><th>위탁관리형
주택임대관리업</th></tr>
<tr><td colspan="2">1. 자본금</td><td>1.5억 원 이상</td><td>1억 원 이상</td></tr>
<tr><td rowspan="3">2. 전문인력</td><td>가. 변호사, 법무사, 공인회계사, 세무사, 감정평가사, 건축사, 공인중개사, 주택관리사로서 해당 분야에 2년 이상 종사한 사람</td><td rowspan="3">2명 이상</td><td rowspan="3">1명 이상</td></tr>
<tr><td>나. 부동산 관련 분야의 석사학위 이상 소지자로서 부동산 관련 업무에 3년 이상 종사한 사람</td></tr>
<tr><td>다. 부동산 관련 회사에서 5년 이상 근무한 사람으로, 부동산 관련 업무에 3년 이상 종사한 사람</td></tr>
<tr><td colspan="2">3. 시설</td><td colspan="2">사무실</td></tr>
</table>

등록기준은 관련업계의 의견을 수렴하여 입법예고안[3]에 비해 낮은 수준으로 조정되었는데, 처음 사업을 하려는 이들의 진입 장벽을 완화한 것이다.

(1) 자기관리형

자기관리형은 주택임대관리업자가 임차인이 납부한 임대료를 기반으로 임대인에게 장기간 매월 임대료를 고정액으로 지급하는 관리형태이다. 이를테면 '2년간 매월 1백만 원의 임대료를 고정 지급한다' 등이다. 주택의 공실이나 임차료 체납에 대한 위험 등을 주택임대관리업자가 부담하는 계약형태이다. 이에 대한 대가로 임대인은 주택임대관리업자에게 매월 일정액을 지급한다.

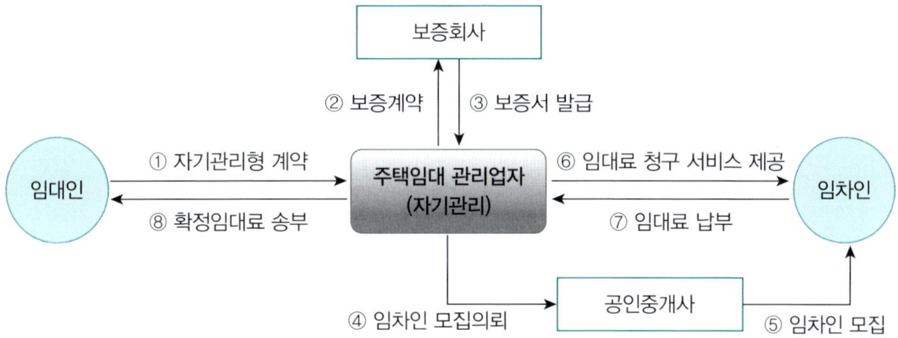

[그림 5-1] 자기관리형

(2) 위탁관리형

위탁관리형은 주택임대관리회사가 임대리스크를 부담하지 않고 매월 실제 임대료의 일정비율의 관리수수료를 수령하는 형태이다. 임대관리회사가 제공하는 서비스는 큰 차이가 없으나 공실과 체납에 대한 리스크를 주택임대관리회사가 부담한다는 데 자기관리형과 큰 차이가 있다.

3) 자기관리형: 5억 원, 3명 → 2억 원, 2명 / 위탁관리형: 2억 원, 2명 → 1억 원, 1명

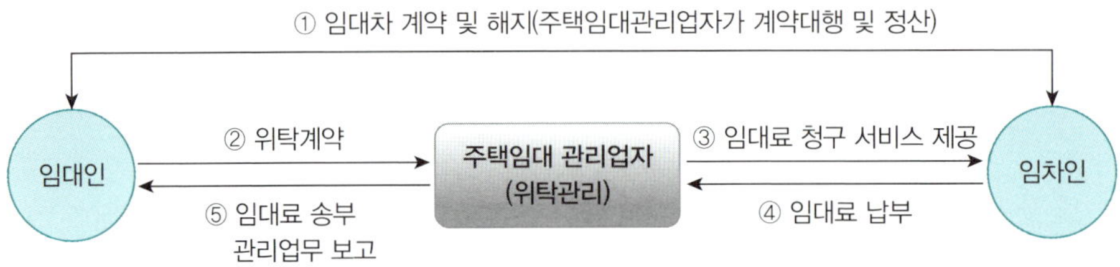

[그림 5-2] 위탁관리형

2) 주택임대관리업 등록절차

주택임대관리업을 등록하기 위해서는 국토교통부장관이 정하는 서류를 첨부하여 시장, 군수, 구청장에게 등록신청서를 제출하고, 해당 지자체장은 요건을 확인한 후 등록증을 교부한다. 또한 등록증을 교부한 지방자치단체는 임대인, 임차인이 임대관리업자로 등록했는지 여부를 확인할 수 있도록 그 사실을 공고하도록 하였다.

거짓이나 부정한 방법으로 등록을 신청한 경우에는 주택임대관리업 등록을 말소, 등록 이후 3년 간 영업실적이 없는 경우와 임대인, 임차인에게 재산상의 손해를 입힌 경우에는 영업정지 처분을 할 수 있도록 하였다.

3) 보증상품의 의무가입

주택법에 따라 임대인과 임차인의 재산상 피해를 차단하기 위해 '자기관리형 주택임대관리업자'는 의무적으로 보증상품에 가입하도록 하였고, 보증상품의 종류와 가입절차를 규정하였다. 그 주요 내용은 임대인의 권리보호를 위해 자기관리형 주택임대관리업자가 약정한 임대료를 지급하지 않는 등 계약을 이행하지 못할 경우에 대비한 보증상품에 가입하도록 하고, 임차인 보호를 위해서는 주택임대관리업자가 임대보증금에 대한 반환의무를 이행하지 못할 경우, 보증회사가 보증금을 반환하는 보증상품에 가입하도록 하였다. 따라서 자기관리형 주택임대관리 계약을 체결할 경우 임대인과 임차인에게 보증상품의 가입을 증명하는 보증서를 제시해야 한다.

임대인의 권리보호를 위한 보증상품은 주택임대관리업자의 자본금, 영업규모, 신용도 등을 반영하여 차등화된 요율을 적용하였다. 이처럼 보증상품은 임대관리 이행보증과 임차료 지급보증으로 나눌 수 있다.

(1) 임대관리 이행보증

임대관리 이행보증이란 주택법 제53조의 2에 의거 등록한 자기관리형 주택임대관리업자의 임대인에 대한 보장 임대료 지급(임대관리 안심보증) 및 입주자에 대한 임대보증금(보증금 반환보증)을 책임지는 것을 말한다.

임대주택을 전문적으로 관리하는 주택임대관리업 제도가 도입됨에 따라 주택임대관리회사의 계약불이행으로 인한 임대인 및 입주자의 보호장치를 하여 주택임대관리업의 성장기반 마련을 위한 목적으로 도입되었다.

〈표 5-8〉 임대관리 이행보증 종류

구분	임대관리안심보증	보증금반환보증
보증대상	임대인과 주택임대관리업자 간 자기관리형 주택임대관리 계약	주택임대관리업자와 입주자 간 임대차 계약
보증기간	보증서 발급일부터 2년(임대관리 계약 기간 내에서 갱신)	보증서 발급일로부터 임대차계약 만료일
보증채권자	임대인	입주자
주채무자	주택임대관리업자	주택임대관리업자
보증금액	보증기간 중 월 보장임대료 최고액×3	임대차계약서상 임대보증금 전액
보증사고	차임연체, 사업약정서상 의무불이행 등의 사유로 임대관리계약이 해지된 경우	임대관리안심보증의 보증사고가 발생하여 주택임대관리업자가 정상적으로 보증금반환 절차를 이행할 수 없는 경우
자금관리	보증사고 후 임대인 요청 시 최대 3개월간 월세 등 수입금 관리	특정금전신탁으로 관리

주택임대관리회사 및 사업성을 평가하여 등급별 보증요율을 차등으로 책정한다. 이때 고려사항은 업체 신용등급, 자본금, 사업장 위치 및 주택 유형 등이다.

(2) 임차료 지급보증

임차료 지급보증이란 임대차계약을 체결한 임차인이 임대인에게 매월 납입하기로 약정한 임차료의 지급을 책임지는 보증상품이다. 최근 정부의 임대주택 공급 활성화제도 시행에 따라 주택임대관리업체의 임차인 임차료 체납 위험을 해소하기 위해 도입되었다. 임차인 입장에서는 전세가 상승에 따른 보증금 마련에 대한 부담을 완화하고 임대인 입장에서는 금리하락에 따라 낮은 수익률을 보이는 보증금 비중을 축소하고 임차료 비중을 확대하여 임대수익률 개선을 목적으로 한다.

〈표 5-9〉 임차료 지급보증 내용

구 분	내 용
보증대상주택	공동주택, 오피스텔(세대별 구분등기 필수)
보증신청기간	임대차계약 개시일(예정일)로부터 1개월 이내
보증채권자	주택 소유권자인 임대인 주택법에 따른 주택임대관리업자
보증채무자	임차인 개인(법인은 제외)
보증금액	임차료 최소 9개월~최대 24개월 분에 해당하는 금액(신청인 별 최고 30백 만 원 한도)
보증기간	임대차계약 개시일(또는 보증발급일)로부터 임대차 계약종료일 이후 1개월까지
보증필수조건	임차료 ≤ (주택가액 - 임대보증금) × 30% ÷ 24 임차료 ≤ (연간소득 - 연간채무상환액) × 40% ÷ 12

4. 주택임대관리업 도입에 따른 사업전망

최근 정부는 전세가격이 급격히 상승하고 월세전환이 빠르게 이루어지고 있는 점 등을 우려하여 주택임대시장에 대한 지원을 강화하고 있다. 2013년 6월 27일 국회본회의를 통과한 주택임대관리업 도입을 골자로 한 주택법 개정안을 필두로 주택매입임대사업자의 은행대출을 용이하게 하고, 저소득층이 지불하는 월세의 일정부분에 대해 재정으로 지원해 주는 방안을 도입하고 있다. 이와 함께 현행 주거급여제도를 주택바우처 제도로 확대, 발전시켜 지급대상과 함께 임대료 지원기능을 강화할 예정이다.

이러한 정부의 지원과 함께 시장의 여건 또한 주택임대관리업을 하는 데 유리하게 변하고 있다. 기존 전세주택이 월세로 전환되고 신규 월세주택이 급격하게 증가하고 있어 임대인들은 임차인 확보가 갈수록 어려워져 문제해결을 전담할 수 있는 관련 서비스의 수요가 증가하고 있다. 기존의 주택보다는 신축하는 월세형 주택투자자들에 대한 중개, 임대관리서비스 시장 형성가능성이 더욱 높다고 볼 수 있다. 주택과 함께 오피스텔과 같은 준주택의 입주물량도 급격히 증가하여 주택임대관리업의 수요는 높다. 부동산 114에 따르면 2017년 하반기 오피스텔 입주물량은 전년대비 5,634실 증가한 150,720실에 이른다. 2018년에는 더욱 늘어나 70,043실에 이를 것으로 파악된다. 특히 2000년 중반과 다르게 최근 오피스텔의 입주물량을 살펴보면 대다수가 1인 가구 중심의 소형이어서 임대관리서비스에 대한 수요가 높다고 볼 수 있다.

하지만 임대사업자들의 기대수익률에 대한 현실적 괴리를 어떻게 설득하고 사업화할 것인지는 고민해야 하는 사항이다. 임대사업 의향자들은 8~10%의 수익률을 요구하나 실제 수익률은 4~6%대에 그치기 때문이다. 특히나 일본과 같은 선진 외국은 시장임대료의 80~90% 수준을 임대인에게 고정으로 지급하는 서브리스 계약방식이기 때문에 국내의 경우 사업화에 더 큰 어려움이 예상된다.

정부에서 공급하는 임대주택이 증가하는 것도 극복해야 하는 과제이다. 목돈 안 드는 전세제도, 보유주택 지분매각제도, 20만 행복주택프로젝트와 함께 MB정부에서 추진하던 보금자리주택 등 민간주택에 비해 2~4배 정도 저렴한 공공임대주택은 심각한 경쟁자들이다. 문재인 정부 들어 매년 17만호의 공공임대주택을 공급한다고 하니 경쟁자들은 더 늘어날 가능성이 높다. 다행히 공공임대주택은 노후화가 빠르게 진행되고 있다. 서울시의 영구임대주택은 평균 20년, 공공임대주택은 평균 16년이 경과하였다. 입주자들이 상대적으로 책임의식이 떨어지므로 일반주택보다 노후도가 더욱 높을 수밖에 없다. 또한 강서구와 노원구에 전체 임대주택의 25% 이상이 집중되는 등 지역 편중도가 도시 외곽을 중심으로 높다는 점 등은 공공임대주택의 공급이 주택임대관리업의 사업성에 큰 영향을 주지 않을 것으로 기대된다. 새 정부에서 추진하는 행복주택 또한 지자체와의 협의 등 산적한 문제들이 쌓여 있다.

주택임대관리업이라는 블루오션이 국내에 잘 정착하기 위해서는 제도적인 뒷받침과 함께 시장 참여자들의 노력이 필요하다. 국내에는 다소 생소한 개념의 사업이지만 이미 선진 외국에서는 안정적인 수익을 창출하는 거대한 시장으로 성장하고 있다. 국내에는 매입임대사업자의 임대호수가 10년 이상 7호 수준에 머물고 있지만, 일본의 경우 임대주택 전문관리회사 하나가 관리하는 주택이 30~50만 호 수준에 이른다. 따라서 이런 선진국 사례가 참고가 될 것이다.

일본을 예로 들면, 주택임대관리회사는 <표 5-10>과 같이 4가지 유형으로 분류되며 기반으로 삼는 영역이 어디냐에 따라 사업전략이 달라진다. 건설업 기반의 임대관리회사는 개발단계에서 시공을 포함하여 서브리스를 활용한 장기임대보장을 해주고 있으며, 중개업 기반의 임대관리회사는 중개네트워크와의 협업을 통해 마케팅에 강점을 가지고 있다. 따라서 본인의 회사가 어떤 기반을 가지고 있는지에 따라 특성화된 경쟁력을 활용하는 것이 필요하다.

〈표 5-10〉 일본 임대관리회사의 유형과 특성

유형	특성	대표 회사
건설업 기반	• 개발단계에서부터 시공건설 포함 • 서브리스를 활용한 장기 임대보증	레오팔레스21, 타이토켄타쿠
중개업 기반	• 임대중개업 중심으로 중개관련 사업 • 중개네트워크와 마케팅능력 결합	에이블
부동산회사 기반	• 풀라인업과 높은 신용도를 활용 • 상업용 부동산, 복합개발의 보완적 사업	스미토모부동산
리츠 기반	• 리츠가 임대주택을 기초자산으로 운영 • 자금조달과 투자체 운영 면에서 AM중시	미쓰이주택리스

출처: 김병욱(2013). 주택임대관리업의 현황과 발전과제, 한국부동산분석학회 추계학술대회 전문가세션.

사업대상지역으로 수도권만을 고집하는 것은 위험할 수 있다. 수도권이 임대수요는 많지만 토지비 등 원가 또한 높기 때문에 안정적인 수익률을 확보하기가 어렵다. 하지만 5개 광역시의 경우 이미 월세비중이 수도권에 비해 높아 월세 형태의 사업을 하기에도 유리하며 월세가격 또한 안정적이다. 따라서 사업대상 지역을 전국으로 확대해서 생각해 보는 것이 필요하다.

전세나 보증부 월세를 포함하는 유연한 사업방식도 견지해야 한다. 순수월세만을 고집하면 수요층을 너무 좁게 가져갈 위험이 있다. 현재 주택임대관리업의 경우 충분한 수요를 확보해야만 안정적인 수익을 가져갈 수 있다. 특히 월세보증금에 대한 보증제도가 갖추어져 있지 않은 우리나라의 경우 월세 미납과 체납에 따른 위험을 방지하기 위해서라도 일정규모 이상의 보증금은 필요하다. 따라서 보증부 월세를 포괄한 수요층을 확대할 필요가 있다.

자본수익률에도 관심을 가져야 한다. 투자수익률은 소득수익률과 자본수익률로 나눠 볼 수 있는데 상업용 부동산의 경우에도 연간 투자수익률이 10%라고 하면 자본수익률이 3~4%를 차지한다. 운영에 따르는 소득수익률만을 가지고 연간 투자수익률을 맞추기는 어렵다. 자연스럽게 자본수익률에 대한 관심이 요구된다. 특히 매입임대방식보다는 개발을 통한 사업수행이 자본수익률 확보에 유리할 것이다.

입주자들의 편의를 위해 제공하는 부가적인 주거서비스는 궁극적으로는 추가적인 수익 발생이 가능하므로 임대관리업과의 연계가 필요하다. 부가적인 주거서비스로는 가사서비스, 정보서비스, 문화서비스, 건강서비스 등을 들 수 있는데 일본의 주택임대관리회사들도 병행하고 있는 것으로 파악된다.

[그림 5-3] 임대주택과 관련 주거서비스

출처: 허윤경(2011). 국내 민간임대주택산업의 문제점과 육성방안: 기관임대사업자를 중심으로. 한국주택학회·한국부동산분석학회 2011년 상반기 공동정책세미나.

부동산경기침체와 주택시장의 부진으로 관련 회사들은 어려움을 겪고 있다. 하지만 모든 산업이 시간이 흐름에 따라 동일한 형태를 유지하지는 않는다. 투자와 개발의 패러다임이 지난 시간을 지배했다면, 이제는 관리와 임대차의 패러다임이 주택시장을 지배할 것이다. 변화하는 주택시장에 적응하기 위해서는 국내시장의 정책흐름과 함께 해외시장의 사업흐름까지 살펴보는 지혜가 필요할 것이다.

5. 국내 주택임대관리회사 설립동향과 사업전략

1) 국내 주택임대관리회사 설립동향

주택임대관리업을 위하여 가장 먼저 설립된 회사는 2017년 6월말 기준 60만호를 관리하는 국내 공동주택관리 1위 업체인 우리관리주식회사와 일본의 레오팔레스21이 합작한 우리레오PMC이다. 자본금 규모는 2억 원이며 1 : 1 합작이다. 설립배경을 살펴보면 우리관리㈜가 가지고 있는 국내 공동주택 시설관리 노하우와 레오팔레스21이 가지고 있는 임대관리능력을 협력하여 경쟁력을 가져갈 계획이다. 레오팔레스21이 내세우는 경쟁력 3가지는 수금, 명도, 하자보수 대응이다. 지금까지는 국내 임대관리서비스를 위한 전반적인 프로세스 수립과 매뉴얼 작업을 진행 중이며 첫 사업모델은 위험요소가 적은 위탁관리부터 시작할 계획이다.

일본의 경우는 소유주의 토지활용을 통하여 서브리스 임대방식이 주요 사업으로 추진되고 있다. 소유주가 임대사업을 하면 세제혜택을 받을 수 있기 때문에 일본의 임대관리회사는 토지소유주와 협의하여 임대부동산을 시공하고 해당 임대부동산을 30년간 장기적으로 확정된 임대료를 보장하는 방식으로 추진하고 있다. 레오팔레스21은 일본에서 50만호 정도를 관리하고 있다. 레오팔레스21의 시공 노하우 중 하나는 관리 효율을 위하여 임대부동산을 표준화하는 것이며 60여 개의 표준화된 주택모델을 제시하고 시설부품을 교체를 용이하게 전산 시스템으로 데이터를 구축하였다. 이러한 배경으로 볼 때 장기적으로 우리레오PMC의 경우는 노후화된 주택을 소유한 은퇴자를 대상으로 시공부터 자기관리형 임대관리까지를 일련의 사업 모델로 발전할 것으로 보인다. 2016년 11월에는 현대건설의 첫 번째 뉴스테이 단지인 "힐스테이트 호매실(800가구)"의 관리, 운영과 더 나은 주거서비스를 제공하기 위해 양해각서(MOU)를 체결하였다.

KD Living은 국내 대기업인 KT계열사이다. 한국통신이 소유한 부동산의 자산관리를 하는 KT Estate와 일본 다이와하우스 그룹의 부동산임대관리회사인 다이와리빙이 51 : 49로 합작한 자본금 10억 원인 회사이다. KT가 보유한 전국 400여 개 부동산 중 주거용 임대사업에 적합한 부지를 활용하여 임대사업과 임대관리업을 추진하고 있다. KD Living은 주거용 임대사업과 관련하여 개발-임대-관리-매각의 임대관리 토탈서비스를 제공할 계획이다.

KD Living이 내세우는 차별화 전략은 선진 유닛플랜, 장기적 안정 운영, 차별화된 주거서비스이다. 첫 번째 선진 유닛플랜이란 일본 다이와리빙의 상품기획 노하우를 활용하여 KD Living만의 선진형 상품 개발 역량을 말하며, 두 번째 장기적 안정 운영은 국내에서 자기관리형으로 임대관리를 추진하여 소유주에게 매달 확정임대료를 지급하는 방식이다. 마지막으로 차별화된 주거서비스는 KT계열사가 보유한 생활편의 서비스를 통합적으로 제공하는 것을 뜻한다. 예를 들어 인터넷서비스, 생활물품대여, 보안·경비서비스, 여행·문화상품, 케이블방송 등 다양한 서비스를 계열사를 통하여 지원받을 수 있다.

현재 KD Living은 서울과 부산지역의 전화국 부지에 주거용 임대사업을 위한 부동산개발을 추진 중에 있다. 국내 관련 대기업 중에서는 가장 발 빠르게 움직이고 있으며 향후 REITs 등을 통한 개발 및 자산운용영역으로 확장할 계획이다.

2017년 7월 현재 서울 동대문, 영등포, 관악과 부산 대연 등에 4개 단지를 건설, 운영하고 있다.

〈표 5-11〉 국내 주택임대관리 회사 설립 동향

회사명	설립시점	비고
우리레오PMC	2012년 11월	우리관리㈜와 일본 레오팔레스21 합작회사
KD Living	2012년 12월	KT estate와 일본 다이와리빙 합작회사
라이프테크	2002년 6월	국내 최대 주거용 임대관리기업

라이프테크는 2002년부터 시작하여 현재는 서울 강남지역에서 1,200여 호수를 운영관리하고 있는 국내 최대 주거용 임대관리기업이다. 10년이 넘게 축적한 라이프테크만의 노하우를 바탕으로 시장 선점효과를 누리고 있다. 라이프테크의 차별화 전략은 풀옵션 임대서비스이다. 풀옵션 임대서비스는 빌트인 가전에서부터 담요/이불까지 모든 생활용품을 구비한 임대서비스로 단기임대 고객을 대상으로 사업을 전개하고 있다. 해당 지역의 특성에 맞추어 수익을 극대화하는 전략을 추구하고 있다. 서울 강남지역 내에서 주택임대사업을 희망하는 소유자에게 공실 최소화 및 임대료 인상이 가능하도록 대상 부동산을 리모델링하여 지역 내에서 경쟁력을 갖추어 임대관리를 진행하고 있다. 이렇게 리모델링을 하는 경우는 1년간 임대료 보장방식으로 소유주와 계약을 추진하고 안정적인 수익

을 소유주에게 제공하고 있다. 지역중개사무소와의 네트워크, 임대차 계약 시 발생할 수 있는 위험요소에 대한 계약 체결 노하우, 임대료 체납에 대한 징수 방안, 효율적인 시설관리 등의 라이프테크만의 노하우로 강남지역뿐만 아니라 지역을 확대하여 사업을 확장할 계획을 가지고 있다. 2015년에는 부산에서 오피스텔(387실) 단지의 주택임대서비스를 맡기도 했다.

앞에서 열거한 기업 외에도 주거용 부동산을 시공하는 기업, 상업용 시설관리회사, 인테리어회사 등 다양하게 건설·부동산 관련 기업들이 새롭게 펼쳐지는 주택임대관리업에 대하여 검토하고 추진을 준비 중이다.

2) 사업전략

2014년 2월 주택임대관리업이 본격 시행되면서 업계의 관심은 높아지고 있지만 섣부른 시장진입은 큰 낭패를 볼 수 있다. 업계에서는 인구구조의 변화추이와 40여 년 전부터 임대관리업을 시작하여 활성화된 일본을 벤치마킹 대상으로 삼고 있지만 철저한 분석이 필요하다. 국내 정책방향 또한 보완이 필요하다.

일본의 경우는 부동산버블 이후 지가변동률이 지속적으로 하락하여 토지임대형 부동산개발이 용이한 시장구조가 형성되었으며 상속부동산에 대하여 주택임대사업을 할 경우 상속세 감면 혜택이 있어 소유주 입장에서 주택임대사업을 적극적으로 진행할 수 있었다. 그리고 오랜 기간 임대차 분쟁이 사회적 이슈가 되어 주택임대관리회사에 위탁하는 것이 보편화되어 있다.

하지만 우리나라의 경우는 대부분의 임대사업자가 임대관리 수수료를 지불하면서 위탁관리를 맡길 필요성을 못 느끼고 있다. 임대관리회사는 현재 임대수익보다 더 많은 수익을 보장하지 않는 이상 임대관리를 수주하기가 힘든 실정이다. 시장이 성숙하지 않은 국내 실정상 주택임대관리업을 통하여 수익을 창출하기도 힘든 여건이다.

일본 위탁관리의 경우 월임대료의 3.5%에서 5% 수준의 수수료를 받고 있지만 국내에서는 일본과 같은 수준으로는 담당 고정인력의 인건비를 충당하기에도 힘든 수준이다. 그 이유는 임대관리에 필요한 각 분야별 전문회사가 없거나 네트워크를 형성하지 못한 상태에서 임대관리에 필요한 업무를 모두 내부에서 처리하게 되면 고정인력비용 및 관리비용이 높아지기 때문이다. 일본은 임차인의 A/S 요구에 24시간 응대서비스만 전문으로 하는 회사가 있을 정도로 분업화되어 있다.

이 외에도 일본과 비교해 보면 다음과 같은 시장의 차이가 있다.

- 일본의 서브리스 임대관리와 유사한 자기관리형의 경우 임대관리회사가 임대인의 손해 보존을 위하여 보증보험 가입이 의무임
- 임차인의 신용도에 따른 임차인 선별 여부가 부재함
- 임차인 모집 업무가 제외됨

첫 번째 경우는 일본에서 임대료 납부의무에 대해서 임차인이 보증금 대신 가입할 수 있는 보증보험이 있지만 우리나라의 자기관리형 임대관리의 경우는 임차인의 체납이나 소유주에게 보장한 임대료를 임대인에게 지불하지 못하는 위험요소를 관리회사가 보증보험을 가입하여 해결하도록 만들었다. 그러나 아직 시장이 성장하지 않은 상태에서 임대관리업을 하는 회사에게는 보증보험료가 부담이므로 쉽게 자기관리형 임대관리사업을 추진하기 어렵다.

두 번째로 임차인의 신용도와 상관없이 입주를 결정해야 하기 때문에 임대료 체납에 대한 위험을 가지고 있으며 임대료 체납이 발생할 경우에 임대료 독촉 및 징수업무가 추가로 발생하게 된다. 임차인의 임대료 체납에 대한 안전장치가 없다.

세 번째로 우리나라 주택임대관리업은 임차인 모집업무를 할 수 없다. 임차인 모집을 통한 임차인 유치수수료를 추가로 발생시킬 수 없고 중개사가 모집한 임차인에 대하여 중개수수료를 지불해야 하므로 비용이 발생해 수익률이 낮아지는 문제가 생긴다.

마지막으로 현재까지의 정책방향에 대한 문제점이다. 자본금과 전문인력의 기준이 타 서비스업과 비교하여 다소 높은 편이며 세제혜택에 대한 언급이 아직 명확히 제시되지 않고 있다. 국내 주거용 부동산 임대시장에서 월세시장의 성장과 월소득을 추구하는 투자 패러다임의 변화로 주택임대시장은 분명히 확대될 것이며 전문적인 임대관리회사도 새로운 시장을 열어갈 것이다. 새롭게 주택임대관리업에 관심을 가지고 진출하려고 하는 경우 장기적인 안목과 세심하게 검토한 사업계획을 가지고 자기만의 차별성을 가져야 한다. 주택임대관리업을 성공하기 위한 핵심 요소들을 잘 점검하여 사업이 성공할 수 있기를 바란다.

3) 등록현황 및 전망

2016년 말 현재 주택임대관리회사는 총 202개가 등록되었다. 이들이 관리하는 주택은 모두 2만3520가구다. 2015년 말 대비 업체 수는 16%, 관리주택은 68% 늘었지만 전체 임대시장 규모에 비하면 초라한 실적이다. 특히 등록업체 중 관리 실적이 있는 곳은 73사에 불과하다. 유형별로는 위탁관리형이 124개(2만1427가구), 자기관리형이 78개(2093가구)다.

〈표 5-12〉 주택임대관리업 등록 현황

지역	등록회사	관리 주택 수
2015년 말	202개	2만3520호
2016년 말	174개	1만2034호

출처: 국토부(2016).

등록업체 중 영업실적이 있는 업체를 대상으로 영업환경을 파악한 결과 대부분이 위탁관리형을 중심으로 업무를 수행하고 있었다. 이는 보증가입 의무가 없어 수익 확보가 상대적으로 쉬운 위탁관리계약을 중심으로 신규 영업을 하고, 고객 확보 등을 통해 추후 자기관리형 주택임대관리업으로 영업을 확대하려는 전략으로 보인다.

자기관리형 주택임대관리업은 관련 인센티브가 없고 보증보험 가입 의무 등으로 수익 확보가 어려워 아직은 영업실적이 많지 않은 상황으로 정부에서는 향후 주택임대관리업자에 대한 세제혜택 등 인센티브를 확충하고 보증상품 다변화 등을 모색하여 자기관리형의 등록 및 영업을 활성화하기 위해 노력할 예정이다.

현재 시장은 기업형 임대주택(뉴스테이)에 주목하고 있다. 수준 높은 주거서비스 제공을 목표로 하는 뉴스테이는 주택임대관리업체들의 전문적인 관리가 요구된다. 뉴스테이가 활성화되면 주택임대관리업도 성장할 것으로 기대된다.

뉴스테이는 중산층의 주거불안 해소를 위한 주거정책으로 기업이 공급하는 임대주택으로 임차인은 적정수준으로 관리되는(임대료 상승 연 5% 이하로 제한) 임대료를 납부하며, 희망하는 경우 최대 8년간 안정적으로 거주할 수 있다.

〈표 5-13〉 뉴스테이 핵심규제

규제내용	임대료 상승제한(연 5%)	분양전환의무	임차인 자격조건	초기임대료	임대주택 담보권 설정제한
개선 전	○	○	○	○	○
개선 후	○	×	×	×	×

뉴스테이는 2017년 현재 누계기준으로 약 15만호의 사업용지를 확보하고, 8.5만호의 영업인가와 4만호의 입주자 모집이 추진될 계획이다. LH와 지자체, 민간부문을 합쳐 지난 5년간(2011~2015년) 전국의 연평균 임대주택 건설이 8만여 수준임을 고려할 때 짧은 기간 동안 상당한 성과를 이루었다고 볼 수 있다.

하지만 뉴스테이는 입주자 자격 제한, 초기임대료규제, 분양전환 의무가 없다. 뉴스테이에 적지 않은 공적재원이 투여되고 있으며 사업시행자에게 공공부문의 택지를 공급하고, 개발 절차를 간소화시켜 준다. 이런 혜택으로 인해 문재인 정부 들어 공공성을 확보해야 한다는 목소리가 높아졌다. 혜택을 유지하는 대신 초기 임대료를 주변 시세보다 낮게 책정하고 일정비중의 입주자는 무주택자나 신혼부부에게 할애하는 방안이 유력시된다.[4)]

이렇게 공공성이 과다하게 부여되고 민간사업자가 수용하기 어려운 조건이 포함되면 민간부문의 임대주택공급이 대폭 줄어들 가능성이 높다. 그렇게 되면 뉴스테이로 인해 주택임대관리업이 성장할 것이란 기대는 사라지게 될 것이다.

6. 선진형 주택임대관리업: 일본 사례

1) 배경

일본은 1950년대 중반부터 고도 성장기에 진입했는데 이때부터 대도시의 일자리는 급증했고 이를 찾는 근로자들이 대거 유입되기 시작했다. 대도시로의 인구 유입에 따라 임대주택에 대한 수요는 단기간 급증했으며, 임대주택 부족현상은 심화되었다.

그 후 임대주택공급이 늘어나기 시작했는데 초기의 임대주택사업자는 단순한 토지소

4) 문재인 정부는 뉴스테이에 공공성을 강화한 '공공지원 민간임대주택'으로 개편하여 청년·신혼부부 주거지원을 강화하였다.

유주였으며, 다른 직업을 가진 경우가 대부분이었다. 이러한 상황에서 임대관리의 위탁에 관한 수요가 발생하게 되었으며, 수요에 대응하기 위해 임대주택관리업이 생겨났다. 완벽하지는 않지만 이때부터 일본은 임대주택의 소유와 경영이 분리되기 시작하였다.

초기 주택건설업체는 건축 수주를 위해 임대주택을 위탁관리하기 시작했으며 자사의 비전문화된 조직이 임대주택을 관리하였다. 하지만 시장이 자꾸 확대됨에 따라 전문업체와 업무제휴를 통해 임대관리업무를 추진하기 시작하였다. 투자 목적으로 맨션 등을 구입한 개인투자자 또한 그 관리를 전문임대관리업자에게 위탁하는 사례도 늘어났다. 당시 임대주택관리는 대부분 중개업무의 부수적인 서비스였으며, 현재와 같은 전문성과 체계적인 관리업무는 자산버블기 이후에 생겨났다고 한다.

일본의 인구는 2005년 1억 2천8백만 명을 고점으로 감소 추세로 돌아선 이후 2012년에는 1억 2천7백만 명, 그리고 2055년에는 8천9백만 명까지 줄어들 것으로 추정된다. 더욱 심각한 것은 65세 이상 고령인구의 급속한 증가다. 65세 이상 고령인구가 전체 인구에서 차지하는 비중은 2005년 20.2%에서 2055년에는 40.5%로 거의 두 배나 증가할 것으로 예상된다. 이에 반해 14세 이하와 15~64세 인구수는 급격한 감소 추이를 보일 것으로 전망된다.

이와 함께 일본 세대수 변화 중 가장 두드러진 것은 단독세대 수의 급속한 증가이다. 단독세대 수는 2005년 1447만 4천 세대(29.5%)에서 2015년에는 1740만 6천 세대(34.4%)로 급증할 것으로 예상된다.

〈표 5-14〉 일본 연령별 인구추계

연도	14세 이하	15~65세	65세 이상	인구 수(천명)
2005	13.1%	66.1%	20.2%	127,768
2012	12.5%	63.2%	24.3%	126,605
2030	9.7%	58.5%	31.8%	115,224
2055	8.4%	51.1%	40.5%	89,930

출처: 일본 임대주택관리업(2013).

단독세대와 고령층의 증가는 보유주택 유지관리에 대한 어려움을 가중시키고 이로 인해 전문 임대관리회사에 대한 위탁관리의 수요를 증가시킨다. 또한 주택구입계층들의 소득수준이 낮아 주택구입은 상속이나 증여에 의존하게 되면서 그 전까지 임대주택에 거주하는 수요로 남아 있게 된다.

2) 일본 주택임대시장의 특성

일본 총무성이 2013년 조사한 주택·토지통계조사에 의하면 주택임대료는 평균 54,052엔이다. 민영임대주택은 64,722엔이며 도시재생기구(UR)에서 관리하는 임대주택은 64,048엔으로 큰 차이는 없다. 월 관리비와 관리비용은 2,093엔이다. 월임대료를 현별로 살펴보면 도쿄도가 76,648엔으로 가장 높으며, 가나가와현이 68,009엔, 사이타마현이 59,197엔, 치바현이 57,883엔, 오사카가 53,822엔 순이다.

〈표 5-15〉 일본의 월 임대료 추이 (단위: 엔)

연도	1978	1983	1988	1993	1998	2003	2008	2013
월세	17,908	25,107	33,214	44,458	49,257	51,064	53,565	54,052

출처: 일본총무성(2013). 주택·토지통계조사.

일본의 주택임대시장은 우리와 유사하게 공공부문의 비중이 작고 민간의 비중이 높다. 전체 주택에서 민간임대주택은 2008년 기준 26.9%에 이른다. 이에 비해 공공부문은 6.1%에 불과하다. 일본에서 민간부문에서 임대주택을 공급하는 주체는 대부분 개인으로 전체 주택의 약 85%의 비중이다. 법인은 단지 15%에 불과할 따름이다.

개인소유주가 많기 때문에 임대주택의 소유 호수 또한 소규모로 21~50호를 소유한 경우가 30.9%로 가장 많다. 이들 개인 소유주의 연령 또한 고령화되어 50~70대가 75.5%에 달한다.

이처럼 임대인들이 소유한 주택호수 규모가 크지 않고, 연령대가 높기 때문에 임대관리를 위탁하는 경우가 많고 위탁범위 또한 넓다.

〈표 5-16〉 일본 임대주택의 관리방법(임대인 기준)

관리방법	인원(명)	비중(%)
전체 자기관리	171	9.2
모집부터 계약까지 위탁, 그 외 자기관리	207	11.2
모집부터 계약까지, 관리 일부를 위탁	265	14.3
계약, 관리 전부 위탁	1,206	65.2
무응답	37	
합계	1,886	100.0

출처: 일본 국토교통성(2010).

이러한 일본주택임대시장의 특징으로 인해 개인이 임대주택을 스스로 관리하기보다는 일부 또는 전부를 위탁하는 것이 일반화되어 있다. 국토교통성의 2010년 실태조사에 의하면 일부 또는 전부 위탁하는 경우가 80%에 달한다.

위탁관리에 따른 관리보수인 관리수수료가 월 임대료에서 3~6%를 차지하는 비중이 71.2%로 가장 높았고, 3% 이하는 12.5%, 6~10%는 10.9%, 10% 이상은 5.5%로 나타났다. 위탁관리기간은 2년이 53.6%, 3년이 23.8%, 1년이 14.1%로 3년 이내의 계약이 90% 이상이었다.

하지만 위탁관리의 중심이 관리위탁형(국내는 위탁관리형)에서 점차 서브리스형(국내는 자기관리형)으로 변하게 된다. 이렇게 서브리스로 위탁관리가 바뀌게 된 배경은 임대주택의 공실률이 증가하고, 임대인과 임차인 간의 갈등이 커지면서 이를 대체할 관리방안을 찾는 과정에서 생겨나게 되었다. 또한 임대주택에 대한 상속증여세의 감면제도와 정기차가제도와 같은 임대주택지원제도가 도입된 것이 변화를 촉진하는 계기가 되었다.

일본주택의 공실률은 2008년 기준으로 13.1%이며 특히 임대주택의 공실률은 그 비율이 더욱 높아 18.8%에 이른다. 임대주택 공실률은 5년 전에 비해 1.2%p 증가하였다. 따라서 임대료를 장기간 고정적으로 보장해 주는 서브리스의 장점이 시장에서 크게 부각될 수밖에 없는 환경이다.

서브리스는 주택임대관리회사가 시장임대료의 80~95%까지 30년 이상 고정적으로 보장해 주는 시스템이다. 이 경우 계약기간은 30년이나 초기 10년간은 고정이며 그 이후는 2년마다 개정하게 된다. 서브리스를 모든 임대인이나 주택임대관리회사가 선호하거나 제공하는 것은 아니다. 서브리스방식으로 위탁하기를 원하는 임대인은 단독주택을 임대주택으로 재건축하거나 나대지에 임대주택을 건설하려는 경우이다. 이 경우 상속증여세가 대폭 인하되기 때문에 개인임대인들은 적극적으로 임대주택을 개발하여 임대관리를 서브리스 회사에 맡기게 된다.

3) 주택임대관리업의 발전과정

일본 주택임대관리업은 1999년 정기차가제도 도입이 발전의 계기가 되었다. 정기차가제도는 일본의 임차인 보호중심의 전통적인 제도를 계약관계에 입각한 임대차제도로 변경하는 것이었다. 즉, 이 제도 도입 이후 주택임대관리가 정상화되었고, 서구식 월세 임대차계약의 형태가 일반화되었다.

그리고 월세 임대차계약이 일반화되면서 서브리스도 증가하게 되었다. 여기에는 임대주택에 대한 상속증여세 감면제도가 큰 기여를 하였는데 이러한 세제혜택에 힘입어 단독주택을 임대주택으로 재건축하는 것이 일반화되었다. 일본의 임대관리 상위 10위 업체를 살펴보면 2006년은 임대관리호수가 207만호였는데, 2012년에는 312만호로 늘어난다. 즉 상위업체 집중현상이 심화되고 있다. 특히 두드러진 현상은 서브리스 또한 증가하고 있는 것인데 2006년에는 112만호가 서브리스였는데 53.8%의 비중을 차지하였으며, 2012년에는 221만호로 70.8%에 달하였다. 임대주택관리회사가 난립하는 문제점이 발생하자 정부에서는 임대주택관리회사 정비를 위해 2011년 '임대주택관리업자 등록제도'를 도입하게 된다.

2012년 3월 기준 임대주택관리업자 등록제도에 의해 등록한 회사는 1,579개이다. 법인이 95.5%인 1,492개이며, 개인은 5.5%인 87개이다. 우리의 중개업에 해당하는 택지건물취인업 의무등록을 한 업체는 전체의 95.4%로 대부분이 중개업을 겸업하고 있었다.

택지건물취인업의 경우 전임으로 택지건물취인 주임자를 고용해야 하는데, 종사자의 1/5 이상을 고용하면 된다. 이러한 규정은 우리와 비교하면 의무등록요건이 상대적으로 약하게 규정되어 있어 등록이 쉬운 편이다. 또한 임대관리업을 수행하면서 중개업을 동시에 영위하면 안정적 수익을 얻는 데 많은 도움이 된다. 특히 건설업이나 건축업을 주로 수행하는 회사들도 대부분 택지건물취인업 면허를 가지고 있다. 따라서 일본의 임대주택관리업계는 관리업 그 자체를 수행하는 경우보다는 겸업의 형태로 사업포트폴리오를 가지고 있는 다양한 업종의 회사들이 참가하고 있다고 봐야 한다.

〈표 5-17〉 임대주택관리업 등록 현황

구분	법인	개인	중개업 겸업 비율
3대 도시권	857	34	96.4%
기타 지방권	635	53	94.2%
총계	1,492	87	95.4%

출처: 일본 국토교통성(2010).

4) 상위 10위 기업의 특성 분석

상위 10위 기업 중 중개법인이나 주택관리회사에서 출발한 에이블, 하우스메이트, 미니테크는 관리위탁형 사업이 중심이다. 반면 건설회사에서 출발한 다이토켄타쿠, 세키수이하우스, 토켄코퍼레이션은 서브리스가 중심이다. 또한 건설회사에서 출발하지는 않았더라도 레오팔레스21, 스타츠, 다이와리빙, 다이세이하우징 등은 시공기능을 내부 또는 관련회사의 형태로 보유한 경우가 많다.

서브리스형 임대관리회사는 일본 민간임대관리업이 핵심 사업군으로 자리매김하고 있다. 이들 업체의 현황을 살펴보면 2012년 상위 10위 회사가 운영하는 312만호 중 70.8%가 서브리스형태로 제공되고 있다. 특히 시공기능을 보유한 1~3위 회사의 경우 서브리스 비중은 90%를 넘고 있다. 이들은 매출규모 면에서도 5천억 엔에서 1조 5천억 엔에 달할 정도로 거대기업으로 성장했다. 반면 관리위탁중심의 회사들은 관리호수는 많지만 매출액은 현저히 떨어지고 있다.

〈표 5-18〉 일본 상위 10위 주택임대관리회사 현황

2013년 순위	회사명	관리호수 (A)	서브리스 관리호수(B)	B/A	2012년 관리호수	2011년 관리호수
1위	다이토켄타쿠(大東建託)	747,163	733,684	98.1%	694,205	645,030
2위	레오팔레스21	546,204	538,235	98.6%	556,207	571,656
3위	세키수이(積水)하우스	506,353	468,235	92.6%	489,967	472,570
4위	스타트	361,163	23,092	6.1%	319,767	297,195
5위	다이와(大和)리빙	340,609	294,623	82.4%	297,948	272,523
6위	에이블	203,555	0	0.0%	192,309	183,810
7위	하우스메이트	175,954	89,209	50.5%	170,657	166,340
8위	미니텍	168,711	16,889	10.7%	166,260	163,900
9위	도켄(東建) 코퍼레이션	165,227	153,162	92.7%	153,936	148,652
10위	학생정보센터	85,000	0	18.7%	80,058	80,056
합계		3,299,939	2,317,129	70.8%	3,121,314	3,001,732

출처: 주간전국임대주택신문(2013).

<표 5-19>에서 보듯이 임대관리호수 상위 3위 기업은 입주율에서도 월등하다. 1위인 다이토켄타쿠와 3위인 세키수이하우스는 입주율이 무려 96%에 이른다. 세키수이하우스의 경우 건설부문의 매출이 전체 매출에서 차지하는 비중이 58%를 넘으며 영업이익률 또한 4.6%로 가장 높다. 이에 반해 건설부문의 매출비중이 11.8%로 작은 레오팔레스21의 경우 영업이익률이 1.6%에 그친다. 따라서 건설부문의 매출비중을 어느 정도로 가지고 가느냐에 따라 수익여건이 달라진다고 볼 수 있다.

〈표 5-19〉 임대관리호수 상위 3위 기업 비교분석

구분	다이토켄타쿠(大東建託)	레오팔레스 21	세키수이(積水)하우스
관리호수	694,205	556,207	489,967
매출	11,524억 엔 -------------------- 건설: 4,895억 엔 임대: 6,304억 엔 기타: 324억 엔	4,542억 엔 -------------------- 건설: 538억 엔 임대: 3,841억 엔 기타: 164억 엔	15,306억 엔 -------------------- 건설: 8,914억 엔 임대: 3,782억 엔 리폼: 1,022억 엔 기타: 1,587억 엔
영업이익	824억 엔	74억 엔	709억 엔
임대관리호수	694,205	556,207	489,967
입주율	96%	86%	96%

*입주율: 각 월말 시점에서 "계약된 호수/관리호수"
출처: 각사 내부자료(2012).

일본의 임대주택은 규모에 따라 싱글형(20㎡대)과 콤팩트형(30~50㎡대) 그리고 패밀리형(60㎡)으로 나뉜다. 싱글형이 가장 많이 지어졌으나 최근 콤팩트형과 패밀리형으로 그 수요가 옮아가고 있다. 이로 인해 회사의 수익성이 좌우되기도 한다. 임대관리호수 1위업체인 다이토켄타쿠는 패밀리형 임대주택 비중이 높은 반면, 레오팔레스21은 싱글용 원룸타입 비중이 높다. 원룸주택은 건축수주단가가 낮고 임차인 거주기간이 짧기 때문에 리스크가 높은 반면, 가족형 임대주택은 수주단가가 높고 임차인 거주기간이 길어 리스크가 상대적으로 낮다. 1위 업체와 2위 업체의 입주율이나 매출 차이는 이런 요인에서 기인하는 측면이 크다.

7. 미국의 임대주택사업의 현황

우리나라의 주택임대관리사업의 방향을 전망하기 위해 일본에 이어 미국의 예를 살펴보기로 하자. 미국의 경우는 각주에 의한 법률, 제도, 상관행 등이 달라 미국 전체를 언급하기는 어렵다. 여기서는 미국 서해안의 캘리포니아주, 오리건주 등에 대해 문헌자료를 토대로 설명, 기술하겠다. 따라서 미국의 동부해안지역, 뉴욕 등에서는 다를 수 있음에 유의하기 바란다.

1) 미국의 임대주택관리사업의 전반적인 특징

미국의 임대주택관리사업을 일본과 비교할 때 다음의 특징을 지적할 수 있다.

- 관리하는 임대주택은 단독주택 외, 수백 채 이상 규모의 아파트, 경우에 따라서는 일정한 지역 커뮤니티를 형성하는 수준 등 일본보다는 대규모 물량이 많다.
  - 관리체제는 물건이 소재한 현지에 상주하는 현장관리담당자와 총괄관리를 담당하는 본부 스태프 양자가 역할을 분담해 관리하는 경우가 많다.
  - 미국에서는 일반적으로 오너는 투자가이다. 아파트 급매물거래 등이 빈번히 이루어지고 있으며 임대관리회사는 투자효율을 올리는 것, 최대 투자에 대해 최대의 이익을 달성하는 데 기여하는 것이 요구되고 있다.
- 관리 보수는 임대료의 5% 정도가 일반적이다. 소유주가 경영자 의식이 강해 리스크를 피할 수 있는 마스터리스방식은 없지만, 성공 보수적인 프리미엄과 최저보증금액 등을 정하는 사례는 있다.

2) 미국 임대주택의 임대차 계약의 특징

미국의 임대주택의 임대차계약의 특징은 대략 다음과 같다.

- 계약 기간 1년 등으로 계약 기간을 확정하는 계약(일본의 법 제도로 말하면 "정기 셋집 계약")이 체결된다.

- 계약 기간이 종료된 후에는 임대료 등도 포함해 다시 계약하게 된다. 미국의 경우 일반적으로 이사의 빈도는 일본에 비해 높지만, 퇴거에 따라 임대인에게 고액의 일시금 수입은 없기 때문에 세입자들이 계속 거주하는 것이 임대인 측에서는 이익이 된다. 그렇기 때문에 문제 있는 임차인이 아니면 임대인(혹은 관리업자)은 공실이 생기지 않도록 최대한 계약의 갱신(재계약)을 위해 노력하게 된다.
- 입주자가 자신의 사정으로, 계약 기간 중에 퇴거하는 경우에는 잔존기간의 월세에 상당하는 위약금의 지불의무를 지는 것이 원칙이지만 그 보상으로 입주자 자신이 기간한정의 임대인으로서 제삼자에게 전대하는 방식이 인정되는 경우도 있다.

• 임대차계약에서 인종, 피부색, 종교, 성별, 국적, 기혼 여부, 심신의 핸디캡 유무 등으로 차별을 하는 것은 미합중국 또한 주의 법률로 금지되어 있다.
  - 당초 계약 시에 일정액을 보증금으로 예치하면 임대인이나 관리회사는 이를 사용한 경우 그 내용에 대해 영수증 등을 첨부한 청산보고서를 임차인에게 교부해 승인을 받아야 한다.
  - 예치된 보증금은 퇴거 시까지 미지급된 임대료를 충당하고, 임차인의 고의·과실에 의한 설비 파손 등의 원상회복비용 등에 충당된다(원상 회복은 통상 사용과 자연 소모는 주인 부담, 임차인의 고의 과실에 의한 파손과 소모는 임차인의 부담이다). 이 예치된 보증금은 전부 또는 일부 상각하거나 신규 임대를 위한 개수비용 등에 충당하는 것은 인정되지 않는다. 보증금에 문제가 발생하는 경우 간이법원(簡易法院)에 제소하여 해결한다.

임대차 관련 분쟁을 피하기 위해서는 입주 시에 양 당사자가 입회하여 매물검사를 실시하고 현황을 서면(inspection list)으로 확인해 두는 것이 통례이다.

보증금은 임대료 1개월 이내에서부터 상한으로는 가구가 없는 경우는 임대료의 2개월치, 가구가 비치된 경우는 임대료의 3개월 치 등이고, 가구에서는 냉장고, 세탁기, 침대, 에어컨 등이 비치되어 있는 예가 많다.

3) 미국의 임대주택관리회사의 구체적인 업무 상황

미국의 임대주택관리회사(property management company: PMC)가 구체적으로 실시하고 있는 업무내용을 예시적으로 살펴보면 다음과 같다.

- 임대인에 대해서는 연간 예산에 대한 실적 등을 매달 분기에 보고한다. 또한 임대인의 지시에 따라 거래은행, 세무사 등에도 보고한다.
- 임차인의 퇴거에는 원상회복작업, 신규 임차인 교체업무 등에 의해 결국 비용이 늘어나므로 가급적 기존의 임차인이 계속 거주하는 것을 목표로 해야 한다.
- 새로운 임차인이 만족하도록 노력해야 하는데 임차인에 대해 약간의 선물을 주거나, 설문이나 공청회 등을 통해 정보를 제공하고 불만 등을 사전에 파악하는 등의 교류가 임차인 만족에 중요한 요인이다.
- 특히 임차인으로부터 관리의 문제로 연락이 오면 24시간 이내에 대처하는 것을 원칙으로 하고 있다는 관리업자가 많다. 사전에 다음 해에 이루어질 서비스를 미리 이야기해 주는 서비스도 효과적이다.

4) 미국의 임대주택 위탁관리

미국에는 크고 작은 임대관리회사가 많으며 임대관리를 위한 전문적인 소프트웨어의 개발로 인해 시장에 처음 진입한 회사나 관리자도 쉽게 관리할 수 있는 임대관리 프로그램이 있어 체계적인 임대관리가 가능하다.

미국에서 아파트는 아파트매니저에 의해 주택임대관리가 이루어지고 있으며 아파트 매니저는 해당 아파트에 거주하면서 관리하는 경우도 있고 주택임대관리회사로부터 월급을 받고 건물주를 대신해 관리하기도 한다. 아파트 매니저는 개인용 PC에 주택임대관리용 소프트웨어를 설치하고 세입자가 입주할 때의 스크리닝부터 퇴실 시 예치금 정산까지 모든 관리업무를 쉽게 수행한다.

세입자 스크리닝 서비스는 대부분 주택임대관리회사나 건물주가 세입자를 받기 전에 이들의 신용상태를 조회하여 문제가 있는 세입자들로 인해 발생할 수 있는 다양한 문제점을 미연에 방지하기 위해 실시한다. 세입자는 입주 시 월세미납에 대비하여 개인 수입증명을 요구받기도 한다.

미국은 주 정부에 따라 주택임대관리회사가 허가를 받고 면허를 취득해야 하며 세입자로부터 직접 월세를 받거나 주택임대관리 건물 또는 공실리스트를 등록한다. 임대료 협상을 위해서는 부동산중개자격증(real estate broker license)을 보유해야 한다. 주 정부에 따라서는 이를 요구하지 않는 경우도 있지만 대신 임대관리자격증(property management license)을 보유하고 있어야 한다. 물론 건물주가 직접 관리할 경우에는 사업자등록증(business license)만 있으면 된다.

8. 시사점과 과제

주택임대차시장을 둘러싼 환경변화에 대응하기 위해, 정부는 "경제혁신 3개년 계획"의 후속조치로 "주택임대차시장 선진화 방안"을 2014년 2월 26일 발표하였다. 주택임대차시장 선진화방안은 주택임대시장의 구조변화에 대응하기 위해 공공임대리츠 등 공공임대주택 공급방식을 다양화하고 기업형 임대사업을 활성화하겠다는 계획이다. 저금리로 마땅한 투자처를 찾지 못하는 시중 유동성을 주택임대시장을 통해 흡수하기 위한 목적과 기존 임대주택사업을 담당하던 한국토지주택공사(LH)의 감당하기 힘든 부채를 함께 고려한 조치로 판단된다.

정부대책의 또 다른 배경은 공공부문에 의한 임대주택건설이 한계에 처했다는 인식으로 대부분 비제도권에 머물고 있는 국내 임대시장의 후진성을 개선해 보려는 의도일 것이다. 우리나라의 공공임대주택은 전체 주택의 6% 내외로 유럽 국가들에 비해 현저히 낮은 수준이다. 유럽 국가들의 경우 일반적으로 전체 임대시장에서 공공임대주택이 차지하는 비중이 50~70%로 매우 높은데 이는 역사적으로 자가주택마련을 통해 주거문제를 해결하기보다는 임대주택을 통해 국민의 주거문제를 해결하려는 정책적 의지가 강했기 때문이다.

문재인 정부 들어 우리나라도 공공부문에서 연 17만 호의 공공임대 공급을 추진 중이나, 한국토지주택공사(LH)의 재무여건을 고려하면 과거와 같이 순수하게 공공에서만 공급하는 것은 한계에 이른 것으로 판단되며 민간의 참여를 적극적으로 유도해야 할 것이다. 하지만 국내 임대시장의 가장 두드러진 특징 중 하나는 임대사업자로 등록하지 않고 비제도권에서 임대사업을 하는 개인 임대인의 비중이 압도적이라는 점이다. 비제도권 임대비중이 높은 것은 전세제도라는 우리나라만의 독특한 임대차제도에 기인한 측면이 큰데, 전세는 전체 임대차시장에서 절반 이상을 차지하고 있어 최근과 같은 수급불균형 시기에 서민들의 주거안정을 심각하게 훼손할 우려가 있다. 또한 민간은 임대주택의 공급과 관리가 주로 개인 중심으로 이루어지고 있어 전문성이 결여되고 규모의 경제를 통한 효율성 제고도 어려운 상황이다.

하지만 과거 일본도 주택임대차시장이 후진적인 모습을 보였으나, 버블 붕괴 이후 사회, 경제적 변화를 수용하면서 선진화된 기업형 임대사업 형태로 변모해 갔다. 일본은 버블붕괴 이전까지는 개인 중심의 임대시장이 형성되면서 기업에 의한 임대주택사업은 많지 않았다. 특히 "레이킹" 등 전근대적인 임대차계약 관행이나 지나친 임차인 보호제도로 인해 민간임대주택시장이 열악한 수준에 머물러 있었다. 하지만 버블 붕괴 이후 부동산 가격이 급락하고 인구구조에 변화가 따르면서 임대주택수요가 증가하였다. 물론 여기에는 매매시장 침체에 따른 중개업 및 건설업체들의 새로운 시장 개척의 필요성 등이 복합적으로 작용하면서 민간임대주택사업이 기업형으로 발전하기 시작한 측면도 있었다.

여러 가지 차이점으로 우리나라 임대시장이 일본처럼 제도권 내에서 체계적으로 발전하기까지는 상당한 시일이 소요될 것으로 생각되지만 장기적인 방향은 유사한 패턴을 보일 것이다. 하지만 높은 토지가격, 임대관리업계의 미성숙 등 발전의 장애요인이 있으며 일본과 달리 전세제도가 임대시장의 주력으로 아직 남아 있는 가운데 전세보증금은 임대인 입장에서 큰 부채로 작용하고 있어 순수 월세가 아닌 보증부 월세가 혼재하는 형태가 상당기간 지속될 전망이다. 특히나 일본은 자산버블 이후 도심 주택지 가격이 60% 이상 하락하면서 도심임대주택 개발을 위한 원가 부담이 크게 줄었으나, 우리는 도심의 토지가격이 계속 상승하였기 때문에 낮은 수익성으로 인해 민간임대주택사업의 걸림돌이 상존한다. 국내 건설회사들 또한 분양시장 위주의 사업방식에서 탈피하지 못하고 미분양 주택에 대한 한시적인 임대사업만을 고려하고 있는 실정이다.

다만 큰 흐름에 있어서는 월세 중심의 임대시장이 활성화되면서 기업형 임대주택사업은 확대될 것으로 기대된다. 특히 1~2인 가구의 증가속도가 빨라 향후 소형 임대주택시장은 크게 발전할 가능성이 높다. 지금처럼 분양사업의 한 대안으로서의 임대주택사업이 아닌 개발 시점부터 분양사업과 임대사업을 구분하여 일본과 같이 개발과 운영이 결합되는 새로운 임대주택사업이 적극 도입될 전망이다. 일본과 같이 장기의 서브리스가 일반화되기까지는 오랜 시간이 걸리겠지만 일괄임대위탁이나 관리위탁과 같은 기업형 임대관리사업도 점차 확대될 가능성이 높다고 하겠다. 따라서 정부만이 아니라 임대관리사업의 주체들 또한 이러한 변화에 적극 대응하는 자세가 필요하다.

생각해 볼 문제

PROPERTY MANAGEMENT

1. 국내 부동산자산관리의 경우 상업용 부동산에 대한 자산관리는 비교적 활발했으나 주거용 부동산에 대한 자산관리는 미흡하였다. 그 이유는 무엇인가?

2. 국내 주택임대시장의 동향을 공급과 수요 측면에서 고찰하시오.

3. 주택임대관리업은 크게 자기관리형과 위탁관리형으로 나뉜다. 그 차이를 비교 분석하시오.

4. 일본 주택임대관리회사의 유형과 특성을 설명하시오.

5. 국내 주택임대관리업의 안정적인 정착을 위해서는 어떠한 제도적 기반과 회사의 경영전략이 필요한가?

CHAPTER

06

부동산자산관리 실무 I

주요 용어

자산관리(Asset Management), 재산관리(Property Management), 시설관리(Facility Management), 자산관리제안서, 위탁관리계약서, 임차인관리, 법적기술자격 선임, 제안요구서(Request for proposal)

요약

이 장에서는 자산관리의 개념에 대한 이해와 자산관리를 위한 기본적인 인력구성과 조직에 대한 부분을 이해하고, 투자자가 어떤 관점에서 자산관리자를 선정하는지를 투자자 입장에서 파악하였다. 그리고 자산관리자가 어떤 자질을 가지고 투자자에게 접근하고 제안을 해야 하는지에 대한 기준을 제시해 보았다. 또한 선정된 자산관리자가 어떠한 방식으로 투자자와 계약관계를 맺으며, 어떤 점을 유의해야 하는지를 쉽게 이해하도록 위탁관리계약의 일반적인 예시를 제시하였고, 계약에 제시된 업무에는 어떤 것들이 있는지를 파악할 수 있도록 접근하여 보았다.

CHAPTER PROPERTY MANAGEMENT

06 부동산자산관리 실무 I

학 습 목 표

부동산자산관리자의 기본적인 자질은 무엇이고 어떤 업무 위주로 경험을 쌓아야 하는지 알아본다.

1. 자산관리 입문

이 장에서는 자산관리란 무엇이며 어떤 배경에서 출범하여 어떻게 변화하였고, 어떻게 발전하고 있는가를 확인하고 그 개념을 이해하기로 한다. 우선 자산관리라는 용어는 asset management를 번역한 말이며, 실제로 부동산 이외에도 많이 사용되는 용어이다.

1) 배경

수익형부동산의 개념은 1998년 IMF를 기점으로 큰 변화를 겪었다. IMF 이전의 부동산의 개념도 투자의 대상이라는 관점은 같으나, 수익을 어떻게 만들어 가느냐 하는 관점의 차이가 이 장을 이해하는 핵심이다.

예전에는 부동산은 매입하고 일정기간이 지나면 무조건 가격이 오르고, 가격이 오르면 다시 팔아서 그 이익(capital gains, 매각차익)을 얻는 투자의 대상이었다. 이 시절에는 부동산을 어떻게 관리하고 어떻게 운영하는가는 관심의 대상이 아니었다. 부동산의 관리는 직접 사용하는 부동산만이 관심의 대상이었고, 효율적, 수익적 측면보다는 이용의 편리 또는 상징성만이 강조되었다.

2) 도입

그러나 IMF 직후 많은 단기외국자본들이 국내에서 활동하게 되면서 부동산시장에 많은 변화를 가져왔다. 가장 두각을 나타낸 분야가 자산관리 분야로 투자를 통해 운영수입을 극대화시키려는 투자자들의 접근방법이 도입되었다. 물론, 국내부동산을 매입·매각하는 과정에서 단순히 자본이득(capital gains)만을 목적으로 하는 자본이 없었던 것은 아니었지만 대부분의 외국계 투자자들의 기본 접근방식은 투자한 기간에 대한 운영수익에 초점이 맞추어져 있었다.

이 시기의 외국자본들은 대부분 부실채권에 관심이 많았고, 많은 기업들이 무수익여신(non performing loan: NPL)에 투자를 하는 방식으로 부동산에 투자하였다. 국내 기업이 보유한 부동산들이 이러한 방식으로 NPL이라 불리는 부실채권으로 저가에 매각되고, 이렇게 매각된 NPL은 외국계 투자자들에게 매입되어 일정기간이 지난 후 제3의 외국계 투자자에게 재매각되는 방식으로 운용되었다. 하지만 이 과정에서 매입 후 부동산의 가치를 높일 수 있는 여러 가지 운용의 기술을 발휘하여 매각 시 가치를 극대화시키는 방법이 국내에 소개되기 시작하였다.

이후 단기자금 성격의 외국자본보다는 연기금 등의 장기투자자금이 들어와 운영기간이 더욱 길어지면서 자산관리의 중요성이 부각되기 시작하였다. 또한 IMF 직후에 외국계 자본을 운용하던 인력들이 국내펀드회사 및 자산운용사로 유입되면서 더욱 발전되고 안정적인 수입을 올리는 자산관리기법들이 발전하게 되었다.

3) 개념

부동산자산관리란 부동산관리를 통해 부동산 수익률을 극대화하기 위해 발생하는 서비스라고 정의할 수 있다. 하지만 부동산운영을 잘 이해하기 위해서는 3가지 기능에 대한 이해가 우선되어야 한다. 그 3가지 기능은 자산관리(AM), 재산관리(PM), 시설관리(FM)이다. 이들은 모두 기능이 다르며 이런 3가지 업무의 역할이 유기적으로 잘 조합되어야 부동산이 잘 운영되고 있다고 할 수 있다.

이러한 업무의 역할을 정확히 분류하는 것은 어려운 문제이나 어떤 개념을 가지고 어떤 업무를 해야 하며, 어떤 고객을 대상으로 영업을 해야 하는지를 파악할 수 있다. 그럼 다음에는 자산관리회사(property management company: PMC)를 운영하기 위해 필요한 인력운영에 대해 알아보기로 하겠다.

2. 인력과 조직운영

1) 인력

(1) 역할

① 총괄 자산관리자(property portfolio manager)

자산관리 운영팀의 총괄 책임자를 뜻한다. 자산관리에 대한 기본적인 지식은 물론이고, 자산운영에 필요한 기술적인 부분도 어느 정도 경험하고 있어야 한다. 또한 투자자와 접점에서 자산운영에 대해 이해하고, 설득할 수 있는 능력이 필요하다. 신규 부동산에 대해 접근하는 방법과 인력운영에 대한 구조를 이해하고 있으며, 투자자의 투자관점을 정확히 파악해야 한다. 또한, 투자자금의 성격과 거래구조에 대해서도 이해하고 있으며, 거래와 관련된 여러 기관과도 긴밀한 유대관계를 가진 사람이어야 한다. 나아가 부동산시장의 현황을 수시로 파악하고 있어야 하며, 시장상황에 맞는 관리운영 판단력을 가지고 있어야 한다. 또한 경쟁사의 동향에도 민감하여 상호 협조와 교류를 할 수 있는 인맥을 형성하고 있어야 한다.

② 자산관리자(property manager)

부동산 관련 분야를 전공한 사람이 기본 구성인력의 핵심인력이 되어야 한다. 부동산의 거래나 운영 구조를 잘 이해하고 있는 사람이 있어야 다른 인력의 지원을 받을 수 있고, 업무의 역할도 명확히 재분배할 수 있기 때문이다. 또한 투자자가 필요로 하는 운영측면의 데이터를 항시 제공할 수 있어야 하며, 운영자산의 장단점을 파악하고 있어야 한다. 5년 이상의 경험을 한 사람이라야 독립적으로 부동산을 운영할 수 있다.

③ 행정관리자(administrator)

부동산 관련분야를 전공한 사람이 아니더라도 기본적인 관리자의 사고방식을 갖춘 사람이어야 한다. 기본적으로 자산을 운영 관리할 때 관리해야 할 세분화된 조직이 많기 때문에 관리 및 통솔의 역할을 수행할 수 있어야 하며, 재산관리자(PMer)가 기본 구성인력의 핵심인력이 되어야 한다. 부동산의 메커니즘을 잘 이해하고 있는 사람이 있어야 다른 인력의 지원을 받을 수 있고, 업무의 역할도 명확히 재분배할 수 있다.

④ 회계관리자(accountant)

회계적인 기본 지식을 갖추고 업무에 임해야 하는 자리이다. 부동산에서 발생하는 모든 수입과 지출을 정확히 이해하여야 하며, 작게는 수입과 지출의 오류를 수정하는 일부터 현금의 최종 흐름까지 확인하여 잘못된 지출과 수입에 대해서는 개선의 아이디어를 제시할 수 있어야 한다. 단순히 숫자를 다루는 업무라기보다는 수의 개념에서 부동산을 바라보는 시각이 필요한 업무이다.

⑤ 기술책임자(chief engineer)

재산관리(PM)적인 업무보다 시설관리(FM)적인 업무의 성격이 강한 자리이다. 기본적으로 시설관리회사(facility management company: FMC)에서 경험을 쌓았거나 기술적인 전공 등의 배경이 필요하다. 단순히 기술적인 조언자 역할을 한다면 FMC의 역할과 별반 차이가 없지만 부동산의 수입과 지출에 관련한 흐름을 이해하고 있는 상황에서의 기술적인 조언과 결정이 필요하다. 오피스 건물을 운영하는 재산관리회사(PMC)에서 고장이 났다고 한다고 무조건 수리하거나 교체를 하는 것만을 말하는 역할이 아닌, 수입과 지출이 어느 정도인지를 파악해서 공사범위를 줄이고 건물의 가치에 어떤 영향을 미칠 수 있는지 까지를 판단하여 조언을 해야 한다.

⑥ 마케팅매니저(leasing manager)

재산관리자(property manager)가 1명 필요한 부동산이라면 마케팅매니저는 0.2명이 필요하다. 인원수로 본다면 마케팅 매니저가 희소성이 있을 수 있다. 하지만 그런 역할이 꼭 재산관리자(PMer)보다 우위에 있다는 것을 뜻하는 것은 아니다. 업무의 특성상 임차인을 찾아서, 그 임차인이 원하는 지역에 부동산과 거래를 성사시키는 역할이기에 건물에 상주하기보다는 시장에 나와서 예상 임차인을 상대하는 업무를 한다. 재산관리자(PMer)와 서로 대등한 위치에서 부동산의 수입을 늘리기 위해서 상호 협력하에 때로는 마케팅매니저의 의견에 따르는 재산관리자(PMer)도 필요하고 때로는 재산관리자(PMer)의 의견에 따르는 마케팅매니저도 필요하다. 하지만 부동산의 최후의 의견을 결정하는 역할은 해당 부동산을 관리하는 재산관리자(PMer)의 책임이라고 보아야 한다.

재산관리회사(PMC)에서 마케팅부서와 리서치부서가 있느냐 없느냐가 그 회사가 재산관리회사(PMC)의 기본 자질을 가지고 있느냐 그렇지 못하냐의 기준이 되기도 한다. 그런 면에서 마케팅 부서의 전문성이 그 회사의 경쟁력이기도 하다.

(2) 인원구성

① 투자용 부동산

투자용 부동산의 경우, 최소의 인력으로 최대의 효율을 낼 수 있는 구조로 인력을 구성하여야 한다. 기본적으로 단일부동산에 최소인력 1명이라는 숫자보다는 지역성과 유사성을 감안하여 위에서 언급한 역할의 인력들을 최소화하여 관리할 수 있다. 단일 건물에 1명의 재산관리자(PMer)가 필요하다는 개념은 부동산의 유형과 투자성격에 따라 달라질 수 있다. 예를 들어 투자용 오피스건물 10,000평 규모에 1명의 재산관리자(PMer)와 1명의 행정관리자(administrator) 1명의 회계관리자(accountant)가 필요하다고 가정하면 20,000평의 규모에는 그 2배의 인력인 6명이 필요하다고 생각할 수 있다. 실제로 투자용 오피스의 경우 1만평과 2만평의 인력구성은 차이가 별로 없다. 따라서 6명보다 적은 인원인 5명 혹은 4명이 근무한다. 또한 오피스건물이 아닌, 상가용 부동산 1,000평이 10개동을 이루고 있는 쇼핑몰이 있다면 6명 이상의 인력이 필요할 수 있다. 비슷한 규모의 10,000평이지만 임차인의 수가 다르고 수입과 지출의 규모에 차이가 있기 때문이다. 이처럼 인력의 구성은 부동산의 형태에 따라 아주 다르게 나타남을 명심해야 한다.

〈표 6-1〉 업무시설 규모별 자산관리인원 (단위: 명)

규모/단위 (평)	Property Manager	Administrator	Accountant	Chief Engineer	Leasing manager	비고
10,000	1	1	0.5	0	0.2	
20,000	1	1	1	0.5	0.5	
30,000	1	1	1	0.5	0.5	
40,000	1	1	1	1	1	

〈표 6-1〉에서 말하는 인원은 일반적인 상업용 부동산의 경우이며, 특수한 부동산의 경우 인원이 전혀 다르게 구성될 수 있다. 예를 들어 2만평 정도의 규모이지만 교체해야 할 장비가 많고 노후도가 심한 경우, 행정관리자 대신에 기술책임자를 배치하는 경우도 있다.

② 사옥용 부동산

부동산의 사용 목적이 본인 자신 또는 기업 자신일 경우, 부동산자산관리는 투자용 부동산과는 다른 형태를 취하는 경우가 많다. 기업 이미지에 맞는 부동산 관리가 필요하다는 이야기이다. 백화점 건물을 보유하고 있는 유통회사의 경우, 투자용 상가와는 다른 물건을 사러오는 구매고객의 눈높이에 맞춘 부동산 관리가 필요하다. 또한 제조업을 영위하는 회사 자사사옥의 경우, 입주사가 아닌 직원들의 근무형태에 맞게 부동산을 운영해야 한다. 대체적으로 투자용 부동산보다 사옥용 부동산이 투입되는 인력이 많은 것이 현실이다.

③ 공익용 부동산

공익용 부동산의 경우, 공공의 이익을 우선으로 하는 부동산이므로 수입이 주목적이 아니다. 그러므로 비용지출의 포커스가 일반인, 예를 들어 병원일 경우 환자, 의사 등의 관점에서 그들이 필요로 하는 맞춤형 관리가 필요하다. 연금공단이나 공제회 같은 투자기관에서 회원들을 상대로 할 경우, 수익률이 떨어지더라도 지출이 과다한 부분이 발생할 수 있다. 이럴 경우, 자산관리회사에 전문적인 시각의 운영컨설팅을 받아 효율적인 부분을 찾아서 운영하는 것도 한 방법이다. 이렇듯 부동산의 특성과 유형, 목적에 부합하는 관리를 하기 위해서는 많은 경험을 가지고 있는 자산관리자 및 조직을 구성하는 인력들의 역할이 중요하다.

2) 교육

(1) 인력양성

현재 자산관리를 하고 있는 회사에서 자산관리 인력을 구하는 데는 많은 어려움이 따른다. 그만큼 경험 있는 인력이 부족하고 부동산을 전공한 인력 중에서도 자산관리 쪽의 간접경험을 한 인력이 부족하기 때문이다. 현재 국내에서 부동산학과는 많이 생겨나고 있지만, 자산관리를 전문으로 교육하는 곳은 전무한 실정이다. 그렇다 보니 한때 AMC, PMC, FMC의 인력이 서로 교차하는 현상이 벌어지기도 했다. 이런 현상은 기존의 경력이 있는 인력을 서로 차지하려는 경쟁에서 나타난 수급불균형의 인력 스카우트 결과라 할 수 있다.

최근에 자산관리 실무에 가장 근접한 교육을 하고 있는 CPM(certified property manger) 교육은 한국 CPM 협회에서 매년 1회 정도 교육을 하고 있다. 미국에서 이 교육을 정상적으로 받으려면 몇 년이 소요되지만, 한국 CPM협회에서 한국 실정에 맞게 특화하여 한국인 강사(미국 IREM에 정식 승인을 받은 교수)의 과목을 늘리고, 미국인 강사의 과목을 최소화하여 교육을 진행하고 있다. 초창기 전 과목을 미국인 강사에게서 받을 때보다는 많이 수월해졌다. 3개월간의 정해진 수업을 받고, 시험에 통과하면 CPM 자격 증서를 받는다.

(2) 교육범위

현재 자산관리의 업무영역이 점차 확대되는 상황이다. 오피스에 대한 자산관리가 대부분이던 시절은 이미 오래전 이야기가 되었고, 현재는 투자자들이 원하는 수익성 있는 자산이 다양해지고 있으므로 자기만의 특화된 전문성을 길러야 한다. 최근 상가, 물류단지, 주거용 오피스텔, 호텔 등과 같이 수익형 구조에서 위험수위의 등급이 높았던 부류로 옮겨가는 현상이 나타나고 있으며 투자자들 역시 많은 관심을 보이고 있다. 그러므로 자산관리자로써 자질을 쌓으려면 다양한 경험뿐만 아니라 다양한 분야의 교육을 접하려고 노력해야 한다. 요즘은 부동산 강의가 세분화되어 특정분야의 부동산에 대한 강의를 선별하여 듣는 것도 많은 도움이 된다.

3. 자산관리자의 선정

1) 투자자와 자산관리자의 관계

(1) 위탁자와 수탁자의 관계

일반적으로 노동자와 사용자 관계에서는 형식화된 관리계약이 필요하지 않으나 위탁자와 수탁자의 관계에서는 위탁계약서로 서로의 관계를 정리하여 합의하여야 한다. 수탁자는 관리계약서 대신에 투자자로부터 투자된 부동산을 대신 관리하는 권한의 위임을 동의받아야 한다. 이러한 계약이 사전에 충분한 동의 없이 이루어질 경우 투자자와 자산관리자 간의 관계에서 많은 시행착오를 거치는 결과를 만들 수 있다.

(2) 신의(信義) 관계

투자자와 자산관리자는 서로가 투명해야 한다. 투자한 물건에 대해서 수익을 보장해 줄 수 있는 강한 확신을 가지고 자산관리자를 선임하여 위탁을 하므로 투자자 내부에서 발생하는 업무의 일정부분은 자산관리자에게 알려주어야 한다. 또한 자산관리자 역시 대상 부동산에 대해 관리적인 어려움뿐 아니라, 수익을 올리기 위한 여러 가지 방법을 투자자에게 성실히 보고하여야 할 의무가 있다. 이러한 신의의 관계가 없이 서로를 갑과 을의 관계로 상대한다면 보이지 않는 업무누수 현상이 깊어지고 두 회사의 관계는 오래 지속되지 못한다. 자산관리자는 자산을 운영하는 모든 비용에 대해서는 투명하게 투자자에게 보고하고 잘못된 점은 스스로 고치려는 노력을 하여야 한다. 때로는 내부의 부정소지를 미리 차단할 수 있는 업무 프로세스를 만들어 투자자의 신뢰를 얻는 것도 중요한 영업 전략이다.

2) 자산관리자 접촉

(1) 업계동향 파악

일반적으로 투자자가 처음 시장을 접할 때 인맥을 활용한다. 우리나라의 경우 빌딩경영협회, FM학회 등 자산관리자들을 쉽게 접할 수 있는 모임이 있다. 또는 간헐적으로 빌딩 오프닝 축하행사를 통해 임대마케팅행사를 할 때에도 자산관리회사들을 접촉할 수 있다. 투자자들이 본인들이 아는 회사를 통해 자산관리회사를 찾는 경우도 있지만, 이런 모임에서 자산관리자들과 인맥을 쌓아 업계의 상황을 파악하는 경우도 있다.

투자자들은 자신들이 투자한 부동산에 대해 자산관리를 위탁하기 위해 많은 인맥을 동원하여 자산관리자들과 접촉한다. 자산관리자들 역시 시장의 동향을 수시로 파악하여 신규 부동산투자에 대해 먼저 정보를 파악하려고 노력하고 서로 정보를 사전에 교환하는 유대관계를 만들어 놓아야 시장의 흐름에서 정보를 놓치는 실수를 범하지 않는다.

(2) 제안요청서(RFP)

신규 투자로 인해 자산관리자를 선별하려 할 때 투자자는 제안요청서(Request for Proposal: RFP)라는 것을 만들어 자산관리자들에게 배포한다. 투자한 부동산에 대한 안내문이다. 어디에 있는 어떤 부동산을 언제부터 자산관리 위탁을 맡기려 하는데, 어느 정도의 인력으로, 얼마만큼의 비용을 들여서 내가 원하는 수익을 만들어 줄 수 있는지 운영방안을 제안하라는 내용이다.

투자자는 [그림 6-1]과 같은 형식의 제안서 안내문을 만든다. 과업내용은 투자자의 업무범위에 따라 더 많아지기도 하고 때로는 더 간소화되기도 한다. 경우에 따라서는 자산관리자를 선정한 후에 변경되는 경우도 있다. 투자자는 현장 설명을 통해 자산관리자들을 모아 이 안내문을 제시하면서 제안서를 요구하는 경우가 일반적이다. 하지만 대상 부동산이 너무나 유명할 경우 e-mail 또는 팩스로 제안요청서를 보내고, 현장설명은 생략하는 경우도 있다. 하지만 현장설명은 자산관리자의 입장에서는 고객을 처음 접하는 접점이 되므로 되도록 현장에서 이루어지는 것이 유리하다. 투자자 입장에서도 자산관리자의 첫인상이 이 만남으로 이루어지는 경우가 많기 때문에 첫 대면을 하는 자리로 현장설명을 많이 활용한다.

1. 용역 대상
- 대상물건: 서울시 ㅇㅇ구 ㅇㅇ동
- 연면적: 15,000평
- 용역내용
  • 유지보수 관리
  • 시설관리
  • 건축/전기/기계관리
  • 보안/청소/주차관리
  • 에너지 관리
  • 운영예산관리
  • 부동산임대차관리

2. 입찰 등록 및 제안서 접수
- 접수마감: 2018년 2월 12일 오후 4시까지
- 접수장소: 서울시 ○○구 ○○동 ○○빌딩 12층 ○○회사
  담당자 홍길동(02-0000-0000)

3. 선정방법: 제안서류 심사 후 우선협상대상자 선정

4. 입찰자격

5. 제안서 작성 내용

※ 제출된 제안서 및 증빙자료는 추가적인 보완이 필요할 경우 서류보완을 요구할 수 있으며, 보완 후에도 내용이 불충분할 경우에는 경우에 따라 입찰자격이 취소될 수 있습니다. 단, 제출된 서류를 반환하지 않음.

[그림 6-1] 자산관리사 선정 입찰 제안요청서

제안요청서는 제안서를 어떻게 제출하라는 지침서이기에 잘 살펴보고 의문이 나는 점은 반드시 질문을 하고 이해를 해야 한다. 투자자가 경험이 많이 부족할 경우, 제안요청서의 내용이 잘못되거나 부실한 경우가 많이 있다. 이럴 경우 내용 수정을 요구하는 것도 좋은 방법이다.

① 용역의 대상

투자자가 투자한 대상 부동산을 말한다. [그림 6-1]의 내용보다 훨씬 자세한 경우가 일반적이며, 도면까지 첨부하기도 한다. 가장 중요한 것은 건물의 규모이다. 특히 면적은 자산관리비용을 산정하는 중요한 수치이므로, 의심이 가는 경우 다시 한 번 확인을 해야 한다.

② 업체 선정방법

투자자 내부규정에 따르는 것이 보통이다. 기존의 투자자가 어떠한 성격인지를 잘 파악하여 그 선정방법에 맞는 제안서를 제출하는 것이 핵심이다.

③ 입찰자격

사전에 자산관리능력이 없는 업체는 제안서를 내지 못하도록 입찰자격을 제한하는 항목이다. 기존에 자산관리 경험이 전혀 없거나 실적이 많이 부족한 업체는 제안을 하여도 선정될 가능성이 없다는 것을 미리 알리는 것이다. 또한 투자자가 원하는 보고서의 수준이나 영문보고서 등 특이한 사항이 있을 경우, 경력 있는 자산관리자의 숫자를 제시하는 경우도 있다. 이는 사전에 시장에서 검증된 몇 개의 업체만을 참가하게 만들어 과다한 경쟁을 미연에 방지하려는 의도이다. 특히 자산관리 신규업체의 경우, 가격적인 측면에서 과다하게 감액하는 경우가 있기 때문이다. 부동산의 자산관리를 실력 있는 회사에 맡기는 건 당연하다. 그러면서 싸게 용역을 할 수 있다면 금상첨화다. 하지만 상업용 부동산은 천만 원 이천만 원 하는 자동차가 아니다. 최소 몇 백 억 원에서 몇 천 억 원에 달하는 부동산을 운영하는 회사가 싸다는 이유로 맡기는 것은 상당히 어리석은 일이다.

자산관리회사는 자산관리영역에서 큰돈을 남기지 않는다. 오히려 여기서 발생하는 많은 경험과 임차인, 새로운 투자자를 만들어서 매입매각이나 컨설팅수수료를 받으며 이익을 극대화하는 구조이다. 그러다 보니 자산관리회사의 용역수수료는 해당 부동산에서 근무하는 근무자의 인건비가 대부분이다. 그로 인해 싸게 자산관리 용역을 수주한 회사는 결국 인건비를 낮추게 되고, 저렴한 인력을 쓰는 구조가 될 수밖에 없다.

④ 제안서 작성 내용

제안서의 내용을 동일한 조건에서 비교 검토하기 쉽도록 통일된 내용과 형식을 취하게끔 자세히 만드는 경우도 있다. 자산관리회사마다 특성이 있기에 제안서의 내용을 규정하지 않으면 엄청난 양의 제안서를 제출하는 경우가 허다하다. 그렇게 되면 투자자의 입장에서는 핵심부분을 찾아서 서로 비교하기 어려운 단점이 있기에 이러한 부분도 고려의 대상이 된다.

⑤ 자산관리비용

투자자의 관심이 가장 높은 부분이다. 일반적으로 투자된 부동산에 상주하는 인력에 대한 인건비와 간접비 그리고 서비스 비용에 대한 수수료를 구분하여 제안하게 된다. 건물의 특성에 따라 규모가 작을 때는 월정액으로 고정하는 경우가 있고, 규모가 있는 경우는 관리면적에 따라 비용을 산정할 수 있게 평당 단가를 제시한다.

또한 이외의 비용에 관심이 있는 경우는 그 항목을 설정하여 임대수수료 또는 컨설팅 비용, 자산실사비용[1] 등을 제안하도록 요구하기도 한다. 자산관리사가 투자자로부터 제안요청서를 받으면, 일정기간 내에 제안서(proposal)를 제출하여야 한다.

3) 위탁관리제안서

위탁관리제안서는 일정한 형식이 없다. 그 회사 고유의 노하우가 담겨 있는 운영방법과 자산관리비용을 투자자에게 제안하는 것이고, 투자자는 이 제안서를 통해 아직 투자하지 않은 부동산에 대한 운영예산을 예측할 수 있고, 그 것에 따라서 본인들이 원하는 수익률이 나오지 않을 경우 투자를 포기하는 경우도 많다. 간혹, 시장에서 인기 있는 부동산의 경우 동일한 제안서를 여러 투자자에게서 요청받는 경우도 있다. 이럴 경우 자산관리자는 실질적으로 투자에 성공할 수 있는 투자자가 누구인지를 파악하여 그 이외의 투자자에게는 제안을 정중히 거절해야 하는 경우도 발생한다. 물론 그 반대일 경우도 있다. 제안서의 내용은 다음과 같다.

(1) 전체 요약(executive summary)

제안서의 내용의 핵심만 요약해서 1~2장으로 설명한 부분이다. 제안요청서(RFP)의 내용이 간략할수록 자산관리사의 제안서는 분량이 많아지게 된다. 조금이라도 자기 회사를 알리기 위한 내용을 많이 집어넣기 때문이다. 그래서 때로는 200~300페이지 넘는 분량의 제안서가 제출되는 경우도 있다. 이 경우 담당자가 가장 보고 싶어 하는 부분을 간

1) 자산실사비용은 투자가 이루어지기 전에 부동산에 대해서 물리적으로 이상 유무를 확인하는 DUE-DILIGENCE를 말한다. 매각가격에 엄청난 영향을 미치는 부분이므로 대상 부동산의 규모가 크고 복잡한 경우는 전문용역회사에 별도로 용역을 주기도 한다.

략히 요약해서 작성한다. 회사의 소개와 인력구성, 자산관리비용 등으로 간략히 핵심부분만 요약해서 작성한다.

(2) 회사 소개(company overview)

회사 소개 부분은 제안서의 전체 내용 중 사족에 해당한다. 대부분 알려진 회사를 접촉하고 선별해서 제안서를 받는 것이 현재의 실정이기에 크게 중요한 부분은 아니다. 하지만 투자자가 시장에 경험이 없는 경우, 혹은 회사의 규모나 전문성이 자산관리자를 선택하는 중요한 사항이 될 경우를 대비해서 자세하고 전문성이 있게 작성해야 한다. 오래된 회사의 경우 전국적인 네트워크는 자랑거리가 될 수 있고, 외국계 회사의 경우 글로벌한 전 세계 지점들이 큰 장점으로 부각될 수 있다.

(3) 대상 부동산 소개(property analysis)

대상 부동산에 대한 스터디는 필수이다. 이 부분은 투자자 또한 사전에 치밀하게 검토하는 부분이므로 오류가 있어서는 안 된다. 물론 투자자가 미처 얻지 못한 정보를 제공한다면 제안서 전체가 돋보일 수 있다. 그러므로 부동산의 규모와 주변 시장현황에 대한 분석능력을 투자자에게 보여 주어야 한다. 이러한 부분이 그 회사가 평소에 시장을 읽고 있는지 그렇지 않은지 파악하는 척도로 사용되기도 한다.

제안요청서를 받고 1~2주 후에 제안서를 받는 것이 일반적이기에 제안요청서를 받은 이후에 시장조사를 한다는 것은 사실상 시간적으로 무리가 있다. 그러기에 자산관리회사에서는 리서치팀을 운영하면서 시장의 기본적인 데이터를 사전에 미리 확보하여 이러한 제안에 바로 사용할 수 있도록 내실을 키우기도 한다.

(4) 운영전략 및 업무분장

이 부분은 운영을 어떻게 할 것인지에 대한 전략과 조직구조, 인수인계 계획, 업무분장 등으로 구분해서 설명할 수 있다.

복잡하고 운영이 어려운 부동산일수록 업무범위 부분을 세밀하게 제안하여야 한다.

때로는 소유주와 자산관리자의 업무영역을 명확히 표시해서 자산관리자가 위험이 많은 부동산이라 판단할 경우, 스스로 그 위험에 대비하기 위한 제안을 투자자에게 한다. 이럴 경우, 투자자는 양도자에게 이런 사항을 사전에 미리 제거할 수 있도록 양도양수계약을 할 수 있다.

① 운영전략(operating strategy)

부동산의 운영방안, 공사, 임차인(tenant) 관리, 장단기 투자계획 등의 업무를 제안하고, 회계적으로 접근할 수 있는 업무를 설명한다. 시장조사와 홍보, 마케팅이 필요한 부동산의 경우, 독특한 아이디어를 제안하기를 투자자는 기대한다. 특이한 구조를 가진 상가의 경우, 상가를 별도로 운영할 수 있는 조직 및 업무에 대해서도 설명한다. 방만한 운영이 아닌 핵심적이고, 필수적인 부분에 대한 제안이 되어야 하며, 수익에 영향을 미치는 범위가 되어서는 안 된다.

② 운영구조(operating structure)

일반적이지 않은 부동산의 경우 어떤 조직구조를 가져갈지 궁금해 한다. 직접운영인력을 가지고 갈 것인지 아니면, 전문조직과 파트너십을 이룰 것인지, 본사의 지원을 받으며 비상주 인력을 운영할 것인지 등을 제안해야 한다.

③ 인수인계 계획(transition plan)

신규 개발 부동산이든 기존에 존재하던 부동산이든 새로운 투자자가 우려하는 부분은 최초에 투자를 했을 때 어떤 절차를 거쳐 부동산을 안정화시켜야 하는지이다. 그러므로 개발이 된다면 시공사로부터 어떤 업무 흐름을 거쳐 어느 시점부터 인수인계를 해야 하고, 어느 시점에서 완료를 해야 하는지 세부적으로 제안해야 한다. 기존의 부동산의 경우에도 마찬가지이다. 기존 관리 인력을 인수하는 방법으로 부동산을 인수할지, 아니면 관리인력을 전면 교체하면서 업무 인수인계를 받을지를 판단하여 제안하여야 한다. 이런 경우는 사전에 관리 인력에 대한 인터뷰도 상당히 중요하다. 규모가 큰 기업의 부동산인 경우, 고용주에 대항하는 노조가 반발을 할 경우 등 인수인계에 난항을 겪는 경우가 있다. 오래된 상가의 경우는 기존 임차인을 명도시키는 계획 또한 투자자의 입장에서는 큰 숙제가 될 수 있다. 이럴 경우, 경험이 많은 자산관리자가 기존의 노하우를 바탕으로 해결할 수 있는 방안을 제시하면 투자자는 당연히 그 회사를 선택하게 된다.

④ 업무분장(work scope)

자산을 관리하는 여러 개의 조직과 여러 분야에 속한 회사 간에 업무분장을 분명히 하고 그 부분에 대해 명확히 제안하는 부분이다. 파트너십으로 들어가는 타 조직의 업무를 분명히 하고, 업무개시 이후, 투자자와 자산관리자 사이에 발생할 수 있는 업무의 범위와 권한 등을 명확히 명시하기도 한다.

상가나 주상복합 또는 멀티플렉스 같이 여러 전문조직이 하나의 컨소시엄을 이루는 복합제안서의 경우 이러한 업무분장이 더욱 중요하다. 제안서에 따라서 담당자들의 업무 포지션에도 크게 차이를 가지게 된다. 광고와 같이 전문성이 강한 부분을 자산관리자 측의 일부 조직에서 가져갈 경우, 투자자 측에서는 이쪽 분야의 전문가 혹은 담당자를 별도로 두지 않아도 된다. 하지만 투자자 측에 광고와 관련한 전문인력이 있는 경우는 자산관리자 측에서 이를 투자자 쪽의 업무로 분류하고 명확히 제안 설명회 때 확인해야 한다. 만약 이 부분이 명확하지 않으면 이후 투자자 측과 업무 혼선이 일어나는 경우가 많다. 요즘은 특이하고 복잡한 부동산이 많아 자산관리자들이 사전에 업무에 대한 지식을 얻고 난 이후에 접근하지 않으면 어려움을 겪는 일이 많다. 대부분의 투자자들이 이름이 있고 경험이 많은 회사에 자산관리를 맡기려는 것도 이런 시행착오를 겪지 않기 위해서이다. 누구나 자신의 돈을 투자해서 수익을 만들려는 프로젝트를 자산관리자들의 실험용으로 만들고 싶지는 않을 것이기 때문이다.

⑤ 자산관리 실적(track record)

앞에서 제시한 항목에서 모든 경우의 수를 제안하기는 현실적으로 어렵다. 하지만 자산관리 실적에서 그 회사가 어떠한 프로젝트를 수행했는지를 잘 설명하면 유사 부동산의 사례를 알고 있는 투자자의 생각을 안심시킬 수 있는 좋은 제안이 된다. 때로는 어떻게 하겠다는 제안보다도 회사가 어떤 문제를 어떻게 해결했다는 경험이 더 현실적이고 믿음직해 보이기 때문이다. 이 부분은 그동안 해왔던 프로젝트를 나열하는 것보다는 구체적으로 어떤 성격의 프로젝트인지를 잘 알 수 있게 하는 점이 중요하다. 또한 투자대상 부동산과 유사한 부동산에 대한 프로젝트 수행 실적을 보여줄 수 있다면 정확한 증빙자료가 될 것이다.

⑥ 운영조직(organization)

현재 회사의 운영시스템에 해당하는 조직구성과 대상 부동산에 적합한 조직을 구성할 것을 제안하고 아울러 현재의 본사 조직의 지원을 잘 이끌어낼 수 있는 조직이라는 점을 부각시켜 설명해야 한다. 또한 다른 간접지원 조직 역시 이 프로젝트를 위한 지원조직이라는 것을 잘 설명하여 전문성 있는 다양한 조직이 이 프로젝트를 위해 일할 것임을 알려주어야 한다.

⑦ 자산관리비(fee structure)

제안서의 가장 핵심사항 중 하나이다. 최적의 비용으로 최고의 서비스를 제공하면서, 투자자의 수익을 보존할 수 있는지 한눈에 볼 수 있는 수치이다. 자산관리비는 크게 인건비와 자산관리수수료(PM fee)로 구성된다. 인건비의 경우, 직접적인 인력 투입에 해당하는 급여와 간접비 등을 합친 금액을 산정하여 제안하게 되고 자산관리수수료의 경우, 회사의 성격이나 경쟁사의 동향 등을 잘 파악하여 적절한 수준에서 제안해야 한다. 자산관리수수료는 일반적으로 본사에서 지원되는 간접비라고 설명을 하지만 자산관리회사의 실질적인 수입원이 되기도 한다.

임대수수료는 오피스 건물의 경우 신규임대차의 행위에 대해 얼마만큼의 수수료를 받을 것인가에 대한 제안이다. 자산관리사마다 차이가 있지만 대부분의 경우 두 가지 사례가 있다. 자산관리와 마케팅이 같은 부서의 개념으로 이루어진 회사와 두 개가 별도의 이익을 추구하는 구조로 나누어져 있는 회사로 나눌 수 있다. 전자의 경우, 그 특성에 따라 자산관리수수료를 경쟁력 있는 가격으로 제시하고, 임대수수료에서 이익을 보존하려 한다. 반면, 별개의 회사처럼 이익을 별도로 산정해야 하는 회사도 있다. 투자자의 입자에서 보면 같은 회사에서 적은 비용을 제안하는 쪽이 더 유리하다고 볼 수도 있겠지만, 부동산투자의 경험이 많은 회사의 경우 이 두 가지를 별도로 분리해서 생각하는 성향이 있다. 왜냐하면, 자산관리수수료의 이익이 줄어들고 임대차수수료가 회사의 이익에 지대한 영향을 준다면 부동산을 안정적으로 운영하기보다는 잦은 변화를 주는 것이 오히려 자산관리사의 수익에 더 많은 도움이 되기 때문이다. 이렇게 되면 자산관리사의 이익이 우선하는 경우도 발생할 수 있다. 하지만 후자의 경우처럼 자산관리수수료와 임대수수료의 수익을 별개 회사로 분리하게 되면 자산관리자와 임대마케팅을 하는 마케터 사이에 의견 대립이 발생했을 경우, 자산관리자가 보다 중립적인 입장에서 판단을 내리는 경우가 많다. 예를 들면, 핵심임차인(Core tenant: 부동산에 수입에 지대한 영향을 미치는 임차인. anchor tenant라고도 한다.)이 재계약시점에서 마케터의 제안을 받아 들여 다른 곳으로 이동하고 동시에 같은 면적을 사용하는 신규임차인이 입주하였다고 할 경우, 기존 임차인을 장기적으로 재계약을 통해 유지시키는 것이 부동산의 안정적인 수익적 측면에서 보았을 때 자산 가치를 상승시키는 요인으로 작용한다. 이렇기 때문에 때로는 자산관리자의 의견이 마케터와 상충하는 일이 발생하더라도 투자자는 자산관리자의 편을 들어 주는 경우가 많다.

4. 위탁관리계약서

투자자와 자산관리자 간에 약속을 지킨다는 의미로 위탁관리계약서 또는 PM계약서를 작성한 후 업무를 진행한다. 간혹, 계약서 없이 구두로 위탁업무를 수행하다가 잘못된 오해로 인해 서로에게 많은 손실을 가져오는 경우도 발생한다. 서로가 믿을 수 있는 업무관계라면 더더욱 계약을 우선 체결하고 업무를 진행하는 것이 정도이다. 다음에서 계약서의 기본 항목 중 체크해야 하는 부분과 이해를 요하는 부분을 설명해 보겠다. 단, 상업용 부동산 중 오피스건물에 대한 자산관리 계약 내용을 위주로 설명하겠다.

자산관리 위탁계약서는 크게 계약서와 대상 부동산에 대한 설명, 임대차수수료 규정 그리고 관리업무시방서를 첨부하여 계약을 한다.

1) 계약서 서두

계약서 전문에는 이해관계인들에 대한 설명을 하거나 투자의 형태를 설명하며 부동산의 소유주와 등기상에 명의가 차이가 있는 경우 등을 명시하여 제3자가 보았을 때도 쉽게 계약구조를 이해할 수 있도록 해야 한다. 또한 소유주가 될 회사 또는 개인의 명확한 명칭을 다시 한 번 확인시킴으로써 이 위탁관리계약서가 누구와 이루어진다는 것을 명시한다. 다시 말해, 갑과 을을 다시 한 번 정확히 하자는 의도이다. 일반적으로 1명의 소유주와 1명의 자산관리자의 경우 계약서 전문은 평범해진다. 하지만 금융기관에서 펀드를 조성하여 투자한 투자물건의 경우, 등기부등본상에는 펀드를 발행한 금융기관이 소유주로 명시가 되지만 실제 운영의 주체, 즉 주인행세를 하는 회사를 따로 두어 운영한다. 자산운용회사라고 하는 법인이 이러한 업무를 금융기관으로부터 위탁받아 자산관리(asset management)를 한다. 이런 복잡한 구조를 계약서 전문에 명확히 명시하여 이해를 돕는다.

2) 관리업무 범위 및 권한위임

자산관리자에게 관리업무를 위임한다는 것을 명확히 문구로 표시해야 한다. 또한 계약서에 명시되지 않은 사항이더라도 관리업무 수행에 통상적으로 필요하거나 부수적인 상황 및 관계 법령에 따라 요구되는 사항을 성실히 수행해야 한다는 것을 명확히 지적해야 한다.

모든 비용은 예산상의 승인을 전제로 자산관리자가 임대차, 용역계약 및 기타 계약을 하는 것을 원칙으로 명시하며, 다른 계약에서도 소유주가 요구하는 모든 것을 준수해야 한다는 것을 명시한다는 의미가 포함된 계약을 해야 한다. 또한 모든 수입에 대한 관리와 관리운영에 관한 업무 범위를 이 조항에 명시한다. 또한 업무보고에 관한 규정을 정해 매월 1회 며칠까지 회계마감 후 자산관리 전반에 관해 보고하고 사본을 제출할 것을 명시하여 월 1회 이상 보고를 해야 한다는 것을 확인시킨다.

수입을 창출하기 위한 업무 중에 하나로 임대대행 업무를 위탁할 경우, 수수료 규정과 일정기간 동안 독점기간을 가질 수 있다는 것을 표기함으로써 소유주와 동일한 권리로 임대업무를 한다는 것을 명시한다.

3) 법적 기술자격 선임

부동산을 관리하는 데 법적인 기술자격증 선임에 관해서 위탁자로부터 위임을 받아 법적인 규제에 저촉되는 일이 없도록 한다는 것을 명시한다. 자격자 선임에 대해서 투자자가 이해를 하지 못하는 경우, 아래와 같은 법령 조항을 알려주어 필수적인 업무임을 사전에 명시하고, 투자자의 승인을 득해야 한다. 기술자격증은 전기안전관리자, 보조원, 방화관리자, 위험물 안전관리자, 가스안전관리자, 열관리자, 환경관리자 등이 있고, 오피스빌딩의 경우 이런 자격증 소지자를 관리자로 선임하여야 한다. 일반적인 위탁관리계약서에는 관리자들이 업무를 수행하다가 발생하는 사고에 대해 위탁자의 손해를 배상하도록 하는 조항이 있기에 관리자의 경험이나 관리자의 관리에 신중을 기해야 한다.

부동산의 규모와 장비에 따라 법적인 기술자 선임기준이 다르다. 자산관리자는 기본적으로 부동산의 특성과 법정 면허 선임기준을 숙지하고 있어야 한다. 간략히 장비 기준에 따른 면허 기준을 제시하여 본다.

① 전기

전기담당 선임기준은 전기안전관리사와 전기안전관리원으로 구분한다. 전기안전관리사는 전기기사, 10,000kW 이상의 경우 관리사 1명, 관리원 2명을 두어야 하고, 5,000~10,000kW의 경우, 관리사와 관리원을 각각 1명씩 두어야 한다. 5,000kW 미만의 경우, 관리사 1명을 두어야 한다.

② 소방

연면적 15,000m^2 이상, 11층 이상인 건물의 경우 1급 소방안전관리대상물이다. 이 경우 소방기술사, 소방시설관리사, 소방설비기사 또는 소방설비안전기사 1명을 갖추어야 한다.

초고층건물, 층수가 50층 이상 또는 높이가 200m 이상인 건축물의 경우 건축사와 국가기술자격법에 따른 건축, 기계, 전기, 토목 또는 안전관리 분야 기술사 1명을 두어야 한다.

③ 냉동기

냉동능력 100톤 초과하는 경우, 공조냉동기계기능사 또는 냉동시설 안전관리자 양성교육 이수자 1명을 두어야 한다.

④ 보일러

보일러 용량이 10t/h를 초과하고 100톤 이하의 경우 에너지 관리기능장, 에너지관리기사 또는 에너지 관리산업기사 1명을 두어야 한다.

⑤ 승강기

승강기의 관리주체는 승강기의 운영에 대한 지식이 풍부한 자를 안전관리자로 선임하여 당해 승강기를 관리하도록 하여야 한다. 안전관리자는 총리령이 정하는 기관이 실시하는 승강기에 관한 교육을 받아야 한다. 승강기의 경우 외부유지보수업체와 계약을 맺는 경우가 대부분이며, 승강기 관리주체가 승강기관리교육을 받아야 한다.

⑥ 도시가스

특정가스 사용시설 단일건물 내 월 사용량이 4,000㎥ 초과하는 경우 안전관리총괄책임자가 안전관리책임자의 자격을 소지한 경우 겸직이 가능하다. 법적면허 선임기준에 해당하는 법령은 〈표 6-2〉를 참고하기 바란다.

〈표 6-2〉 시설장비별 자격 선임 해당 법령

구분	법령
전기	전기사업법 제73조/시행령 제45조/시행규칙 제40조
총괄재난관리자	초고층 및 지하연계 복합건축물 재난관리에 관한 특별법 시행규칙 제2조 2항
특급소방안전관리대상물	소방시설 설치, 유지 및 안전관리에 관한 법률 제20조/시행령 제23조
1, 2, 3급 소방안전관리대상물	소방시설 설치, 유지 및 안전관리에 관한 법률 제20조/시행령 제23조
위험물안전관리자	위험물안전관리법 제15조
냉동기	고압가스안전관리법 제15조
보일러	에너지이용합리화법 제40조
도시가스	도시가스사업법 제29조
CO_2 저장설비	고압가스안전관리법 제15조
승강기 안전관리자	승강기시설안전관리법 제16조
환경기술인(수질)	수질 및 수생태계 보전에 관한 법률 제47조
환경기술인(대기)	대기환경보전법 제40조
실내공기질	실내공기질 관리법 제3조
석면안전관리	석면안전관리법 제23조

4) 관리업무의 위탁

자산관리자는 충실한 관리업무의 수행을 위하여 필요에 따라 계약서에 표기된 각 부분의 건물에 관련된 관리업무를 자산관리자의 책임으로 제3자에게 일부 위탁할 수 있다.

자산관리자가 관리업무를 위탁한 제3자의 관리업무 수행이 부적당하다고 판단될 합리적인 사유가 있는 경우에는 위탁자는 자산관리자에게 일부 위탁받은 제3자를 교체하거나 위탁계약의 내용을 변경할 것을 요구할 수 있기에 제3자에게 업무 위탁 시, 투자자의 승인을 득한 후 수행하는 것이 좋다. 일반적으로 기술적인 업무가 수반되는 업무는 위탁하는 경우가 많다.

5) 공사성 업무의 승인

부동산에 속한 어떠한 공사성 행위도 투자자의 승인 없이 행해져서는 안 된다. 특히 자본적 지출에 속하는 대수선공사의 경우, 투자자의 승인을 얻은 후 진행하여야 한다. 자본적 지출 공사는 공사의 금액도 크거니와 부동산의 원가를 향상시키는 역할을 하는 공사이다. 공사의 성격에 따라 달라지지만 자본적 지출(capital expenditure)인 대수선 공사는 취득세가 발생하므로 사전에 구청 담당자와 잘 협의해서 진행해야 한다. 다시 말해, 자산의 장부가에 영향을 미치는 업무이기에 단순한 공사와는 많은 차이가 있다.

자산의 매각시점이 멀지 않은 경우 매도자와 협상할 수 있다. 예를 들면 자본적 지출 공사의 금액이 10억 원이면 매각 전에 공사를 진행하기보다는 매도자에게 건물 매매가격에서 감액요소로 지정하여 건물의 최종 매각가격을 협상하는 용도로 사용할 수도 있다.

실무 TIP **매입매각 협상**

일반적으로 매입매각 협상을 할 때, 매도자가 감액요소를 알려주는 경우는 거의 없다. 매수인이 물리적 실사(due-diligence)를 진행하면서 발견한 자본적 지출 공사를 매도인과 협상하면서 감액요소로 제시하고 이 부분이 합당하면 전체 매각가격에서 감액이 이루어진다.

매각이 진행되면 매수인은 물리적 실사팀, 법률 실사팀, 회계 실사팀을 꾸리고, 1개월에서 2개월 가량의 실사기간을 가진다. 여기서 법률과 회계적인 문제점은 로펌과 회계법인이 주로 담당하고, 물리적 실사는 자산관리(PM)사가 담당하는데, 이 부분이 매입매각에 가장 중요한 포인트가 된다. 물리적 실사 부분에서 앞으로의 운영방향도 설정하고, 최종 매각가격도 결정되며, 계약종결(closing)의 완결조건이 만들어진다.

물론, 단순보수성 공사는 수입에 대비되는 관리비용으로 지출하여 회계적으로 비용처리하면 된다. 하지만 모든 공사성 업무는 사전승인을 득하는 것을 원칙으로 규정하고 있다.

6) 비용의 부담

위탁자와 자산관리자 사이에 정확히 규정해야 할 부분 중의 하나가 비용부분이다. 자산관리자가 청구하고 위탁자가 일정 지급일을 정해 지급하는 것이 통례이다. 그 범위는 다음과 같다.

① 전기료, 전화료, 상하수도료, 유류, 가스 등의 에너지 비용 및 제세공과금
② 자산관리자가 업무수행을 위하여 소요되는 일체의 소모자재 및 수선비, 정기점검 보수비 등 비용 일체
③ 위탁자가 외주를 승인하여 자산관리자가 시행한 개선 공사비 및 보수비와 그에 따른 자재비용
④ 자산관리자의 업무수행에 소요되는 일체의 수도광열비
⑤ 관리업무 수행 상 기술적인 문제 또는 비용의 발생 등으로 인하여 외주가 불가피하여 자산관리자가 위탁자와 합의하여 외주 시행한 모든 비용
⑥ 기타 관리업무 및 임대대행업무 비용에 포함되지 않은 일체의 비용

7) 보험의 가입

자산관리자가 자산에 필요한 제반 보험의 가입을 요청하는 경우, 투자자는 이의 가입을 승인 검토하여야 한다. 투자자가 이와 같은 보험에 가입하지 아니한 경우 사고가 발생하여 투자자에게 발생한 손해에 대하여는 자산관리자는 책임을 지지 않는다. 보험가입 시 법령이 허용하는 한 피보험자(Insured name)에 자산관리자를 같이 포함시켜 사고 시 처리를 원활하게 하고 제3자의 구상권 청구로부터 상호 보호할 수 있도록 사전에 투자자를 충분히 이해시킨다.

개인투자자의 경우 자산관리사(PMC)를 피보험자로 등재시키는 것을 꺼려할 수도 있다. 하지만 장기적인 관점에서 보면 화재가 발생하여 보험사가 PMC의 모든 계좌에 구상을 하여 직원들의 급여가 지급되지 못하고, 회사의 존립마저 위태로워진다면 그 즉시 부동산 운영에 타격을 줄 것이다. 화재를 수습하고, 임차인의 불만이나 피해를 조사하는 일들을 해야 하는 자산관리자(PMer)들의 급여에 문제가 발생할 여지가 있고, 그렇게 되면 인력의 이탈이 발생할 수 있다. 부동산의 안정적인 측면을 더 우선시하자는 차원이다. 그렇다 하

더라도 직접적인 원인이 자산관리사(PMC)에 있다면 당연히 손해를 청구할 수 있다.

8) 계약의 해지

자산관리자 또는 위탁자 중 어느 일방이 위탁관리계약을 해지하고자 할 때 계약서에 명시된 사전고지기간 이전에 상대방에게 해약의사 및 사유를 서면으로 통보한다. 일반적으로 투자자의 기밀누설, 업무방해행위, 부동산 내의 문서 또는 물품을 허가 없이 반출하는 행위, 고의 또는 선량한 업무수행자로서 의무를 태만히 하여 자산을 손괴하거나 중대한 사고를 야기하였을 때, 자산관리자가 본 계약 조항을 위반 또는 불이행하거나, 본 계약에 따른 관리업무를 이행하기에 부적당하다고 명백하게 인정할 만한 사유가 발행하였을 때, 관리대상 부동산의 담당자 배치 및 교체를 할 경우 투자자의 사전 동의를 거쳐야 하며 조직구성이나 투입인력에 대해 투자자와 합의되지 않고 임의대로 변경하는 등의 경우에 투자자가 계약서에 명시된 내용을 바탕으로 위탁관리계약을 해지할 수 있다.

9) 손해배상

투자자는 계약서에 아래의 행위에 대해 손해배상을 요구할 수 있는 조항을 계약서에 넣는다.

① 계약조항을 위반·불이행하였을 때
② 자산에 손실을 주었을 때
③ 고의 또는 과실로 자산의 일부 또는 전체를 망실 또는 훼손하였을 때
④ 종업원의 근무행위로 인하여 도난 등의 문제가 발생하였을 때

따라서 위와 같은 경우가 발생하지 않도록 주의를 기울여야 한다.

10) 사고예방 및 통보

부동산이 다음과 같은 상황에 처하지 않도록 사고를 예방하고, 사고가 발생하면 즉각

적인 보고가 이루어져야 한다.

① 자산관리자는 선량한 관리자로서 관리업무에 해당되는 제반사항에 대하여 최선을 다하여 모든 사고를 예방하여야 한다.

② 자산관리자는 자산에 사고가 발생하였을 때에는 지체 없이 해당 사고의 상세한 내용을 서면으로 위탁자 또는 위탁자가 지정한 자에게 통보하여야 한다. 단, 구두보고 시에는 사후에 서면으로 보고할 수 있다.

③ 자산관리자가 위탁한 업무를 수행하는 제3자 또는 그들 종업원의 고의 또는 과실로 사고가 발생하였을 경우 자산관리자가 이에 책임을 지며 사후수습에 만전을 기하여야 한다.

④ 자산관리자는 자산에 사고가 발생하였을 때에는 신속히 대처하여 피해와 사고 확대를 예방하여야 한다.

대부분의 투자자들은 제3의 투자기관으로부터 투자를 위탁받은 경우가 많으며, 이럴 경우 자산에 발생할 수 있는 사고를 최소로 줄여야 한다. 또한, 이러한 사고발생 시 자산관리자가 신속히 사고를 수습할 수 있도록 계약서에 명시한다.

11) 금지사항

위탁업무를 수행하는 제3자 또는 그들의 종업원은 자산소유자의 건물 내에서 다음과 같은 행위를 금지시킨다.

① 자산 내 근무자 또는 입주자의 업무에 지장을 주거나 불편을 초래하는 행위

② 직무상 필요한 경우를 제외하고 자산 내의 보안사항을 누설하는 행위

③ 자산 내에서 음주, 도박, 소란한 행동을 하는 행위

④ 사전 허가 없이 위탁자가 지정한 제한구역, 통제구역에 출입하는 행위

⑤ 기타 자산관리자 또는 위탁자가 정당한 사유로 금지하는 행위

12) 직무교육 및 훈련

위탁관리계약서에는 직무교육에 관한 조항을 넣어 자산관리자가 법률에 명시된 교육

을 시행하는 것을 일정한 승인 절차 없이 시행할 수 있도록 명시한다.

① 자산관리자는 본 계약에 의한 건물의 관리업무수행 상 필요하거나 법률에 명시된 교육 및 훈련을 실시하여야 한다.

② 투자자는 자산관리자의 종업원이 예비군훈련, 민방위훈련 등의 필수 훈련과 각종 교육의 참가, 휴가 등을 인정하며, 이때 자산관리자는 결원으로 인하여 업무수행에 지장이 없도록 최선을 다하여야 한다.

③ 투자자가 계약기간 중 자산관리자의 종업원의 능력, 자질 면에서 관리업무를 수행하는 데 적합하지 않다고 판단되어 교체를 요구할 때에는 그 종업원의 업무수행을 즉시 중지시키고 대체인원을 투입하여야 한다.

13) 문서의 귀속

자산관리자가 계약에 의한 업무의 수행을 위하여 작성한 도면, 문서, 자료 등은 위탁자에게 귀속하며, 약정한 기간 동안 보관을 의무화한다. 약정기간이 없을 시, 보통 3년 이상은 보관하지 않는다.

상기 내용에 추가적인 특약이 있는 경우 첨부하여 계약을 완성한다. 위의 조항들을 투자자에게 잘 이해시켜 위탁관리계약을 완성한다. 물론 가장 중요한 수수료 부분도 필히 언급하여야 한다.

5. 자산관리업무

앞서 자산관리사의 인력과 조직구성에 대해 알아보았다. 그러면 투자자의 입장에서 어떤 자산관리자를 어떻게 선정해야 하는지, 어떤 업무를 해야 하는지 등 기준이 되는 업무 분야를 살펴보자.

1) 부동산의 업무 인수인계

인수인계는 신규 또는 기존에 관리 중인 건물을 신규로 인수하거나 당사가 관리 중인 건물을 인계할 때 발생한다. 이때 사용되는 각종 자료 및 이에 대한 업무를 이해해야 한다.

신규 매입 또는 기존 관리사 변경 등으로 인한 PM 관리를 신규로 수주하여 인수받을 때, 다음에 나열한 각종 서류를 포함하여 인수인계를 진행한다. 매각 등으로 인해 신규 관리사에게 관련 자료를 인계할 시, 기본적으로는 기존 관리사 변경으로 인한 인수인계와 서류는 동일하나, 매각시점에서 발생하는 정산기준을 사전에 파악해야 한다. 물론 매입매각의 정산은 중간에서 중계업무를 한 업체가 매각계약서에 반영하는 것이 일반적이나, 중소형의 경우 이런 부분이 생략되는 경우가 있다. 이럴 경우 잔금을 치르기 전에 사전에 〈표 6-3〉의 사항을 협의 완료하여야 한다.

〈표 6-3〉 매입매각 시 사전협의 항목

구분	항목	정산기준	비고
수입	보증금	매각가격에서 차감하여 잔금지급	
	임대료, 관리비	매매 완결일 기준으로 일한 정산	
	선지급된 임관리비		
	일일주차, 월정주차		
비용	전기, 수도, 가스	매도일 기준으로 0시에 사용량을 측정하여 정산	사전에 전년도 기준량이나, 고지서를 미리 체크하여 정산
	보증금 반환	매수인 부담 지체산금이나 손해에 따른 금액은 매수인 부담	정산기준일과 겹칠 경우, 임차인에게 일정을 사전에 통보하여 조정
세금	재산세	매매완결일 기준으로 일할 계산	
	종합부동산세		
	도로점용료	부과기간을 기준으로 일할 정산하되, 매매완결일을 기준으로 일할 계산	
	환경개선부담금		
	교통유발금		

인수인계 관련 자료는 다음과 같은 내용으로 구성되어 있다.

① 인수인계시간표 및 체크리스트(transition time schedule & checklist) : 신규 부동산을 인수받을 때 이루어져야 할 각종 업무를 업무 영역별로 구분하여 작성한 일정표

이다. 해당 부동산의 특성 및 부동산 소유주의 요구사항 등을 반영하여 작성한다.

② 양도서류 체크리스트(handover document checklist) : 신규 부동산을 인수받을 때 건설사 또는 기존 관리사나 매도자로부터 수령 받을 각종 자료에 대한 목록을 작성한다.

③ 종합설비현황 : 건물 개요, 전기시설, 기계시설, 방재시설 등의 현황을 작성하거나 매각자로부터 자료를 받는다.

④ 협력업체 명부 : 유지관리 및 보수업체, 자재 등에 관련한 업체의 자료를 받는다. 계약서 및 현황자료를 수집하고 계약된 금액도 파악하고 있어야 한다. 필요시 업체를 변경할 수도 있다.

⑤ 비상연락망 : 기존 조직의 비상연락망 자료를 인수받거나 없을 시 인터뷰를 통해 작성해야 한다.

⑥ 자본적 지출 공사 보고서 : 부동산의 매입, 매각이 이루어지기 전에 자산에 대한 실사보고서를 작성한다. 물리적인 실사보고서를 통해 작성된 자본적 지출성 공사의 현황표를 작성하고 공사의 우선순위를 선정하여 일정표를 작성한다.

⑦ 임대차현황도(stacking plan) : 임대차 계약서를 검토하여 부동산에 입주해 있는 임차인 현황을 조사한다.

⑧ 임대료명세서(rent roll) : 임대차계약서에 계약기간과 계약조건을 요약해 하나의 표로 작성하여 임대수입현황을 파악할 수 있게 한다.

⑨ 입주사의 비상연락망, 계약담당자, 직위, 회사규모, 연락처 등을 작성한다.

⑩ 정산기준 수립: 수입, 지출, 세금부분에서 매수자와 매도자 간의 계약서를 검토하여 정산기준을 수립한다.

⑪ 명의변경 리스트: 세금, 에너지비용, 인허가 관련사항 등에 대한 명의변경 항목을 정하고, 관공서에 명의변경을 신청해야 한다. 필요서류는 일반적으로 부동산에 관련된 건물등기부등본, 건축물관리대장, 인감증명서, 토지대장, 위임장, 사업자등록증, 자동이체통장사본 등이 필요하다.

⑫ 시설관리 인수인계 목록을 정리하면 〈표 6-4〉의 종합설비 현황표와 〈표 6-5〉의 건축시설물 인수인계리스트와 같다.

〈표 6-4〉 종합설비현황표 예시

■ 건물개요

◎ 소재지: 부산시 ◎ 상호: ○○B/D ◎ 건물주: XXX ◎ 시공자: ○○토건(주) ◎ 설계감리: ○○건축(주) ◎ 대지면적: 18,790.67m² ◎ 연면적: 133,720.08m² ◎ 건축면적: 8,570.63m² ◎ 조경면적: ◎ 도로현황	◎ 홀수: 지하4층, 지상20층 ◎ 최고높이: 100.86m ◎ 건폐율: 45.63% ◎ 용적율: 800.55% ◎ 착공일: 1900. ◎ 준공일: 1900.2. ◎ 승강기: 승용 8대, 비상 4대 ◎ 주차대수: 법정주차대수-184대(실제191대) - B1층 112대, B2층: 30대 - B3층: 130대, B4층: 12대	◎ 건물의 특징 - 건물구조: 철근, 철근콘크리트 라멘조 - 외벽:화강석 - 지붕:철근콘크리트 슬라브 - 창호: ◎ 용도: 업무 및 근린생활시설 ◎ 주차설비: 자주식

■ 전기

시설명	용도	용량 및 규격	수량	설치장소
변압기	동력용			
	동력용			
	전등,전열용			
	비상용			
비상발전기	비상용			
특고압수전반	특교수전			
저압수전반	저압배전			
엘리베이터	승객용			
	비상용			

■ 방재

시설명	용도	용량 및 규격	수량	설치장소
화재수신반	화재감지	41회로		
소화설비반	화재진압	32회로		
제연설비반	연기방출	34회로		
배연횡전권반	연기방출	4회로		
하튼수신반	화재진압	1회로		
가스누설경보기	누설가스감지	2회로		
	누설가스감지	2회로		
방송설비	전층방송	방송용		
스피커	전층방송	빙송용		

■ 기계

시설명	용도	용량 및 규격	수량	설치장소
소방설비	스프링클러주펌프			
	스프링클러보조펌프			
	스프링쿨러예비펌프			
	옥내소화전주펌프			
	옥내소화전보조펌프			
	소화용수펌프			
	알람밸브			
	프리액션밸브			
	옥내소화전			
냉.온수순환펌프	냉.난방용			
예비펌프	냉.난방용			
냉각수순환펌프	냉.난방용			
예비펌프	냉.난방용			
배수펌프	기계실/주차장			
	썬컨가든우수			
급수펌프	급수용			
	정수용			
보급수펌프	냉각탑보충수용			
	보일러보급수			
급탕순환펌프	급탕순환용			
정화조	배수펌프			

■ 기계실

시설명	용도	용량 및 규격	수량	설치장소
흔수식냉.온수기	냉.난방용			
냉각탑	냉각수 냉각			
급탕탱크	급탕용			
공기조화1호기	냉.난방용			
공기조화2호기	냉.난방용			
공기조화3호기	냉.난방용			
공기조화4호기	냉.난방용			
공기조화5호기	냉.난방용			
공기조화6호기	냉.난방용			
F.C.U	냉.난방용			
정화조탱크	오수정화물			
관류보일러	급탕용			
	급탕용			
고가수조	정수용			
	정수용			
지하저수조	정수용			
	급수용			
급배기팬	B4층주차장급기			
	B4층주차장배기			
	B3층주차장급.배기			
	B2층주차장급.배기			
	B1층주차장배기			
	남 화장실배기			
	여 화장실배기			

〈표 6-5〉 건축시설물 인수인계 리스트

구분	사양	형태
도면	건축, 전기, 설비	사본
세금/공과금	교통유발금/환경개선분담금/도로점용료/종합토지세/건물재산세/공과금영수증(수도, 전기, 가스)	사본
인허가서류	건축물 사용승인서 및 검사필증/도로점용허가증/준공신고서 및 검사필증	사본
	안전관리자 신고필증/전기안전관리자 신고필증/방화관리자 신고필증/승강기완성 검사필증/전기사용전 검사필증/도시가스완성 검사필증/보일러설치 검사필증/소방시설완공 검사필증/정압기분해점검 확인서/물탱크 청소필증/전력수급 계약서/주차장 유료화 신고필증/자체검사필증/지하수 개발이용허가서	원본
	오수 정화시설 준공검사 필증/냉・온수기 검사필증/옥외 광고물 신고필증/	사본
계산서	전기・설비계산서/냉난방부하계산서/지질조사서/구조계산서	원본
보험	건물화재보험/영업배상책임보험/가스보험/기타보험	사본
협력업체	협력업체현황/직원명단대장	원본
기타	용도변경관련 서류(신청서 등)/건축현황 측량도/토지대장	원본

2) 임대차관리

부동산을 임차해서 사용하는 임차인을 관리하기 위해 아래와 같은 자료들을 작성하여 지속적으로 관리하여야 한다.

(1) 건물관리규정 및 주차관리규정

임대차계약과는 별도로 실제로 건물을 운영하는 기본적인 지침이 되는 내용으로서 해당 내용에 대해 사전에 건물주의 승인을 받고 임차인에게 배포 및 공지를 한다. 주 내용은 건물 개폐시간, 냉난방 및 승강기 운행기준, 전기 및 수도사용, 열쇠관리, 주차장 이용, 내부공사 지침, 게시물관리, 비상시 대처방안 등의 내용이 포함된다. 해당 내용을 사전에 공지하고 첨부된 양식으로 각종 신청사항을 문서를 통해 처리하도록 유도한다. 특히 신규 임차인과의 임대차계약을 진행할 때는 본 내용을 사전에 마케팅팀에 공지하여야 한다. 건물의 특성 및 운영방안에 대해 사전에 협의되어야 입주 후에 입주사의 불만소지를 없앨 수 있다.

주차관리규정은 시간주차, 일일주차, 정기주차와 관련된 사항을 규정한 내용이다. 상가(리테일)가 포함된 건물이라면 상가의 접근이 쉬운 공간을 일반주차공간으로 지정하고, 나머지 층은 건물에 상주하는 입주사를 위한 지정주차 또는 월정주차로 지정한다.

실무 TIP | VIP 주차장 운영

최근에는 프라임 빌딩에서 컨시어지(concierge) 서비스를 제공하려는 차원에서 VIP 주차장을 별도로 운영한다. 주차공간도 넓고, 공간에 별도의 인테리어를 하여 일반주차와 차별화된 주차시설을 제공한다. 발렛파킹(valet parking) 서비스를 제공하는 빌딩도 있다. 이럴 경우, 주차장 관련 보험을 별도로 가입하여 운영하여야 한다.

무인주차시스템을 운영할 경우, 주차권 발급비용을 아끼고, 인력을 줄일 수 있기 때문에 많이 선호하지만 건물의 특성상 효과가 미비할 수 있기에 선행된 빌딩을 벤치마킹하면서 구조적인 문제점이나 운영상의 장점 등을 최대한 파악해서 결정해야 한다.

(2) 임대료명세서(rent roll) & 임대차현황도(stacking plan)

건물 내 임대차 관계를 한눈에 볼 수 있게 정리한 자료로서 임차인을 관리하는 데 필요한 모든 내용이 포함되어 있다. 건물 및 임차인의 특성에 따라 필요한 내용을 바꿀 수 있다.

실무 TIP | 임대료명세서(rent roll) 보고서 예시

As of January. 31st

입주사	층	임대면적		임대율	임대차기간			임대료		관리비		보증금		주차	
		평	㎡		개시	종료	기간(월)	단가	금액	단가	금액	단가	금액	유료	무료
㈜000	10	329.48	1,089.19	9.21%	06-9-25	09-9-24	36	17,302.92	18,846,256	7,864.96	8,566,480	173,029.22	188,462,560		23
㈜000	9	329.22	1,088.34	9.21%	06-9-25	09-9-24	36	17,302.92	18,831,384	7,864.96	8,559,720	173,029.22	188,313,840		
㈜000	8	329.47	1,089.16	9.21%	06-9-25	09-9-24	36	17,302.92	18,845,684	7,864.96	8,566,220	173,029.22	188,456,840		
㈜0000	7	152.46	504.00	4.26%	06-9-1	09-1-31	29	17,302.92	8,720,712	9,074.96	4,573,800	173,029.22	87,207,120		2
00병원	7	38.47	127.17	1.08%	07-6-18	10-6-17	36	17,544.92	2,231,260	7,864.96	1,000,220	175,449.21	22,312,600		1
ckd㈜	7	138.38	457.46	3.87%	06-9-10	09-9-6	36	-	-	9,074.96	4,151,400	1,318,157.82	603,000,000		3
㈜dtu	6	330.00	1,090.91	9.23%	06-8-10	08-8-9	24	18,149.92	19,800,000	9,074.96	9,900,000	181,499.18	198,000,000		6

㈜0000	5	330.00	1,090.91	9.23%	07-11-21	08-11-20	12	18,517.45	20,200,950	8,417.02	9,182,250	185,174.54	202,009,500	3	6
㈜00	4	329.31	1,088.64	9.21%	06-8-21	08-8-20	24	17,617.52	19,179,189	7,864.96	8,562,138	176,175.21	191,791,890		6
00생명보험㈜	3	246.93	816.30	6.91%	06-11-10	08-11-9	24	17,617.52	14,381,203	8,179.56	6,676,987	176,175.21	143,812,032		5
타임스0000㈜	3	84.07	277.92	2.35%	07-2-16	10-2-15	36	17,544.92	4,876,060	7,864.96	2,185,820	175,449.21	48,760,600		1
00병원	2	337.67	1,116.28	9.44%	07-5-1	12-4-30	60	16,032.43	17,896,722	9,074.96	10,130,220	882,840.87	985,500,000		6
00증권㈜	1	229.70	759.34	6.42%	05-12-1	08-4-30	29	14,486.28	11,000,000	9,075.00	6,891,000	1,712,015.42	1,300,000,000		5
이발소	B1	111.00	366.94	3.10%	07-6-21	09-6-20	24	9,764.78	3,583,125	4,764.35	1,748,250	272,521.30	100,000,000	1	2
뉴코리아_당구장	B1	263.00	869.43	7.35%	05-9-1	10-8-31	60	7,525.20	6,542,598	4,580.56	3,982,451	124,404.00	108,160,000		5
00병원	B3	5.00	16.53		07-5-1	12-4-30	60	21,174.90	350,000						
000(창고)	B2F/B3F	3.59	11.87		06-8-10	08-8-9	24	21,065.36	250,000						
총임대면적		3,579.17	11,821.04					합계액	184,935,143	합계액	94,676,956	합계액	4,555,786,982	4	71
공실(계약기준)		-	-	0.00%											
공실(임대기준)		-	-	0.00%											

실무 TIP **임대차현황도(stacking plan) 보고서 예시**

StackingPlan(계약기준)

Current Vacant Space   Future Vacant Space

* Efficient Rate 53.5%   As of January, 31st

<table>
<tr><th>층</th><th colspan="3">입주사</th><th>층 면적(㎡)</th><th>임대면적(㎡)</th><th>공실(㎡)</th></tr>
<tr><td rowspan="2">10</td><td colspan="3">㈜**독 [00.09.25~00.09.24]</td><td>(582.19)</td><td>(582.19)</td><td>-</td></tr>
<tr><td colspan="3">1088.21</td><td>1,088.21</td><td>1,088.21</td><td>0.00</td></tr>
<tr><td rowspan="2">9</td><td colspan="3">㈜**독 [01.09.25~09.09.24]</td><td>(581.73)</td><td>(581.73)</td><td>-</td></tr>
<tr><td colspan="3">1087.35</td><td>1,087.35</td><td>1,087.35</td><td>0.00</td></tr>
<tr><td rowspan="2">8</td><td colspan="3">㈜**독 [01.09.25~09.09.24]</td><td>(582.17)</td><td>(582.17)</td><td>-</td></tr>
<tr><td colspan="3">1088.17</td><td>1,088.17</td><td>1,088.17</td><td>0.00</td></tr>
<tr><td rowspan="2">7</td><td>㈜CKD [00.09.01~09.01.31]</td><td>00병원
[00.00.18~10.00.17]</td><td>TTK㈜ [00.09.10~09.09.01]</td><td>(581.89)</td><td>(581.89)</td><td>-</td></tr>
<tr><td>503.54</td><td>127.06</td><td>457.04</td><td>1,087.65</td><td>1,087.65</td><td>0.00</td></tr>
<tr><td rowspan="2">6</td><td colspan="3">㈜DTJUM [00.08.10~03.08.09]</td><td>(583.11)</td><td>(583.11)</td><td>-</td></tr>
<tr><td colspan="3">1089.92</td><td>1,089.92</td><td>1,089.92</td><td>0.00</td></tr>
<tr><td rowspan="2">5</td><td colspan="3">㈜MPK [00.11.21~08.11.20]</td><td>(583.11)</td><td>(583.11)</td><td>-</td></tr>
<tr><td colspan="3">1089.92</td><td>1,089.92</td><td>1,089.92</td><td>0.00</td></tr>
</table>

4	㈜ASK [01.08.21~08.08.20]		(581.90)	(581.90)	-
	1087.65		1,087.65	1,087.65	0.00
3	00생명보험㈜ [01.11.10~08.11.09]	타임스㈜ [00.02.16~10.02.15]	(584.75)	(584.75)	-
	815.56	277.44	1,093.00	1,093.00	0.00
2	00병원 [00.02.15~12.04.30]		(596.67)	(596.67)	-
	1115.27		1,115.27	1,115.27	0.00
1	00보험㈜ [02.12.01~08.04.30]		(405.88)	(405.88)	-
	758.65		758.65	758.65	0.00
B1	00(당구장) [02.09.01~10.08.31]	00(이발소) [00.01.21~09.01.20]	(660.86)	(660.86)	-
	868.64	366.61	1,235.25	1,235.25	0.00
Total Area		평/㎡	11,821.04	11,821.04	-
		%	100.00%	100.00%	0.00%

Performance Indicator	
총입주면적	11,821.04
총공실면적	-
공실율(계약체결일 기준)	0.00%
공실율(임대개시일 기준)	0.00%

(3) 재계약서비스 수수료(Fee)

신규임대는 마케팅에서 진행하지만 기존 임차인의 재계약업무는 임차인과의 관계 등을 감안하여 자산관리자가 진행한다. 건물주에 따라 다르지만 통상적으로는 계약기간 동안 총 인상금액의 일정 분을 재계약서비스 수수료(Fee)로 청구한다. 요율은 당초 제안 내용 및 건물주와의 협의에 의해 달라질 수 있다.

실무 TIP 임대대행(Land lord Rep.)과 임차대행(Tenant Rep.) 수수료

임대대행(Land lord rep.)의 수수료는 일반적으로 건물주가 1개월에서 2개월 치 임대료를 수수료로 지급한다. 임차대행(Tenant Rep.)의 수수료의 경우, 일반적으로 임차인이 지급하고 그 금액은 제안을 받아서 조정한다. 다만, 임차인이 수수료를 지급하지 않는 경우, 임차대행(Tenant Rep.)의 경우는 건물주가 1개월에서 2개월 치 임대료를 지급한다. 대행사(Agent)마다 성향이 다르지만 임차인과 약속한 수수료 이상을 받을 경우, 임차인에게 나머지 부분을 돌려주는 경우도 있다. 건물주와 임차인 간에 중복수수료를 받는 것을 정책적으로 거부하는 경우가 있다.

(4) 냉난방비용

관리규정에 의거하여 냉난방은 근무시간을 기준(오피스의 경우)으로(08시~18시, 평일기준) 운행한다. 임차인의 요구에 의해 특별히 냉방을 연장하고자 할 경우, 관련된 장비를 운행하기 위해서 추가로 들어가는 비용(전기요금, 장비 감가상각, 인건비, 상한선 상승 등)을 감안하여 비용을 산정한다. 건물을 관리하면서 산정하는 추가 운행료는 주로 냉난방 운행, 연등(連燈) 신청 등이다. 기타 임차인의 필요에 의해 추가로 특수시설(개별 에어컨, 항온 항습기, 전산실 장비 등)을 설치할 경우에는 임대차계약서에 의거하여 별도의 계량기를 설치하여 사용한 전력에 따라 요금을 부과하면 된다. 건물마다 기준이 다르지만, 예를 들면 다음과 같다.

예시)

평일 : 18:00 이후부터 or 19:00 이후부터 / 토요일 : 13:00 이후부터 / 일, 공휴일 : 09:00 이후부터.

〈에너지 추가 관리비 품목〉

① 전기 사용 추가 관리비

② 시수, 온수 사용 추가 관리비

③ 냉/난방 추가 관리비

1. 전기, 시수 사용 추가 관리비 산출
   - 전기, 시수 에너지 사용 추가 관리비 산출을 위해서는 계량기 설치가 선행되어야 한다. 계량기가 없어도 산출이 불가능하지는 않지만 정확도는 많이 떨어지며 그로 인해 민원이 발생할 수 있다.
     계량기 설치 시: (금월 계량값-전월 계량값=실사용량)×단가= 추가요금 징수
     전기 단가: 한전 청구요금(부가세 제외) / 건물 총 전기 사용량= 1kWH당 단가 산출
     시수 단가: 상하수도 청구요금(상수도요금+하수도요금+물 이용부담금)/건물 총 시수 사용량=1t당 단가 산출
2. 시수, 온수 사용 추가 관리비 산출
   - 시수, 온수 에너지 사용 추가 관리비 산출을(일반적으로 상가에 적용) 위해서는 계량기 설치가 선행되어야 한다. 상가는 영업점 특성상 사용량 편차가 심하여 계량기 설치가 꼭 필요하다.
   - 온수 요금 단가: (실사용량, 시수 단가)+에너지 요금 단가{(열월 장비 가동 에너지요금+열원 장비전력요금). 부하율)}+인건비= 온수 사용 요금
   - 시수 요금 단가: (금월 계량값-전월 계량값=실사용량)×단가=시수 사용 요금
3. 냉/난방 추가 관리비 산출
   - 냉방 추가요금: 전력 사용량(냉동기+AHU 외)×전기요금 단가+기타 에너지 요금(가스 or 지역난방)+인건비= 추가요금단가
   - 난방 추가요금: 전력 사용량(보일러+AHU 외)×에너지요금 단가+기타 에너지 요금(가스 or 지역난방)+인건비= 추가요금단가
4. 인건비 산출: 월 급여×1/30(1개월)×1/8(일일근무 시간)=시간당 급여×야간할증 1.5배= 인건비 단가

(5) 임대가능면적 관리

임대면적 산정은 임대마케팅팀에서 건물주와 상의하여 결정하는 사항이지만 경우에 따라서는 자산관리자가 산정한 면적에 대해 요청받는 경우가 있다. 건물의 전용, 공용면적을 분류하여 전체 면적을 계산하고 전용률을 구한다. 일반적인 경우 면적 산정기준은 건축도면에 표시되어 있는 경우가 많으므로, 이를 기반으로 하여 전용 및 공용면적을 분류해서 임대면적을 산정해야 추후 임차인과의 문제를 예방할 수 있다.

(6) 미수금 정산 업무

임대차계약이 중도 해지되거나 만료되었을 때, 임대인은 보증금에서 각종 미수금을 공제하고 남은 금액을 반환하게 된다. 임차인의 보증금에서 월별로 각종 미수금을 공제하고 실제 반환해야 하는 금액을 계산하여야 한다. 이를 작성하여 보증금을 반환하기 전에 건물주에게 정확한 금액에 대해서 사전에 반드시 확인을 받고 반환시켜야 한다. 이외에도 해당 보증금에 가압류 또는 기타 권리설정이 먼저 되어 있는 것은 없는지도 확인해야 한다.

(7) 입주사 만족도 설문조사

입주사의 만족도를 조사하고 불편 또는 개선할 점에 대해서 의견을 청취하는 데 사용하는 양식이다. 통상적으로 1년에 1회 또는 2회 실시하는 것을 원칙으로 하며, 설문조사 결과를 건물주에게 보고 및 자체적인 관리에 참조하도록 한다.

(8) 각종 약정서

① 시설물 양도양수 약정서

오피스건물 지하의 상가부분에 대해서 계약기간 도중에 기존 임차인이 계약을 중도해지하고 신규 임차인에게 현재 있는 시설물에 대해서 일체의 권한을 양도할 경우에 기존 임차인 및 신규 임차인 간에 맺는 양도양수 약정서이다. 이는 향후 시설물에 대해서 분쟁의 소지를 없애기 위해 필요한 자료이다.

② 원상복구합의서 양식

기존 임차인이 건물 준공 시부터 임차한 상황이라서 원상복구의 범위에 대해 명확하게 지정하기가 어렵고, 유사한 업종을 유치하고자 할 경우에 사용하는 합의서 양식이다. 이는 임차인에게는 필요 이상의 원상복구를 지출할 필요가 없고 임대인에게는 신규 임차인이 유치될 때까지 원상복구 비용만큼을 보유하고 있을 수 있는 장점이 된다.

③ 정산약정서

임차인의 사유로 임대차계약이 중도 해지되었을 경우 계약에 따라서는 중도해지위약금을 청구할 수 있다. 이 경우 해당 금액을 보증금에서 공제하고 반환해야 하므로, 이러한 내용에 대한 증빙을 위해 별도의 약정서를 체결해야 한다.

④ 전대동의서

임대차 계약서상에 전대는 허용되지 않는 게 일반적인 경우지만, 계열사 입주 등 특수한 임차인의 사정에 의해 허용해야 하는 경우도 있다. 이럴 때 첨부자료를 활용하여 임차인의 요청사항을 임대인이 승인하되, 전대에 대한 모든 책임은 임차인이 부담하는 것을 약정하는 내용으로 작성한 자료이다.

⑤ 제소 전 화해 조서

개인사업자 또는 법인사업자 중에서도 신용등급이 낮아 연체 등이 우려되는 임차인에게는 명도 소송의 과정을 단순화하고 불량 임차인이 발생함에 따른 임대인의 손해를 최소화하기 위해 제소 전 화해를 체결하는 경우가 있다. 여기에는 임대차계약서상에 기술되어 있는 각종 임차인의 의무(2개월 이상 연체 금지 등)를 어겼을 경우에는 별도의 소송과정 없이 바로 명도 시킬 수 있는 법적 근거를 받기 위해 미리 판결을 받는 내용이 들어 있다.

합의된 내용을 작성해서 사전에 건물주의 승인을 받고 해당 변호사를 통해 제소 전 화해를 진행하면 된다. 이때 판결을 받기 위해서는 3개월 정도의 시간이 소요되는데 판결 후에는 해당 판결문의 사본을 건물주로부터 받아서 임차인관리에 참조하도록 한다.

주요 용어

임차인관리(Tenant Relationship), 임대차계약서, 위험관리, 명도소송, 수입증대, 비용절감, 세금

요약

자산관리업무에 대한 규정 및 부동산의 수입을 발생시키는 임차인들을 관리할 수 있는 능력은 자산관리자에게 가장 기초적이며 중요한 업무이다. 이를 위해 임대차계약서를 통한 임차인관리(tenant relationship)의 표준을 제시하였으며 이것이 관리를 할 수 있는 기본 틀이 됨을 제시하였다.

수입을 발생시키는 근본 원인이 부동산을 사용하는 임차인이라는 것을 명확히 하는 부분이기도 하다. 이런 임차인을 처음 접하면서 하게 되는 임대차계약서에 대한 이해가 없이 자산관리를 한다는 것은 기초부터 잘못된 것이라 할 수 있다.

또한 투자자에게 자산을 보호할 수 있는 방법을 제시하여 수익을 최대한 보존하면서 위험을 사전에 예방한다는 차원에서의 보험 업무에 대한 이해를 돕고자 오피스와 관련한 부동산의 Package 보험에 대해 언급하였고, 자산운용에 큰 요소로 작용하는 준조세부분을 자산관리자가 이해하도록 접근하였다.

07 부동산자산관리 실무 II

학습목표

부동산투자자와 자산관리자 사이에서 발생할 수 있는 업무와 임대차계약에 대해 알아본다.

1. 자산관리 업무규정

자산관리자는 투자자의 회계규정이 있는 경우 그 지침에 따르지만, 그렇지 아니한 경우 상호 간에 비용처리에 관한 회계처리규정을 협의하여 문서화해 두어야 차후 업무수행 시 업무의 혼선을 피할 수 있다.

여기에서는 자산관리자가 해당 자산의 위탁자를 대리하여 각종 물품 및 서비스를 구매하거나 공급받을 때 준수해야 하는 자산관리 업무규정에 대해서 기술한다. 그리고 구체적인 예를 들어 해당 업무를 전략적으로 처리하는 데 도움이 될 수 있는 업무처리지침을 소개한다.

자산관리자는 승인된 연간예산 안에 있는 항목이라 할지라도 위탁자의 서면승인을 받은 기술된 권한이 위임된 사항을 제외하고는 무조건 승인으로 간주할 수 없다. 상기 내용에 대해 명확히 하자면 연간예산의 목적은 다음 두 가지이다.

첫째는 자산관리자가 재무상의 목표를 설정하고 이에 대한 성취도를 측정하기 위한 것이다. 둘째는 자산관리자가 취할 수 있는 각종 의사결정 및 관리상 조치의 한계점을 규정하여 위탁자의 관리 및 감독과정을 용이하게 하려는 것이다.

1) 자산관리자에게 권한을 위임한 경우

자산관리자는 물품을 구매하거나 서비스를 공급받고 이에 대한 비용을 지출할 때 위탁자로부터 사전 서면승인을 받아야 한다. 승인을 받으면 자산관리자는 위탁자를 대리하여 물품을 구매하거나 서비스를 공급받을 수 있는데, 이에 대한 사항은 아래와 같이 자산관리자와 위탁자가 협의하여 위임할 수 있다. 물론 비용집행에 관한 최종 승인은 자산관리자가 권한을 위임받았을 경우라도 서면승인 요청을 하는 것이 일반적이다. 그렇다면 이하에서는 각 비용지출의 내용에 따라 승인하는 방법에 대하여 구체적으로 설명하도록 한다.

첫째, 예산 내의 수선(修善)적 지출비용이 발생하는 경우이다. 이때는 모든 수선적 지출 비용에 관한 예산을 말하며, 이에 대한 조건은 다음과 같다. 우선 각 지출항목 중 연간예산을 초과하지 않은 비용이어야 한다. 둘째 자산관리자 또는 협력업체 그리고 기타 각종 용역비가 인센티브 형태로 지급될 경우에는 사전 위탁자의 서면승인이 월단위로 이루어져야 한다. 이에 비하여 상기 용역비가 고정용역비의 형태로 지급될 경우에는 연간 운영예산이 개시되는 1회에 한하여 사전 서면승인(구매요청서)이 필요하다.

둘째, 임대 관련 비용이 발생하는 경우이다. 해당 자산의 임대가 잘 이루어지지 않은 경우에는 임대를 소개하여 계약으로 이루어질 경우 임대소개 성공에 대한 성공보수를 지급하기도 하는데, 이처럼 임대소개 성공보수를 지급할 경우 비용지출의 권한을 위임할 수 있다.

셋째, 사업관리자(project manager)에게 비용이 지출되는 경우이다. 일반적으로 자본적 지출이 발생하는 인테리어 공사의 경우 부동산의 규모에 따라 차이가 있지만 많은 금액이 소요되기도 한다. 수억 원 이상의 인테리어 공사비가 발생하는 경우에는 공사관리 전문가를 투입시켜 공사의 수준을 향상시킨다. 이런 공사업무를 총괄하는 외부업체를 PMC(project management company)라 하고, 해당 사업을 총괄하는 업무를 하는 사람을 사업관리자(project manager)라고 한다. 앞서 자산관리자와 영어 약자가 같아서 혼돈될 수 있으나, 이들은 자산관리자(property manager)가 아니라 사업관리자(project manager)임을 구분하여야 할 것이다. 사전에 승인된 임대 공간의 인테리어 공사관리자에 대한 비용지급과 지명된 회계법인에 대한 비용이 승인된 예산 안에 있는 경우 자산관리자는 해당 비용을 지급할 수 있는 권한을 갖고 있다. 단, 상기 비용지급은 자산관리자 또는 그와 관련된 협력업체가 지급할 경우 에는 상호협의하에 권한을 위임할 수 있다.

넷째, 비상조치를 위하여 필요한 비용이 지출되어야 하는 경우이다. 자산관리자는 비상사건이 발생하거나 주요한 시설에 고장이 일어나는 경우에는 위탁자의 사전 서면승인 없이 물품을 구매하거나 서비스를 공급받을 수 있다. 비상조치에 따른 비용이 발생하는 경우는 다음과 같다. 즉 전기의 공급중단, 배관파열과 같은 긴급한 조치가 필요한 비상사건이 발생한 경우이다. 또한 해당 비상사건에 대한 조치가 합리적이고 금액이 경쟁적이어야 한다. 그러나 어떤 경우에라도 상기와 같은 비상사건이 발생했을 경우에는 자산관리자가 위탁자에게 긴급하게 연락해야 하며, 이에 대한 사건보고서를 사건 발생 24시간 이내에 작성하여 보고해야 한다.

2) 자산관리자가 위탁자의 서면승인을 받아야 하는 경우

자산관리자가 위탁자의 서면승인을 받아야 하는 경우 언제나 사전협의가 반드시 필요하다. 자산관리자는 모든 비용에 대해 위탁자의 서면승인을 받아야 하며 대표적인 사례는 다음과 같다.

첫째, 예산 항목 중 예산금액을 초과한 경우가 발생하는 경우이다. 수선적 지출 항목 중 예산에 반영된 항목이 현금을 기준으로 해당 월 예산금액을 초과하는 경우가 발생하였을 때는 사전에 협의하여 문제를 이해시킨 후 승인을 얻어 집행한다.

둘째, 자산관리자는 예산에 반영되지 않았던 모든 비예산 항목에 대해 사전 승인을 받아야 한다.

셋째, 임차인의 공간 개선공사를 포함한 모든 자본적 지출 비용은 모두 작업 개시 전에 위탁자로부터 서면승인을 받아야 한다. 자본적 지출은 건물 공사 관련 모든 컨설팅 및 관리용역비를 포함한다.

넷째, 위탁자 비용이 발생할 경우에도 자산관리자는 위탁사의 서면승인을 받아서 지출해야 한다. 즉 자산관리자는 법률, 회계, 세무 관련 자문 등과 같은 비표준 지출에 대해서는 사전 위탁자의 서면승인을 받아야 한다. 자산관리자는 임차인의 유지 프로그램에 관련된 각종 비용에 대해서도 위탁자의 사전승인을 받아야 한다.

다섯째, 자산관리자는 위탁자를 대리하여 위탁자의 서면승인 없이 어떠한 계약도 체결할 수 없다.

자산관리자는 언급한 5개의 사항에 대해서만 위탁자의 서면승인을 받아야 하는 것은 아니다. 왜냐하면 월간보고서 등 주기적으로 작성해야 하는 보고서에 해당 지출비용에 대한 내용을 언급하는 것이 위탁자의 서면승인을 받았다는 의미는 아니기 때문이다.

3) 물품구매 및 서비스 공급 관련 업무

자산관리자와 위탁자는 물품구매 및 서비스에 관련한 업무의 기준을 사전에 규정하고 이에 따라 업무를 진행할 수 있다. 공사 관련 업무의 기준은 이하에서 명시하는 금액별 상이한 개별지출항목의 지출기준과 동일하게 적용할 수 있다.

첫째, 개별지출항목이 1,000만 원 미만일 경우이다(금액은 위탁자와 자산관리자가 상호 기준을 정할 수 있다). 이 경우 자산관리자는 서면 견적 없이 물품을 구매하거나 서비스를 공급받을 수 있다. 단, 공급자로부터 세금계산서 원본을 발급받아 자산관리회사(property management company: PMC) 사무실에 보관해야 한다. 또는 세금계산서 사본을 보관하고 원본은 회계법인 또는 위탁자에게 송부한다.

둘째, 개별지출항목이 1,000만 원 이상 2,000만 원 미만일 경우이다. 이 경우 자산관리자는 최소한 3개의 견적서를 받아야 하며, 견적금액의 최저가를 기준으로 업체를 선정하고 서비스를 공급받도록 한다. 자산관리자가 최저가를 제시한 공급자를 선정하지 않거나 3개의 서면 견적서를 받지 않을 경우에는 위탁자의 서면승인이 필요하다. 자산관리자는 최저가 업체를 선정하였다는 증빙을 위해서 견적서 원본을 보관해야 한다.

셋째, 개별지출항목이 2,000만 원 이상 5,000만 원 미만일 경우이다. 이 경우 자산관리자는 입찰요청서(request for proposal: RFP)를 작성해야 하고 최소한 3개의 견적서를 수령해야 한다. 이때 각 업체에서 제시하는 입찰금액은 보안이 요구되는 사항이므로 견적서는 반드시 밀봉하여 수령하여야 한다. 즉 견적서를 팩스 또는 개봉상태로 받아서는 안 된다. 자산관리자는 업체의 입찰금액을 평가하여 최저가를 제시한 공급자로 선정해야 한다. 자산관리자가 최저가를 제시한 공급자로 선정하지 않거나 3개의 서면 견적서를 받지 않을 경우에는 이에 대해 위탁자의 서면승인이 필요하다. 자산관리자는 마찬가지로 입찰에 의한 업체선정이 제대로 이루어졌다는 것을 증빙하기 위해서 입찰요청서(RFP), 견적서 원본, 선정통보서를 보관해야 한다.

넷째, 개별지출항목이 5,000만 원 이상일 경우이다. 이 경우에도 자산관리자는 입찰요청서(RFP)를 작성해야 하고 최소한 3개의 견적서를 수령해야 한다. 견적서는 마찬가지로 밀봉상태로 받아야 하며, 견적서를 개봉할 때는 반드시 최소한 2명 이상의 관리자(1명 이상은 해당 자산에 대한 자산관리자(asset manager, 투자자 쪽의 실무 담당자 혹은 자산관리회사(PMC)와 관계가 있는 제3의 총괄자를 뜻함)가 참석한 상태이어야 한다. 자산관리자는 작업개시 전에 위탁자에게 서면으로 업체 선정에 대한 승인요청서를 제출해야 한다. 또한 자산관리자는 선정된 공급자가 필요에 따라 산업재해보험과 근로재해보험과 같은 관련 보험에 가입되어 있는지를 확인해야 한다. 자산관리자가 상기 서비스 공급규정을 준수하지 못할 경우에는 위탁자의 서면승인을 받아야 한다. 자산관리자는 관련 입찰요청서(RFP), 제출한 견적서 원본, 견적요약표(2명의 입회자 날인) 및 위탁자 승인서를 보관해야 한다.

다섯째, 자산관리자는 익월에 발주할 물품구매 및 서비스 공급에 대한 구매요청서(일련번호 기입)를 위탁자와 자산관리자간에 상호 합의하여 전월의 특정한 날짜까지 작성해야 한다. 예를 들어 5월에 필요한 물품을 발주한다면 4월 15일까지 구매요청서를 작성하는데, 이때 4월 15일이라는 구체적인 일자는 위탁자와 자산관리자가 합의하여 결정하면 된다. 구매요청서는 자산관리자의 팀장이 날인하고 관련 회계부서에 송부하여 효율적인 비용지출 및 자료 보관이 이루어질 수 있도록 조치해야 한다. 구매요청서는 작업관련 세부 업무 범위, 가격, 작업일정, 공급자/공급받는 자 관련 정보, 연락처 등의 정보를 포함해야 한다. 언급한 모든 정보를 포함한 구매요청서는 반드시 보관해야 한다.

위와 같이 물품구매 및 서비스 공급관련 업무 규정을 사전에 정하여 전결권을 자산관리자가 가지고 업무를 진행해야 보다 전문성 있는 관리를 할 수 있으며, 투자자 역시 자산관리업무에서 자유로울 수 있다.

4) 비용지출 관리규정

비용지출에 관한 규정 역시 사전에 협의된 사항들이 충족되면, 지정된 운영계좌를 통해 비용지출을 할 수 있다. 비용지출 관리규정은 비용지출의 승인, 기록, 마지막으로 관련 기록의 보관 등으로 구분된다.

첫째, 자산관리자가 작성한 구매요청서에 대해서 위탁자의 승인이 이루어지면, 자산관리자는 위탁자에게 약속 또는 지정한 날짜까지 구매요청서 서명본, 계약서 및 매입세금계산서 등 각종 증빙서류를 위탁자에게 제공하고 비용에 대한 승인을 요청한다. 자산관리자는 위탁자로부터 비용지출에 대한 승인이 이루어져야만 비용지출을 할 수 있다. 관련된 자료들은 자산관리회사의 회계부서[1]에 보관해야 한다.

둘째, 비용지출이 이루어진 이후에 자산관리자의 회계부서는 이중지급을 방지하기 위해 모든 세금계산서 원본에 지불완료 표시를 하고 날인을 해야 한다. 이러한 과정은 특히 몇 번에 걸쳐 비용이 지출되어야 하는 경우에는 더욱 중요하다. 자산관리자는 각종 비용지출에 대해 모든 기록을 회계관리 소프트웨어[2]상으로 보관해야 한다. 월간보고서상에 재무적인 활동 결과의 보고는 위탁자에게 제출해야 한다.

셋째, 모든 매입 세금계산서 및 관련 자료는 자산관리자의 회계부서에서 최소한 몇 년 이상 또는 자산관리자 서비스 기간보다 더 오랜 기간 동안 보관해야 한다. 일반적으로 서류보관의 기간은 최소 3년이다. 보관되는 서류에는 비용지출자 성명, 금액 및 계좌정보가 기록되어야 한다.

2. 임대차계약서

임대차관리에 있어서 가장 중요한 임대차계약서 작성은 계약서 조항별로 세밀히 검토하며, 조건별로 임대인에게 유리한 상황을 예측함과 동시에 관리상에도 문제가 없는 조항으로 작성하여 계약을 체결하여야 한다. 잘못된 계약으로 인해 발생하는 모든 손해는 투자자에게까지 전달되는 경우가 있으므로, 자산관리자는 계약서 항목이 가지고 있는 의미를 잘 이해해야 한다.

1) 자산관리회사에서는 회계 관련한 업무를 지원하는 부서가 별도로 존재한다. 일반적으로 자산 관련한 조직으로 자산관리자는 선정된 공급자가 필요에 따라 산재보험, 근재보험과 같은 관련 보험에 가입되어 있는지를 확인해야 한다. 자산관리자가 상기 서비스 공급 규정을 준수하지 못할 경우에는 위탁자의 서면승인을 받아야 한다. 자산관리자는 관련 입찰요청서(RFP), 제출 견적서 원본, 견적 요약표(2명의 입회자 날인) 및 위탁자 승인서를 보관해야 한다.

2) 자산회계관리 소프트웨어는 MRI(management reports information)가 전 세계적으로 가장 많이 쓰이고 있으며 우리나라에는 세계적 부동산자산관리회사인 CBRE에서 사용하고 있다. MRI 프로그램은 여러 빌딩의 통합관리가 용이하다는 장점을 가지고 있으며 별도의 프로그램을 구출하지 않고서 인터넷상으로 ASP(application service provider)을 통한 운용이 가능하다.

1) 목적물의 표시

계약서에는 해당 부동산의 등본상 위치와 계약면적, 전용면적, 임대인명, 임대인 주소 등을 명확히 표시하여 어떤 대상물을 임차하고 얼마 정도의 면적을 누구에게 빌리는지는 명확히 해야 한다. 단, 전용면적의 경우 층의 면적을 자주 변동하거나 사용 임차인의 수가 많을 경우, 전용면적이 관리하는 것과 상이할 경우가 종종 있으므로 실측한 후 표기를 하거나 아니면 계약서에 전용면적을 명시하지 않는 것도 하나의 방법으로 다음의 예를 참조한다.

예) 주식회사 자산은행 잠실지점(서울시 송파구 잠실 3동 613-6 번지) 내 2층.
계약면적 : 162.57평(전용 123.1평)

실무 TIP **주소와 면적**

계약서의 주소는 임차인과 임대인의 위치를 알려주는 가장 중요한 표시이다. 법적인 문제가 있을 경우, 임차인의 주소가 바르지 않다면 법적인 대응을 제대로 할 수 없는 상황이 발생할 수 있으므로 주소는 틀리지 않도록 명기하는 것이 중요하다. 신축건물의 경우 몇 층의 몇 호인지가 확정되지 않고 입주를 할 수도 있는데 차후에라도 반드시 임대차계약서를 바로 잡아야 한다. 면적의 경우 전용면적을 표시하지 않는 것이 임대인 측에 유리하므로 임차인들은 제대로 명시되어 있는지 확인하는 것이 필요하다.

2) 용도제한

계약서에는 임차인의 사용 목적을 정확히 표시하여 그 외의 목적으로 해당 부동산을 사용할 수 없도록 하는 것이 필요하다. 당직실을 운영할 때에도 그 목적과 용도를 특정하여 외부 숙박으로 사용하지 않도록 하는 것이 중요하다.

예) 을은 제1조의 임대차 목적물을 사무실로 사용하며 갑의 서면동의 없이 임대차물건을 타 용도에 사용할 수 없다.

실무 TIP **사용용도**

임차인이 임의로 취급하는 주요 제품을 바꾸는 경우에도 임대인의 허락을 받게 하여 관리를 하여야 한다. 옆 상점과 동일한 메뉴를 취급하는 업종으로 임의로 변경하는 경우, 상가 내부에 분쟁이 생길 수 있기 때문이다. 교육시설이나 문화집회시설 등은 구청의 인허가를 획득해야 변경이 가능한 시설이기에 이런 시설로 해당 부동산을 이용하고자 하는 임차인으로 유치할 경우에는 반드시 인허가 주체를 명확히 해야 한다.

3) 계약기간

임차기간을 명확히 명시하여 차후 이견(異見)이 발생할 소지를 미연에 방지한다. 또한 계약기간 연장과 관련한 조항도 서면통지를 원칙으로 몇 개월 전까지 서면으로 통지해야 한다는 것을 표현해야 한다. 서면의 경우 일반적인 법인에서 사용하는 공문의 형식으로 대치가 가능하나, 임대차계약기간에 대해 분쟁이 있을 경우 내용증명을 사용하여 법적인 효력을 인정받는 것이 중요하다.

예 1) 이 계약은 체결일에 발효하며 임대차계약기간은 2016년 11월 1일부터 2017년 10월 31일(1년)까지로 한다.

예 2) 을이 본 계약 만료 후에 계약 연장을 원할 경우 최초 임대차기간 종료 3개월 전까지 그 의사를 갑에게 서면으로 통지하여야 하며, 임대차기간은 갑의 동의와 계약 조건 변경을 전제로 연장될 수 있다.

예 3) 임대차기간 중이라도 을은 3개월 전 사전 서면통지로서 언제든지 본 계약을 해지할 수 있다. 다만, 이 경우 배상금조로 3개월분의 환산임대료를 갑에게 납입하기로 한다.

환산임대료=월임대료 +(임대차보증금×전월세전환율÷12개월)

※ 예 3)에서 보듯이 계약기간 중도해지가 발생할 경우 투자자에게는 수익손실이 발생하므로, 중도에 해지를 하지 못하도록 여러 가지 조항을 위약금(penalty)으로 넣는 경우가 있다.

실무 TIP　상가임대차보호법

개정된 상가임대차보호법(2018.10)에 의하면 임차인의 계약갱신요구권에 대한 해석이 달라지고 있으므로, 전문가의 의견을 참고하는 것이 좋다.

임차인이 계약갱신요구권을 행사하는 경우 10년으로 확대되어 이 기간 내에 임대인은 이를 거절할 수 없다. 건물의 현황, 용도 등에 비추어 영업용으로 사용하느냐가 중요한 핵심이기는 하지만 영업행위가 일어나는 업무시설에도 적용될 소지가 있기에 계약기간을 신중하게 정하는 것이 매우 중요하다.

4) 임대차보증금

임대차보증금의 금액을 명확히 총액기준으로 정하고, 계약금과 중도금, 잔금의 금액 역시 명확히 하여 계약의 시작 시점에서 계약금을 지급하고 계약의 완료 시점에서 잔금을 지급하는 조항을 작성한다.

예 1) 임대차보증금은 일금 삼억 원(300,000,000원)으로 정하고, 계약 시 10%인 삼천만 원(30,000,000원)을 갑에게 예치하고, 입주 시 잔액을 갑에게 예치한다.

예 2) 임대차보증금은 무이자로 한다.

예 3) 을은 임대차보증금 반환 청구권을 타인에게 양도하거나 질권 기타 담보 목적으로 할 수 없다.

예 4) 임대차기간의 만료 또는 해지 기타 사유로 인하여 이 계약이 종료되고 본 계약 조항의 의무를 완전히 이행하였을 때 갑은 을에게 임대차보증금을 반환한다. 그러나 체납된 을의 부담의무비용(원상복구비용 등)이 있을 때에는 갑은 이를 임대차보증금에서 공제하고 잔액만을 반환한다. 보증금의 반환은 체납액이 없을 경우 전액을 임차인에게 제공한다. 하지만 체납액이 있을 경우는 정산을 통해 보증금 중에서 체납액만큼을 제하고 나머지를 임차인에게 제공한다. 보증금에 가압류 등이 되어 있는 경우는 법원에 공탁을 해야 한다. 가압류 등 법원에서 명령이 송달된 경우, 임대인이 임의로 보증금을 지불한 경우는 이후 채무관계자들에게 손해배상을 해야 할 경우도 있기에 신중을 기해야 한다. 특히, 임차인이 영업상 문제가 있어 명도를 하는 경우는 필히 보증금에 가압류가 있는지를 법원에 확인해야 한다.

5) 월 임대료

임대료의 총액을 계약서에 명시하고 언제까지 부가가치세와 함께 납부하여야 한다고 명시한다. 또한 계약 종료 시 임대료는 일반적으로 일수로 계산한다. 즉 임대료×(해당 월의 입주일)/30 일로 계산하는 것이 일반적이나 건물주의 특성에 따라 다른 방식을 적용하는 경우도 있다.

임대차보증금이 계약서에 명시된 날짜에 입금이 되지 않거나, 임대료가 연체되는 경우에 연체료를 일수(日數) 계산하여 납부할 수 있도록 임차인에게 통보하여야 한다. 임대료의 개시 일을 표시하는 이유는 임대차계약일과 실제 입주일이 상이한 경우가 일반적이고, 관리비 적용시점과 임대료 적용시점이 차이가 나는 경우도 발생하기 때문이다.

예 1) 을은 갑에게 매월 분(해당 월 초–말일 계산)의 임대료로 오백만 원정(5,000,000원) 및 부가가치세를 당월 10일까지(단, 10일이 은행의 토요휴무일 및 공휴일인 경우 그 익일) 납부하여야 한다.

예 2) 임대차 계약기간이 월 중도에 개시 또는 종료되는 경우에는 계약 개시일 또는 계약 종료일을 기준으로 일수 계산하여 입주일 또는 종료일에 상대방에게 지급하여야 한다.

예 3) 을이 임대차보증금 또는 월 임대료를 납부기한까지 납입하지 아니할 때 을은 체납된 금액에 대하여 연 15%의 이율로 일수 계산한 지체금을 가산하여 납부하여야 한다.

예 4) 임대료의 적용은 2018년 10월 1일부터 적용된다.

6) 관리비

관리비의 경우 임대료와 마찬가지로 총액을 언제까지 납부하는 것으로 명시하고 연체의 경우 연체료가 발생한다는 것을 명시하여 관리비 미수가 발생하지 않도록 한다. 또한, 적용시점을 명확히 하여 입주공사기간 동안은 임대료를 받지 않고 관리비만 받는 것으로 계약 협의한 경우 적용 시점을 정확히 표기한다.

예 1) 을은 매월 관리비로 금 일백일십삼만팔천팔원(KRW 1,138,008,800 부가세 별도) 및 전기료를 갑에게 당월 10일까지(단, 10일이 은행의 토요휴무일 및 공휴일인 경우 그 익일) 납부하여야 한다.

예 2) 을이 위 관리비를 익월 10일까지 납부하지 않을 경우 연 15%의 이율로 일수 계산한 지체금을 가산하여 납부하여야 한다.

예 3) 관리비의 적용은 2018년 11월 1일부터 적용된다.

7) 보증금, 임대료, 관리비 조정

임대차보증금 및 월 임대료는 계약체결 후 연 1회에 한하여 조정하며, 관리비 역시 동일 기준이거나 관리특성상 매년 초일을 기준으로 조정하기도 한다. 임대차보증금 및 월 임대료와 관리비에 대한 어느 한 해의 인상률은 계약 시 정하거나, 일 년간의 소비자물가지수로 정하는 경우도 있다.

8) 임차권의 양도 및 전대 금지

임차인은 임대인의 동의 없이 임차권을 양도 또는 담보로 제공하지 못하도록 하여 실제 사용자가 변동되는 것을 원천적으로 금지해야 한다. 부동산의 특성상 임차인의 구성과 수준을 계획한 대로 구성하지 못할 경우, 부동산의 가치하락을 초래할 수 있으며, 임대인의 의도와 상관없이 임차인의 영업행위로 인해 임차권을 담보화하여 소유주가 법적인 소송에 휘말리는 경우도 발생할 수 있으므로 이러한 행위는 사전에 금해야 한다. 부득이한 경우 계열사가 분리한다거나 명백히 정당한 사유가 있을 경우 신규 임대차계약을 원칙으로 새로운 법인체와 임대인 간의 계약을 작성하는 것이 원칙이다. 임대차한 부동산을 다시 타인에게 임대차하는 전대의 경우는 임대인의 법적인 효력이 전임차인에게까지 미치지 못하는 경우의 수가 발생할 수 있으므로, 충분한 법률적인 자문을 구한 뒤 서면통지를 원칙으로 업무를 진행해야 한다. 관리상의 편의로 구두로 진행될 경우 서로의 의견이 상충하는 경우가 필히 발생하므로 명확히 서면으로 전달해야 한다. 최근에는 이메일로 대체할 수도 있다.

예 1) 을은 을 이외의 제3자에게 갑의 서면동의 없이 임차권을 양도 또는 담보로 제공하거나 임차 재산을 전대하지 못한다.

예 2) 을은 을 외에는 갑의 서면통지 없이 타인에게 임차물건을 사용하게 하거나, 재실명의를 게시하게 하거나 연락사무소로 사용하게 할 수 없다.

9) 간판 및 광고물의 게시 금지

임차인의 경우, 영업을 당 부동산에서 행하는 경우, 간판이 영업의 핵심으로 부각될 수 있다. 특히, 요식업을 하는 임차인의 경우는 간판으로 인해 입주가 결정되거나 부결되는 경우도 있다. 이런 상황에서 자산관리자나 건물주가 일정한 기준을 정해 공정한 결정을 내리지 않으면 임차인들 간에 요구사항이 서로를 비교하면서 이루어지게 되어 관리에 많은 애로사항이 발생한다.

임차인이 영업상 필요한 간판 및 광고물을 건물의 외부 벽면 또는 유리창 등에 설치할 경우 임대인의 사전승인을 받아야 한다는 조항을 반드시 계약서 조항에 삽입하여야 한다. 광고물에 대한 세부규제는 옥외광고물 등 관리와 옥외광고산업 진흥에 관한 법류(이하 옥외광고물 관리법) 시행령을 참조한다.

10) 임차인에 대한 금지사항

관리규약에 표시하거나 임대차 계약상에 다음과 같은 경우의 행위를 금하는 것을 명시하여 위반 시 계약해지사유의 근거로 사용할 수 있도록 한다.

- 공중에게 불쾌감을 주거나 공공시설물 사용에 방해가 되는 일체의 행위를 금한다.
- 건물 내에 폭발물, 위험물, 기타 인체에 위해하거나 재산을 파손할 우려가 있는 물품을 반입 또는 보관하는 행위를 금한다.
- 고성방가, 집단구호 등 소란스런 행위 및 악기나 기구 등을 사용하여 소음을 유발하는 행위를 금한다.
- 임차재산과 기타 시설을 파손, 훼손 또는 변경하거나 임대인의 허가 없이 건물 내외에 부착물을 붙이거나 물감(페인트) 등으로 오손 및 미관을 해치는 일체의 행위를 금한다.
- 임차재산을 주거용으로 사용하거나 기타 본 계약 이외의 목적으로 사용하는 행위를 금한다.
- 기설공급 외의 강약전력 및 기타 동력의 부설 또는 사용하는 행위를 금한다.

11) 부동산 내 조작 및 설치

부동산 내 조작 및 설치를 할 경우에는 건물주의 승인을 얻은 후 설치를 할 수 있도록 임차인에게 주의시키는 것이 필요하다. 또한 다음의 사항들을 분명하게 명시하여 이후 분쟁을 예방하는 것이 필요하다.

첫째, 임차한 건물 내에 칸막이 또는 기설공급 이외에 강약전력의 부설 또는 선전물의 첨부와 기타 설비의 신설 또는 변조를 하고자 할 때에는 사전에 임대인의 서면동의를 얻어야 하며 이에 소요되는 일체의 비용은 임차인의 부담으로 하도록 한다. 둘째, 첫 번째

사안에 동의하여 시공할 때에는 건물주와 임차인이 인정하는 기공인과 건물주가 설정한 위치로 할 것이며, 명도 시에는 을의 부담비용으로 반드시 원상 복구하여야 한다. 셋째, 임차인은 임차장소에 대하여 본인의 비용부담이 있었다는 이유로 건물주에게 그에 대한 유익비, 필요비, 권리금 등 일체의 비용을 청구할 수 없다는 것을 명시하여야 한다.

12) 간판 및 광고물의 게시 금지

임차인은 어떠한 경우도 임대인의 허락 없이는 간판 및 광고물을 건물 내외부에 게시할 수 없고 이를 위반하면 계약해지사유가 된다는 것을 명시하여, 간판의 사용규제를 엄격히 해야 할 필요가 있다.

오피스건물의 경우 지하에 아케이드 상가를 유치하는 경우가 있는데, 이때 간판에 대한 자산관리자의 명확한 지침이 없어 임차인의 요구사항을 모두 수용할 경우 건물의 가치에 치명적인 손실을 입힐 수도 있다. 또한 상가건물의 경우, 임차인 상호 간의 간판사용의 규제를 엄격하게 하지 않으면 임차인 간의 문제가 법적인 공방으로 이어지는 경우가 허다하며, 이 경우 건물주 역시 법적인 판결 이후에나 강제 집행할 수 있는 경우도 있다. 따라서 간판의 사용규제에 대한 명확한 지침을 세워서 엄격하게 관리하는 것이 중요하며 이를 계약서에 명시하면 임차인이 임의적으로 간판 및 광고물을 게시하지 않도록 예방하는 효과를 얻을 수도 있다.

13) 유지보수

해당 부동산의 유지보수가 원활하게 이루어지도록 내부시설물에 대한 관리의 책임을 명확히 하는 조항을 계약서에 추가하여 명시하는 것이 바람직하다.

첫째, 계약기간 중 임대인은 목적물 내외를 임차인의 업무수행상 지장이 없도록 유지하여야 하며 건물의 구체 및 공동부분, 공용설비의 유지 보전에 필요한 수선을 할 의무를 갖는다는 점을 계약서에 명시한다. 둘째, 임차재산 내부의 천장, 벽, 시설물이 임차인의 선량한 관리소홀로 인하여 발생한 경우에는 임차인의 부담으로 수리해야 한다는 것을 명확히 명시해야 한다.

14) 재산의 보호

임대인은 '화재, 도난, 풍수해, 지진, 천재지변, 기타 불가항력의 사고'로 인하여 임차인에게 인적·물적 손실이 발생하였을 경우에 민사·형사상 어떠한 책임도 지지 않는다는 것을 계약서에 명시하여야 한다. 이 조항의 경우 불평등 계약이라는 논란의 여지가 있지만 사전에 공지한 계약내용을 임차인이 선택하여 계약행위를 행한 것으로 판단하여야 한다.

계약서에 "임차인은 임차사무실 내에서 '화재, 도난 등의 사고'가 발생할 경우에 임차인이 대내외적으로 책임을 지며 임대인 등에게 손해가 발생하였을 경우에 이를 배상하여야 한다."라는 사항을 명시하게 되면 임차인은 사고 발생을 대비하여 임차인의 비용으로 필요한 보험에 가입하게 하는 것이 바람직하다. 만약 임차인이 보험을 미가입하여 사고가 발생하게 되면 이로 인한 모든 책임은 임차인이 지기 때문이다. 임차인의 화재보험은 일반적으로 무시되기 쉬운 상황이지만 자산관리자의 경우 필히 점검해야 할 사항이다. 임차인의 귀책사유와 임대인의 귀책사유가 상충될 경우의 사고가 발생하였을 때 법적인 공방으로 갈 소지가 있기 때문이다. 만약 법적인 공방이 발생하게 되면 상호 간의 보험사, 즉 임대인의 보험사와 임차인의 보험사가 서로의 문제를 법정에서 해결하도록 해야 자산관리자가 법정에 오가는 등의 불필요한 소송에 휘말리는 경우를 줄일 수 있다.

15) 공용시설의 사용 및 공휴일 등에 임대차건물 사용제한

공용시설의 사용 및 공휴일 등에 임대차건물의 사용을 제한하고 싶을 경우에는 해당 사항을 계약서에 명시하는 것이 바람직하다. 즉 "임차인은 법정공휴일 외 일요일 및 은행 토요휴무일 등 은행 영업시간 외의 현관의 개폐 및 제 시설물 사용 시에는 임차인의 책임하에 사용하며 시설물의 훼손, 도난, 화재 등 문제 발생 시에는 임차인이 모든 책임을 진다."는 사항을 명시하는 것이다. 현관의 개폐, 전기 및 설비의 공동사용 부분의 운영시간은 임대인이 임차인의 편의를 고려하여 별도의 관리규약에서 정할 수 있다. 임차인의 청구에 의하여 임대인이 현관을 개폐하거나 공동사용 부분의 운용시간을 연장할 때 발생하는 추가적인 비용은 임차인이 부담하도록 해야 한다. 휴일에 임대차건물을 사용할 경우에도 일반적인 관리비용이 발생하기 때문이다. 냉난방비용, 보안시설인력의 지원, 공용면적의 청소와 에너지 비용이 발생할 경우 임차인의 비용이라는 것을 사전에 명시해 두어야 한다.

16) 임대인의 계약해지권

임차인이 다음 사항에 해당하는 행위를 하였을 때에는 임대인은 최고(催告) 없이 계약을 즉시 해지할 수 있도록 계약서에 다음과 같이 명시하는 것이 좋다.

- 을(임차인)이 소정의 제 비용을 각각의 지급기일로부터 2개월 이상 연체하였을 때
- 임대차보증금 반환청구권이 질권 기타 담보의 목적이 되거나 강제집행 되었을 때
- 을(임차인)이 파산, 지급불능에 빠지거나 그의 채권자와 채무변제를 목적으로 하는 재산 양도 또는 화해계약을 할 경우 또는 을에 대하여 회사의 정리 절차의 신청이 있을 때
- 기타 이 계약의 어느 조항에 위배되는 행위가 있을 때

위에서 언급한 상황이 발생할 경우 임대인은 언제든지 이 계약을 해지하고 임대차물건을 명도 받을 수 있으며 필요한 법적 절차를 취할 수 있다. 임대인이 임대차보증금을 보관하고 있다는 사실은 임차인이 임대차물건의 명도를 거절하는 어떤 구실이나 사유가 될 수 없다. 임대보증금의 가압류 등으로 인해 임대인의 소유가 되지 못할 경우 불량 임차인을 명도시킬 때 발생하는 모든 비용을 임대인이 부담해야 하는 불합리한 경우가 발생한다. 임대인의 계약해지권을 주장하는 사항을 명시하며 이러한 경우를 사전에 예방할 수 있다.

17) 명도 및 원상복구

계약이 종료된 때에는 임차인은 종료일 이내에 임차인의 소유물 및 재산을 반출하여야 하며 임대인의 소유재산을 반환하고 임대인에게 임대차물건 전부를 양도하여야 한다. 임차인이 부설한 설비, 칸막이, 기타 구조상의 변조시설은 임차인의 비용으로 반출하고 계약체결 당시의 원상으로 복구하여야 함으로 명시하여 한다. 단, 임대인이 부담한 외벽공사 및 칸막이 공사는 제외하기로 한다. 임차인은 어떠한 사정으로 임차인의 소유물 및 재산을 반출하지 못하였거나 또는 임대차물건을 원상으로 복구하여 명도하지 못하였을 경우에는 임차인은 계약이 종료된 날로부터 기산하여 실제로 명도 또는 복구된 날까지 통상 임차료의 2배에 해당하는 금액을 손해배상금으로써 임대인에게 지급하여야 한다.

기존 임차인이 양도를 합의된 일정에 맞게 하지 않을 경우, 임차인이 신규임대계약을 한 경우 위약금을 배상하는 경우가 있다. 이럴 경우를 대비해서 임차료의 2배에 해당하는 금액을 청구하여 위약금과 임차하지 못한 기간에 대한 보상을 보증금으로 상계 처리할 수 있도록 계약서에 명시한다.

18) 손해배상금

임차인 또는 그 사용인과 그의 고객이 고의 또는 과실로 본 건물 내 시설을 훼손하였을 때에는 지체 없이 임차인은 이 사실을 임대인에게 통고하여야 하며 그 손해를 배상하여야 한다. 임차인 또는 그 사용인이 고의 또는 과실로 타 입주자 또는 공중에게 피해를 입혔을 때에는 임차인은 즉시 자기비용으로 보상하여야 한다. 임대인에게 통지하지 아니한 전항의 손해사실에 대하여는 임차인의 행위로 인한 것으로 간주할 수 있다. 물론 이는 계약서에 명시되어야 한다. 손해발생액의 산정은 배상 당시의 시가에 의거 상호 협의하여 결정하기로 명시하는 것이 좋다. 임차인이든 임대인이든 일방적으로 손해발생액을 산정한다면 분쟁을 유발할 수 있기 때문이다.

임차인이 계약을 종료하고 이전을 할 경우, 임차인의 잘못된 사용으로 인해 발생한 손실을 보상하기 위해 손해배상금 조항이 사용되는 경우가 많다.

19) 소송제기 전 화해

임대인이 임대차 목적물에 대한 임차인의 명도 의무를 확실하게 하기 위하여 소송을 제기하기 전 화해를 요구하는 경우, 임차인은 이에 아무런 이의를 제기하지 아니하고 순응한다는 조항을 명시할 수 있다. 물론 이런 조항은 임차인의 신용도에 따라 달라질 수 있다. 임차인이 대기업일 경우를 제외하고는 임차인에게 요구하는 것이 이후 임대차계약 불이행 시 명도집행에 유용하게 사용된다.

제소전 화해조서라는 것은 법정공방이 생길 소지가 있는 것을 사전에 미리 합의하여 법원의 판결을 받아 두는 것을 말한다. 즉, 일반적인 민사소송의 경우 대립되는 양쪽의 당사자가 변호사를 각자 고용하여 법원에서 서로의 의견을 주장하여 법원의 판결을 받아 승소한 쪽이 패소한 쪽에게 자기 권리를 주장하는 것이다. 이런 민사소송의 경우 짧게는 6개월에서 1년 이상의 소송기간이 걸리는 것이 보통이다. 투자를 목적으로 부동산에 투자한 건물주가 임차인의 계약불이행에 따른 수익에 손해를 최소화하려면 이런 소송을 거쳐 손해배상을 임차인에게 청구해야 한다. 하지만 임차인이 이런 소송에서 패소했다 하더라도 손실을 배상하기 전에 이미 파산한 경우가 대부분이고 소송기간이 길어 다른 임차인으로 대치하기도 어려워진다. 이러한 손실을 방지하기 위해 자산관리자는 임대차 계약상에 제소전 화해조서 조항을 넣어 소송을 거치는 일을 최소화할 수 있다.

제소전 화해조서 역시 일반적인 소송과 같은 절차를 거치는 것이라고 보면 된다. 단, 소송의 기간이 줄어든다는 장점이 있다. 이에 제소전 화해조서는 건물주와 임차인의 소송대리인, 즉 변호인을 선임하여 법원의 판결을 받아 그 판결문을 건물주가 보관하고 있는 것이다. 일반적으로 제소전 화해조서는 신청 후 2~3개월 정도 후에 판결문이 나온다. 또한 제소전 화해조서 비용 역시 임차인과 건물주가 반반씩 부담하는 경우가 일반적이다. 물론 임대차계약의 협의 시 건물주 또는 임차인이 모두 부담하는 경우도 있다.

제소전 화해조서의 효력은 계약서가 변경되면 그 효력을 상실한다. 그러므로 재계약 또는 변경계약 시 다시 제소전 화해조서를 작성하여야 한다.

실무 TIP 재계약시 제소전 화해조서의 효력

임대차기간 연장, 임대료, 관리비, 보증금 등의 주요 내용이 변경되는 경우 기존의 화해조서만으로는 위 화해조항의 내용 전부를 집행하는 데 문제가 있다. 이러한 경우에는 추후 분쟁발생 시(가령 연체임대료, 관리비에 관한 분쟁, 위약금 또는 해지의 효력에 관한 분쟁 등) 기존 화해조서를 집행의 권원으로 삼기 어려울 수 있으며, 별도의 민사소송 등을 제기하여야 할 수 있다. 결론적으로, 재계약 시 주요 내용이 변경되면 제소전 화해 조서를 다시 작성해야 한다.

제소전 화해조서의 비용은 건물주가 정한 법률사무소에 의뢰하여 그 비용을 산정하는 경우가 일반적이다. 해당 비용은 법률서비스 비용과 법원비용을 포함한다. 법률서비스 비용이란 의뢰한 법률회사의 변호사 수임료라고 생각하면 된다. 보통의 경우 의뢰한 법률회사에서 상대방 변호사의 수임료까지 결정하여 비용을 청구한다. 법원 비용은 임차하려는 면적에 따라 법원에 신청하는 인지대 등의 비용 차이가 있다. 일반적으로 투자자보다는 자산관리회사에서 거래하는 법무법인의 경우 의뢰 건수가 많기에 비용 역시 저렴하고 업무처리도 능숙하다. 물론 법무법인 선택 시 사전에 명도 등의 경험이 있는지를 꼭 확인해야 한다.

자산관리자는 제소전 화해조서를 실행해야 할지 말아야 할지 또한 잘 판단하여야 한다. 제소전 화해조서는 한 번 실행하면 그 효력을 상실하기 때문에 명도를 집행하고 난 후에 발생하는 손실을 예측하여 조서실행 시기를 결정하여야 하기 때문이다. 제소전 화해조서의 실행은 아래와 같은 일정으로 이루어지는 것이 일반적이다.

우선 임차인의 재정상태를 확인하다. 다음 임대차계약이 해지될 수 있음을 알리는 공문을 발송한다. 계약에 명시되어 있는 해지 사유에 의해 해지 예정이라는 공문을 사전에 2~3차례 발송하여야 한다. 법적인 문제가 발생할 소지가 있는 공문의 경우 사전에 법률협의를 거치고, 내용증명을 통해 발송하는 것을 원칙으로 한다. 이후 법무법인을 선임한다. 법무법인에 의뢰 시 해당 법무법인이 사건을 검토하는 시간이 발생한다. 화해조서 및 법무법인 위임장 제출한다. 이때 계약해지를 통보하는 공문의 사본을 첨부한다. 법원에 명도집행에 관한 집행문 부여 신청을 한다. 법원의 집행문이 부여되면 부여사실을 송달한다. 부여사실의 송달이 도착하면 집행관은 집행을 실시할 수 있다. 동산은 강제철거나 경매처리할 수 있다. 동산을 처분하게 될 경우 동산 처분기간은 일정 장소에 보관한 후 경매로 처리하는 방법과 손실로 처리하여 기간을 줄이는 방법이 있다.

이와 같은 제소전 화해조서의 실행일정을 잘 고려하고 명도 시 발생할 수 있는 비용을 잘 산정하여 명도시점을 언제로 잡는 것이 가장 적절한지 판단하는 것이 부동산자산관리자의 중요한 역할 중 하나이다. [그림 7-1]과 같이 명도집행기간은 상당한 시간을 요하며 건별로 차이도 있다. 법률회사에서는 임대인의 손실을 고려하여 업무를 빠르게 처리해 주지 않기 때문에 자산관리자는 소요기간과 비용에 대해서 잘 파악하여야 한다.

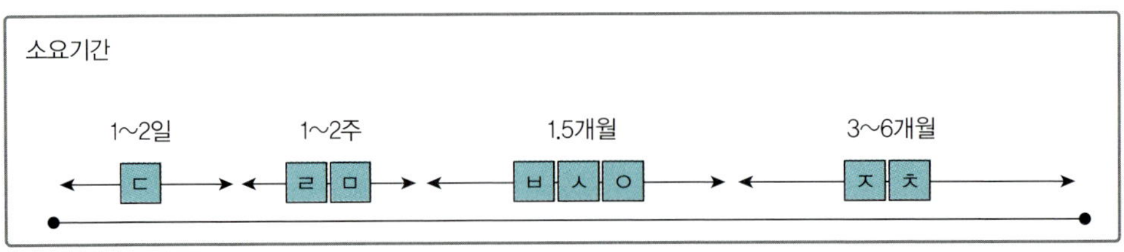

[그림 7-1] 명도집행기간

명도집행 이전에도 선결할 업무가 있다. 예를 들면, 임차인이 어떠한 방법으로든 제소전에 기존 법인을 바꾸는 경우이다. 임차인이 법인을 바꾸는 경우 명도집행이 사실상 어려워진다. 이런 경우를 방지하기 위해 임대차계약 해지공문을 보내기 전에 법원에 명도하려는 법인이 명의 변경이나 이전을 하지 못하도록 이전금지 가처분명령을 미리 받아두는 것도 방법이다. 또한 명도를 진행하는 과정에 임차인이 체납한 임대료와 관리비를 건물주의 은행계좌로 납부하는 경우가 있다. 이 경우에도 역시 임차인의 행위에 대한 판단이 필요하다. 임차인의 일시적인 자금해결로 인해 명도되지 않기 위한 방안이라고 판단된다면 입금한 임대료와 관리비를 임차인명의로 공탁을 걸고 명도를 계속 진행하면 된다. 하지만 임차인의 재정사정이 좋아지거나 타 회사로 합병되어 앞으로 체납이 발생하지 않고 우량 임차인으로 바뀔 가능성이 있다면 법원에 명도집행 철회를 요청해야 한다.

명도집행 이후에 철회를 요청할 경우 제소전 화해조서는 효력을 상실하게 되므로 다시 임차인에게 제소전 화해조서를 작성하도록 하여야 한다. 물론 이 기간이 3~4개월 정도 소요되므로 이 기간에 다시 연체가 발생하지 않도록 잘 관리해야 한다.

3. 부동산보험

일반적으로 투자용 오피스건물의 경우 패키지보험(package insurance)이라는 재산종합보험에 가입하여 부동산에서 발생할 수 있는 사고에 대비한다. 산업이 발전함에 따라 기업들이 처하는 위험도 다양해지고 복잡해짐에 따라 다양한 위험들을 담보하기 위하여 많은 보험 종목들이 제공되고 있다. 그 중에서도 기업들이 일반적으로 가장 필요로 하고, 그에 따라 가장 높은 수요를 보이는 보험들이 바로 화재보험, 기계보험, 기업휴지보험, 배상책임보험이다. 따라서 [그림 7-2]와 같이 수요가 높은 화재보험, 기계보험, 기업휴지보험, 배상책임보험 등을 하나의 패키지상품으로 만들어 보험회사들이 오피스용 부동산에 판매하고 있다.

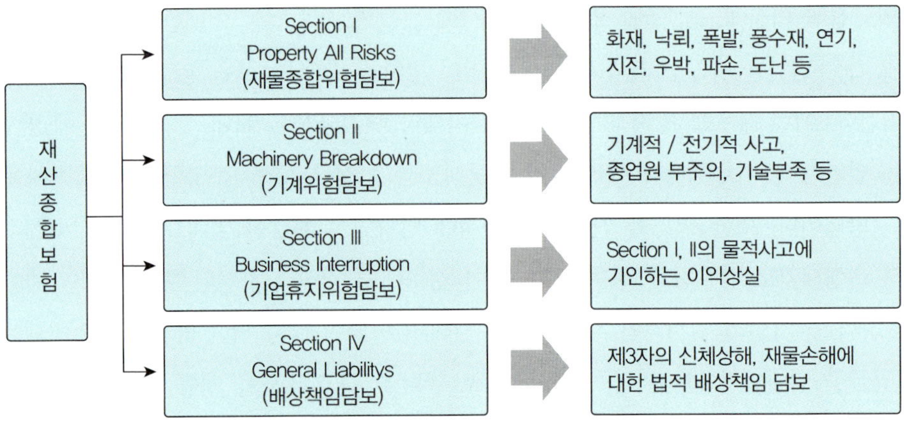

[그림 7-2] 재산종합보험의 종류

패키지보험의 장점은 기존 여러 개의 증권을 하나의 증권으로 관리함으로써 계약관리의 편리성을 도모할 수 있고, 포괄담보형태의 증권이므로 담보의 누락을 최소화할 수 있으며, 보험계약자가 필요로 하는 담보조건의 설정이 가능하다. 또한, 계약을 하나로 묶음에 따라 보험료 규모가 커지고 이에 따른 보험료 할인효과가 있다.

이하에서는 패키지보험에 포함되어 있는 주요 상품인 화재보험, 기계보험, 기업휴지보험, 배상책임보험에 대하여 살펴보기로 한다.

1) 화재보험(패지키보험 1)

화재보험이란 보험기간 중 명세에 기재된 재산이 피보험자의 구내에서 급격하고도 우연한 사고로 발생한 직접적인 재물손해를 보상하는 것을 말한다. 화재보험의 기본담보내역은 화재, 낙뢰, 폭발 및 풍수재해, 연기, 우박, 지진 등 자연재해, 파손, 도난 그리고 기타 면책위험을 제외한 모든 위험 등이다.

화재보험의 계약대상, 즉 화제보험을 가입할 수 있는 대상은 기본적으로 피보험자가 소유하는 모든 재산 또는 피보험자가 관리하는 임차자산, 리스자산 등 소유하지는 않지만 피보험 이익이 있는 재산이 된다. 그러나 다음의 재물은 보험목적에서 제외된다.

- 현금, 수표, 미술품, 장부, 문서, 컴퓨터 기록 또는 데이터, 원고, 설치도 등
- 건설 또는 조립공사 중인 재물, 철거 또는 시운전이 진행 중인 재물
- 자동차, 선박, 항공기, 철도운송 중인 동산

- 동·식물, 곡물, 토지, 도로, 차도, 철도, 운하, 댐, 터널
- 지하의 재물. 단, 파이프, 파이프 내의 수용물, 전기시설 및 기초 토목공사는 포함됨
- 해상의 재물, 운송 중인 상품이나 재물
- 촉매 및 소모성 재료

화재보험의 가입금액은 가입대상에 따라 차이가 있다. 우선, 건물, 기계 등 구축물의 경우에는 동종, 동능력의 재조달가액으로 보험에 가입하여야 한다. 이때 재조달가액이란 보험계약의 대상물(보험의 목적)과 동등한 것을 재취득 또는 재구입하기 위하여 소요되는 비용을 말한다. 일반적으로 손해보험의 보험가액평가는 재조달가액을 산출하고, 그것으로부터 사용과 경과기간에 따른 감가상각금액을 공제하여 이루어진다. 예를 들어 화재보험에서 재조달가액은 동일한 구조, 용도, 질, 규모의 건물을 현시점에서 신축할 때 필요한 신축가액을 말한다. 일반적으로 화재보험의 재조달가액을 정확하게 평가하는 것은 어려우므로 한국감정원이 발행하는 건축물신축단가표 등 일반자료에 의거하여 일괄평가하거나 보험계약자로부터 신축비견적서를 제출받아 산정한다. 보험가입금액이 재조달가액보다 작은 경우에는 비례보상한다.[3] 이에 비하여 재고동산의 경우는 동종, 동질의 시장가액으로 가입하여야 한다. 이때 재고동산으로 인하여 발생한 이득부분은 제외한다.

최초보험료는 연간 예상보험료의 75%를 납부하며, 보험기간 종료 시 월말재고 가액의 평균 통지금액을 기준으로 보험료를 정산하고, 환급보험료는 최초보험료의 1/3을 초과하지 않는다.

2) 기계보험(패키지보험 2)

기계보험이란 급격하고도 우연한 기계장치의 파손사고를 보상하는 것을 의미한다. 기계보험의 기본 담보내역은 다음과 같다. 첫째, 기계적인 모든 사고 즉 재질, 설계, 조립 결함 등을 담보한다. 둘째, 전기적인 모든 사고 즉 과부하, 단락 등이다. 셋째, 종합원의 부주의, 기술부족 등으로 인하여 발생하는 기계장치의 파손과 사고, 추락 등이다. 마지막으로 기타 일부 면책위험을 제외한 모든 위험을 담보한다.

3) 기평가의 경우, 보험가입 시 피보험자가 전문측량(survey)에 의해서 평가된 금액을 보험가입금액으로 할 경우 비례보상을 하지 않고 전부 보상한다.

기계보험의 가입대상은 피보험자가 소유하는 기계장치 또는 피보험자가 관리, 임차, 리스 등 소유하지 않지만 피보험자의 이익과 관련이 있는 기계장치가 된다. 기계보험 계약의 대상물 즉 보험목적의 범위는 사업장 구내에서 정상 가동 중이거나 청소, 검사, 분해조사를 목적으로 분해 중이거나 가동중지 상태에 있는 기계장치이다. 화재보험 대상의 기계류 등과 마찬가지로 동종, 동능력의 재조달가액으로 보험에 가입하여야 한다. 이때 운송비, 관세, 제세공과금, 조립비용 등이 포함된다.

3) 기업휴지보험(패키지보험 3)

기업휴지보험이란 [그림 7-1]의 재산종합위험담보(Section 1)와 기계위험담보(Section 2)에서 보상될 수 있는 사고로 인하여 피보험자의 사업이 중단 또는 휴지되었을 경우에 휴지로 인하여 생긴 손해를 보상하는 보험을 말한다. 즉 기업휴지보험은 재산종합위험담보(Section 1)와 기계위험담보(Section 2)의 물적 손해로 사업장의 가동 중지 시 발생될 수 있는 이익감소와 고정비를 보험으로 지불하는 것이다.

기업휴지보험의 가입대상은 순이익(net Profit)에 고정비(또는 계속비용, continuous expenses)에 더한 금액이 된다. 이에 보험가입금액은 총이익이 된다. 총이익은 매출액에 기말재고를 더하고 기초재고 및 특별변동비용을 삭감한 금액을 말한다.[4]

한편, 특별변동비용이란 약관에 의해 보험 가입이 되지 않는 비용으로서 매출 및 매입에 따른 세금과 매입 대금(할인부분은 공제함), 그리고 조업의 중단 또는 휴지의 경우 변동되는 여타의 비용을 말한다.

4) 배상책임보험(패지키보험 4)

배상책임보험이란 피보험자가 보험기간 중 증권상의 담보지역 내에서 제3자의 신체장애 및 재물에 손해를 입힘으로써 발생하는 법률상의 배상책임을 보상한다. 즉 배상책임보험은 제3자에 대한 신체장애 및 재물손해에 대한 배상책임과 기타 손해배상청구 또는 소송에 따른 법률비용을 보상하는 것이다.

4) 수식으로 표현하면 다음과 같다. 총이익= (매출액+기말재고) - (기초재고+특별변동비용)

배상책임보험의 가입대상은 다음과 같다. 우선, 피보험자의 고지된 시설 및 피보험자의 업무로 인한 배상책임이다. 둘째는 피보험자가 제조, 판매, 공급한 생산물이나 용역으로 인한 생산물(완성작업) 배상책임이다. 마지막으로 종업원에 대한 사용자 배상책임이다.

이상에서 설명한 패키지보험에 대한 사항을 자산관리자가 자세히 파악하고 있어야 투자자의 부동산을 위험에서부터 수익을 보호할 수 있다. 물론, 보험회사의 전문가들의 충분한 상담이 전제조건이다.

실무 TIP 위험관리(risk management)의 다른 이름은 보험이다

상업용 부동산에서 위험관리는 보험을 뜻한다고 해도 과언이 아니다. 통상적인 REITs나 부동산펀드에서는 패키지보험 중 1, 2, 4 즉 화재보험, 기계보험, 배상책임보험을 가입하는 것이 일반적이다. 패키지보험 3인 기업휴지보험의 경우 보험료가 많이 추가되며, 실제 적용받는 경우도 매우 까다롭기 때문이다. 여기에 추가적으로 고려해야 할 보험은 주차장 배상책임보험이다. 주차장의 경우 사고가 빈번하여 주차장을 관리하는 회사에 별도로 가입하게 하는 경우도 있다.

4. 부동산자산관리 관련 준조세[5)]

1) 환경개선부담금

환경개선부담금이란 환경개선비용 부담법 제9조에 의거하여 환경개선을 위한 대책을 종합적·체계적으로 추진하고 이에 따른 투자자원을 합리적으로 조달하기 위하여 오염원인자 부담원칙에 따라 환경오염의 원인이 되는 건물, 기타 시설물의 소유자 및 점유자와 자동차의 소유자에게 부과하는 준조세의 성격을 갖는 공과금이다.

환경개선부담금의 부과대상이 되는 부동산은 국토이용관리법에 의한 도시, 준도시, 준농림 및 자연환경보전지역(농림지역 제외)으로 점포, 사무실, 수상건물 등 지붕과 벽 및 기둥

5) 본서의 제12장에서 세무에 대하여 자세하게 설명하고 있으므로 여기에서는 부동산자산관리 관련 준조세만 설명하기로 한다. 준조세란 중앙 및 지방정부에서 부과하는 세금은 아니지만 안 낼 수 없는 반강제적인 부담금 등을 의미한다.

이 있는 각층의 바닥면적 합계가 160m² 이상의 시설물이다. 이와 같은 상당히 광범위하게 설정된 부과대상은 1995년 2사분기부터 확대된 것으로 종전에는 1,000m² 이상이었다.[6]

환경개선부담금의 부과대상자는 부과기준일(매년 6월 30일, 12월 31일) 현재 부과대상 시설물을 소유한 자가 된다. 동일시설물을 공동으로 또는 구분 소유하고 있는 경우에는 각 소유면적 또는 지분에 따라 환경개선부담금을 부담하고, 소유자를 알 수 없는 경우에는 그 점유자가 부담하여야 한다. 부과기간 중 시설물의 철거·멸실 등으로 부과기준일 현재 부과대상자가 없을 경우 당해 부과기간 중 최종 소유자가 부과대상자가 된다. 〈표 7-1〉은 환경개선부담금의 부과기준일, 부과기간, 납기일을 정리한 것이다.

〈표 7-1〉 부과기준일, 기간, 납기

부과기준	부과기준일	부과기간	납기
1기분	매년 12월 31일	전년도 7.1~12.31까지	다음 연도 3.16~3.31
2기분	매년 6월 30일	당해 연도 1.1~6.30	9.16~9.31

환경개선부담금의 산정방법은 다음과 같다. 우선, 환경개선부담금은 대기오염부담금과 수질오염부담금으로 구성되어 있는데 대기오염부담금은 연료사용량에 단위부과금과 연료계수 지역계수를 곱하여 산정된다. 수질오염부담금은 용수사용량에 단위부과금과 오염유발계수 그리고 지역계수를 곱하여 산정된다. 아래의 식은 환경개선부담금의 산정 방법을 식으로 표현한 것으로 이때, 단위부과금은 물가상승률을 감안한 연도별 산정지수를 곱하여 적용한다. 그리고 연도별 산정지수는 매년 환경처에서 고시하고 있다.

환경개선부담금=대기오염부담금+수질오염부담금

대기오염부담금=연료사용량(연료량×환산계수)×단위부과금×연료계수×지역계수

수질오염부담금=용수사용량×단위부과금×오염유발계수×지역계수

2) 도로점용료

도로점용료란 공작물 또는 물건, 그리고 기타에 해당하는 것들을 신설, 개축, 변경하거

6) 이외 자동차관리법에 의해 등록된 경유 사용 자동차도 환경개선부담금의 부과대상이다.

나 또는 제거 및 그 외의 목적으로 도로를 점용하고자 하는 자에게 부과하는 사용료 성격의 지방세 외 수입을 말한다.

도로점용이 허가되는 시설은 다음과 같다. 첫째, 전주·전선·변압탑·공중선·우체통·공중전화·무선전화기지국·종합 유선방송용 단자함·발신전용휴대전화기지국, 기타 이와 유사한 것이다. 둘째, 수도관·하수도관·가스관·송유관·전기통신관·송열관·어스앵커(earch anchor)[7]·작업구(맨홀)·전력구·통신구·공동구·배수시설, 기타 이와 유사한 것이다. 셋째, 주유소·주차장·여객자동차터미널·화물터미널·자동차수리소·승강대·화물적치장·휴게소, 기타 이와 유사한 것이다. 넷째, 철도·궤도, 기타 이와 유사한 것이다. 다섯째, 지하상가·지하실·통로·육교 기타 이와 유사한 것이다. 여섯째, 간판·표지·깃대·주차 미터기·현수막 및 아취 등이다. 공사용 판자벽·발판·대기소 등의 공사용 시설 및 자재 등이다. 마지막으로 일곱 번째는 고가도로의 노면 밑에 설치하는 사무소·점포·창고·주차장·광장·공원·체육시설 기타 이와 유사한 시설 등이다.

도로의 점용은 지자체에 허가를 받아야 가능하며 점용허가를 신청할 때 구비해야 하는 서류에 기입해야할 사항은 다음과 같다. 우선 도로의 점용 목적을 밝히고 점용의 장소와 면적, 그리고 기간이 분명하게 명시되어야 한다. 도로에 설치하는 공작물 또는 시설물이 있을 경우 그 구조에 대해서도 명시해야 하고 공사시설의 방법과 공사시기도 기입하여야 한다. 마지막으로 도로점용이 종료 후 복구하는 방법에 대해서도 상세하게 명시하여야 한다.

도로점용료의 납부의무자는 납부일 기준 현재 도로를 점용하여 사용하는 자로써 매년 1월 31일에서 그해 12월 31일까지가 부과대상이며 납기일자는 매년 3월 15일에서 동월 31일까지이다. 도로점용료를 납부하는 곳은 해당 도로를 관리하는 시·군·구청이다.

도로점용료의 산정기준은 다음과 같다. 우선 점용면적과 개별공시지가 및 이에 따른 요율을 고려한 조정전점용료를 계산해야 한다. 도로를 점용하는 기간이 1년을 초과하는 경우에는 당해 연도와 전년도의 공시지가 등이 변화가 있을 수 있으므로 증가율이 고려되어야 한다. 이에 증가율에 따라 적용되는 조정계수가 달라진다. 증가율에 따른 조정계수의 산출방법은 〈표 7-2〉와 같다.

---

7) 어스앵커(earth anchor 또는 ground anchor라고도 함)란 흙막이벽에 가해지는 지반의 측압을 지탱하면서 굴착하는 공법이다. 즉 흙막이(또는 널말뚝) 공법에서 측압의 보완이 필요할 때, 말뚝의 지지력을 보강하기 위하여 버팀대를 대신하여 사용하는 공법을 말한다.

〈표 7-2〉 증가율별 조정계수 산출방법

산출점용료 증가율	조정계수
10% 이상~20% 미만	1+[10/100+(증가율－10/100)×3/10]
20% 이상~50% 미만	1+[13/100+(증가율－20/100)×1/10]
50% 이상~100% 미만	1+[16/100+(증가율－50/100)×6/10]
100% 이상~200% 미만	1+[19/100+(증가율－100/100)×3/100]
200% 이상~500% 미만	1+[22/100+(증가율－200/100)×1/100]
500% 이상	1+[25/100+(증가율－500/100)×5/10]

* 10% 미만 증가율의 경우 조정계수 미적용

이상의 도로점용료 산정방법을 식으로 표현하면 다음과 같다.

조정전 점용료=점용면적×개별공시지가×요율

증가율=[(당해 연도 조정전 점용료-전년도 점용료)/전년도 점용료]×100

납부점용료=전년도 점용료×조정계수

도로점용료의 요율은 점용도로가 속한 지역과 점용 시설에 따라 차이가 있다. 우선, 소재지 중 "갑지"는 특별시를, "을지"는 광역시(읍·면 제외)를, "병지"는 그 외의 지역을 의미한다. 점용면적, 점용물의 길이, 표시면적 등이 1m² 또는 1m 미만의 단수가 있는 경우에는 요율을 산정하지 않는다. 광고탑, 광고판 간판 등의 표시면적은 표시부분이 가장 큰 1개 면적을 기준으로 요율을 산정한다. 만약 공시지가변동률이 10% 이상 변동된 경우에는 3년마다 요율을 재조정한다.

도로점용료 관련하여 부동산자산관리자는 도로법, 요율, 각 지자체 점용료 관련 조례 등을 필히 확인해야 하며, 점용허가기간 만료에 따른 갱신(연장) 미신청으로 인한 변상금 부과가 없도록 하여야 한다. 또한 신축 시 취득시점과 과세기준일을 파악하여 취득이전 부과가 없도록 해야 한다. 매입·매각 시에도 매각·매입일자를 확인하여 소유자 간 납부 오류가 없도록 하여 예산 외의 비용이 발생하는 것을 방지한다. 도로점용료 금액산출 시 각종 요율, 증가(감소)율, 조정계수 등이 적정한지 사전 또는 고지 후에 검토하여야 한다. 해당 지자체에서 착오로 인한 과다고지 시 납부일 이전에 해당 업무를 담당하는 공무원과 협의하여 재발급하여 처리하는 것이 고지서 발급 후에 진행하는 것보다 훨씬 간편하다. 도로점용료가 이미 고지되었다면 고지금액을 납부한 다음 환급을 신청하여 받아야 한다.

3) 교통유발부담금

교통유발부담금이란 도시교통정비촉진법에 의거 교통시설의 정비를 촉진하고 교통체계의 효율적 운영과 관리를 위한 필요재원을 합리적으로 조달하기 위해 도시교통 정비지역 안에서 교통유발의 원인이 되는 시설물의 소유자 또는 사업의 경영자에게 부과하는 준조세 성격을 갖는 공과금이다.

교통유발부담금의 부과대상은 상주인구 10만 이상 도시 안에 있는 시설물이다. 이때 시설물이란 포, 사무실, 공장, 수상건물 등 지붕과 벽 및 기둥이 있는 건물과 건설교통부령으로 정하는 구축물로서 각층 바닥면적 합계가 1,000m^2 이상을 의미한다. 단, 상주인구가 10만 이상 30만 미만인 도시 내 시설물은 당해 시장이 도지사의 승인을 얻은 경우에 교통유발부담금의 부과가 가능하다. 시장 등은 지역특수성을 고려하여 부과대상 시설물의 규모를 당해 지방자치단체의 조례에 따라 50/100 범위 안에서 조정이 가능하다. 지번이 다른 대지경계선이 서로 접한 경우, 즉 연접대지 위의 소유자가 같은 2동 이상의 시설물은 동일한 시설물로 간주한다. 복합용도인 시설물의 부담금은 시설물의 용도별 각층 바닥면적의 합계에 따라 계산한 부담금을 합한 금액으로 한다. 그러나 실제 사용용도가 건축물대장상 용도와 다른 경우 실제를 기준으로 하며 실제 용도가 부과대상이 아닌 경우에는 부과하지 않는다.

교통유발부담금의 부과기준일은 매년 7월 31일이며, 이 시점에 당해 시설물의 소유자가 부과대상자가 된다. 부과기간은 전년도 8월 1일부터 당해 연도 7월 31일까지이다. 납기는 매년 9월 16일에서 31일 사이에 이루어져야 한다. 만약 동일시설물을 공동 또는 분할 소유 시에는 각각 소유지분에 따라 부담하게 된다. 당해 시설물 중 100m^2 미만을 소유하고 있는 자는 부과대상이 아니다. 부과기간 중 시설물의 철거, 멸실 등으로 부과기준일 현재 부과대상자가 없을 경우에는 당해 부과기간 중 최종 소유자가 부과대상이 된다.

교통유발부담금의 감면은 다음과 같다. 첫째, 교통영향평가지침에 의해 교통영향평가 심의를 받고 교통개선대책을 이행한 시설물은 감면대상이 된다. 단, 재평가 및 심의결과 재평가의 사유가 된 교통문제 발생 원인이 사업시행자에게 있거나 재평가에 따라 제시된 대책을 이행하지 않은 경우는 제외된다. 둘째, 특별구역 등에 대한 교통평가에 의해 사업비를 분담한 경우 부담금이 분담금에 도달할 때까지 상계한다. 셋째, 시설물의 소유자가 휴업 등 특별한 사유로 인하여 30일 이상 당해 시설물을 사용하지 않는 경우에는 시장 등이 그 사실을 확인하여 미사용 기간에 상당하는 부담금을 감면한다. 넷째, 부과대상 시설물 안에 근무하는 종사자 또는 이용하는 자의 교통량을 10% 이상 감축하는 자에 대하여는 90/100 범위 안에서 이를 경감할 수 있다.

교통유발부담금의 부과기준은 다음과 같다. 우선 시설물의 각층 바닥면적을 합하고 여기에 단위부과금, 교통유발계수 및 사용한 일자를 곱한다. 교통유발계수는 〈표 7-3〉과 같다.

부담금=시설물의 각층 바닥면적 합계×단위부과금×교통유발계수×[사용월수/12+(1/12×잔여일수가 있는 달의 사용일수/잔여일수가 있는 달의 총일수)]

부과기간이 1년 미만의 경우 월단위로 계산하되 잔여일수가 있는 경우에는 일할계산을 원칙으로 한다. 단위부과금은 각층 바닥면적 $1m^2$당 350원으로 하되 조례로 100/100 범위 내에서 조정이 가능하다. 유발계수는 조례로 50/100 범위 내에서 조정가능하다. 이를 보다 자세하게 식으로 표현하면 〈표 7-3〉과 같다.

〈표 7-3〉 교통유발계수

구분	대분류	세구분	세분류	도시규모			
				100만 이상	50~100 만 미만	30~50 만 미만	10~30 만 미만
1	근린 생활 시설	가	슈퍼마켓, 일용품소매점	1.68	1.66	1.64	1.12
		나	일반음식점	2.56	2.48	1.59	1.48
		다	골프연습장	5.00	4.80	2.40	2.12
		라	정구장, 헬스클럽, 볼링장, 실내낚시터, 탁구장, 체육도장, 실내골프장	1.80	1.46	1.32	1.06
		마	안마시술소, 노래연습장, 기타 근린생활시설	1.44	1.16	1.02	1.02
2	의료 시설	가	종합병원	1.28	1.16	1.02	1.02
		나	병원, 의원, 요양소, 진료소	1.34	1.08	0.88	0.72

3	교육연구시설	가	교육원, 연구원, 직업훈련소, 학원(자동차학원 제외)	1.42	1.16	1.00	0.78
		나	도서관, 연구소(연구소에 준하는 시험소, 계량계측소 포함)	0.90	0.82	0.74	0.74
4	운동시설	가	체육관(근린생활시설에 해당되지 않는 것)	1.12	1.04	0.96	0.96
5	업무시설	가	일반업무시설	1.20	1.00	0.82	0.82
6	숙박	가	관광숙박시설	2.62	2.23	1.81	0.77
7	판매시설	가	일반숙박시설	1.16	0.87	0.79	0.77
		나	백화점, 쇼핑센터(대규모소매점), 대형점	5.46	4.48	2.67	2.67
		다	소매시장, 상점	1.68	1.66	1.64	1.12
8	위락시설	가	유흥주점, 근린생활에 포함되지 않는 단란주점	2.56	2.48	1.40	1.16
		나	특수목욕탕	1.44	1.16	1.02	1.02
9	관람집회시설	가	공연장: 극장, 영화관, 연예장, 음악당, 서커스장	3.55	2.38	1.84	1.12
		나	집회장: 회의장, 공회장, 예식장	4.16	3.43	2.39	1.49
		다	관람장: 운동경기 관람장(운동시설에 해당하는 것 제외), 경마장, 자동차경주장	3.55	2.38	1.94	1.12
10	전시시설	가	전시장: 박물관, 미술관, 과학관, 기념관, 산업전시장, 박람회장	3.55	2.24	2.16	2.03
		나	동식물원: 동물원, 식물원, 수족관	0.72	0.62	0.55	0.55
11	공장	가		0.47	0.43	0.31	0.24
12	창고저장	가	창고, 하역장 시설	0.61	0.50	0.37	0.30
13	운수시설		여객자동차터미널, 화물터미널	5.56	4.43	3.92	2.76
			철도역사	4.13	3.76	3.11	2.46
			공항시설, 항만시설	1.81	1.14	1.14	1.14
14	자동차관련시설	가	매매장, 정비공장, 세차장, 폐차장	1.49	1.18	1.04	1.04
		나	운전학원, 정비학원	0.88	0.86	0.67	0.20
15	방송통신시설	가	방송국, 촬영소	1.89	1.20	1.18	1.00
		나	전신전화국	1.00	0.82	0.67	0.67
16	관광휴게시설	가	공원, 유원지 또는 관광지에 부수되는 건축물, 휴게소, 어린이회관, 관망탑	3.10	2.68	2.14	1.71
17	기타			1.20	1.00	0.82	0.71

생각해 볼 문제

PROPERTY MANAGEMENT

1. 투자자와 자산관리자 사이에서 발생할 수 있는 업무들은 어떤 것들이 있고, 부동산의 수입증가에 어떤 영향을 주는지 생각해 봅시다.

2. 부동산의 위험(risk)을 관리하기 위해 기본적으로 알아야 할 사항과 투자자에게 제시해야 할 최소한의 보험은 어떤 것들이 있을지 파악해 봅시다.

3. 핵심임차인을 관리하는 업무에는 어떤 것들이 있고, 이러한 임차인 관리가 부동산의 가치에 어떤 영향을 주는지 토론해 봅시다.

4. 부동산을 매입할 때, 협상해야 할 항목과 매입 이후에 인수과정에서 필수로 파악해야 하는 핵심사항에는 어떤 것들이 있을까요?

CHAPTER 08

기업부동산자산관리

1. 기업부동산자산관리의 의의
2. 기업부동산자산관리 도입의 목적과 효과
3. 기업부동산의 규모
4. 기업의 활동과 기업부동산자산관리
5. 기업의 부동산자산관리 체제 구축
6. 기업부동산자산관리와 부동산 분석
7. 해외 선진기업 사례의 특징
8. 시사점과 전망

주요 용어

기업부동산, 경영자원, 기업부동산자산관리 사이클, 인적자원관리

요약

기업부동산은 현금 흐름을 얻을 수 있는 수익용 부동산 중 기업이 이용하는 부동산을 의미한다. 업무용 부동산과 비업무용 부동산으로 나뉜다. 기업부동산자산관리란 기업이 사업을 위해 부동산자산과 관련된 모든 환경을 경영적 관점에서 종합적으로 조사, 기획, 관리, 운영, 의사결정하는 경영관리활동의 일환이라고 할 수 있다.

기업부동산자산관리의 특징으로는 첫째, 부동산을 단순한 물리적 생산재로서만 파악하는 것이 아니라 기업의 가치를 최대한 향상시키기 위한 경영자원으로 파악하여 최적의 의사결정을 하는 것이다. 둘째, 부동산자산관리를 경영의 영역에 포함시켜 이를 재검토하고 회사의 조직개편에도 이를 포함시키는 것이다. 셋째, IT를 최대한 활용하는 것이다. 넷째, 기업부동산자산관리를 위해서는 종래의 재산관리적 관점에서 탈피하여 전사적 관점에서 관리하는 것이다.

기업의 전체 자산에서 부동산자산이 차지하는 비중은 대략 25~40%에 이르나 국내의 경우 상대적으로 적은 부동산자산을 보유하고 있다. 이는 비업무용 토지보유제도와 같은 규제와 함께 부동산투기에 대한 부정적인 사회적 인식이 크게 작용하였다. 지금은 경제의 불확실성이 커져 기업의 부동산 보유비중이 지속적으로 증가하고 있다.

기업부동산자산관리는 경영전략의 하나로 자리매김하게 될 것이다. 따라서 기업부동산자산관리를 추진, 발전시키기 위해서는 지배구조에 대응한 적절한 "기업부동산자산관리(corporate real estate management: CREM) 사이클"을 구축할 필요가 있다. 이 사이클을 실행하기 위해서는 조직이나 체제를 정비한 후에 임하는 것이 바람직하지만 선진적인 정보체계를 도입하거나 외부의 자원을 활용하는 등 대규모의 조직개편이나 인원 증가를 도모하지 않고도 유연하게 대응할 수 있다.

선진기업들은 부동산자산관리를 위해 3가지를 필수적으로 수행한다. 첫 번째는 전문부서를 설치함으로써 기업부동산자산관리의 일원화를 도모하고 있다. 두 번째는 외부 파트너를 효과적으로 활용함으로써 전략적 업무의 집중도를 높인다. 세 번째는 관리의 중점이 부동산관리에 머무르지 않고 선진적인 워크 플레이스, 워크 스타일을 활용한 인적자원관리(HRM)로 이행하고 있다.

CHAPTER PROPERTY MANAGEMENT

08 기업부동산자산관리

학 습 목 표

기업부동산자산관리의 개념을 이해하고 선진사례를 참조한 국내의 실행전략을 구축한다.

기업부동산(corporate real estate)은 현금 흐름을 얻을 수 있는 수익용 부동산 중 기업이 이용하는 부동산을 의미한다. 기업은 사업활동을 이어가기 위해 필요한 원재료인 자산을 보유하게 된다. 기업의 자산을 분류하는 방법은 여러 가지이나 기업회계 기준으로는 자산을 크게 유동자산과 고정자산으로 나눈다.[1] 부동산자산은 고정자산 중 유형자산에 속한다. 기업에 있어 부동산자산은 다른 여타 자산들과 비교해서 그 역할이 다양하다. 제품을 생산하고 판매하기까지 자원 및 생산기지의 역할을 하고, 나아가 담보로 제공되어 자금조달에 도움을 주기도 한다. 따라서 기업은 사업의 목적 또는 그 이외의 목적을 달성하기 위해 보유한 부동산이 사업의 성과나 재무적 성과에 상당한 영향을 미칠 수 있다.

1) 유동자산은 현금 및 비교적 단기에 회수 또는 판매에 의하여 현금화할 수 있는 재화로서 변동하는 속도가 빠르며, 적어도 1년에 한 번 이상 변동을 가지는 자산을 말한다. 이는 다시 당좌자산과 재고자산으로 나뉜다. 고정자산은 판매를 목적으로 하지 않고, 1년 이상 기업 내부에 고정화되어 다른 기업을 지배·통제하거나 여유자금의 증식을 목적으로 또는 경영수단으로써 반복 사용되고, 장기적으로 그 사용 형태에 변화를 가져오지 않는 자산으로 투자자산, 유형자산과 무형자산, 이연자산으로 구분된다(네이버 지식백과).

〈표 8-1〉 기업회계기준의 자산분류

<table>
<tr><td rowspan="6">자산</td><td rowspan="2">유동자산</td><td>당좌자산</td><td>현금 및 현금등가물, 단기금융상품, 유가증권, 매출채권(외상매출금, 받을어음), 단기대여금, 미수금, 미수수익, 선급금, 선급비용</td></tr>
<tr><td>재고자산</td><td>상품, 제품, 반제품, 제공품, 원재료, 저장품</td></tr>
<tr><td rowspan="3">고정자산</td><td>투자자산</td><td>장기금융상품, 투자유가증권, 장기대여금, 장기성 매출채권(장기의 외상매출금, 받을 어음), 투자부동산, 보증금(전세권, 전신전화가입권, 임차보증금, 영업보증금), 이연법인세차</td></tr>
<tr><td>유형자산</td><td>토지, 건물, 구축물, 기계장치, 선박, 차량운반구, 건설 중인 자산</td></tr>
<tr><td>무형자산</td><td>영업권, 산업재산권(특허권, 실용신안권, 의장권, 상표권), 광업권, 어업권(입어권 포함), 차지권(지상권 포함), 창업비, 개발비</td></tr>
</table>

기업이 보유하는 부동산자산은 업무용 부동산과 비업무용 부동산으로도 나눌 수 있다. 업무용 부동산은 기업이 취득하여 업무에 직접 활용하는 부동산을 말하고, 비업무용 부동산은 기업이 취득 후 일정 기간이 경과한 때까지 업무에 직접 사용하지 않거나 업무에 필요한 적정 면적을 초과하여 보유하는 토지나 건물을 말한다.

기업이 보유하는 부동산은 업무용이던 비업무용이던 크게 토지와 건물로 나눌 수 있고, 세부적으로는 사무실, 공장, 전시장, 매장, 창고, 토지 등으로 분류할 수 있다. 경우에 따라서는 기업이 보유하고 있거나 확보한 천연자원까지 부동산자산에 포함시키고 있다.[2]

기업이 소유한 중요한 자원 중 하나인 부동산자산은 그 규모, 위치, 디자인 등에 따라 사업위험이 달라지고 매출에 영향을 미치며 원가에 중요한 요소로 작용함으로써 기업의 가치를 변화시킨다. 대다수의 기업들은 사업을 영위하며 다양한 종류의 부동산 관련 문제에 직면하게 되고, 사업의 특성상 부동산의 운영, 전략, 관리방법은 기업에 직·간접적인 영향을 미치게 된다. 부동산자산관리는 부동산의 취득, 처분 등에 관한 업무뿐만 아니라 보유하면서 이루어지는 다양한 관리가 더 큰 영향을 미친다고 볼 수 있다. 부동산 관련 금융업무, 부동산자산 평가, 그리고 기업의 주 업무의 가치를 극대화하기 위한 부동산 포트폴리오의 구성과 조정까지도 포함된다고 볼 수 있다.

기업의 경영자원을 인적·물적자원과 자금이라는 3가지 요소로 생각할 때 인적자원과 자금에 대해서는 관리가 체계적으로 정립되어 있다. 이와 달리 원재료, 제품, 토지, 건물, 설비, 기자재 등과 같은 물적자원의 경우 그 특성이 다양하나 일괄적인 관리대상으로 취급하기엔 어려움이 있었다. 하지만 최근 기업경영에 있어 물적자원들의 중요성이 부각되

2) Silverman, R. A. (1987). Corporate Real Estate Handbook. Mcgraw Hill.

면서 독립된 자원으로 분류, 관리해야 한다는 의견이 대두되고 있다. 따라서 기업의 부동산자산관리란 기업이라는 조직체가 사업활동을 위해 부동산자산과 관련된 모든 환경을 경영적 관점에서 종합적으로 조사, 기획, 관리, 운영, 의사결정하는 경영관리활동의 일환이라고 할 수 있다.

과거에는 기업부동산이 비용이나 투자로서의 자산으로 인식되어 왔으나, 1990년대부터 미국과 유럽 등에서 기업부동산은 기업의 전략적 목적에 부합해야 한다는 인식이 높아지면서 이에 대한 연구 또한 늘어나고 있다. 국내에서도 대기업들이 1980년대 말 부동산가격 급등으로 가치가 높아진 보유 부동산을 담보로 자금을 조달하여 채산성이 낮은 부문에 과잉투자한 것이 외환위기의 한 요인이 되었다는 의견도 제시되고 있다. 국내의 기업부동산자산관리는 외환위기 시점부터 시작된 것으로 파악되며 기업부동산의 전략적 활용의 필요성이 부각되면서 기업부동산에 대한 꾸준한 연구와 관심이 증가하고 있다.

1. 기업부동산자산관리의 의의

기업부동산을 둘러싼 환경이 급격히 변화하고 있다. 기업가치 향상, 적대적 인수합병, 증권화, 부동산투자신탁(REITs), 부동산펀드, 국제회계기준의 도입, 에너지절감과 친환경 경영의 확산, CSR(corporate social responsibility, 기업의 사회공헌활동), 경제의 글로벌화, IT와 네트워크화의 진전 등 중요한 이슈들을 다 언급하기도 어렵다. 이렇게 기업을 둘러싼 급격한 환경변화에 적절하게 대응하기 위해서는 한정된 경영자원인 기업부동산을 경영에 최대한 활용하려는 전략적인 인식이 필요하며 이러한 인식을 바탕으로 새롭게 생긴 개념이 기업부동산자산관리이다.

기업부동산자산관리는 부동산을 중요한 경영자원의 하나로 규정하고, 그 활용, 관리, 거래에서 CSR(기업의 사회적 책임)을 바탕으로 기업가치 극대화의 관점에서 최적의 선택을 실시하는 경영전략이다. 합리적인 기업에게는 새로운 개념이 아니라 정석적인 경영전략이지만, 기업을 둘러싼 환경 변화하에서 최근 그 중요성이 높아지고 있다.[3]

기업의 부동산에 대한 최대한 활용의 필요성은 예전부터 존재했다. 하지만 기업부동산

3) 시마토우루(2010). 기업부동산관리 전략의 진화를 위한 아웃소싱의 전략적 활용. NLI연구소.

에 활용되는 부동산도 있고 비사업용으로 활용되는 경우도 있다. 비사업용 자산은 현금흐름이 불량한 경우가 많아 기업가치를 떨어뜨리는 요소로 작용한다. 이 경우 현금흐름할인법에 의하면 기업가치는 현격히 떨어지게 된다.

따라서 기업부동산자산관리가 적절하게 이루어지면 기업부동산의 이용가치는 향상되고 경영효율성도 높아져 미래에 창출되는 현금흐름을 증가시키는 효과가 있다. 경영이 안정되면 자본비용 또한 낮아져 기업의 가치는 더욱 상승하게 된다.

수익성이 낮은 사업에 제공되는 기업부동산과 유휴지 등 비사업용 불량부동산을 과감하게 매각하여 얻은 현금을 수익성 높은 사업에 재투자했다면 기업의 가치는 더욱 향상된다. 게다가 기업의 가치향상의 관점에서는 적대적 인수합병과 기업의 사회적공헌활동(CSR)의 대응에 특히 유의할 필요가 있다. 예를 들면 개발 여지가 있는데 그 기회를 방치하여 기업부동산을 충분히 활용하지 못하는 기업은 매수 후 기업가치를 높이려는 인수자들의 좋은 표적이 될 수 있다. 기업의 주식을 취득함으로써 간접적으로 기업부동산을 취득하는 것을 목적으로 행해지는 M&A를 최근에는 '부동산M&A'라고 부른다. 기업부동산을 다량으로 보유하고 있어 적대적 인수합병의 가능성이 있는 기업은 자본효율을 추구하여 부동산 소유규모나 의사결정에 관한 공시를 더욱 적극적으로 하도록 금융시장은 요구하고 있다. 따라서 본사나 공장의 이전이 어떤 의미가 있는지는 자사의 경영전략을 고려한 대답이 되어야 할 것이다. 2005년 영국계 스탠다드차타드은행이 제일은행을 인수한 후 지금까지 매각한 부동산만 5천억 원이 넘는다고 한다(2012년 기준). SC은행의 제일은행 인수는 보유부동산의 활용도 하나의 목적이었을 것이다.

기업부동산은 경영자원이면서 사회적 자본이라는 공공재적인 측면도 가지고 있다. 따라서 지역사회의 일원으로서 기업의 사회적 책임을 다하는 것도 기업부동산자산관리의 중요한 목적 중 하나이다. 기업부동산에 관한 사회공헌활동(CSR)의 사례로는 환경문제에 대한 배려와 지역사회의 공헌 등을 꼽을 수 있다. CSR의 관점이 결여된 기업은 법적인 책임이 요구되며 소비자나 거래처의 지지를 일시에 잃고 자금조달에도 어려움을 겪는 등 사회경제적으로도 크게 손실을 입게 된다. 2014년 4월 S기업 온산공장에서 72만 배럴 규모의 원유탱크에서 내부기름을 섞어주는 믹서기 축이 이탈하며 사흘 동안 13만 8천 배럴에 달하는 기름이 뿜어져 나와 토양이 오염되는 사건이 발생하였다. 이 사고로 S기업은 기업이미지에 심각한 훼손을 당하였고 지방정부에 다양한 제재를 받게 되었다. 이 사건은 기업 소유 부동산 내에서 발생한 문제이지만 환경문제에 대한 배려가 부족하기 때문에 발생한 것이다.

이외에도 기업재생, 사업승계 그리고 종업원의 만족도 향상에도 기업부동산자산관리는 효과적이다. 우선 기업재생으로는 용도전환 잉여공간 임대, 부동산M&A 조직재편 등을 포함할 수 있다. 다음으로 사업승계는 상속과 후계자 대책 등 크게 두 가지로 나눠지만 이들 모두에 기업부동산자산관리가 포함되는 것이 필수적이다. 끝으로 종업원에게 쾌적한 직장환경을 조성함으로써 내부고객 만족도가 향상되어 기업에 대한 기여도가 높아지는 것 또한 기업의 부동산자산관리의 큰 목적이다.

(2) 제도개정에 대한 대응

기업부동산자산관리의 두 번째 목적은 제도개정에 대한 대응을 들 수 있다. 이미 도입된 제도는 고정자산의 회계처리방법이나 내부통제제도 그리고 국제회계기준의 도입 등을 들 수 있다. 특히 국제회계기준(IFRS)의 도입은 기업부동산의 평가를 시가로 하게 되어 있어 기업 가치에 큰 영향을 미칠 것으로 판단된다. 그리고 인수합병(M&A)의 경우에도 대등한 거래에 있어서도 피매수회사의 기업재무제표를 원칙적으로는 시가평가를 하도록 규정하고 있다. 이렇게 시가평가가 정착되면 그동안 장부가격 기준의 총자산이익률(return on assets)이나 투하자본이익률(return on investment) 등의 지표를 시가기준으로 판단하여 수익률 반영에 이를 의식할 수밖에 없다.

기업회계기준에 도입된 내부통제제도 또한 기업부동산에 대한 합리적 관리의 도입이 요구된다. 내부통제제도는 2005년부터 감사보고서에 내부회계관리제도에 따른 검토보고서를 첨부하도록 의무화하였고, 2007년부터는 모범규준과 검토기준에 기초한 검토보고서의 제출대상이 모든 상장기업으로 확대되어 실시되고 있다. 우선 기업부동산에 관한 취득, 임차, 매각에 대한 의사결정에 있어 의사결정기관의 승인을 얻도록 하는 통제체제 운영이 필요하다. 그리고 기업부동산에 관한 이용현황과 법적 리스크 등의 정보가 IT를 통해 경영자에게 제대로 전달되고 있는 체제인지도 평가의 대상이 될 수 있다.

2) 기업부동산자산관리 도입의 효과

(1) 기업에서의 효과

기업부동산자산관리를 도입하면 비용절감, 현금흐름의 증가, 경영리스크의 분산·경감 및 제거, 고객서비스의 향상, 기업브랜드의 확립 등의 직접적인 효과가 있다. 또한 간접적인 효과로서 자금동원력의 증가, 경영의 유연성과 민첩성도 기대할 수 있다.

첫 번째 효과인 비용절감은 업무의 아웃소싱, 입지, 오피스 공간 등을 재검토하여 필요하다면 거점을 통폐합하면 가능하다. 또한, 수선비, 관리비, 임대료 등 부동산과 관련된 비용과 함께 물류비, 인건비, 인력채용비 등 부동산의 입지 조건에 따라 발생하는 비용도 포함하여 종합적으로 재검토하는 것이 필요하다. 또한 IT나 네트워크 기술을 최대한 활용함으로써 공간을 축소하고 입지를 적정화하는 등 비용절감이 가능하다.

임차에 비해 부동산을 소유하는 데 따르는 비용은 거의 없다는 인식을 가진 기업이 적지 않다. 그런 기업에 대해서는 내부임대료를 설정하고 그 부동산을 소유하지 않았다고 가정했을 경우 사업의 수익성이 실제로 달성되고 있는지 등을 명확히 하여 기업 내부에 부동산에 대한 비용인식을 제고하는 데도 도움이 된다.

두 번째는 현금흐름의 증가이다. 소극적으로는 효율성이 떨어지는 기업부동산을 구조조정하여 수입을 늘리는 기회로 활용하는 것이고, 적극적으로는 입지를 변경하거나 업무를 집적화함으로써 기업부동산의 활용을 극대화하여 생산성을 향상시키는 것이다. 본업에 활용되지 않는 비업무용 부동산에 대해서는 임대로 전환하여 최유효 활용하는 것도 하나의 방법이다. 부외거래(off-balance tansaction)[5]를 통해 부동산 매각대금을 확보하거나, 그 매각대금으로 주력사업에 경영자원을 집중함으로써 사업 이익을 올리는 것도 유력한 선택사항 중의 하나이다. 특히 최근에는 부동산의 부외거래에 의해 주력사업에 경영자원을 집중시키는 사례가 늘고 있다. 그동안 기업부동산은 대차대조표상의 문제로 인식하는 경우가 많았으나 기업부동산자산관리로 인해 비용 삭감과 현금흐름의 증가효과 및 시가평가 등의 제도 개정으로 부동산이 기업의 손익계산서에 미치는 영향이 간과할 수 없을 정도로 커졌음에 유의해야 한다.

세 번째는 부동산이 경영에 미치는 위험요인(risk)을 분산, 경감 그리고 제거하는 데도

5) 기업이나 은행이 대차 대조표에 올리지 않은 금융거래를 통틀어 이르는 말. 채무보증, 금융선물거래 등이 있다.

도움이 된다. 부동산이 경영에 미치는 리스크란 부동산 고유의 리스크, 경기 리스크, 신제도 도입에 따른 리스크 등을 들 수 있다. 이러한 위험으로부터 탈출하기 위해서는 부동산을 부외(off-balance)하거나 업무 자체를 아웃소싱하는 것도 방법이다.

네 번째는 고객서비스를 향상시키는 효과를 가져온다. 기업부동산자산관리로 인해 기업부동산을 적정배치하면 편리성이 증가해 서비스 품질이 향상된다. 또 간접적으로는 기업부동산자산관리에 따른 비용절감으로 인해 제품이나 서비스의 가격을 적절하게 조정하여 제공할 수 있다. 실제로 중소형 빌딩에서 대부분의 시간을 보내는 임차인에 대해 관리서비스를 향상시키면 고객만족도가 높아지고 장기임차가 가능해 비용절감이 가능하다.

다섯 번째는 기업브랜드를 확립하는 효과이다. 예를 들면, 역세권에만 출점하거나 특정지역에 특화되어 부동산투자를 실시하거나, 또는 랜드마크가 되는 부동산을 소유함으로써 기업의 브랜드를 확립하고 고객만족도를 향상시킬 수 있다. 인천시 남동구 논현지구의 별칭은 '한화지구'다. 한화의 화약공장 부지에 한화건설이 아파트 7천여 가구를 지으면서 붙은 별명이다. 이처럼 특정 구역에 한 건설사의 아파트가 밀집된 곳을 일컬어 '브랜드타운'이라 한다. 브랜드타운은 건설사에게는 랜드마크 이상의 역할을 한다. 건설사 입장에서는 브랜드타운 입주민 사이에서 브랜드 충성도가 높아지는 효과도 얻는다고 한다. 서울시 마포구 일대에도 '래미안타운'이 형성되어 있다. 삼성물산은 1990년대에 마포구 도화동, 창전동을 필두로 공덕, 신공덕, 염리, 도원, 용강동 등에 잇달아 아파트를 공급해 '래미안타운'을 구축했다. 마포구 내 래미안타운은 1만 7천여 가구로 전국 최대로 알려져 있다.

여섯 번째는 자금동원력이 증가하는 효과이다. 기업부동산자산관리 도입에 따라 부동산의 가치가 상승하고 현금흐름이 증가하게 되어 부차적인 효과로 자금동원력이 상승하게 된다.

일곱 번째는 기업부동산자산관리를 도입함으로써 경영의 유연성과 민첩성을 확보하게 된다. 기업 내부에 경영층의 직할부서로 기업부동산 관련 조직을 만들거나 회사를 재편하여 자회사 형태로 만들면 취득에서 임차, 매각에 이르기까지 모든 기업부동산에 관한 의사결정이 쉽고도 정확하게 이루어질 수 있다.

〈표 8-2〉 기업부동산자산관리 도입의 효과

구분	직접적인 효과	간접적인 효과
내용	• 비용절감 • 현금흐름의 증가 • 경영 리스크의 분산, 경감 및 제거 • 고객서비스의 향상 • 기업브랜드의 확립	• 자금동원력의 증가 • 경영의 유연성과 민첩성

(2) 사회적인 효과

기업이 활용하는 부동산은 여타 자산과 달리 공공성과 외부효과[6]를 가진다. 기업부동산의 주변 주민도 기업에게는 중요한 이해관계자에 해당한다. 즉, 호불호를 따지지 않고 부동산을 이용함으로써 기업은 사회적, 공적인 책무를 필연적으로 지게 된다.

기업부동산자산관리는 다음과 같은 사회적인 효과를 가져오지만, 기업의 입장에서도 스스로 지고 있는 사회적·공적인 책무를 자각하고 CSR 등의 관점에서 사회적인 효과의 실현을 위해 적극적인 행동이 요구된다.

첫 번째로 토지의 최유효이용의 촉진을 들 수 있다. 국토가 좁은 우리나라의 부동산은 유한의 귀중한 존재이다. 국제경쟁력 향상, 국민 생활 수준 향상을 위해 부동산의 최유효이용이 불가결하다. 그런데 일부 기업에서는 여전히 부동산의 소유에 대한 지나친 고집, 부동산에 대한 무관심, 재무적 여유 결여, 운용능력의 결여 등이 나타나고 있다. 이 일로 인해 기업부동산의 이용 실태로서 미이용지·잉여공간의 발생, 건물의 물리적 감가·기능적 진부화, 환경에의 부적응 등이 방치되고 있는 실정이다. 기업부동산자산관리의 도입에 따라 부동산의 최유효이용의 저해요인을 제거하고 사회적 손해(기회손실)를 최소화하는 효과를 기대할 수 있다.

두 번째는 지역경제 재건의 효과를 들 수 있다. 지역 밀착형 기업의 회생에서 기업부동산관리 전략을 도입함으로써 기업의 재생이나 신규사업의 도입 등 기업의 경쟁력 향상이 기대된다. 이것이 기폭제가 되어 그 지역에서 고용 확보, 기업·개인 소득의 증가, 나아가 지역경제 활성화로 연결된다. 때때로 기업의 이동이 지역경제의 재건으로 이어지기도 한다. 예를 들어, 세제 우대 조치를 최대한 활용하여 기업이 이전할 수 있다. 이전할 기업과

6) 생산자나 소비자의 경제활동이 시장거래에 의하지 않고 직접적으로 또한 부수적으로 제3자의 경제활동이나 생활에 영향을 미치는 것.

전입해 오는 기업 간에 win-win 관계도 성립할 수 있다. 우리나라는 비수도권으로 이전하는 기업에 대해서는 법인세를 감면해 주고 있으며, 수도권의 기업이라도 지방에 투자하는 경우 고용창출투자 세액공제 추가공제율이 적용된다.[7] 그러나 지역경제의 재생이라는 큰 정책적 과제는 기업부동산자산관리라는 개별 기업 기준의 자구노력만으로는 충분하지 않다. 국가·지방 공공단체, 지역 금융기관, 지역 단체 등의 지원과 협력이 불가결하다.

세 번째는 적정한 지가(地價) 형성에도 기여한다. 기업부동산자산관리는 이미 언급한 바와 같이 단기적 이익 추구 때문에 부동산의 투기를 권장하는 것은 아니다. 기업부동산자산관리가 보급되고 보편화됨으로써 부동산시장에서는 실수요에 따른 수요와 적정한 공급의 증가가 기대된다. 이것이 부동산시장에서의 가격결정시스템의 적정화로 연결된다.

3. 기업부동산의 규모

Joroff(1993)[8]에 의하면 기업부동산은 인력, 기술, 정보 그리고 자금과 함께 기업의 제5 자산으로 인식된다. 정통적인 개념에서 부동산은 비용센터로 인식되어 소극적으로 관리되어 왔다. 그러나 사업자산으로서 부동산은 근로자에 대한 임금 다음으로 높은 비용항목을 구성한다. 그러므로 기업부동산자산은 효율적이고 효과적으로 관리되어야 한다.

미국의 주요 기업들을 조사한 많은 연구에 의하면 전체 자산에서 부동산자산이 차지하는 비중이 25~40%에 이른다고 한다. 1990년 미국의 부동산자산의 총 가치는 약 8조 7770억 달러인데 이 중 상업용 부동산자산이 2조 6550억 달러이며 기업부동산자산은 1조 6330억 달러에 이른다. 뉴질랜드, 말레이시아, 유럽, 독일, 싱가포르, 아일랜드 등의 나라에서 수행한 연구들에서도 부동산기업을 제외하면 기업의 전체 자산에서 부동산자산이 차지하는 비중은 대략 25~40%에 이른다.

국내의 경우 이에 대한 정확한 자료를 찾아보기는 쉽지 않으나 2013년 4월 발표된 참여연대의 자료에 의하면 국내 10대 그룹의 총 자산 대비 토지자산의 비중은 롯데는

7) 2013년 말 기준 기업이 비수도권으로 이전했을 경우 법인세는 7년간 100%를 감면받고, 이후 3년간은 50%를 감면받는다. 지역 광역시 등으로 이전했을 때는 5년간 100%, 이후 2년간은 50%의 규모로 법인세를 감면해 주고 있다.

8) Joroff, M., Louargand, M., Lambert, S., & Becker, F. (1993). Strategic Management of the Fifth Resource: Corporate Real Estate. The Industrial Development Research Foundation.

20.5%, 현대중공업은 12.4%, SK는 7.3%, 삼성은 5.1%, 현대자동차는 8.1%에 이르는 것으로 나타났다. 이는 토지자산만을 추산한 결과이며 빌딩자산까지 고려한다면 훨씬 더 많을 것으로 보인다. 국내 자산규모 상위 10대그룹 소속 상장사의 2016년 토지보유액을 집계한 결과 총 74조 2천억 원으로 2015년 72조 2천억 원보다 2.8%(2조) 늘어났다.

더욱 주목할 점은 기업의 부동산자산이 지속적으로 증가하고 있다는 것이다. 실제로 30대 대기업집단이 국내에 소유하고 있는 토지면적은 지난 8년간 19% 늘어났으며 토지가격은 72%나 증가하였다.[9] 최근 자료를 살펴봐도 동일한 결과를 알 수 있다. 이 중 두산그룹과 같이 계열사 보유토지에 대한 재평가를 실시하면서 토지보유액이 증가한 경우도 있지만 낮은 시중금리에 비해 부동산보유에 따른 수익이 상대적으로 높고 자산가치의 안정성도 높기 때문에 증가한 부분이 더 큰 것으로 분석된다.

〈표 8-3〉 기업보유 토지자산 가치 변화 (단위: %)

연도	삼성	현대자동차	현대중공업	SK	롯데
2013	5.1	8.1	12.4	7.3	20.5
2012	4.8	7.4	6.2	5.7	15.4

출처: 참여연대(2013). 10대 재벌 부동산보유현황.

실제로 10대그룹이 보유한 투자부동산의 임대수익률은 2011년 평균 5.41%에서 2012년에는 5.95%로 증가한 것으로 나타났다.[10] 2017년 현재 1%대에 불과한 기준금리보다 훨씬 높은 것으로 나타났다. 특히 세계경제의 불확실성이 높아지고 사업리스크가 증가하면서 보수적인 경영이 부각된다는 점도 보유 부동산이 늘어나는 중요한 요인으로 지적되고 있다. 따라서 기업부동산에 대한 자산관리의 필요성은 더욱 높아진다고 할 수 있다.

30대 대기업의 소유 토지를 지목별로 나누면 임야가 38.5%로 가장 많았으며, 공장용지가 28.8%, 농경지가 11.8%, 대지 7.1%, 공공용지가 1.2%였다.

9) 국토교통부(2013). 30대 그룹 토지보유현황

10) 재벌닷컴(2013). 10대그룹 수익목적 투자 부동산 13조 6천억 원.

〈표 8-4〉 대기업 소유 토지 지목별 현황 (단위: km^2, %)

항목	임야	공장용지	농경지	대지	공공용지
면적	195	146	60	36	6
비중	38.5	28.8	11.8	7.1	1.2

결론적으로 본다면 국내 대기업들의 경우 외국의 기업보다는 적은 부동산자산을 보유하고 있다고 볼 수 있다. 이렇게 된 원인 중 하나는 1990년대 초에 제정된 비업무용 토지 보유제한규제 때문이다. 당시 법인이 비업무용 토지를 취득하는 경우의 취득세율은 일반세율의 7.5배로 중과하였고 법인이 업무용으로 토지를 취득하였으나 5년 이내에 그 토지가 비업무용 토지에 해당되게 한 경우에도 위의 취득세를 적용하여 추징하였다. 양도차익에 대하여 법인소득세와 별도로 25%의 특별부가세를 부과하였다. 특히 비업무용 부동산은 현실에 맞게 재평가하여 적정한 감가상각 등의 경영합리화를 도모하여야 하나 비업무용 토지에 대하여는 재평가를 할 수 없게 함으로써 저율의 재평가세 대신에 고율의 법인세를 적용하여 과세하였다.

이런 이유로 국내기업들은 부동산을 자산으로 인식하기보다는 부담스러운 존재로 인식하게 되었으며 토지시장에서 기업의 소유 비중은 줄어든 것으로 보인다. 하지만 최근 토지시장에서 기업의 비중은 조금씩 증가하고 있다. 2012년 말 기준 전국의 토지면적은 100,188km^2로 2006년 말에 비해 510km^2가 증가하였으며 이 중 민간이 소유한 토지면적은 감소한 반면 법인이 소유한 토지면적은 20.1%나 증가하였다. 이렇게 기업의 토지소유 비중이 증가하고 있는 이유는 기업에서 새로이 부동산자산의 가치를 인식하여 본격적인 자산관리를 수행하기보다는 핵심사업의 정체와 신규 사업 개발의 어려움으로 내부 유보자금의 사용처를 찾지 못하는 상황으로 보인다. 실제로 2016년 설비투자는 2.3% 감소하였으나 기업의 현금성 자산보유규모는 2016년 말 최대치(115조7천억 원)를 기록하였다. 한국은행이 발표한 자금순환표에 따르면 2016년 말 비금융법인기업의 금융자산은 2,433조 원으로 2014년에 비해 270.7조 원이 늘어났다. 반면 금융부채는 101.2조 원 증가하는 데 그쳤다. 하지만 기업 내부에 유보된 현금성 자산은 기업 수익성 향상과 경쟁력 제고에는 도움이 되지 않는다. 따라서 기업의 부동산자산관리에 대한 필요와 인식 제고는 기업의 경쟁력 제고를 위해 꼭 필요한 과제로 인식되어야 할 것이다.

〈표 8-5〉 토지소유 구분별 기본현황 (단위: km^2, %)

<table>
<tr><th colspan="2">소유구분</th><th>2005</th><th>2006</th><th>2012</th><th>2006년 대비 증감률</th></tr>
<tr><td colspan="2">민유지</td><td>56,457(56.7)</td><td>55,792(56.0)</td><td>52,690(52.6)</td><td>-5.6</td></tr>
<tr><td rowspan="4">국공유지</td><td>소계</td><td>30,225(30.3)</td><td>30,540(30.6)</td><td>32,256(32.2)</td><td>5.6</td></tr>
<tr><td>국유지</td><td>23,033</td><td>23,274</td><td>24,519</td><td>5.3</td></tr>
<tr><td>도유지</td><td rowspan="2">7,192</td><td rowspan="2">7,266</td><td>2,686</td><td rowspan="2">6.5</td></tr>
<tr><td>군유지</td><td>5,052</td></tr>
<tr><td colspan="2">법 인</td><td>5,207(5.2)</td><td>5,461(5.5)</td><td>6,560(6.5)</td><td>20.1</td></tr>
<tr><td rowspan="3">비법인 등</td><td>소계</td><td>7,755(7.8)</td><td>7,884(7.9)</td><td>8,682(8.7)</td><td>10.1</td></tr>
<tr><td>비법인</td><td>7,377</td><td>7,495</td><td>8,339</td><td>11.3</td></tr>
<tr><td>기 타</td><td>378</td><td>389</td><td>343</td><td>-11.9</td></tr>
<tr><td colspan="2">합 계</td><td>99,646(100.0)</td><td>99,678(100.0)</td><td>100,188(100.0)</td><td>0.51</td></tr>
</table>

출처: 국토교통부(2013).

4. 기업의 활동과 기업부동산자산관리

1) 기업의 사회적 책임(CSR)과 기업부동산자산관리

최근 기업의 사회적 책임에 대한 관심이 갈수록 증가하고 있다. 기업의 사회적 책임의 의미는 매우 광범위하고 일률적으로 정의하기 어렵다. 기업부동산자산관리를 통해 기업의 사회적 책임을 실현해 나가는 것 또한 폭넓고 그 의미의 범위는 계속 증가하고 있다. 예를 들면 지역활성화를 위한 마을조성, 경관과 거리를 중요시하는 부동산의 최유효 활용, 녹지확보 및 친환경 부동산개발 등도 기업부동산자산관리를 통한 기업의 사회적 책임을 실천하는 한 사례로 받아들여진다.

기업부동산자산관리의 대상은 부동산자산이지만, 이는 경영전략과의 상호 관련성을 충분히 인식하는 것이 중요하다. 부동산에 대한 수익성이 향상되더라도 전체적으로 보면 기업의 수익성이 떨어지는 등 단기적인 수익 개선이 이루어지더라도 장기적으로 수익 악화의 문제가 발생하면 바람직하지 않다.

또한 부동산에 관한 의사결정은 투자비용과 미래의 영향이라는 면에서 매우 중요한 의미를 갖고 한 번 부적절한 의사결정을 해버리면 뒤늦게 회복하기가 매우 어려워진다.

따라서 객관적 자료를 바탕으로 대내외의 다양한 요인들을 고려하여 신중하게 의사결정을 할 필요가 있다. 이러한 의미에서 기업부동산관리는 부동산만의 전략이 아니라 경영전략과의 적합성을 가진 장기전략 차원에서 면밀히 검토할 필요가 있다.

기업부동산자산관리에서 기업의 사회적 책임요소로 생각해볼 수 있는 내부통제(compliance)에 대한 배려도 매우 중요하다. 국내외를 불문하고 현재 기업에서 발생하는 문제는 내부통제 위반에 의해 기업의 신용이나 브랜드 이미지가 현저히 실추되어 장기간에 걸쳐 업적에 나쁜 영향을 미치거나 최악의 경우 기업의 생존을 위협하게 된다. 내부통제에 의한 리스크 요인을 분석하고 이러한 리스크의 중요도에 따라 우선순위를 매겨 중요도가 높은 리스크 순으로 차례로 대비책을 검토해 두는 것이 중요하다. 기업 내에 존재하는 모든 리스크를 파악하기란 쉽지 않지만 사내 위원회 등을 설치하고, 외부기관과의 제휴를 통해 이러한 작업을 실시하면 효과적일 것이다.

기업부동산자산관리는 기업의 사회적 책임을 배려하고 경영전략과의 적합성을 가질 필요가 있지만 이들을 유기적으로 연결시키기 위해서는 SWOT분석과 사내외의 IT인프라를 충분히 활용하는 것이 중요하다. 예를 들면, 기업부동산자산관리를 수행할 때 부동산을 둘러싼 외부환경요인에 대한 기회나 위협요인을 분석하고 자사의 기업부동산관리 전략과 경영전략과의 시너지효과와 트레이드오프(trade-off) 관계[11] 등에 대해 분석하면 경영전략과 기업부동산자산관리의 관련성이나 경영전략 속에서의 기업부동산자산관리 전략의 자리매김을 명확히 할 수 있다. 또한 효과적인 기업부동산자산관리를 구축하고 실천하기 위해서는 조직체계나 의사소통의 흐름에 대해서도 검토하는 것이 중요하다. 예를 들면, 효과적인 기업부동산자산관리를 실시하는데 부서와 구성원에게 필요한 정보가 유통되느냐의 관점에서 기업 내의 의사소통 프로세스를 재정립하는 것도 필요하다. 또한 기업부동산자산관리를 실천하는데 현행 조직에서는 대응하기 어려운 경우 조직을 신설하거나 개편이 필요할 수도 있다.

2) 회사의 의사결정기구와 기업부동산자산관리

지금까지의 기업 경영에서 부동산사업을 영위하는 기업을 제외하면 부동산은 경영상

11) 두 개의 목표 가운데 하나를 달성하려고 하면 다른 목표의 달성이 늦어지거나 희생되는 경우의 양자 간의 관계를 말한다.

큰 비중을 차지하지 않았다. 그래서 기업 경영에서 가장 중요한 역할을 담당하는 이사회 차원에서도 부동산 관련 의안이 심의되는 것은 일시적으로 고액의 자금이 움직이는 부동산의 취득 또는 처분, 혹은 장기적으로 많은 임대료 지불이 예정된 부동산을 임차할 때 등이었다.[12] 그리고 해당 안건이 한 번 의결되면 이사회 차원의 사후 모니터링은 없었다.

회사의 의사결정기구라는 관점에서 파악한 기업부동산의 위상은 즉흥적인 대응에서 기업부동산자산관리라는 명확한 경영 방침 아래 조직화되고 체계화된 경영전략의 일환으로 대처해야만 하는 상황으로 바뀌고 있다.

우선 경영환경의 변화라는 관점에서는 부동산 자체가 리스크 자산화한 것에서부터 경영관리(리스크 관리)의 대상으로 인식되는 동시에 시가평가인 국제회계기준 도입 등에 의해 부동산에 대해서도 현금흐름의 가치를 측정하는 것이 정착되고 있다. 그래서 경영이라는 관점에서는 부동산의 매각과 매입으로만 그 책임을 완수했다고 할 수는 없으며 부단한 회사의 경영전략적 관점에서의 관리가 필요한 것이다. 나아가 이사진의 선관주의 의무의 일환으로 내부 통제시스템 구축이 중요시되면서 기업부동산자산관리전략이 중요시될 것이다. 이와는 별도로 회계 분야에서도 소극적으로 부정을 발견·방지한다는 관점의 내부통제를 넘어 기업경영전략과 결합되어 경영의 효율성, 즉 회사의 업적과 성과를 높이기 위한 전략이라는 인식이 정착될 것이다.

3) 부동산시장의 변화와 기업부동산자산관리

우리나라의 부동산시장은 외환위기 때나 2008년 금융위기 등 일시적으로 다소 하락은 있었지만 지속적으로 상승했다. 특히 주거용 부동산은 변동이 있었지만 토지시장은 지속적으로 성장해 가장 안전한 자산이라는 인식이 지배적이다. 2011년 말부터 토지가격은 2016년 말까지 지속적으로 상승했으며, 그 상승폭은 2016년이 2.70%로 가장 크다.[13]

12) 상법상 이사회 결의 사항 중 '중요한 자산의 처분 및 양도, 대규모 자산의 차입, 지점의 설치, 이전 또는 폐지' 등이 포함된다. 하지만 이러한 결의사항도 소규모 주식회사에서는 대표이사, 이사가 담당하는 사항이다.

13) 2016년 기준으로 제주는 8.33% 상승하여 전국 최고 상승률을 보였으며, 세종(4.78%), 부산(4.17%), 대구(3.93%) 등 7개 시도가 전국 평균을 상회하였다.

〈표 8-6〉 연간 지가변동률 추이 (단위: %)

연도		2011	2012	2013	2014	2015	2016
지변율	전국	1.17	0.96	1.14	1.96	2.40	2.70
	수도권	1.16	0.68	1.04	1.91	2.19	2.53
	지방권	1.17	1.47	1.30	2.06	2.77	2.99
소비자물가지수(CPI)		4.0	2.2	1.3	1.3	0.7	1.0

출처: 국토부(2016).

하지만 1990년대 자산버블을 겪은 일본이나 2000년대 중반 부동산가격 하락을 경험했던 미국과 유럽의 사례를 고려한다면 국내 부동산시장 또한 안심하기는 이르다. 인구 및 가구의 급격한 감소와 고령화는 향후 부동산시장의 전망을 어둡게 만드는 요인으로 작용할 것이다. 특히 현재까지 부동산시장의 변동은 주로 외부환경요인에 의한 것이었다면 지금부터의 부동산시장은 우리의 내부변수(인구 및 고령화)로 인한 영향을 받을 것이다.

부동산시장의 변화는 기업의 부동산에 대한 시각에도 변화를 가져올 것이다. 즉, 부동산시장의 하향 안정화나 환경오염의 문제는 부동산을 소유하는 데 따른 리스크를 현실화시킴으로써 부동산은 소유하는 데 리스크가 있는 자산으로 인식될 것이다. 부동산을 임차하는 경우에도, 부동산의 리모델링이나 용도 변경 등에서 소유자의 승낙이 요구되는 등 부동산의 이용에 대해 일정한 제약을 받는다.

그동안 기업부동산은 '생산재'의 하나로서, 또 자금조달의 한 수단으로서, 더 심하게 이야기하면 주력사업의 보험용도로서 소유하고 있으면 되었다. 현재도 부동산의 구입 등은 현장에서 개발, 임대차·리모델링 등은 총무부문에서, 관리·매각 등은 재산관리부문에서와 같은 부동산 관리 체제를 취하고 있는 기업이 많다. 그러나 이런 체제에서는 전사적으로 어디에 어떤 부동산이 얼마나 존재하는지 파악하기 어렵기 때문에 환경문제 등 위험에 대한 정확한 대응도 곤란하다. 다양한 리스크에 대비하기 위해 기업부동산자산관리를 중요한 경영과제로 규정하고 사업에의 공헌도나 효율성 및 최유효 활용에 의한 수익 향상이라는 관점에서 이를 구축하는 것이 필요 불가결하다.

4) M&A와 기업부동산자산관리 전략

M&A는 여러 목적으로 행해진다. 첫 번째는 사업확장에 걸리는 시간의 절약이다. 사업을 확장해 나가는 데는 많은 시간이 소요된다. 현재와 같이 비즈니스 환경이 급변하는 상황에서는 시간을 단축함으로써 기회를 확실히 잡을 수 있다. 둘째로 경영자원의 확보이다. 기업은 경영자원을 활용해 최대한의 이익을 얻는 것을 목적으로 한다. 다른 회사가 보유한 경영자원에 자사의 노하우나 아이디어를 부가하여 이익을 증대할 수 있는 경우는 그 경영자원을 취득할 목적으로 기업 매수가 진행된다. 경영자원에는 부동산, 기계장치 등의 유형고정자산, 영업권·인허가·지적재산권 등 무형고정자산, 기술이나 사람 등의 노하우나 노동력 등이 있다. 특히 부동산의 가치가 M&A 시의 기업 가치에 큰 영향을 미칠 수 있다. 따라서 기업부동산자산관리가 정상적으로 이루어지면 기업의 가치를 높일 수 있다.

더 중요한 목적으로 사업 시너지의 확보에 있다. 사업을 확대하기 위해서는 사업 간 시너지를 얻을 수 있는 다른 사업을 인수하는 것이 효율적이다. M&A에 의해 두 기업이 제휴함으로써 2배가 아니라 3배, 4배의 이익을 끌어내는 시너지효과를 더 빨리 유도할 수 있다.

M&A에는 크게 '합병', '주식 취득' 그리고 '영업 양도'의 세 형태가 있다. 또 양도 대가의 지불도 현금으로 지불하는 경우와 주식 및 기타 자산 등 현물로 지불하는 경우도 있다. 인수대상 주식이 상장회사인 경우 주가는 시장에서 결정되어 시장에서 구입할 수 있다. 즉, 구매금액은 고액이지만 자유롭게 그 기업의 주식을 구입할 수 있기 때문에 적대적 M&A의 대상이 되는 경우가 있다. 특히 부동산 등 자산이 풍부하고 순자산가액이 시가 총액보다 높은 상장기업이 존재한다면, 해당 기업은 M&A의 표적이 되기 쉽다.

해성산업이라는 낯선 이름의 기업 주가가 지난 10년간 30배 가까이 올랐다. 해성산업의 자산과 수익성은 10년 전후를 비교해도 큰 차이가 없다. 지난 2004년에 비해 2013년의 당기순이익이 1.65배 늘어난 것이 큰 차이이며 부채는 겨우 1.09배밖에 증가하지 않는 등 거의 변화가 없었다. 하지만 해성산업은 서울 북창동 해남빌딩, 서초동 송남빌딩, 성동구 테크노센터, 부산 중앙동 부산송남빌딩, 강원도 동해시 동해식품공장 등 소유한 건물에서 임대수익을 올리고 있었다. 해성산업의 유일한 가능성은 부동산이다. 해성산업이 보유한 다섯 동의 건물과 토지의 장부가는 모두 2000년을 기준으로 공시되어 있기 때문이다. 장부상 해성산업의 건물과 토지가액은 753억 3300만 원이다. 전문가들은 14년간 오른 해성산업 부동산 가치를 6천억 원으로 추정하고 있다. 물론 부동산을 재평가한다고 해도 현재의 주가를 모두 설명할 수는 없지만 해성산업처럼 부동산의 가치가 기업가치를 설명하는 경우가 적지 않다.

시가총액 대비 투자 부동산 규모 비중이 높은 세아홀딩스(32.69%), 신세계(26.77%), 대림산업(26.45%), 영풍(24.57%) 등 '땅 부자'들의 주가가 2017년 들어 일제히 오름세를 타고 있는 것도 이런 이유에서다. 부동산자산주로 꼽히는 신세계(24만3500원)와 대림산업(9만 2400원)도 2017년 5월 말 최근 1년 내 최고가를 기록했다.

〈표 8-7〉 투자부동산 비중이 높은 자산주 (단위: 억원, %, 배)

종목	시가총액	투자부동산	시가총액대비비중	주가순자산비율 (PBR)
세아홀딩스	6,120	2001	32.69	0.36
다우기술	9,601	3046	31.72	1.03
신세계	2조 3,087	6181	26.77	0.74
대림산업	3조 1,250	8267	26.45	0.78
영풍	1조 9,231	4724	24.57	0.70

출처: 에프앤가이드(2017년 5월 말 기준).

주식을 공개하지 않은 기업을 인수하는 경우에는 매수가격의 산정을 위해 기업평가가 이루어진다. 기업을 평가하는 대표적인 방법은 할인현금흐름법(discount cash flow: DCF)으로 알려졌다. DCF법은 영업에서 창출되는 현금흐름을 바탕으로 산정된다. 구체적으로는 현재의 사업이 최소한의 투자로 유지할 수 있는 기간의 현금흐름의 합계액에서 시간과 리스크에 대한 할인금액을 감액하는 방법이다. 예를 들어, 매각하면 100억 원의 가치가 있는 부동산을 소유하고 있는 기업에서도 그 부동산을 공장으로 사용하고 있고 그 공장의 생산에 의해 확보된 영업 현금흐름이 매년 5억 원이라고 하면 10년 분의 합계액에서도 50억 원의 가치밖에 되지 않고, 현재 가치로 할인을 하면 30억 원 정도밖에 되지 않을 수 있다. 즉, 부동산 자체의 가치보다 그 부동산이란 경영자원을 이용해 얻은 이익과 현금유입을 보는 것이 DCF법의 기본이다. 또, 매각가능한 자산을 소유하고 있으면 시가 순자산가액과 DCF법의 절충방식으로 가격을 산정하는 경우도 있다. 지금까지 살펴본 M&A

와 기업부동산자산관리와의 관계에 대해 다음과 같은 것을 알 수 있다.

첫째, 부동산에서 적정한 수익을 창출하지 않으면 기업가치가 낮아져 M&A의 대상이 되고, 합병이나 인수 때 주주, 채권자가 불이익을 받지만 기업부동산자산을 잘 관리하여 소유 부동산의 가치를 적정화하는 것으로 기업 가치를 높일 수 있다.

주식교환을 활용한 기업통합에는 상대 기업가치에 대응하는 주식을 인수기업이 발행하게 되지만 인수기업 측은 기업가치가 높을수록 적은 주식의 발행으로 통합할 수 있으며 피매수기업 측에서는 기업가치가 높을수록 많은 주식을 주주가 취득할 수 있다.

또 장부가격이 낮은 부동산을 소유하고 있는 기업일수록 부동산의 수익성이 낮은 채 방치된 경우가 있다. 예를 들면, 원가 10억 원의 땅에서 매년 2억 원의 수익을 얻고 있는 표면적으로는 20%의 이익이 보이지만 그 부동산 실제 가치가 100억 원이면 2%의 이익밖에 얻지 못하게 된다. 소유 부동산자산에서 적정한 이익을 얻지 못하면 기업가치가 낮아지기 때문에 자산을 처분했을 때의 시가보다 기업가치가 낮아지는 경우가 있다. 투자가는 그런 기업을 인수해 부동산을 매각함으로써 이익을 얻을 수 있어 적대적 M&A의 대상이 되기 쉽다.

둘째, 부동산을 담보로 자금을 조달하는 기업은 부동산가치가 떨어지면 자금을 조달할 수 없어 자금사정이 악화될 가능성이 있지만, 기업부동산자산관리를 통해 부동산의 가치를 높임으로써 자금조달이 원활해진다. 그러나 궁극적으로 자금을 못 갚으면 경매 등의 강제 절차로 부동산 자체를 잃을 수도 있다. 차입금을 상환하기 위한 자금을 확보하기 위해서도 부동산에서 발생하는 수익을 증대시킬 필요가 있다. 또 현금흐름의 가치가 기업가치가 된 DCF법의 경우에는 부동산에서 나오는 수익이 기업가치에 큰 영향을 준다. 즉, 기업부동산자산관리를 소홀히 하여 자금흐름이 악화되어 기업가치가 급속히 떨어지고 매수될 가능성이 높아진다.

셋째, 기업부동산자산관리로 부동산의 가치를 높임으로써 M&A를 적극적으로 활용해 기업을 인수하는 것도 가능하게 된다. 또 가치를 높인 부동산을 매각한 경우에 주주에게 큰 이익을 가져올 수 있다. 부동산의 취득을 목적으로 그 소유 회사를 매수한다는 M&A 방법도 이용할 수 있다. 예를 들면, 본업을 영위하는 A사와 부동산을 확보한 B사 등 2개 회사로 분할하고, A사는 본업에 따른 시너지로, B사는 부동산을 이용하여 수익을 올릴 수 있는 기업에 따로 매각하여 매각 가격을 최대화할 수도 있다. 기업부동산이 M&A에 미치는 영향은 지대하며 부동산자산관리의 중요성은 더욱 커진다고 볼 수 있다.

5) 중소기업의 사업승계, 자산승계와 기업부동산자산관리전략

우리나라의 대부분의 중소기업은 자본과 경영이 일치한다. 중소기업중앙회가 발간한 '2016 중소기업 위상지표'에 따르면 2014년 기준 중소기업은 3,542,350개로 전체 사업체의 99.9%를 구성하고 있으며, 종사자 수는 14,027,636명으로 전체 고용의 87.9%를 차지한다. 이들 중소기업의 대부분은 가족이 회사를 경영하는 동족 기업이며, 자본과 경영이 일치한다.

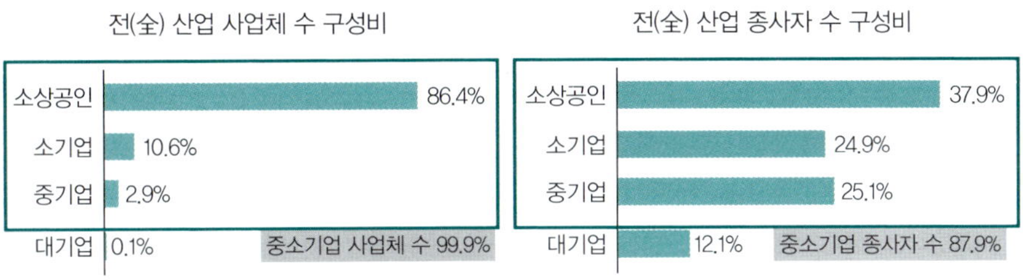

[그림 8-1] 중소기업 위상지표

중소기업의 사업승계 대책은 부동산 등의 재산을 어떻게 승계시키느냐 하는 자산승계 대책과 종업원, 거래처, 영업 등 경영재산을 승계하는 경영자원승계 대책(사업승계 대책)으로 나눌 수 있다. 전자의 자산승계 대책 중에서 가장 중요한 것은 자산을 경영주와 회사가 어떻게 분할하는가 하는 자산분할의 문제이다. 사업승계 대책을 필요로 하는 기업의 대부분은 개인 경영이 사업 확대에 따라 법인화하였거나 혹은 소규모 법인 경영이 성장하여 커진 것으로 회사는 자본금, 차입금, 담보보증인, 사업소 등 경영자원의 상당 부분을 창업자 개인에 의존하고 있다. 개인 자금으로 회사를 설립하고, 금융기관 차입에도 개인 소유의 부동산을 담보로 제공하거나 개인 부동산을 임차하여 사업을 운영하는 경우가 많다. 또 상속세 절세 대책으로 개인 자산과 법인 경영이 일체화된 경우도 많다. 일본에서 조사한 자료에 의하면 중소기업 경영자의 개인 자산 약 2/3가 사업용 자산(자사 주식, 사업용 부동산)이며, 또 그 절반이 사업용 부동산이라고 한다.

사업승계의 어려움은 기업에 들어와 있는 개인 자산을 쉽게 분리할 수 없다는 것이어서 자본과 경영을 분리하는 것이 사업승계의 첫걸음이다. 이를 위해서는 사전 매매 등을 통해 개인자산을 기업 소유로 전환하여 자산의 계속적 이용을 확보하는 것이 바람직하다. 이렇게 사업용으로 사용하는 개인 자산을 기업 소유로 이관함으로써 개인은 금융자산만 보유하게 되어, 미래의 상속에서도 문제가 없으며, 나아가 이를 상속세 납세 자금으로 이용할 수 있다.

실제로 중소기업중앙회의 가업승계 지원센터에서 조사한 가업승계 실태조사보고서에 의하면 가업승계 전, 후 매출액은 승계 전 3년 평균 138.9억 원에서 승계 후 3년 평균 148.7억 원으로 평균 7.1% 증가했으며, 승계 후 평균 9년이 경과한 2013년 기준 205억 원으로 승계 전 3년 평균과 비교하면 47.6% 증가하였다고 한다.

〈표 8-8〉 가업승계 전, 후 매출변동 (단위: 개소, 억 원, %)

구분	사례수	매출액			수출비중		
		승계 전 3년 평균	승계 후 3년 평균	현재	승계 전 3년 평균	승계 후 3년 평균	현재
전체	148	138.94	148.66	204.99	8.95	9.05	10.00

출처: 중소기업중앙회 가업승계지원센터(2013).

이미 자산을 법인에 이전시킨 경우에는 신설회사를 설립하여 사용 부동산을 양도하거나 자산을 남기고 사업 부문만을 회사분할에 의해 분사화하거나, 반대로 자산을 회사에서 분사하는 등의 방법으로 부동산 관리·임대부문을 사업부문에서 분리할 수 있다.

기업의 소유가 된 부동산자산에 대해서는 기업경영의 중요한 근간이 되므로 기업의 부침에 좌우되지 않도록 기업부동산자산관리를 실천하고 적절히 관리, 운영할 필요가 있다.

또한 자산을 분리한 자산 소유·관리·임대회사들은 적절한 기업부동산자산관리에 따라 장기간에 걸쳐 그 자산을 사업 회사에 임대함으로써 부동산임대 수입이라는 안정적인 현금흐름을 확보할 수 있다. 부동산 소유·임대관리회사로 분리·관리·임대되는 부동산은 진부화에 의해 가치가 하락하지 않도록 할 필요가 있다. 임대료 하락을 억제하고 경비를 통제하고 리스크를 관리하는 등의 부단한 노력이 필요하다. 이처럼 기업부동산자산관리는 사업승계로 고민하는 많은 중소기업에 아주 효과적인 방법이다.

6) 기업의 세제와 부동산자산관리 전략

기업부동산자산관리를 실행하면 그 기법에 따라 다양한 과세 관계가 생기게 된다. 흐름 국면(부동산의 매각 국면)과 자산 국면(부동산의 소유·사용 단계)의 두 가지 관점에서 기업부동산자산관리를 실천하는 데 주의가 필요하다.

기업부동산자산관리를 수행하다 보면 다양한 세금 문제에 직면하게 된다. 부동산을 이전하는 경우에는 법인세법을 중심으로 한 플로우(흐름) 국면의 세제를 기업부동산자산관리 전략 책정 시에 충분히 이해할 필요가 있다. 또, 오너기업에서는 부동산을 승계하는 기업부동산자산관리를 추진할 수 있기에 상속세법을 중심으로 한 스톡(자산) 국면의 세제를 고려하는 것도 필요하다.

기업부동산자산관리 실행에 수반되는 조세비용은 기업 가치에 큰 영향을 미치므로 그 사전검토는 전략 결정의 중요한 요소가 된다. 따라서 전략 책정 시에 정확한 세금 계획이 중요하다. 효과적인 기업부동산자산관리를 실행하기 위해서는 관련 세제 조치를 고려하여 부동산의 이전 형태 및 소유 형태를 검토하는 것이 중요하며 경우에 따라서는 계획 전체를 재검토하여야 한다. 따라서 기업부동산자산관리 실행단계에서 세금에 관한 외부 전문가를 활용하는 것도 효과적이다. 즉, 부동산 관련 세제를 적정하게 이해해 유효하게 활용하는 것이 기업부동산자산관리 전략의 중요한 요소 중 하나이다.

5. 기업의 부동산자산관리 체제 구축

과거 기업 경영에서는 부동산자산이 경영상 중요하지 않았고 다만 일시적으로 비용 부담이 발생하는 부동산의 취득이나 처분 혹은 장기적으로 많은 임대료 지불이 예정된 부동산을 임차할 경우에만 이사회의 승인을 얻었다.

원래 부동산자산의 관리는 장기의 시간이 필요하므로 그 성과도 명확한 지표에 근거한 평가가 요구된다. 하지만 당시에는 담당자들의 관심이 높았다 하더라도 그 성과에 대해서는 그 후 트렌드의 변화에 의해 적절한 평가와 피드백이 어려워 결과적으로 단기간의 관심이 되어버리는 경우가 많았다.

또한 기존의 부동산관리는 개별 시설물에 대한 단순한 물적 관리를 중심으로 한 재산관리적인 측면이 강해, 해당 부동산의 물리적·권리적·경제적 정보를 일관성 있게 검토하는 경우는 많지 않았다.

실제로 기업부동산자산관리에서 각 부문의 실무담당자가 취급하는 부동산은 개별성이 강해 기업부동산자산관리 업무를 수행할 때 경영 이념과 기업 전략을 반영하기 어려운 경우가 많다. 하지만 향후 부동산자산관리는 경영 이념과 기업 전략을 기반으로 실행되어야 한다.

부동산이 리스크가 있는 자산으로 변해가고, 시가회계제도가 도입되는 등 경영자가 예전과 같이 취득, 매각 등에 한정해서 부동산자산관리에 관한 의사결정을 내리고 나머지는 각 부문의 실무자가 전담하는 방식으로는 경영 책임을 완수했다고 할 수 없다. 이제는 경영전략의 관점에서 부동산의 합리적이고 전략적인 관리가 요구된다.

기업부동산자산관리는 경영전략의 하나로 자리매김하게 될 것이다. 따라서 기업부동산자산관리를 추진, 발전시키기 위해서는 지배구조에 대응한 적절한 기업부동산자산관리(corporate real estate management: CREM) 사이클을 구축할 필요가 있다. 일반적으로 전략의 실행을 담당하는 것은 실무자들이기 때문에 경영층의 이념이나 사상을 반영하기 위해서는 정형화된 관리기법인 CREM 사이클의 적용이 요구된다. 또한 이 사이클을 실행하기 위해서는 후술하는 조직이나 체제를 정비한 후에 임하는 것이 바람직하지만 선진적인 정보체계를 도입하거나 외부의 자원을 활용하는 등 대규모의 조직개편이나 인원 증가를 도모하지 않고도 유연하게 대응할 수 있다. 개별 기업의 상황을 종합적으로 감안하여 조직을 정비하거나 정보화의 범위를 결정하는 등 적절히 판단하여야 할 것이다.

기업부동산자산관리는 개별 기업의 경영전략으로 추진될 것이다. 기업부동산자산관리는 기업의 가치를 높이고 불확실한 리스크에 노출되지 않도록 실행체제를 실시하여야 하며 그 실시 상황은 평가지표에 근거해 적절히 체크해야 하며, 최종적인 평가결과는 다음의 기업부동산자산관리에 피드백될 필요가 있다. 기업부동산자산관리는 기업의 자체 경영이념과 전략하에서 지속적으로 심화, 발전한다. 그러기 위해서는 미리 설정된 명확한 CREM 구조와 평가지표에 근거하여 업무를 실행하고 결과를 모니터링하는 관리사이클을 구축하여야 한다.

기업부동산자산관리는 실무자가 수행하는 관리방법이지만 경영층에서도 해당 실무자들의 관리방법을 이해하는 것이 필요한데 이는 기업부동산자산관리와 기업부동산자산관리 전략의 사이클이 쌍방 통합되면서 효과적인 전략 수행이 가능하기 때문이다.

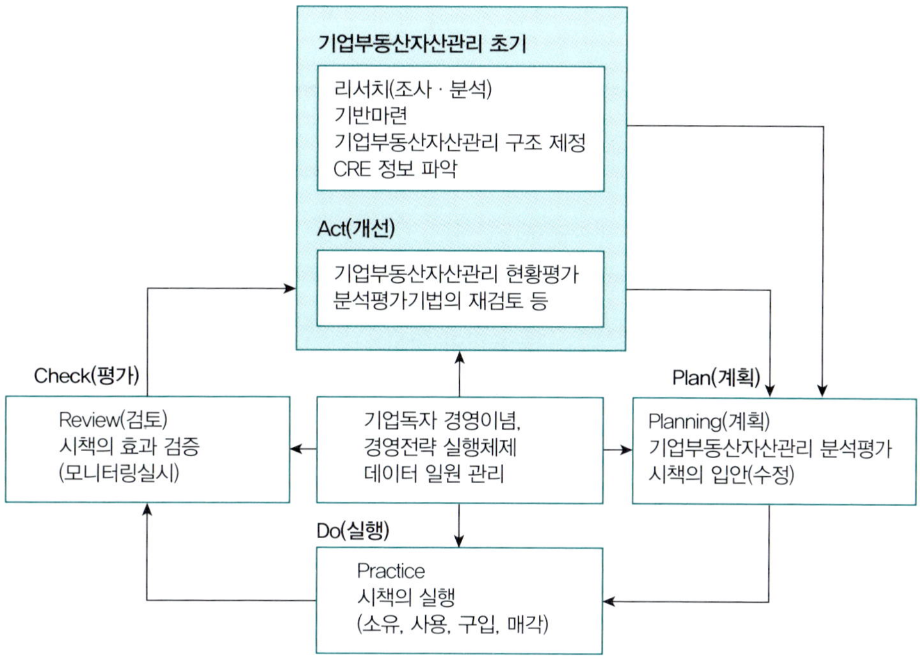

[그림 8-2] 기업부동산자산관리(CREM) 사이클

1) 조직체제의 검토

기업부동산자산관리의 추진에는 부동산의 취득에서부터 매각에 이르기까지 적절한 의사결정을 실시하는 것과 의사결정의 전제가 되는 부동산에 관한 정보를 사내에서 집약하고 공유하는 것이 필수적이며, 이를 위해서는 실행체제의 정비가 선행되어야 한다.

과거처럼 부동산의 취득과 매각은 재무부문에서, 임대차와 수선 등은 총무부문에서 담당하는 등 담당부문이 별도로 존재할 경우 정보가 분리되어 책임소재가 불명확해진다. 따라서 경영전략으로서의 기업부동산자산관리 추진은 불가능해진다. 기업부동산자산관리를 검토할 때는 현재의 조직체제상의 문제점을 파악한 후 기업부동산자산관리 전략과 조화를 이룰 수 있는 조직구조나 인사체제를 검토할 필요가 있다.

기업부동산자산관리 추진을 담당하는 조직은 경영전략과 일체가 된 대응이 요구된다. 즉, 기업부동산자산관리 담당부서는 최고경영층에 직속된 부동산에 전문적인 식견을 가진 조직으로서 사내 혹은 연결 그룹 내 부동산정보를 일원적으로 파악한 후, 부동산투자 판단 등의 업무를 집중적으로 추진하는 메트릭스 조직으로서 자리매김이 바람직하다. 또한 계열사 간 일원관리를 검토하는 경우 기존의 회사조직을 전제로 하지 않고 회사 분할이나 회사 통합과 같은 방법을 적극적으로 활용하여 관리의 집약화, 일원화도 가능하다.

NH농협은행의 경우 기존의 부동산자산관리서비스는 WM(Wealth Management)지원센터 소속 세무사가 부동산 관련 세무상담을 수행하고 있으며, 부동산컨설팅은 외부업체의 제휴를 통해 이루어지고 있으나 고객과 업체를 연결해 주는 단순 중개역할만 하고 있어 꾸준히 증가하는 고객의 다양한 니즈를 충족시키기엔 부족한 현실이었다. 따라서 서비스의 점진적 확대를 위해 기존의 WM지원센터의 조직을 확대하고 농협금융지주의 증권, 운용, 보험 등 각 계열사 내 부동산 관련 전문가 또는 부동산 전문기관과의 협업체계를 통해 고객의 니즈에 맞춘 서비스를 제공하는 방향으로 조직 개편을 시도한 사례가 있다.[14)]

2) 조직체제의 재검토

(1) 기업부동산자산관리 관련 업무의 정리

기업부동산에 관한 업무는 부동산의 취득, 매각 및 투자효율의 평가, 임대차관리, 수선, 설비 통폐합 등 복잡하고 다양하다. 기업부동산자산관리를 실천하기 위해서는 현재의 업무체제와 그 내용에 대한 현황을 정리한 뒤 기업부동산자산관리 추진을 위한 조직체제를 구축할 필요가 있다. 이 조직체제는 기업의 업태와 규모에 따라 달라질 수 있지만 경영전략에 근거한 전사적인 부동산 의사결정을 위한 메트릭스 조직을 정비할 필요가 있다. 또한 인수, 합병 등에 의해 성장해온 기업의 경우에는 그룹사나 계열사 간에 동종업무의 중복 등의 문제가 내재되어 있을 가능성이 높아 바람직한 체제를 다시 구축하는 것도 중요하다.

(2) 인재양성

부동산은 개별성이 강하며 기업부동산에 관한 업무는 복잡다단하기 때문에 기업부동산자산관리 수행에 합리적이고 적절한 방향을 설정하기 위해서는 관리프로세스를 도입

14) 권정미(2012). 부동산자산관리서비스 활성화 방안 연구: NH농협은행을 중심으로. 고려대학교 정책대학원 석사학위논문.

하고 벤치마킹 등의 지표에 의해 평가하는 것 외에도 고도로 전문화되고 경험이 풍부한 인력이 필요하다. 기업부동산자산관리를 수행하기 위해서는 체제 구축과 함께 고도의 전문성을 가진 인재를 육성하는 전략이 함께 요구된다.

(3) 아웃소싱 전략

기업부동산자산관리를 실천하기 위해 업무 프로세스를 재구축하는 경우, 복잡다단한 부동산 관련 업무의 모든 것을 조직 내에서 해결하는 것은 현실적이지 않다. 그런 경우 업무의 효율성, 객관성, 자산 노하우의 고도화 등의 관점에서 기존 자사의 조직 개편과 함께 아웃소싱의 활용을 적극적으로 검토해야 한다. 일상적이며 단순한 관리는 효율성을 확보하기 위해 적극적으로 아웃소싱할 수 있다. 한편 기업부동산자산관리전략의 성과를 최대한 끌어올리기 위해서는 자사가 확보하지 못한 역량을 보유한 아웃소싱업체를 활용할 수 있으며 개선방안을 적극적으로 제안하고 실행하는 능력을 가진 업체와 창조적인 협력관계를 구축하는 것이 중요하다. CBRE가 일본 IT기업 6개사를 대상으로 조사한 결과 일상적이고 단순한 업무인 FM과 임대차관련 업무, 매입·매각과 건물관리는 50% 이상을 아웃소싱하고 있었다.

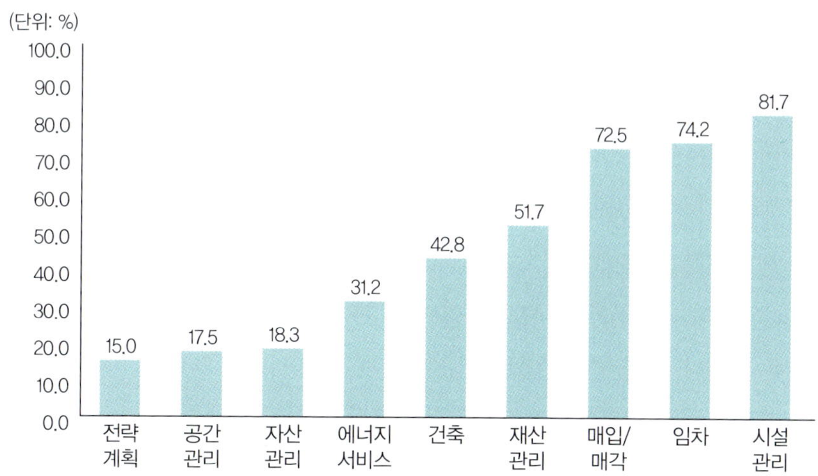

[그림 8-3] 일본 IT기업들의 기업부동산자산관리 아웃소싱 비율

출처: CBRE(2009). 지금이야말로 필요한 효과적인 기업부동산자산관리전략.

3) 기업부동산자산관리 정보의 정비

부동산 관련 업무가 담당부서별로 분리되어 있을 때는 부동산 정보 또한 기업이나 그룹 내에 산재해 있을 가능성이 크다. 기업부동산자산관리 전략을 실행하기 위해서는 조직을 정비할 필요가 있지만 이에 우선해서 기업부동산에 관한 정보를 일원화할 필요가 있다. 기업부동산자산관리 정보를 정비할 때 단지 정보를 모으는 것은 중요하지 않으며 기업부동산자산관리 사이클에서의 활용을 고려하여 평가가 가능하도록 데이터를 정비하는 것이 중요하다.

기업부동산자산관리를 실행하기 위해서는 부동산에 대한 물리적 정보와 법률적 정보(권리 등) 그리고 경제적 정보 등이 중요하다. 더불어 기업부동산자산관리 정보를 정비하기 위해서는 많은 노력이 필요한데 단계별로 정비하는 것이 필요하다.

이러한 정보 중 경제적 정보와 물리적 정보는 끊임없이 변화하기 때문에 최신의 데이터로 주기적으로 수정할 필요가 있다. 또 계획단계에서는 기업부동산을 평가할 때 입지나 인프라 상황 등 주변의 정보를 적절히 조사하여 반영할 필요가 있다.

4) 기업부동산자산관리의 평가

기업부동산자산관리를 끊임없이 심화, 발전시키기 위해서는 기업부동산자산관리의 수행결과를 적절히 모니터링할 필요가 있다. 모니터링하기 위해서는 성과지표를 설정하고 월별, 분기별로 적절한 기간마다 수치로 계량화하여 평가하고 프로세스의 진전 상황을 관리해야 한다. 실적 평가지표가 중요한데 벤치마킹에 의해 동종업계에서 통용되는 명확하고 객관적인 지표를 설정할 필요가 있다. 그리고 재무적 지표와 함께 비재무적 지표도 포함시켜야 하는데 임차인의 만족도 등 다면적인 평가가 가능하도록 구성해야 한다.

부동산은 입지나 시기, 주변 인프라 등 개별 특수요인에 큰 영향을 받는 경우가 많다. 수치화된 지표에 의한 평가에서는 기업부동산자산관리를 수행한 결과를 측정할 수 없는 측면도 존재한다. 벤치마킹을 실시할 경우에도 평가결과를 검증하기 위해서는 전문지식과 경험에 기반한 지식을 활용한 분석능력이 요구된다. 때문에 기업부동산자산관리를 추진하는 초기에는 기업부동산에 관한 광범위한 지식과 분석능력을 보유한 직원을 육성하면서 필요에 따라 외부기관과의 전략적 파트너십을 구축하는 것도 필요하다.

5) 위험관리체제 구축

부동산은 기업에 큰 사업기회를 가져다주기도 하지만, 다양한 위험을 초래하기도 한다. 예를 들면 시가평가에 의해 기업결산에 영향을 줄 수 있고, 매입에 따른 소유자 책임이 발생하고, 최근에는 준법성, 토양 오염 등 부동산 고유의 리스크에 대해서도 사회의 관심이 높아지고 있다. 기업부동산자산관리를 실행할 때는 이러한 부동산의 리스크를 정확하게 파악, 분석한 뒤 합리적인 대안을 모색하는 것이 중요하다. 이에 맥도널드의 사례는 참고할 만하다.

과거 맥도날드는 매장 숫자를 늘리는 확장 전략을 통해 성장을 유지해 왔는데, 이는 부동산이 맥도날드의 커다란 사업영역이기도 했기 때문이었다. 1960년 맥도날드는 지나친 확장 전략으로 경영에 어려움을 겪자, 새로운 수익원을 찾기 시작했다. 이때 찾아낸 것이 파이낸싱을 이용한 프랜차이즈 부동산임대업이었다. 금융기관에서 차입하여 프랜차이즈업체들이 입주할 땅을 미리 싸게 구입한 뒤, 이를 임대해 임대수익을 올리자는 아이디어였다. 초기에 자금이 부족한 프랜차이즈 가맹자들과 본사 모두 수익이 나는 윈윈 게임이었다. 대다수의 후보 지역은 미개발지로서 헐값이었으나 맥도날드가 생긴 후에는 그 일대 땅값이 크게 올라 궁극적으로는 매출의 1%에 해당하는 임대수입과 함께 자산가치 상승에 따르는 자본이득까지 확보할 수 있었다. 하지만 2004년 부동산 경기침체의 징후가 보이자 이러한 확장전략을 과감히 폐기하고 부동산에 투입되는 비용을 축소하고 단위 매장의 생산성 향상으로 기업의 전략을 빠르게 변경한 결과 다양한 고객층의 다양한 목적(식사, 음료, 간식)을 충족시키면서 매장당 판매량을 높일 수 있었다.[16] 실제로 국내의 경우에도 2014년 현재 롯데리아는 1,261개의 매장을 보유하고 있지만 매출은 6,192억에 그친다. 하지만 맥도날드는 396개의 매장밖에 없지만 매출은 4,805억 원에 이를 정도로 확장전략 대신 매장당 판매량을 높이는 전략을 구사하고 있다. 특히 매출액 증가율(2012~2013년)의 경우 롯데리아는 10.9%에 그치는 반면, 맥도날드는 25.7%로 두 배 이상 높은 증가율을 보이고 있다. 롯데리아가 매출과 영업이익의 절대규모는 업계 선두를 달리고 있지만 맥도날드보다 압도적으로 우위인 매장 수를 감안하면 만족할 만한 영업성과는 아닌 것으로 보인다.

〈표 8-9〉 패스트푸드업계 현황

회사	매장 수(2014년)	매출(2013년)
롯데리아	1,261개	6,192억
맥도날드	396개	4,805억

출처: 공정거래위원회 및 감사보고서.

위험관리는 기업부동산자산관리의 중요한 업무이며, 기업부동산자산관리 담당 부문

15) Mitchell, D.(2010). McDonald's liquid profits, Fortune.

이 주도적으로 담당해야 하며 기업부동산자산관리 사이클 내 명확한 위치를 점할 필요가 있다.

6) IT의 활용

기업부동산자산관리 전략을 실행하기 위해서는 기업부동산에 관한 정보를 한곳에서 관리하고 필요한 데이터가 실시간으로 추출될 수 있는 정보시스템을 정비할 필요가 있다. 기업의 의사결정에 IT를 활용하면 내부통제를 구축할 수 있을 뿐만 아니라 업무 프로세스를 적정화하고 비용을 절감할 수 있다. 경영층은 기업부동산에 관한 정보를 책상에서 확인해 신속히 의사결정에 활용할 수 있다. 관리자 입장에서도 IT를 활용하여 현재 각 부동산의 다양한 정보를 적시에 확보할 수 있으며 기업부동산자산관리 관련 업무 추진 상황을 검증하여 향후 의사결정에 피드백(feedback)할 수 있다. 더욱이 정비하는 시스템은 단순히 데이터베이스를 모아놓는 곳은 아니며 기업부동산자산관리 관련 업무내용이 포함된 기능을 보유하고 있기 때문에 업무효율화를 기대할 수 있다.

기업부동산자산관리 전략을 원활히 추진하기 위해서는 흩어져 있는 정보를 한 곳에서 관리하는 시스템을 구축하는 것은 효과적이다. 하지만 이 정도의 시스템을 도입하기 위해서는 큰 비용이 소요되기 때문에 현장의 요구를 바탕으로 확장성을 감안하여 기초부터 단계적으로 구축할 필요가 있다. 그리고 의사결정을 위해서는 부동산을 평가할 수 있는 외부시스템과의 연계도 요구된다. 이러한 외부시스템으로는 국가(국토교통부)에서 운영하는 정보포털서비스인 온나라 부동산정보 통합포털(seereal.lh.or.kr)가 대표적이다.

6. 기업부동산자산관리와 부동산 분석

1) 기업부동산자산관리의 부동산 분석의 필요성

기업은 각각의 자산가치를 적정하게 평가해서 장부가격과의 차이를 파악할 필요가 있다. 그러나 부동산의 잠재적 가치를 최대한 활용해 기업 가치를 향상시키겠다는 것은

M&A에서 부동산을 평가하는 것처럼 단순히 시가와 장부가격과의 차이를 파악하는 것만으로는 충분하다고 말할 수 없다.

기업은 사업용 부동산, 판매용 부동산, 투자부동산 등 다양한 자산을 소유하거나 임차하여 기업활동을 수행하는데, 사업용으로 활용되지 않는 유휴부동산이나 기타 부동산도 보유하고 있다. 기업부동산자산관리에서는 각 부동산의 개별 평가에 덧붙여 해당 기업 내에서 각 자산의 상대적인 위치도 파악함으로써 기업부동산을 기업가치 향상이라는 관점에서 다면적으로 평가할 필요가 있다.

2) 투자가치의 비교에 의한 기업부동산자산관리 분석

부동산의 시가는 경제적 사용을 전제로 시장에서 합리적으로 형성되고 있는 시장가치를 표시한 것이며, 해당 부동산을 부동산시장에서 실제로 구입할 때 기준이 된다. 그러나 기업부동산자산관리에서는 오히려 해당 부동산을 이용해 자사의 사업을 수행했을 경우에 얻게 되는 사용가치와 시장가치를 비교하여 투자에 대한 의사결정을 하는 것이 중요하다. 즉, 사용가치가 시장가치를 웃도는 경우 해당 투자를 단행하는 것이 좋다. 하지만 사용가치가 시장가치와 동등하거나 밑돌 경우 해당 기업은 그 부동산을 자사의 사업에 투자하는 것은 합리적이지 않다. 따라서 각 부동산을 사용가치(경영전략 상 중요도와 기여도)와 시장가치(개발 잠재력)의 두 가지 축으로 분류함으로써 각 부동산에 대한 전략적 의사결정을 정리할 필요가 있다.

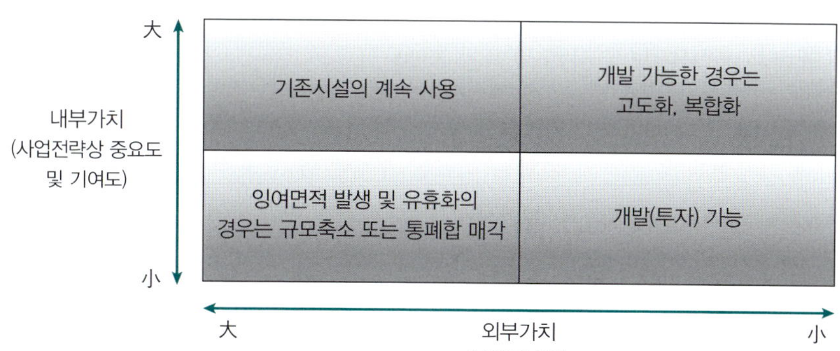

[그림 8-4] 투자가치 비교에 의한 기업부동산자산관리 분석

부동산의 시장가치를 찾는 방법은 순현재가치법(net present value: NPV) 등이 있다. 사용가치는 예상되는 현금흐름을 현재 시점에서 할인한다. 이때의 할인율은 기업의 자본조달비용으로 계산하는 것이 원칙이다. 이 자본비용은 실질적인 자금조달비용을 나타내고 있으며 일반적으로 WACC(weighted average cost of capital, 가중평균자본비용)를 이용한다. 다른 부동산과의 시너지효과를 고려하는 것이 필요한 경우도 있다. 따라서 신규로 취득하려는 부동산뿐만 아니라 이미 보유하고 있는 부동산에 대해서도 자산의 소유 여부를 판단해야 한다.

3) 소유, 임차의 성질의 비교에 의한 기업부동산자산관리 소유형태의 선택

기업부동산에 대해서는 비용수익분석에 의한 정량적 관점뿐만 아니라 자사의 경영전략과 관련된 정성적 관점 그리고 기업의 재무상황, 부동산시장 동향 등을 종합적으로 판단해 부동산을 소유하거나 임차하는 데 따르는 장단점을 판단하고 개별 부동산의 조건에 맞는 소유형태를 결정하는 것이 중요하다.

이때는 사업에 대한 기여도와 대체가능성을 조합해 분석하는 것이 중요하며 사업에 활용되나 대체가능성이 낮은 특수한 용도의 부동산은 '소유', 사업에 활용되며 대체가능성이 높은 일반적인 용도의 부동산은 '소유'하거나 '임대', 사업에 활용되지 않으며 대체가능성이 높은 부동산은 '임대', 사업에 활용되지 않으나 대체가능성이 낮은 부동산은 가능한 '소유'도 '임대'도 하지 않는 것을 기본으로 해야 한다.

4) 재무제표와 기업부동산자산관리 전략

기업부동산자산관리 전략의 궁극적 목표는 부동산을 효율적으로 활용하여 기업의 가치를 향상시키는 것이다. 기업은 경영상태를 판단하기 위해 수치나 비율 등 다양한 경영지표(management index)를 활용하지만, 특히 기업가치와 자산의 효율성과의 관계를 나타내는 경영지표를 수치화해 이를 목표로 설정하는 것은 기업부동산자산관리를 계획하고 실행하는 데 매우 효과적인 방법이다. 기업부동산자산관리에 활용할 수 있는 경영지표는 다음과 같다.

(1) 총자산이익률(return on assets: ROA)

ROA란 기업의 총자산에서 당기순이익을 얼마나 올렸는지를 가늠하는 지표이다. 기업의 일정기간 순이익을 자산총액으로 나누어 계산한 수치로, 특정기업이 자산을 얼마나 효율적으로 운용했느냐를 나타낸다. 동종업종에서 규모, 매출, 이익이 유사한 경우 업역이 오래된 회사의 ROA가 높아지는 경향이 있지만, 부동산이 대차대조표에서는 취득가액으로 기재되어 있는 것이 많기 때문에 ROA 계산식의 분모를 과소평가할 수 있어 동종업계와 비교에 유의할 필요가 있다.

(2) 투자자본이익률(return on investment capital: ROIC)

기업이 실제 영영활동에 투입한 자산으로 영업이익을 얼마나 거뒀는지 나타내는 지표이다. 기업의 수익창출 역량을 측정하는데 활용되고 있다. 기업부동산 중 실질적으로 잠재손해의 상태에 있는 기업부동산은 기업가치 향상에 기여하지 않기 때문에 자본이익률 향상에 대한 합리적인 계획이 없다면 다른 사업에 활용하거나 매각 등을 검토해야 한다.

(3) 주가순자산배율(price book value ration: PBR)

주가를 주당순자산가치로 나눈 비율로 주가와 1주당 순자산을 비교한 수치이다. 즉, 주가가 순자산(자본금과 자본잉여금, 이익잉여금의 합계)에 비해 1주당 몇 배로 거래되고 있는지를 측정하는 지표이다. PBR이 1보다 낮은 경우 그 회사는 청산가치보다 시가총액이 밑도는 것이 되지만, 총자산은 취득 원가를 기준으로 하기 때문에 시가와의 차이에 유의할 필요가 있다.

5) 설비비용 분석에 의한 기업부동산자산관리 평가

(1) 매출에서 차지하는 설비비용

성장단계에 있는 기업들과 M&A를 시도하는 기업의 경우 성장에 따른 적절한 설비비용의 배분에 유의해야 한다. 성장의 선행지표로서 매출을 활용한다면 설비비용의 비중을 지표로서 설정하여 비용 적정화를 추구하도록 고려해야 한다.

(2) 지출에서 차지하는 설비비용

매출에서 차지하는 설비비용 분석과 유사하게 지출에서 차지하는 설비비용의 목표치를 설정할 수도 있다. 성장의 덫인 성숙기에 도달한 기업의 경우, 판매와 지출 상황이 모두 안정되어 있어 담당자들이 이해하기 쉬운 지표로 지출에서 설비비용이 차지하는 비중을 도입하여 비용을 억제하고 평준화할 수 있을 것이다. 매출이나 지출과는 다르게 현금흐름의 관점에서 이익과 자산, 설비의 효율 등을 평가하는 경우도 있다.

(3) 각 지표별 평가

설비비용을 구성하는 각 항목별로 단가를 산출하여 개별적으로 비교할 수 있다. 구체적인 예를 들면, 에너지비, 청소위생비, 설비관리비 등 단기기준의 비교평가지표를 설정하고 각 단가별로 비교, 평가할 수 있다.

(4) 공간가치와 설비비용

기업부동산자산관리 전략에서는 단순히 재무적 평가지표뿐만 아니라 만족도와 노동생산성 등 비재무적 평가지표도 도입하여 다면적으로 평가해야 한다. 예를 들면 사업소별로 시설이용자의 만족도와 면적효율이나 설비비용을 모든 시설로 시각화하고 문제가 있는 시설에 대해서는 이전 등 근본적인 재검토를 고려할 수 있다.

(5) 기업부동산의 배치분석

고객과의 접근성이 중시되는 기업이 기업부동산자산관리 전략을 검토할 경우 소유부동산의 배치 적정화를 검토할 필요가 있다. 예를 들면, 은행 점포의 경우 상권을 분석한 후 권역별 특성이나 점포 특성 등을 점검하고 지점 특성(도심형, 근린형)이나 사업방침(확장, 유지, 이전) 등을 검토해야 한다.

나아가 기업부동산자산관리 전략상 부동산을 이전하거나 임대로 전환하는 등의 조치를 강구할 때 각 거래에 따라 과세비용이 기업 가치에 큰 영향을 미치는 경우도 있다. 따라서 세무거래별로 원칙적인 과세방법, 일정요건을 충족할 경우 적용되는 특례조치 등이 정해져 있다면 세금계획을 사전에 책정해야 할 것이다.

• 7. 해외 선진기업 사례의 특징

미국의 썬마이크로시스템즈, 프록터앤드갬블(P&G), 휴렛팩커드(HP), IBM, 핀란드의 노키아 등 기업부동산자산관리의 해외 선진기업 사례에는 3가지 공통점이 있으며 이것들은 선진적인 기업부동산자산관리를 실행하기 위한 필수 3요소라 할 것이다.

첫째, 기업부동산자산관리를 담당하는 전문부서를 설치함으로써 기업부동산자산관리의 일원화를 도모하고 있다. 동시에 IT를 활용하여 부동산정보관리를 일원화하였다.

둘째, 외부 파트너를 효과적으로 활용함으로써 전략적 업무의 집중도를 높인다. 시설운영 등 일상적인 서비스 제공업무에 대해서는 외부 파트너에 대한 포괄적인 아웃소싱을 진행하면서, 부동산자산관리 전문부서에서는 사내 직원을 소수정예화하고 전략의 수립이나 의사결정 그리고 파트너관리 등 전략적 업무로 특화하는 경향을 강화하고 있다. 사내 직원과 외부 파트너가 다른 조직에 있으면서 실질적으로는 하나의 팀으로서 기능하는 가상팀을 형성하고 사내 직원들은 이 가상팀을 풀 가동함으로써 전략적 업무에 주력할 수 있다.

셋째, 기업부동산자산관리의 중점이 부동산관리에 머무르지 않고 선진적인 워크플레이스, 워크스타일을 활용한 인적자원관리(HRM)로 이행하고 있다. 그것을 반영하듯 P&G나 노키아 등 선진 기업에서는 기업부동산자산관리 전문부서를 워크플레이스 리소스(WR)라는 호칭으로 부르는 곳이 많다.

사무실의 입지나 시설환경은 종업원의 동기와 워크스타일, 사내 커뮤니케이션이나 인적 네트워크의 질을 결정하고 이들의 질이 향상되면 업무 효율이 높아져 HRM에 기여하는 것으로 의식되고 있다. 신사옥 등 워크플레이스 구축에서는 단순한 공간의 재검토 등 비용절감에만 그칠 것이 아니라 IT나 근무방식도 고려하여 종업원의 창조력을 양성하고, 독창적인 이노베이션 창출의 기점이 되는 부분에 대한 연구를 거듭한다.

노키아는 기업부동산자산관리를 담당하는 WR부문의 책임 범위를 사내의 사업부문과 외부 파트너 간의 연계조직으로 파트너 관리를 담당하는 감독기능(direct) 및 일상의 운영을 관리하는 관리기능(manage)은 내부에서 수행하고, 핵심 업무가 아닌 일상의 서비스를 제공하는 공급기능(deliver)은 외부 파트너에 위탁하고 있다. 향후에는 운영관리기능도 전면 위탁하고 사내 직원들은 감독기능에 특화되는 것을 목표로 하고 있다.

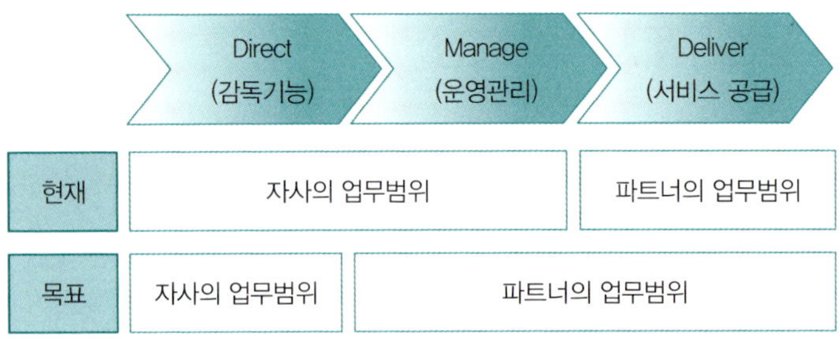

[그림 8-5] 노키아의 기업부동산자산관리 업무범위

P&G는 기업부동산자산관리를 발전시키기 위해 전략의 책정이나 경영관리 등 전략적 업무는 자체적으로 수행하고, 계약 프로세스 및 퍼실리티 서비스 등 일반화된 서비스는 합리적으로 외주하는 것이 중요하다고 생각하였다. 이런 취지로 공장, 창고, 사무실 등의 시설관리업무를 존스랭라살(JLL)에게 포괄적으로 위탁하고 있다.

기업부동산자산관리에 힘쓰는 기업이 아웃소싱을 전략적으로 활용할 수 있는 환경이 성립되기 위해서는 전략적 파트너로서 신뢰할 만한 부동산서비스 회사들의 존재를 빼놓을 수 없다. 미국에서는 존스랭라살(JLL)이나 CB리처드엘리스(CBRE) 등 글로벌 기업들이 기업부동산자산관리를 전 세계적으로 지원할 수 있는 역량을 갖추고 있다.

이들 대형 벤더들은 시설관리의 아웃소싱 사업과 함께 부동산의 매매 지원, 부동산개발 지원, 감정평가, 각종 컨설팅, 펀드관리 등 복수의 사업부문을 겸영하고 종합형 부동산서비스 사업 형태를 가지고 있다. 이 중에서 특히 회사 측의 기업부동산자산관리의 보급에 대응하여 아웃소싱사업을 확대, 강화하고 있다.

예를 들면 JLL에서는 시설관리업무의 수탁관리면적이 2004년 이후 도약기를 맞아 2009년 약 1.46억m^2로 2003년 수준의 2.2배에 이르며 이 사이의 연평균 성장률 또한 14%에 이르렀다. 따라서 매출규모도 2003년 이후 연 18%의 고성장을 이루어 2004년에 1000억 엔 규모를 돌파해 2007년 이후는 2000억 엔 이상의 수준에 이르러 2000년대 중반을 기점으로 중견기업에서 대기업으로 탈바꿈한 것이다. 이익 면에서도 현금 이익에 해당하는 EBITDA(상각 전 영업이익, 영업이익+감가상각비)를 보면 2003년의 84억 엔 규모로 시작하여 2007년에는 360억 엔 규모로 급성장해 2008년 이후는 세계 금융 경제 위기의 영향으로 급락했지만 최고점이었던 2007년의 60~70% 정도의 수준을 유지하고 있다.

미국은 기업부동산자산관리 수행의 선진국이라고 하지만 JLL 성장의 궤적을 보면 미국 기업이 부동산서비스 벤더를 적극적으로 활용하고 기업부동산자산관리에 대한 대응을 본격화한 것은 사실 2000년대 중반 이후인 것으로 판단된다. 실제로 JLL이 선진 기업부터 수탁한 대형의 아웃소싱 프로젝트는 2006년 이후에 발견된다. 2006년 썬마이크로시스템즈에서 전 세계 44개국의 사무실, 연구소, 공장을 포함 약 158만m^2의 물건의 포괄관리업무를 수탁하였는데 여기에는 시설관리(FM) 외, 임대차계획, 이전관리, 푸드서비스관리, 오피스서비스, 메일오퍼레이션 등의 서비스가 포함되어 있다. 2008년에는 P&G로부터 전 세계 80개국에서 1394만m^2의 공장, 창고, 사무실 등의 시설에 관련된 포트폴리오관리, 거래관리, 부동산중개 업무, 리스관리, 전략적 포트폴리오 계획 등의 업무를 수탁했다. 이 계약과는 달리 148만m^2 사무실과 테크니컬센터의 FM 및 프로젝트관리와 관련된 기존의 계약도 유지된다.

8. 시사점과 전망

앞으로 과거 시세차익 목적의 투기에서 부동산의 본질적인 가치에 기반한 투자로 변화할 것이다. 또한, 부동산시장과 금융시장 간의 관계가 밀접해지고 부동산 관련 자금흐름이 다양화하는 동시에 부동산을 최유효하게 활용할 수 있는 수단도 그 선택의 폭을 넓히고 있다. 한편, 내부통제제도가 도입되고 기업은 지금까지보다 훨씬 더 회계제도에 적절히 대응하고 보유 부동산에 대해 기업 이해관계자들에 대한 설명의 책임이 강조되고 있다.

시장참가자 또한 다양화, 고도화되면서 각 주체는 각종 정보를 바탕으로 개별 부동산의 수익성 평가나 편리성 등의 판단을 시장에서 자체적으로 실시할 필요가 있으며, 이는 부동산을 소유하는 개별 기업에서도 마찬가지다.

현재도 많은 기업에서 부동산 구입은 재무부문, 개발과 관리, 매각은 재산관리부문, 임대차, 수선 등은 총무부문과 같이 부동산의 관리체제가 분리되어 있다. 즉, 기업의 부동산관리의 현황을 보면 부동산을 각 부문의 기능으로서만 파악하고 이를 유지하는 데 주안점을 둔 물적관리 중심이다. 바로 지금부터 각 기업은 전략적인 부동산관리에 나서야 하며 향후에도 기업부동산관리를 구체적으로 실천하려는 움직임은 늘어날 것이다. 기업부동산자산관리는 아직 본격적으로 도입되지 않은 분야이기에 다음의 사항에 유의해야 한다.

첫째, 기업은 부동산을 기업가치 향상을 위한 경영자원이라는 관점에서 부동산정보를 일원화하고 전문부서를 설치하고, 자회사를 설립하는 등 회사 자체의 조직개편이 필요하다. 둘째, 정확한 아웃소싱부문을 검토하고 IT를 최대한 활용하는 것도 요구된다. 하지만 이러한 요구는 표준적인 기업에 요구되는 사항이므로 개별 기업이 놓인 상황에 따라 적절히 수정하여 실시하는 것이 바람직하다.

셋째, 기업부동산자산관리 전략을 실천하기 위해서는 전문적인 인재의 양성이 선행되어야 한다. 매뉴얼을 통해 정기적으로 업무범위와 역할 등에 대한 규정이 필요할 것이다.

생각해 볼 문제

PROPERTY MANAGEMENT

1. 기업부동산자산관리의 의미와 대상을 설명하시오.

2. 기업부동산자산관리 도입의 목적과 효과를 기업 차원과 사회 차원의 관점에서 서술하시오.

3. 최근 부동산시장의 환경변화가 기업부동산자산관리에 미치는 영향을 설명하시오.

4. 기업부동산자산관리 사이클을 설명하고 선진기업의 사례에 적용해 보시오.

5. 기업부동산 분석과 평가를 위한 기법을 설명하시오.

CHAPTER

09

공공부동산자산관리

〈표 9-1〉 소유구분별 토지소유 현황 (단위: km^2, %)

소유구분		2005년	2006년	2012년	2006년 대비 증감률
민유지		56,457(56.7)	55,792(56.0)	52,690(52.6)	-5.6
국공유지	소 계	30,225(30.3)	30,540(30.6)	32,256(32.2)	5.6
	국유지	23,033	23,274	24,519	5.3
	도유지	7,192	7,266	2,686	6.5
	군유지			5,052	
법 인		5,207(5.2)	5,461(5.5)	6,560(6.5)	20.1
비법인 등	소 계	7,755(7.8)	7,884(7.9)	8,682(8.7)	10.1
	비법인	7,377	7,495	8,339	11.3
	기 타	378	389	343	-11.9
합 계		99,646(100.0)	99,678(100.0)	100,188(100.0)	0.51

* 일부 통계표의 구성비는 반올림한 값으로 하위분류의 합이 상위분류의 합과 일치하지 않을 수 있음.

국가 및 지방자치단체의 어려운 재정상황이 부각되는 가운데, 각각의 공공부동산의 취급에 대한 사회의 관심이 높아지고 있다. 이러한 배경 아래, 우리나라에서는 "작고 효율적인 정부"를 실현하기 위해 국유재산 행정의 개혁에 의해 청사 등의 유효활용, 민간개방이나 공공부동산 매각이 촉진되고 있다. 한편, 지방자치단체에서는 자신이 소유, 활용하는 공공부동산의 관리와 운용을 전략적으로 실시하는 경우도 늘어나고 있다.

공공부동산자산관리에 대해 통일된 정의는 없으나 "공공부동산에 대해서 공공, 공익적 목적을 고려하면서 경제활성화 및 재정건전화를 염두에 두고 적절하고 효율적으로 관리하고 운영하는 것"이라고 정의할 수 있다. 이제는 공공의 영역에서도 행정의 목표를 달성하기 위해 공공부동산을 더욱 전략적인 관점에서 관리하는 것이 필요해지고 있다.

2. 공공부동산 현황

공공부동산(Public Real Estate)은 국유재산(國有財産)의 일부분이다. 실지로 국유재산에 관한 기본적인 사항을 정한 '국유재산법'에 의하면 국유재산이란 넓은 의미로는 국가가 소유하는 일체의 동산·부동산 및 권리를 말하며, 공유재산, 사유재산에 대응하는 개념이다. 국유재산 중 토지와 건물은 공공부동산자산관리의 대상이다. 2016년 말 기준으로 국유재산은 총 1,044조 원이며 이 중 토지는 467조 원(44.7%), 건물은 65조 원(6.2%)으로 공공부동산이 국유재산에서 차지하는 비중은 모두 50.9%에 이른다.

〈표 9-2〉 국유재산 종류별 비중

구분		토지	공작물	유가증권	건물	기타	합계
금액	2013년	436조 원	252조 원	143조 원	47조 원	13조 원	892조 원
	2016년	467조 원	276조 원	224조 원	65조 원	11조 원	1044조 원
비중	2013년	48.8%	28.3%	16.1%	5.3%	1.5%	100.0%
	2016년	44.7%	26.4%	21.5%	6.2%	1.1%	100.0%

* 2016년 국유재산관리운용총보고서, 기획재정부.

국유재산은 우리나라 연간 GDP의 70% 수준이며, 이 중 부동산자산이 50%가 넘기 때문에 효율적인 행정과 국정목표 달성을 위해서는 공공부동산자산관리가 필수적이다.

공공부동산은 국유재산과 마찬가지로 그 용도에 따라 행정재산과 일반재산으로 구분되며, 행정재산은 다시 공용재산·공공용 재산·기업용 재산·보존용 재산으로 구분하고 있으며 행정재산 이외의 모든 공공부동산은 일반재산에 속한다. 공공부동산 가운데 관심을 가져온 것은 주로 일반재산이다. 그 이유는 일반재산이 대부·매각·교환·증여 또는 신탁의 대상이 되는 부동산자산관리의 대표적인 사례이기 때문이다.

〈표 9-3〉 국유재산의 구분과 종류

용도구분		내용	종류
행정재산	공용재산	국가가 직접 사무용 · 사업용 또는 공무원의 주거용으로 사용하거나 5년 이내 사용하기로 결정한 재산	청사, 관사, 국립학교, 군사시설용지
	공공용 재산	국가가 직접 공공용으로 사용하거나 5년 이내 사용하기로 결정한 재산	도로, 제방, 하천, 항만, 공항, 구거
	기업용 재산	정부기업이 직접 사무용 · 사업용 또는 그 기업에 종사하는 직원의 주거용으로 사용하거나 5년 이내 사용하기로 결정한 재산	우편사업, 조달사업, 양곡관리사업
	보존용 재산	법령이나 그 밖의 필요에 따라 국가가 보존하는 재산	문화재, 사적지, 보존국유림
일반재산		행정재산 이외 모든 국유재산	

* 행정재산과 별도로 보존용 재산을 분류하여 행정재산, 보존용 재산, 일반재산 등 크게 3가지로 나누기도 한다.

3. 공공부동산의 특성

1) 공공재로서의 가치

공공부동산은 토지가 가장 큰 비중을 차지하고 있으며 이 중 대부분은 임야이고, 기타 도로, 사적지 및 전·답 등이 있다. 공공부동산의 소유권은 국가에 있지만 국민의 공공재산적 의미가 강하다는 특성이 있다. 물론 용도폐지재산, 기부채납부동산 중에는 공공재적인 의미가 약한 것도 있으나 많은 공공부동산은 공공공간으로서의 역할을 한다. 이러한 공공부동산의 공공성으로 인해 관리에 어려움이 생긴다. 즉, 공동소유 자산의 활용을 둘러싸고 구성원들이 상호 협조와 타협 없이 개인의 이익 극대화만 추구하게 되면 공익이 훼손되고 궁극적으로 개개인의 이익 자체가 훼손되는 '공유지의 비극(tragedy of the commons)'이 발생한다. 도로의 무단점용, 하천부지의 쓰레기 불법매립, 빈번한 산불발생 등은 공유지 비극의 대표적인 예이다.

2) 재정수입원으로서의 공공부동산

국가가 소유권을 행사하여 대부, 사용·수익허가, 매각할 수 있는 국가재산으로서의 공공부동산은 국가재정에 중요한 역할을 한다는 측면에서 적절히 관리되어야 한다. 그러나 국가는 기업과 달라 이윤을 추구하는 것이 궁극적인 목표가 아니기 때문에 취득, 매각, 대부, 양여, 교환 등을 통하여 공공부동산 이용을 건전한 방향으로 이끌어야 한다. 또한 국가재정을 건전하게 운영하기 위해서는 적절한 양의 공공부동산은 필수적으로 보유해야 한다.

민간의 활력과 다양성을 바탕으로 공공부동산을 효율적으로 활용하려는 최근의 움직임은 재정수입원으로서의 공공부동산의 특성을 강조하는 방향이다.

3) 공적 보류지 및 비축자원으로서의 가치

공공부동산의 많은 부분은 미래의 개발을 위해 유보된 보류지로서의 가치를 가진다. 자본주의 사회의 경제주체들은 경제적 효율성을 추구하면서 그들의 보유자산을 최대한 활용한다. 따라서 미래의 필요보다는 현재의 경제적 이익을 위해 보유부동산을 쉽게 개발하게 된다. 그러나 지속가능한 개발을 위해서는 미래세대의 이익을 고려해야 한다. 환경친화적인 지역개발을 위해서는 국가가 토지수요를 예측하고 공급하는 토지은행으로서의 역할을 하여야 한다. 경제발전과 함께 환경보전이 중요시되는 이유는 이러한 비축자원으로서 공공부동산이 가지는 의미이기도 하다.

4) 환경재로서의 공공부동산

공기, 물, 토양 등과 같은 공공재는 과거에는 무료라는 개념이 강했지만 이제는 비용을 지불해야 하는 경제재로 바뀌어 가고 있다. 공공부동산은 이러한 측면에서 환경자원으로서 중요한 가치를 가진다.

5) 재해방지기능으로서 공공부동산

또한 공공부동산은 조림, 댐, 건설 등을 통한 홍수, 가뭄 등을 비롯한 자연재해를 방지하는 기능을 가진다.

〈표 9-4〉 공공부동산의 특성

특성	내용	비고
공공재	국민의 공공재산적 의미	공유지의 비극
재정수입원	국가재정 건전화에 중요한 역할	공공부동산자산관리의 New 트렌드
공적보류지(비축자원)	미래의 개발을 위해 유보된 보류지	토지은행
환경재	환경자원으로서의 가치	유료개념
재해방지기능	홍수, 가뭄 등의 재해방지	조림, 댐 건설 등

4. 공공부동산자산관리의 변천

공공부동산자산관리는 해방 이후 지금까지 세 차례에 걸쳐 크게 변화되었다. 최근에는 규제·유지 위주의 소극적 관리정책에서 시장친화적인 적극적 관리정책으로 변화를 시도하고 있다.

1) 매각·처분 위주의 관리(1945~1976년)

해방 이후 1976년까지는 대부분의 공공부동산이 국가의 재정수입을 충당할 목적으로 매각·처분에 집중하던 시기였다. 특히 1962년대부터 5년 단위로 추진되었던 경제개발계획에 필요한 재원을 확보하기 위해 대대적으로 자산을 매각하였다. 이로 인해 각종 개발사업과 SOC(sosial overhead capital)건설에 필요한 토지자원의 부족을 겪기도 했다.

2) 보존·유지 위주의 관리(1977~1993년)

국유재산법의 전면개정(1976년 12월 31일)을 통해 '국유재산관리계획제도'를 도입함으로써 국유재산을 지방자치단체에 위임관리하고, 재산감소에 따른 장기적인 부작용을 방지하기 위한 국유재산의 처분억제정책으로 전환하였다. 보존·유지 위주의 관리를 시행한 이유는 그동안 국유재산이 처분 위주로 이루어져 계속 감소하였고, 경제발전으로 인해 이제는 필요한 재정을 어느 정도 조세수입으로 충당할 수 있게 되었기 때문이다. 하지만 여전히 각종 개발사업으로 국공유지의 특례매각이 계속되고 국공유지의 감소는 지속되었다. 특히 1991년 5월 헌법재판소가 국유잡종재산의 민법상 시효취득을 인정함으로써 그동안 보존·유지 위주의 정책 또한 한계에 처하게 되었다.[1)]

1) 부동산을 20년간 점유하면 소유권을 인정해 주도록 한 민법시효취득 조항에 대해 국유재산을 예외로 규정한 국유재산법 제5조 2항이 헌법에 위배된다는 헌법재판소의 결정이 있었다.

3) 활용 및 총량보전 위주의 관리(1994년 이후)

1977년 이후 추진된 보존·유지정책은 이전의 매각·처분정책에 비해서는 진일보한 관리로 평가할 수 있으나 여전히 공공부동산에 대한 소극적, 방어적 관리의 개념을 벗어나지 못하였다. 이에 공공부동산을 단순히 보존·유지한다는 차원을 넘어 이를 보다 적극적으로 활용하고 그 총량 규모를 보전하기 위해 1994년 '국유지개발신탁제도'[2]를 제도화하여 국유재산관리특별회계를 신설하였고, 1999년 말과 2004년 말에는 각각 법 개정을 통해 불필요한 각종 규제를 완화해 국민편익을 증진하고 공공부동산 활용기반을 확대하기 위한 제반시책을 추진하였다.

이후 현재까지 공공부동산 자산관리의 효율화와 부가가치 증대를 도모하기 위하여 다음과 같은 내용의 '국유재산 관리혁신'을 지속적으로 추진해 오고 있다.

- 국유재산에 대한 전수실태조사 및 DB구축 추진
- 매각·임대대상 국유재산종합정보를 국민에게 공개하고, 국유재산 정보를 부처 상호간 공유할 수 있도록 재정정보시스템 개선
- 민간전문기관(한국자산관리공사)에 위탁관리를 확대하고 위탁기관 평가시스템을 도입하여 상호 경쟁체제 마련

〈표 9-5〉 국유재산 관리정책의 변천

정책	시기	관리기관	주요제도
매각·처분	1945~1976	관재청/재무부/국세청	정부수립 초기 부족 재정수입 보충 및 경제개발 소요재원 확보
유지·보존	1977~1993	재무부/지자체(위임)	관리기관 변경(지방국세청 → 지자체) 국유재산관리계획 도입
확대·활용	1994~현재	기획재정부/지자체/한국자산관리공사	국유재산관리특별회계 신설 국유지 신탁개발제도 도입 전문기관 위탁관리 개시

출처: 이귀택·민규식(2011.10). 국유재산관리제도의 개선방안에 관한 연구. 한국전자통신학회 논문지, 6(5).

2) 국가가 유휴 국유지를 신탁회사에 맡겨 개발과 관리를 대신하게 하고 이에 따른 이익은 국가와 신탁회사가 나누되 신탁기간이 끝나면 국유지를 국가에 귀속하는 제도로 민간의 기술과 자금을 활용해 국유지를 효율적으로 개발, 국민의 생활환경을 개선하기 위해 도입되었다.

4) 전망

과거 공공부동산자산관리는 주로 권리유지와 가치보존에 초점을 두었으나 경제, 사회 여건의 변화로 단순히 유지 위주의 관점으로는 효율적 운용을 기할 수 없다. 따라서 보존·유지를 위한 협의의 재산관리에 머물 것이 아니라 중장기적으로 광의의 자산관리라는 확장된 관점으로 진전하여 공공부동산자산관리를 수행해 나갈 것이 요구된다. 그리고 소극적이고 수동적인 보존·유지의 차원을 넘어 자산의 효율성을 극대화하고 자원의 수익성을 제고할 수 있도록 적극적이고 능동적인 관리체제를 지향해 나가는 인식의 전환이 요구된다. 이를 위해서는 기존의 재산관리(property management)나 자원관리(resource management)의 관점에서 "자산관리(asset management)"의 관점으로 나아가야 한다. 이는 부동산자산관리를 시설관리(facility management), 부동산/재산관리(property management), 자산관리(asset management)로 구분하는 관점과도 유사하다고 볼 수 있다.

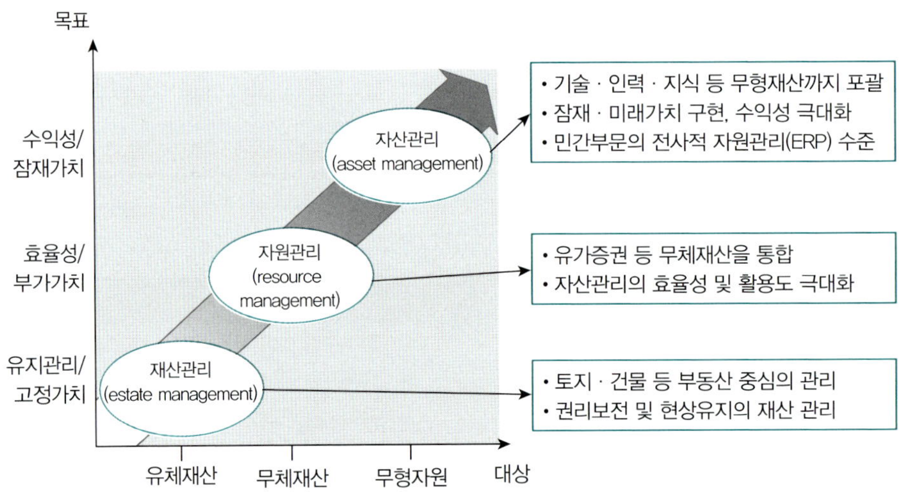

[그림 9-1] 국유재산관리의 패러다임 변화

출처: 지대식(2008). 중장기 국유재산관리 종합계획 수립을 위한 연구. 재정경제부.

5. 공공부동산자산관리의 종류

일반적으로 관리라고 하면 처분을 포함한 넓은 개념을 상정하는 경우가 많으나, 국유재산법(제1조)에서는 취득·유지·보존 및 운용을 의미하는 관리와 처분을 구분하고 있다. 이는 국유재산법이 토지를 포함한 부동산을 중심으로 한 특정한 범위의 재산으로 한정하여 그 재산을 관리하는 행위와 처분하는 행위로 구분하고 있기 때문으로 보인다.

현행 국유재산법상 공공부동산자산관리의 내용은 협의의 관리개념으로서 공공부동산을 유지·보존·운용하는 행위로 현상유지, 보수, 권리확보, 대장관리, 실태파악, 사용허가, 대부 등이 있다. 국가가 소유권을 취득하는 행위로는 건물의 신·증축, 공작물설치, 토지수용, 공유수면매립, 매수, 교환, 기부채납 등이 있고, 국가가 소유권을 양도하거나 멸실, 소멸되는 행위로는 건물·공작물의 훼손 및 멸실, 매각, 교환, 양여, 신탁, 현물출자 등을 말하는 처분이 있다.

공공부동산 중 행정재산은 원칙적으로 국가의 행정목적에 사용하는 재산이므로 본래의 목적 이외의 용도로 사용되는 것을 엄격히 제한하고 있고, 보존재산은 문화재나 기념물, 사적 등과 같이 관련 법령의 규정에 의하거나 기타 필요에 의하여 국가가 보존하기로 결정한 재산이다. 따라서 공공부동산 중 행정재산과 보존재산은 용도폐지나 보존가치가 없음을 결정하고 이를 잡종재산에 편입시킨 후가 아니면 처분할 수 없다. 그러나 용도 또는 목적에 장애가 되지 않는 범위 안이나 보존목적의 수행에 필요한 범위에서는 그 사용 또는 수익을 허가할 수 있다. 잡종재산은 대부, 매각, 교환, 양여 또는 신탁을 할 수 있으며 법률로 특별히 정하는 경우에는 이를 현물로 출자할 수 있다.

1) 관리환

관리환(管理換)은 각 관리청 간에 공공부동산의 소관을 이관하는 것, 즉 공공부동산의 관리 및 처분권을 이관하는 것을 말한다. 각 관리청의 소관 행정사무의 증감에 따라 필요로 하는 부동산의 수급조정을 위하여 각 관리청의 판단에 의하거나 총괄청인 기획재정부가 공공부동산의 관리 및 처분의 적정을 기하기 위해 각 관리청에 관리환을 요구하는 경우에 이루어진다.

2) 대부

대부(貸付)는 법률 규정에 의하여 직접 국가 이외의 특정 법인 또는 공공단체에 사용·수익하게 하거나, 국가가 국가 이외의 자에 대하여 사법상의 계약을 체결하여 사용·수익하게 하는 것으로 민법상의 임대차와 유사하다.

3) 매각

공공부동산 매각은 원칙적으로 경쟁입찰에 의하고, 계약의 성격은 일종의 사법상 계약이지만 공공부동산의 특성으로 인해 공법상의 제약이 있다. 공공부동산의 매각은 시가를 참작하여 예정가격을 결정하되, 예정가격이 일정금액 이상으로 추정되면 감정평가법인 2곳 이상의 평가를 받아 산술평균하여 예정가격을 결정한다.

4) 교환

교환은 국가가 국가의 행정목적 수행에 필요한 부동산을 확보하기 위하여 공공부동산을 국가 이외의 자의 재산과 상호교환하는 사법상의 계약으로 국유재산법상 교환을 할 수 있는 재산은 잡종재산으로 공공부동산(토지, 건물, 기타 토지의 정착물)으로 한정된다.

5) 양여

양여(讓與)라 함은 국가가 대가를 받지 않고 잡종재산의 소유권을 국가 이외의 자에게 이전하는 것으로 민법상의 증여에 해당한다. 잡종재산의 양여는 무상으로 국유재산을 처분하는 것으로 실질적으로는 현물에 의한 재정원조가 되는 것으로 반드시 법률에 근거가 있어야 한다.

6) 신탁

신탁은 공공부동산을 부동산신탁회사에 신탁하고, 신탁회사가 공공부동산의 용도에 맞게 사무실, 상가, 휴양시설 등으로 개발하여 분양 또는 임대하고 그 수익은 국가와 신탁회사가 공동 분배하는 제도로서 임대의 경우는 신탁기간이 끝나면 신탁회사가 그 시설물을 국가에 기부채납한다. 공공부동산 신탁제도의 종류에는 임대형 신탁과 분양형 신탁이 있는데 임대형 신탁은 신탁한 토지 위에 건축물을 건설하여 일정기간 임대로 발생한 수익을 국가에 교부하고, 신탁기간이 종료 후 신탁토지와 함께 건축물을 국가에 반환하는 것이고, 분양형 신탁은 신탁한 토지 위에 건축물을 건설하거나 택지조성 등의 사업을 시행한 후 이를 분양하여 수익을 국가에 교부하는 것이다.

〈표 9-6〉 공공부동산자산관리의 내용

종류	내용	비고(민간)
관리환	관리청 간에 공공부동산의 소관을 이관	관리사 변경
대부	계약을 체결하여 사용 · 수익	임대차
매각	예정가격 결정을 통한 경쟁입찰 매각	매각
교환	국가 이외의 자의 재산과 상호 교환	교환
양여	대가를 받지 않고 소유권 이전	증여
신탁	부동산신탁회사에 신탁	신탁

6. 공공부동산자산관리 실태 및 문제점

1) 공공부동산 관리체계와 문제점

공공부동산의 관리기관은 [그림 9-2]에서 보이는 것처럼 공공부동산의 관리·처분에 관한 사무를 총괄하는 총괄청과 관리·처분사무를 직접 담당하는 관리청이 있다. 총괄청과 관리청이 관리하는 공공부동산의 일부는 전국 233개 시·군·구로 구성된 지방자치단체가 위임받아 관리하고 있다.

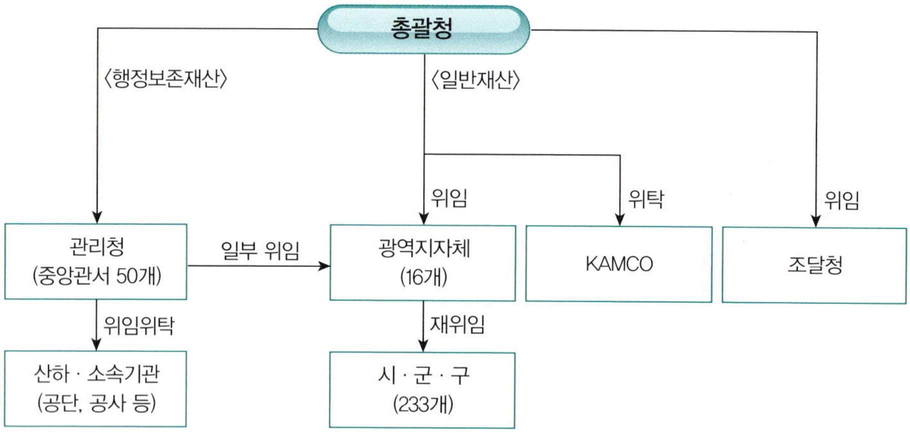

[그림 9-2] 공공부동산 관리체계

공공부동산의 관리주체가 50개 관리청(중앙부서), 230여 개 지자체, 자산관리공사 등으로 분산됨에 따라 총괄청(기획재정부)은 총량을 형식적으로 파악하는 수준이며, 관리청 상호간 원활한 협조 및 업무 통일성이 부족해 공공부동산 자산관리가 체계적으로 이루어지지 않고 있다. 또한 총괄청 소관 잡종지의 대부분이 전문성이 부족한 지방자치단체를 중심으로 위임 관리됨으로써 효율적인 자산관리가 이루어지지 못하고 있다. 공공부동산은 국유재산법령 상 전문기관에 위탁관리할 수 있는 근거가 있지만, 활용은 미흡한 실정이다.

특히 총괄청인 기획재정부는 1개 과(국유재산과)에서 공공부동산관리업무를 담당하는 등 전담인력이 부족하고, 업무에 대한 기피현상도 존재한다. 또한, 공공부동산관리를 총괄하는 조직이 청(관재청)→국(재무부 관재국)→과(재경부, 기재부 국유재산과)로 계속 축소되어 왔다.

총괄청(기획재정부)의 공공부동산 관리업무는 최근까지도 장기적 비전 없이 매년 당해 연도의 계획만 집행되어 공공부동산 관리의 효율화 및 이용활성화를 위한 제도개선 노력과 인식이 부족했었다. 특히 전수 실태조사에 문제를 보이는데 2003년 5월 감사원의 감사결과에서도 실태조사가 형식적으로 이루어지는 문제점을 지적받았다.[3)]

관리청 간의 부처이기주의도 문제이다. 행정목적을 상실한 공공부동산은 용도폐지해야 하나 보유하거나 다른 관리청의 관리환 요구에도 소극적으로 대응하여 국고를 낭비하

3) 감사원(2003. 05). 국유재산 관리 및 처분실태 감사결과.

는 사례가 많다.

공공부동산의 대부분을 관리하는 지자체는 인력 및 전문성이 부족하고 관리 소홀 등으로 관리상의 문제가 발생하고 있다. 특히 시·군·구청의 재무과 등에는 직원 1~2명이 공공부동산을 관리하는데 장부관리, 민원대응, 임대료 수납 등 현상유지에 치중하고, 공공부동산의 구체적인 현황 파악이나 효율적인 활용방안 등 적극적인 관리는 기대하기 어렵다.

공공부동산 관련 업무는 책임성과 함께 법률지식, 지적, 등기, 국토 및 도시계획, 감정평가, 소송, 부동산개발 등 다양한 부문의 지식과 경험을 구비해야 한다. 그러나 대부분의 공공부동산 담당자는 전담업무가 아닌 경우가 많고 순환배치로 인해 전문성이 결여되어 있다. 따라서 공공부동산 관련 업무 담당자를 보강함과 동시에 인력의 전문성 제고를 위해 지속적인 교육, 연수 등 전문성 향상 프로그램을 적극 개발하고 순환배치를 자제하여야 한다.

총괄청에서 공공부동산 매각대금의 경우는 지자체에 귀속시키는 비율이 높으나(20~50%) 관리비는 10% 내외에서 집행액을 교부해 소홀한 관리의 유인을 제공하고 있다.

2) 관리방식상의 문제점

공공부동산은 관리기관별로 매년 1회 실태조사를 실시해야 하나, 통일된 양식이 없고 단순한 현황파악에 그쳐 종합적이며 체계적인 자료로 활용하기는 곤란하다. 기본 사항(소재지, 지번, 지목, 면적 등)과 기타 회계, 기금, 관리청, 재산구분, 재산종목 등 단순 현황조사에 그친다. 또한 조사 내용이 점유, 사용현황 위주로 되어 있어 구체적인 정보파악이 힘들다.

공공부동산의 전산화는 1997년부터 국가재정정보시스템으로 운영 중이나 기본적인 데이터를 단순집계하는 기능에 그치고 행정안전부(지적정보시스템), 국토교통부(토지종합전산망), 법원(등기전산시스템) 등 각 기관별로 공공부동산 관련 정보시스템을 구축, 운영중이어서 공공부동산 관련 정보가 종합적, 입체적으로 관리되지 못하고 있는 실정이다.

2012년부터 정부는 전자정부지원사업의 일환으로 2014년까지 종합적, 체계적인 공공부동산 관리를 위해 기재부, 국토부 등 10여개 기관의 기존시스템과 자료를 상호 연계, 통합하는 '국유재산통합관리시스템' 구축사업을 완료하였다. 2015년 8월부터 '국유재산 포털' 시범서비스를 시작으로 국유재산 통계정보, 국유재산 일반현황, 지도서비스 등을 모든 국민에게 제공 중이다.

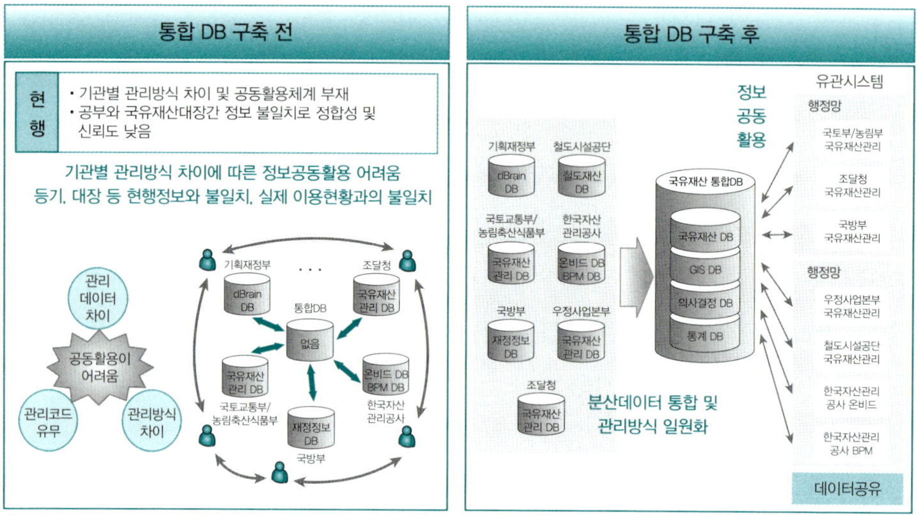

[그림 9-3] 국유재산 통합DB 구축 전·후 비교

출처: 기획재정부(2013. 5). 모든 국유재산 정보, 한 시스템에서 다 보고 처리한다.

공공부동산관리의 투명성을 제고하고 국민의 알 권리를 충족하기 위해서 공공부동산과 관련된 정보가 일반인에게도 적극적으로 공개되어야 하나, 기재부 등 공공부동산관리기관에서는 국민이 정보공개를 청구하는 경우, 공공부동산 매각이 있는 경우에 한해서 제한적, 소극적으로 관련 정보를 공개하는 수준에 머물고 있다. 이제는 국유재산통합관리시스템(국유재산포털)을 통해 일반 국민들도 쉽게 공공부동산 정보에 접근할 수 있고 온라인으로 공공부동산 관련 민원을 처리할 수 있어 국민의 공공부동산 이용 편리성도 크게 향상될 것으로 전망된다.

헌법재판소가 공공부동산 중 잡종재산(일반재산)에 대해 시효취득이 가능하다고 결정(1991년 5월 13일)함에 따라 공공부동산 무단점유에 대해 관리기관에서 더욱 적극적으로 대응해야 한다. 그러나 지방자치제 전면실시 이후 선거직 자치단체장은 무단점유에 대해 원칙적인 법집행보다는 민원을 우려해 소극적으로 대응하는 경우가 많아 이에 대한 적극적인 대응이 요구된다.

3) 관리제도(정책) 문제점

공공부동산 관리정책이 1994년 이후 활용·확대정책으로 전환했음에도 불구하고, 미래의 행정수요에 대비한 비축토지의 매입 등 공공부동산의 확대와 자산가치를 증진시키기 위한 개발·활용 등의 적극적 노력과 제도적 뒷받침이 부족하다.[4] 또한 선진국에서 활용하는 다양한 관리 및 기법 도입에 소극적이며 경직적으로 운용하고 있다.

7. 해외 공공부동산자산관리 현황

1) 미국

미국의 공공부동산은 연방정부용 부동산, 공공용지, 국유림, 국립공원 등으로 분류된다. 연방정부용 부동산(federal real estate)은 연방토지(federal land)와 연방청사(federal building)로 나뉜다. 연방정부용 부동산은 '연방재산 및 행정서비스법(federal property and administrative Act of 1949)'에 따라 미연방조달청(general services administration: GSA)에서 총괄 관리한다. 하지만 '연방재산 및 행정서비스법'은 그 관할대상에서 공공용지, 국유림, 국립공원 등은 제외하고 있다. 이들 중 특별한 행정목적의 용도로 사용되지 않는 공공용지는 내무부 산하 토지관리국(bureau of land management)이 직접관리하고 국유림은 산림국(US forest service), 국립공원은 국립공원관리국(national park service)에서 관리한다.

공공부동산 중 연방정부용 부동산에서 '초과재산'이 생겼을 때는 GSA에 보고하고, GSA는 초과재산을 필요로 하는 부처를 모집하여 양도하고 그렇지 않을 경우 주·지방정부·비영리단체에 감액·무상양도 또는 시가양도, 입찰을 통한 민간양도 등의 단계별 절차를 밟는다.

연방정부용 부동산 중 연방청사의 여유 공간을 민간에게 사용할 수 있도록 하는 경우도 있다. 즉 민간소매업자에게 매점·은행·편의점 등으로 이용할 수 있도록 하고 있다. 하지만 9·11테러 이후에는 안전대책 강화지침에 따라 민간인의 정부청사 이용이 억제되는

4) 토지비축제도는 2006년 제주특별자치도 출범과 함께 전국에서 처음 제주특별법으로 도입되었다.

경향이 있어 소매업자에게 임대하는 경우는 감소추세에 있다. 토지이용에 공적관심이 늘어나면서 공공의 비축 토지는 선대제도나 공용수용방식을 통해 적극 확보하는데, 주로 환경보전을 위한 목적으로 활용된다.

〈표 9-7〉 미국 공공부동산 관리기관의 관리면적 및 비율

관리기관	관리면적(km^2)	연방정부 소유 토지대비 비율(%)
토지관리국(bureau of land management)	1,070,000	40.2
산림청(forrest service)	775,000	29.1
국립공원관리국(national park sevice)	315,000	11.8
어류야생동물보호국(fish&wildlife service)	354,000	13.4
기타 기관	145,000	5.5
계	2,659,000	100.0

출처: 한국법제연구원(2009). 국유재산 관리체계 개선방안에 관한 연구.

2) 영국

영국의 공공부동산은 실무적으로 일반부동산(civil estates), 군용부동산(military estates) 및 의료시설(health-care estates)로 대별하여 관리하고 있다. 1980년대까지는 재산관리청(property service agency)에서 정부사용 청사를 관리하였으나 부패문제가 심각해지자 1996년 4월 이후 각 부처에서 부동산관리를 수행하고 있다. 왕실재산은 왕실재산위원회(crown estate commissioners)에서 관리하고 있다. 국토면적에서 공공용지가 차지하는 면적은 5.4%에 이른다.[5] 각 부처에서 활용되지 않는 부동산은 조달청이 다른 부처의 필요여부를 확인한 후 부처가 필요로 하지 않는 것은 각 부처에서 입찰에 의해 처분하게 하고 있다. 정부보유 부동산을 빌려줄 수 없다는 규정은 없기 때문에 여유 공간에 대해서는 각 부처의 판단으로 민간에 임대 가능하다. 부처 건물 1층에는 상점이 입점해 있는 경우가 그 예이다.

5) 2005년 기준 각국의 국토대비 국유지 비율은 일본 23.6%, 미국 24.8%, 독일 2.3%, 프랑스 4.5%, 영국 5.4%이다.

3) 독일

독일의 공공부동산은 이용목적에 따라 행정재산과 재정재산으로 구분하고 있다. 행정재산은 직접 행정기능에 제공되는 부동산을 말하며, 공용재산과 공공용재산으로 구분되고, 재정재산은 행정재산 이외의 부동산을 말한다. 2005년 기준으로 국토면적에서 국유지(8,211km^2)가 차지하는 비중은 2.3%인데 이 중 행정재산(5,211km^2)은 63%, 재정재산(3,000km^2)은 37%로 구성되어 있다. 분산되어 있던 국유재산관리체계를 전면 개편하여 2005년 이후로 연방재산국(Bundesanstalt für Immobilienaufgaben)을 창설하여 종래 37개의 연방재산관리청과 36개의 연방산림청으로 나눠져 있던 공공부동산관리 체계를 단일화하였다.

독일은 1990년대 이후 국유부동산을 대대적으로 매각하는 정책으로 전환하여 일반재정재산은 매각처분을 원칙으로 하고 매각이 곤란한 부동산에 대해서는 일시적 임대제도를 활용하였다. 또한 상업성을 원칙으로 하여 연방재산국이 2011년까지 모든 연방재산을 개별부처로부터 인수받아 사용협약을 체결하고, 사용부처는 임대료를 지급키로 했다.

4) 프랑스

프랑스의 공공부동산은 '행정공물'과 '행정사물'로 구분된다. '행정공물'은 공공부동산 중에서 그 특성이나 용도에 비추어 사유물이 될 수 없는 재산 또는 특별히 정비를 행한 것(국도, 하천, 해안선, 군사기지)을 말하며, '행정사물'은 행정공물 이외의 재산을 말하는데, '할당 행정사물'과 특별한 목적이 없는 '비할당 행정사물'로 나뉜다. 2005년 기준 프랑스에서 도로·하천·해안·영해 등을 제외한 국유지 면적(22,064km^2)이 전 국토의 4.5%에 불과하며, 국유지 중 국유림(18,000km^2)이 81.6%에 이른다. 전체 공공부동산은 2008년 기준으로 약 450억 유로의 가치로 추정된다.

〈표 9-8〉 프랑스의 소유주체별 토지비율

구분	토지보유면적 비율(%)
공적소유(기초자치단체 제외)	19%(국유지 4.5% 포함)
기초자치단체 소유	13%
개인소유	54%
기타(민간법인 등)	14%

출처: 한국법제연구원(2009). 국유재산 관리체계 개선방안에 관한 연구.

공공부동산의 매각·처분·임대 등에 대하여 총괄적인 관리·감시·통제역할을 하는 기능은 경제재정산업부 산하 공공회계청 소속의 국유재산국(service france domaine)이 담당하고 있다. 프랑스는 2003년 이후 재정적자를 타개하고 재정지출을 감축하기 위해 국유재산 매각목표를 설정키로 결정했다. 또, 2004년에는 행정공물의 해제 없이는 매각할 수 없는 공공부동산의 행정공물 해제를 추진하여 건물을 매각하거나 민간 회계법인에 자산평가를 위탁한 바 있다. 또한 공공부동산의 소유와 사용개념도 명확히 하여 2007년부터 각 부처는 청사 이용 시 국유재산국에 사용료를 지불하고 있다. 활용되지 않는 행정공물과 할당 행정사물은 비할당 행정사물로 구분 변경하여 처분하고, 행정공물에 대해서도 민간인에 대한 점유허가가 가능하게 되었다.

이와는 반대로 토지비축과 관리기능을 담당하기 위해 파리지방권토지기구, 세스지방토지공사, 로레스도시권토지공사를 설립하였다.

5) 일본

일본의 공공부동산은 행정재산과 보통재산으로 구분된다. 행정재산은 공적용도로 사용되고 있기 때문에 처분할 수 없는 재산이며, 이에는 공용재산, 공공용 재산, 황실용 재산, 기업용 재산(국유임야)이 있다. 보통재산은 행정재산 이외의 것으로 매각대상 재산과 특별 행정목적에 직접 사용되지 않는 재산으로 나뉜다. 2013년 3월 말 기준 일본의 국유지(877만ha)는 국토 면적의 23.2%이나 지방공공단체 소유의 공유지(8.3%)와 도로·하천 등(15.7%)을 포함한 국공유지(1,782ha)의 비율은 47.2%에 달한다.

〈표 9-9〉 일본의 소유주체별 토지비율

분류	면적(ha)	비율(%)	비고
사유지	1,997만	52.8	
국유지	877만	23.2	
공공토지	592만	15.7	도로, 하천, 둔치 등
공유지	313만	8.3	지자체 소유
계	3,779만	100.0	

출처: 재무성(2014). 국유재산보고서(http://www.kokuyuzaisan-info.mof.go.jp/kokuyu).

공공부동산 중 행정재산의 관리는 각 부처가 담당하는 것이 원칙이다. 보통재산의 관리는 일반회계는 재무성이, 특별회계는 각 부처가 담당한다. 공공부동산을 효율적으로 관리하고 활용도를 제고하기 위해 유지·보존이나 확대보다는 기존 공공부동산의 효율적 관리나 공공용지의 이용 고도화를 통한 활용확대에 집중하고 있다.

활용되지 않는 '불용 행정재산'은 용도폐지 후 보통재산으로 일본 재무성에 인계되어 처분되며, 행정재산은 민간에 임대할 수 없다는 규정이 있다. 공공부동산의 개발과 활용을 위해 1999년 7월 민간투자사업(private finance initiative)이 활용되어 사회간접자본을 중심으로 공공사업의 상당부분을 이 방식으로 처리하고 있다. 한편 토지비축은 국토교통성, 각 현의 토지개발공사가 담당하고 있다.

〈표 9-10〉 각국의 국유재산 관리조직 및 운영방식 비교

구분	총괄청		기타관리청	관리위탁	운영방식
	중앙조직	지방조직			
한국	기획재정부 (국유재산과)	없음	행정재산에 대한 소관 중앙부처	자산관리공사	중앙관서 직접관리와 지자체 위임
미국	• 각 부처에서 개별법에 따라 관리 • 내무성 관할 토지관리국 • 산림청, 국립공원관리국, 어류야생동물보호국에서 공공부동산 관리			뉴욕, 뉴저지주항만관리국(항만, 공항, 도로 등 운영)	내무성 산하기관인 토지관리국 등 외청이 공공부동산 직접관리
영국	재무성 소속 별도 법인인 국유재산자문단	없음	행정재산에 대한 소관 중앙부처 및 소속 지방청	각 부처별로 일반재산을 민간컨설팅 업체에 위탁가능	중앙부처가 소속지방청을 통하여 직접관리(원칙)
일본	대장성(이재국 내 4개과)	지국 10개, 사무소 40개 및 출장소	행정재산에 대한 소관 중앙부처	국유재산관리센터(미이용보통재산)	총괄청이 직접관리

프랑스	재무성 국유재산관리청	파리 2개 지부, 전국 107개 지부 운영	일부 재산은 지방정부에 관리위임	국립산림공사	총괄청 직접관리와 지자체 위임
독일	연방재무부 연방재산관리국(3개부, 각 4개과)	연방재산 관리청 (전국 37개소)	행정재산에 대한 소관 중앙부처	관리위탁 도입검토 (지방 3개주 시행)	총괄청이 직접관리

출처: 남창우(2010). 국유재산의 관리체계실태와 효율적 개선방안. 한국도시행정학회 도시행정학보 제23집 제4호, pp.269~297.

6) 시사점

각 국가는 역사적 배경, 통치체제 및 행정체제 등이 다르기 때문에 공공부동산자산관리 또한 다양한 형태를 보인다. 이를 종합하면 다음과 같은 시사점을 도출할 수 있다. 첫째, 많은 국가에서 공공부동산을 행정목적에 사용하는 재산과 그렇지 않은 재산으로 크게 분류하고 있다. 둘째, 관리조직은 총괄부서가 집중관리하면서도 전문기관의 위탁관리를 확대하고 있다. 셋째, 공공부동산에 대한 소극적 유지·보전 관리정책에서 탈피하여 민간자본을 활용하는 등 적극적 활용·개발방식을 도입하고 있다. 넷째, 철저한 유상원칙에 따라 공공부동산을 사용하고 있다. 각 부처에서 청사를 이용할 때도 사용료를 지불하고 있다. 다섯째, 한편으로는 국가사무를 위해 필요한 토지 등은 토지비축제도를 통해 지속적으로 확보하고 있다.

〈표 9-11〉 외국의 공공부동산관리 분석

분석항목	분석내용
공공부동산 현황	각 나라마다 나름의 특징 및 다양한 형태 처분위주 정책(재정 확보) → 처분 및 활용정책으로 전환
공공부동산 관리기관	행정목적 사용재산과 일반재산을 구별 일반재산은 중앙에서 총괄 관리
공공부동산 관리정책	적극적 시장개입과 보전정책 강조 구체적 정책은 나름대로의 특징
공공부동산 관리운영	관리청들이 해당 국유재산에 대한 관리책임 정부 내의 거래조정은 조달 담당부처에서 핵심역할 수행 국유지의 역할 · 기능, 비축, 확대 정책에 차이

출처: 이규택(2012). 국유지관리의 실태분석 및 효율화 방안. 전주대학교 대학원 박사학위논문.

8. 공공부동산자산관리의 효과

1) 지역경제 활성화에 기여

공공부동산자산관리의 실행으로 저·미이용지를 일원적으로 파악할 수 있게 되어 그 관리나 활용을 적절하게 함으로써 이에 소요되는 비용을 줄이거나 새로운 토지 이용 요구에 신속히 대응할 수 있는 효과가 기대된다. 또한, 민간사업자를 대상으로 유휴토지를 매각할 경우 지역활성화를 테마로 한 개발사업을 조건으로 혹은 기획제안에 의한 입찰방식을 도입함으로써 민간의 노하우나 아이디어가 도입되어 지역의 일자리 창출과 경제활성화가 전망된다. 나아가 국가에서 소유하던 부동산이 시장에서 거래되어 새로운 사회, 경제활동 기회를 창출하여 지역활성화와 부동산가격 안정에 기여하는 것도 기대할 수 있다.

2) 지역재정 건전화에 기여

공공부동산자산관리의 실행으로 부동산 관련 비용이 줄어들어 재정이 건전화되고 자산과 채무의 개혁이 기대된다. 활용도가 떨어지는 공공시설을 주민 요구나 도시 구조의 변화에 맞는 용도로 전환함으로써 부동산의 규모는 유지하면서 행정서비스의 향상을 도모할 수 있게 된다. 또한 공공부동산의 배치, 유지·관리, 수선 등의 계획을 전향적이고 장기적 관점에서 검토함으로써 공공부동산의 유지·관리에 소요하는 비용을 줄이고, 신규 시설의 증가를 억제하고 시설을 통폐합하여 투자나 자본 지출의 증가를 억제하는 효과가 기대된다.

3) 부동산 특유의 환경위험 회피

공공부동산자산관리의 실행으로 전향적으로 부동산을 파악·관리할 수 있게 됨에 따라 내진, 석면, 토양오염 등에 대한 대책을 계획적·효율적으로 실시할 수 있다. 그 결과 이들 대책에 드는 비용을 줄이고 또 대책이 시급히 필요한 부동산은 사전에 대책을 실행할 수 있게 된다. 또 소유할 필요가 없는 부동산은 매각하여 관련 리스크를 회피할 수도 있다.

9. 공공부동산자산관리 실행

공공부동산자산관리가 적절하게 이루어지려면 (지방)정부가 미래의 행정수요를 전망하는 등 공공부동산의 현황과 향후 과제를 정확하게 인식한 후 수평적이면서도 지속가능한 조직만들기나 부동산에 관한 정보를 집약하고 공유화해야 한다. 나아가 회계정보의 적극적 활용 등이 필요하며 민관협력을 통해 민간의 활력과 아이디어를 활용하여 새로운 경제활동의 기회 창출 등의 관점이 요구된다.

1) 조직

공공부동산자산관리를 위한 조직형태로는 통합적으로 자산관리를 담당한 부문을 설치하고 이러한 총괄부문이 여타 부서들과 조정하거나 조직을 넘나드는 TFT(Task Force Team)를 구성하는 등 각 지방(정부)의 목적과 실정에 맞는 조직을 검토하는 것이 중요하다.

공공부동산자산관리를 담당하는 부문은 정부 내 부동산정보를 통합적으로 파악한 뒤 자산관리업무를 집중적으로 추진한다는 입장으로 자리매김하는 것이 바람직하다. 이 경우에는 톱다운(top-down)방식의 체제구축도 효과적인 방법의 하나이다. 또한 자산관리를 담당하는 부문 등은 재무부문, 관리부문 등 여타 부문이 가진 정보와 노하우 등을 살리면서 장기적 관점에서 행정운영의 목표와 연동해 부동산의 소유, 이용방식을 전략적으로 판단하고 실행에 옮기는 것이 필요하다.

하지만 현재 공공부동산자산관리는 지자체, 자산관리공사 등으로 분산관리되어 비효율성을 면치 못하고 있다. 해외의 공공부동산 관리체계는 행정목적에 사용되는 재산과 그렇지 않은 재산으로 구분하여 국가가 주도하는 체계를 취하고 있다. 따라서 공공부동산을 효율적으로 관리하기 위해서는 프랑스처럼 총괄청 내에 국유재산관리청을 신설하거나, 미국·독일 등의 경우와 같이 지방조직을 갖춘 국유재산국으로 확대·개편하는 것이 바람직하다.

2) 부동산정보화

공공부동산자산관리를 위해서는 전향적인 관점에서 부동산에 관한 의사 결정을 실시해 나갈 필요가 있다. 하지만 현재는 (지방)정부의 공공부동산관리는 각 소관 부서에서 이루어지는 경우가 많고, 소관 부서별로 다른 양식의 관리대장 등 일원화되지 않는 경우도 많다. 일원적인 관리 기록이 정비되지 않으면 향후 공공시설 노후화에 따라 일제히 정비해야 할 때 노후도와 이용율이 낮은 시설을 나열해도 부서 간 통일이 되지 않아 궁극적으로 필요한 정보를 얻지 못할 수도 있다.

또한 통일된 관리대장을 작성했지만 공공부동산에 관한 최신 정보가 관리대장에 적절히 반영되지 않는 한 합리적 운영관리를 수행하는 데 걸림돌이 된다. 따라서 공공부동산자산관리를 위해서는 우선 부동산의 입지상황 등 자산가치 정보를 먼저 수집하며, 집약된 정보를 내부에서 공유하는 것이 필요하다. 자산관리를 수행하기 위해서 필요한 정보는 시간의 경과와 함께 변화하기 때문에 정기적인 갱신이 필요하다. 갱신작업을 효율화하고 정보의 가공, 분석을 용이하게 하려면 IT의 활용이 필수적이다. 부동산을 '위치' 속성에 의해 관리하는 GIS(Geographic Information System: 지리정보시스템)와 공용공간 데이터를 활용해 정보를 공유하고 업무의 효율화·고도화를 도모하는 통합형 GIS의 활용 등도 유용하다고 생각된다.

3) 회계정보의 활용에 의한 재정상황의 파악

공공부동산자산관리는 정부의 재정상황과 재정운영과 밀접히 관계되기 때문에 회계정보의 파악이 중요하다. 일반적으로 회계는 2가지 목적이 있다고 한다. 첫 번째는 회계규칙을 적용해 정확한 회계정보를 이해 관계자에게 공개하는 것이다. 최근 정부는 국제통화기금(IMF)의 새로운 기준을 적용해 공공부문 부채를 세계 최초로 산정하였다. 이와 같이 정부가 소유하는 자산과 채무를 적절히 반영한 정보가 대차대조표에 계상되면 그 동안 결산서류에서는 보이지 않은 정보를 확인할 수 있다. 정부가 국제회계기준에 맞게 계산한 부채는 2015년 말 기준으로 1천 조가 넘으며 순수부채만을 계산할 때와 비교하면 거의 두 배가 넘는 부채수준이다. 두 번째는 조직의 경영 또는 운영상황을 고려해 정확한 조직운영을 하는 것이다. 기업회계에서는 적절한 정보공개를 목적으로 한 재무회계도 물론 중요하지만, 최근에는 기업 경영에서의 다양한 판단을 정확하게 실시하기 위한 관리회계의 중요성이 부각되고 있다.[6] 정부도 회계정보를 적극 활용함으로써, 적절한 자산규모 등을 토대로 한 효율적인 공공부동산의 활용방법이나 자산에 대해 계획적인 지출에 기초한 효과적인 주민서비스의 제공을 검증하는 것이 가능하게 될 수 있다. 따라서 관리회계 시점에서 회계정보를 보다 한층 더 충실하게 확보하고 확보된 회계정보를 공공부동산 자산관리에 적극적으로 활용하는 것이 중요하다.

4) 노하우

공공부동산자산관리를 수행하기 위해서는 매각, 임대, 리모델링, 전용, 이용 등의 기본적인 활용 유형에 대해 구체적인 실천방법, 방법의 특성과 과제 등에 대한 노하우가 필요하다. 또한 부동산을 활용하면서도 법·제도, 관련 기법, 부동산평가, 부동산리스크 등 다양한 정보와 노하우가 필요하다. 부동산리스크로는 토양오염, 건물내진, 산업폐기물이 대표적이다. 토지매매에 있어서는 토양오염 여부를 확인하는 것이 중요하다. 토양오염이 없다는 확실한 증거가 있는 경우를 제외하고 원칙적으로 토양오염 조사가 필요하다. 토양오염에 적절하게 대응하는 것은 공공부동산을 취득, 매각뿐만 아니라 소유부동산의 자산가치 저하를 막는 데도 필수적이다. 매매 시 충분한 사전조사가 없는 경우에는 불법매립 등으로 지하에 산업폐기물이 존재하는 경우 매매 후 예측할 수 없는 법적 분쟁으로 발전하는 경우도 있다. 이러한 노하우는 전문가들의 자문이나 스스로 습득할 수밖에 없다.

6) 재무회계는 외부 이해관계자의 의사결정에 필요한 정보를 제공하며, 관리회계는 내부 이해관계자의 의사결정에 필요한 정보를 제공하며, 일반 회계원칙을 적용하는 재무회계와는 다르게 관리회계는 별도의 기준이 없다.

5) 인재육성과 민간활용

공공부동산자산관리를 성공적으로 수행하기 위해서는 재정, 금융, 법률, 건축설비, 자산평가 등 부동산과 관련된 분야의 전문지식이 필요하다. 따라서 전문지식을 갖춘 인재를 어떻게 육성하느냐가 향후 공공부동산자산관리의 핵심경쟁력이 될 것이다. 직원연수를 실시해 정부 내부에서 전문직원을 양성할 수도 있으나 그것이 어려운 경우 외부전문가를 활용하는 등의 방안을 적절히 병행하면 효과적이다.

〈표 9-12〉 공공부동산 자산관리 실행조건

실행조건	내용	비고
조직	직원의 전문성 확보 통합과 확대개편	해외사례 참조
정보화	통일된 관리대장과 최신정보 확보	통합형 GIS의 활용
회계 및 재정	재무회계와 함께 관리회계의 중요성 인식	회계정보시스템 구축
노하우	부동산리스크의 이해와 활용	전문가 자문과 습득
인재육성과 민간활용	전문지원 양성과 외부전문가 활용	핵심경쟁력

• 10. 유의사항

1) 다른 계획과 연계

공공부동산자산관리의 궁극적인 목적은 정부가 행정의 목표를 달성하는 것이다. 따라서 정부 행정서비스의 질 향상을 도모하기 위해 다른 행정 분야(복지, 교육, 산업) 계획을 피드백하는 등 다른 계획과의 연계에 유의해야 한다.

2) 인근 지방정부와의 제휴

공공부동산자산관리를 위해서는 인근 지방정부 간의 제휴활동에 관심을 기울어야 한다. 단독으로 실천하는 것도 중요하지만 인근 지방정부가 광역적으로 제휴·협력함으로써 보다 더 효율적인 서비스를 제공할 수 있다. 기초자치단체뿐만 아니라 광역자치단체 간의 연계도 중요하다.

3) 주민과의 소통

기존의 공공부동산에 대해 폐지 또는 전용을 할 경우 지역주민에 대한 공공서비스가 저하될 수 있다. 부동산은 고액이므로 한 번 단행된 투자는 수정하기 어려워 주민의 요구와 부합되지 않는 시설은 지방공공단체와 그 주민들에게 지대한 영향을 줄 수도 있다. 공공부동산자산관리를 위해서는 지역주민의 만족도를 향상시킨다는 관점도 중요하다.

주민과의 갈등을 피하려면 부동산의 사용상황이나 유지관리에 관한 정보를 축적, 정비하고 기존 부동산을 유지하는 데 따르는 비용, 편익을 구체적인 숫자로 공개하면서 부동산이 처한 상황에 대한 인식을 공유하는 동시에 객관적인 프로세스로 공표하는 등 적극적인 정보공개를 통해 주민들과 소통을 추진해 상호이해를 증진시키는 것이 중요하다.

생각해 볼 문제

PROPERTY MANAGEMENT

1. 현재 공공부동산자산관리가 중요시되고 있는 배경은 무엇인가? 과거의 자산관리와 비교해서 설명하시오.
2. 공공부동산자산관리의 내용과 민간의 자산관리와의 차이점은 무엇인가?
3. 공공부동산자산관리의 변천을 시대별로 열거하고 패러다임의 변화를 도출하시오.
4. 해외 공공부동산자산관리를 국내와 비교하여 시사점을 도출하시오.
5. 공공부동산자산관리가 성공하기 위한 조건은 무엇인가?

CHAPTER 10

부동산투자의 화폐가치와 포트폴리오 이론

주요 용어

이자율, 미래가치, 현재가치, 복리, 기대수익률, 상관관계, 포트폴리오

요약

일반적으로 은행에 예금을 하거나 적금을 하게 되면 시간이 지남에 따라 약속된 금리를 원금에 적용한 이자를 받게 된다. 투자자들에게 발생하는 이자와 같이 시간이 지남에 따라 돈(화폐)의 가치는 변화하게 된다. 예를 들어, 현재의 1,000원과 미래에 얻게 될 1,000원의 절대적인 화폐의 금액은 같으나 가치는 다르다. 이는 부동산투자에서도 마찬가지이며 부동산투자자들은 이러한 화폐의 시간가치를 고려하여 미래에 발생할 현금흐름에 대해 평가한 후 투자의사결정을 할 필요가 있다. 그러므로 이 장에서는 화폐의 시간가치를 산출하는 방법에 대해 알아보고, 이를 이용하여 부동산투자의 현재가치와 미래가치를 산출해 본다. 이후 미래에 일정한 현금흐름이 지속적으로 발생하는 연금의 개념과 현재가치 및 미래가치에 대해 알아본다. 또한, 현재 투자자들이 주로 사용하고 있는 기대수익률과 위험의 개념인 분산을 포트폴리오 이론을 통해 익히고, 부동산투자의 기대수익률과 위험을 측정한다.

10 부동산투자의 화폐가치와 포트폴리오 이론

학습목표

화폐의 미래가치와 현재가치를 이해하며 연금의 개념을 이해하고 계산할 수 있다. 또한 상관관계의 개념과 포트폴리오를 이해할 수 있다.

1. 부동산투자와 화폐의 시간가치

1) 부동산투자의 시간가치

부동산투자의 시간가치(time value of money)란 시간의 흐름에 따라 화폐의 가치가 변화되는 것을 말한다. 같은 가격이라도 현재의 화폐가치가 미래의 화폐가치보다 더 높다. 가령 오늘의 100원을 안정적 자산에 투자한다면, 미래에는 이자가 발생하므로 100원보다 더 큰 값을 얻게 된다. 결국 현재의 100원은 미래의 100원 이상과 같다고 볼 수 있다. 현재의 화폐가치가 미래의 화폐가치보다 높은 것은 화폐를 현재 투자할 수 있는 기회가 있기 때문이며, 이를 기회비용이라고 한다. 그렇다면 현재의 화폐가치와 미래의 화폐가치가 같은 금액이 얼마인가가 매우 중요하다. 왜냐하면, 미래에 돈이 얼마가 유입되는지 정확히 알아야 자금관리를 할 수 있기 때문이다.

특히 부동산회사는 레버리지효과(leverage effect)[1]를 이용해 투자하는 경우가 많아, 일반적인 기업보다는 화폐의 시간가치에 더 민감할 수밖에 없다. 물론, 단기적인 운전자본은 현금유입과 유출이 빨라 화폐의 시간가치의 영향이 적을 수 있다. 그러나 대부분의 부동산투자는 장기적인 고정자산에 투자하게 되므로 좀 더 정교한 현금흐름 계획이 요구

1) 레버리지효과는 부동산에 투자한 자기자본보다 부채를 증가시켜, 부채로 인해 높은 이익을 얻으려는 방법을 말한다.

된다. 즉, 현금유입과 현금유출의 기간차이가 발생하며, 단기자금의 조달에 비해 장기자금의 조달 시 현재의 가치가 미래의 가치보다 훨씬 크다는 것이다.

그러므로 부동산투자를 할 시에는 현금유입과 현금유출의 시재를 동등한 기준에서 비교해야 한다. 또한, 미래의 현금유출금액을 현금유입시점까지 할인하여 수익 또는 비용의 가치를 비교 분석하여 투자해야 한다. 화폐의 시간가치는 부동산투자의 기본 개념으로 간과하기 쉽지만 매우 중요하다. 또한 할인율 산정은 어렵지만 부동산투자 예산을 계획할 때 미래의 부동산가치에 영향을 주기 때문에 할인율은 중요한 역할을 한다.

2) 부동산투자의 미래가치와 현재가치

(1) 부동산투자의 미래가치

미래가치(future value)란 현재의 화폐가치를 미래의 일정시점의 화폐가치로 환산한 것으로 말한다. 다음과 같은 예를 통해 미래가치를 구할 수 있다. 예를 들어, 투자자 A에게 100원이 있는데 이 금액을 1년 수익률 5%인 부동산임대사업에 투자했다고 가정하자. 그러면 1년 후에 얼마를 받을 수 있을까?

다음과 같은 용어 및 산식에 의해 미래가치를 구할 수 있다.

만약 n = 1이면, 1년 후의 미래가치 FV_1 는 다음과 같다.

$$
\begin{aligned}
FV_n &= PV + I \\
&= PV + PV(r) \\
&= PV(1 + r)
\end{aligned}
\qquad \text{(식 10-1)}
$$

PV(present value) : 임대수익의 현재가치

r : 연간이자율

I : 연말에 지급되는 이자금액, PV(r)

FV : 임대수익의 미래가치

n : 연수

위의 산식을 이용하여 계산을 하면, 1년 후의 100원의 미래가치는 105원이 된다.

$$\begin{aligned} FV_1 &= 100(1+0.05) \\ &= 100(1.05) \\ &= 105 \end{aligned}$$

만약, $n = 2$ 이면, 2년 후의 미래가치 FV_2 는 다음과 같은 산식에 의해 구할 수 있다.

$$\begin{aligned} FV_2 &= FV_1(1+r) \\ &= PV(1+r) \times (1+r) \\ &= PV(1+r)^2 \end{aligned} \qquad \text{(식 10-2)}$$

즉, $FV_n = PV(1+r)^n = PV \times CVIF_{r,\,n}$ 으로 표현할 수 있다.

여기서 $(1+r)^n$ 은 n기간 말의 미래가치를 나타내며, 복리이자요소(compound value interest factor: CVIF) 또는 미래가치이자요소(future value interest factor: FVIF)라고 한다.

위의 산식을 이용하여 계산을 하면, 2년 후의 100원의 미래가치는 110.25원이 된다.

$$\begin{aligned} FV &= 100(1+0.05) \\ &= 100(1.05)^2 \\ &= 110.25 \end{aligned}$$

위의 계산방식과 같이 원금에 대한 이자가 다음 해에 원금에 가산되어 다시 이자가 계산되는데 이러한 이자의 계산방식을 복리(compound interest)라고 부르고, 복리과정을 통해 미래가치를 구한다. 반면, 단리(simple interest)는 원금에 대한 이자가 다음 해에 원금에 가산되지 않고 원금에 대한 이자만 계산되는 방식을 말한다. 위와 같은 예를 단리로 계산하면 다음과 같다.

만약, $n = 2$ 이면, 단리의 2년 후의 미래가치 FV_2 는 다음과 같은 산식에 의해 구할 수 있다.

$$
\begin{aligned}
FV_2 &= PV_1 + (PV_1 \times r) \times 2 \\
&= 100 + (100 \times 0.05) \times 2 \\
&= 110
\end{aligned}
$$

즉, 원금 100원에 매년 이자 5%(5원)를 2번, 10원을 더한 값이다. 일반적으로 금융시장에서는 복리가 주로 사용되며 단리의 경우 학문적으로 이해를 돕기 위해 계산한 것일 뿐 일반적으로는 사용하지 않는다. 그러므로 특별한 언급이 없다면 복리로 계산한다. 또한, 복리와 단리의 차이는 기간에 따라 커짐을 알 수 있으며, 복리끼리의 비교에서도 이자율이 높고 기간이 길수록 미래가치의 이자율 차이 변화가 큰 것을 알 수 있다.

(2) 부동산투자의 현재가치

현재가치(present value)란 미래의 일정시점의 화폐가치를 현재시점의 화폐가치로 환산한 것을 의미한다. 다음과 같은 예를 통해 복리계산의 반대과정, 즉 할인(discounting)을 함으로써 현재가치를 구할 수 있다. 예를 들어, 투자자 A가 매년 복리로 1년 수익률 5%인 부동산임대사업에 현재 얼마를 투자해야 1년도 말에 105원이 될 수 있을까?

다음과 같은 용어 및 산식에 의해 미래가치를 구할 수 있다.

만약 $n = 1$ 이면, 1년도 말의 현재가치 PV_1 는 다음과 산식에 의해 구할 수 있다.

$FV_n = PV(1 + r)^n$ 이기 때문에

$PV = \dfrac{FV_n}{(1 + r)^n}$ 가 된다. (식 10-3)

즉, $PV = \dfrac{FV_n}{(1 + r)^n} = FV_n(1 + r)^{-n} = PV \times PVIF_{r,\, n}$ 으로 표현할 수 있다.

여기서 $(1 + r)^n$ 은 n기간 말의 현재가치를 나타내며, 현재가치이자요소(present value interest factor: PVIF)라고 한다.

위의 산식을 이용하여 계산을 하면, 1년도 말 105원의 현재가치는 100원이 된다.

$$PV = \frac{105}{(1+0.05)^1} = 100\text{원}$$

다른 예로, 투자자 A가 매년 복리로 2년간 수익률이 5%인 부동산임대사업에 현재 얼마를 투자해야 2년도 말에 110.25원이 될 수 있을까?

$$PV = \frac{110.25}{(1+0.05)^2} = 100\text{원}$$

위의 산식을 이용하여 계산을 하면, 2년도 말 110.25원의 현재가치는 100원이 된다.

현가이자요소는 복리이자요소와 역수의 관계이므로 현가이자 역시 할인율 및 기간의 변화에 따라 체감하게 된다.

$$PVIF_{r,n} = \frac{1}{CVIF_{r,n}} \qquad \text{(식 10-4)}$$

3) 부동산투자의 연금가치와 연속복리

(1) 부동산투자의 연금의 미래가치

연금이란 일정한 금액을 일정한 기간 동안 지속적으로 지급하는 일련의 현금흐름을 말한다. 예를 들어 설명하면 다음과 같다. 6년간 연이자율 5%로 매년 100원의 금액을 부동산투자관련 연금에 납입한다고 가정하자. 6년도 말에 받게 되는 연금의 미래가치는 〈표 10-1〉과 같다.

〈표 10-1〉 연금의 미래가치

기간(년)	매년 납입금액(원)	이자율	납입금액의 미래가치(원)	이자액(원)
1	100	5%	127.6	27.6
2	100		121.6	21.6
3	100		115.8	15.8
4	100		110.3	10.3
5	100		105	5.0
6	100		100	0
합계	600	5%	680.3	80.3

〈표 10-1〉을 살펴보면 6년 동안 각 연도마다 미래가치를 계산하여 그 합으로 연금의 미래가치를 구할 수 있다. 하지만 연금기간이 20년일 경우, 계산과정이 복잡하고 위와 같은 방식은 시간이 오래 걸리므로 다음과 같이 연금의 현재가치를 구하는 공식을 이용하면 간편히 계산할 수 있다. 공식을 도출하는 과정을 식으로 나타내면 다음과 같다.

초항이 C, 등비가 $(1+r)$, 항수가 n인 등비급수의 합 FV_n은 다음과 같다.

초항 C로 정리하면,

$$FV_n = C[(1+r)^{n-1} + (1+r)^{n-2} + \cdots + 1] \quad ①$$

식 ①의 양변에 $(1+r)$을 곱하면,

$$FV_n(1+r) = C[(1+r)^n + (1+r)^{n-1} + \cdots + (1+r)] \quad ②$$

식 ②에서 식 ①을 빼면,

$$FV_n \times r = C(1+r)^n - C$$

$$FV_n = \frac{C(1+r)^n - C}{r} = C\left[\frac{(1+r)^n - 1}{r}\right]$$

$$FV_n = C\left[\frac{(1+r)^n - 1}{r}\right] \text{ 또는 } C\left[\frac{(1+r)^n}{r} - \frac{1}{r}\right] = C \times CVIFA_{r,\,n} \quad \text{(식 10-5)}$$

$CVIFA_{r,n}$는 1기간 말부터 시작하여 n기간 동안 매년 지급되는 연금의 복리이자요소(compound value interest factor for an annuity: CVIFA)라고 한다. 연금의 복리이자요소 표를 이용하면 연금의 미래가치를 쉽게 구할 수 있다.

(2) 부동산투자의 연금의 현재가치

연금의 현재가치는 미래의 일정한 기간마다 받을 금액을 현재가치로 환산하여 모두 더한 금액이다. 예를 들어 설명하면 다음과 같다. 부동산투자 연금관련 매년 말 100원씩 6년 동안 매년 이자율 5%로 받을 금액을 현재시점에서 전부 받을 경우 계산과정을 보면 다음 〈표 10-2〉와 같다.

〈표 10-2〉 연금의 현재가치

기간(년)	매년 받을 금액(원)	이자율	받을 금액의 현재가치(원)	할인금액(원)
1	100	5%	95.2	4.8
2	100		90.7	9.3
3	100		86.4	13.6
4	100		82.3	17.7
5	100		78.4	21.6
6	100		74.6	25.4
합계	600	5%	507.6	92.4

〈표 10-2〉를 살펴보면 6년 동안 각 년도마다 현재가치를 계산하여 그 합으로 연금의 현재가치를 구할 수 있다. 하지만 연금기간이 20년일 경우, 계산과정이 복잡하고 위와 같은 방식은 시간이 오래 걸리므로 다음과 같이 연금의 현재가치를 구하는 공식을 이용하면 간편히 계산할 수 있다. 공식을 도출하는 과정을 식으로 나타내면 다음과 같다.

PV를 연금의 현가합계라고 하고 C를 1년 후부터 매년 받게 될 연금액이라고 하면, 연금의 현재가치는 다음과 같다.

$$PV = \frac{A}{(1+r)^1} + \frac{A}{(1+r)^2} + \frac{A}{(1+r)^3} + \cdots + \frac{A}{(1+r)^n} \quad ①$$

양변에 $\frac{1}{(1+r)}$ 을 곱하면

$$\frac{PV}{(1+r)} = \frac{C}{(1+r)^2} + \frac{C}{(1+r)^3} + \cdots + \frac{C}{(1+r)^{n+1}} \quad ②$$

위 식 ①에서 식 ②를 차감하고, 양변에 $(1+r)$ 을 곱하면 다음과 같다.

$$PV = C\left[\frac{1}{r} - \frac{1}{r(1+r)^n}\right] = C \times PVIFA_{r,\,n} \qquad \text{(식 10–6)}$$

$PVIFA_{r,\,n}$ 는 1기간 말부터 시작하여 매년 1원씩 n기간 동안 매년 받는 연금의 현가이자요소(present value interest factor for an annuity: PVIFA)라고 하며, 부록에 제시된 복리표가 이 책의 뒷부분에 수록되어 있다. 이러한 연금의 현가이자요소 표를 이용하면 연금의 현재가치를 쉽게 구할 수 있다.

만약, 1기간 말에 연금이 지급되는 것이 아니라 1기간 초에 연금이 지급되는 경우에는 기말기준 값 $PVIFA_{r,\,n}$, $CVIFA_{r,\,n}$ 에 $(1+r)$ 을 곱하여 계산해야 한다.

(3) 영구연금

영구연금(perpetuity annuity)이란 만기가 없이 일정금액이 정기적으로 영구히 발생되는 일련의 현금흐름을 의미한다. 일반적으로 연금이나 채권은 만기가 있지만 특수한 경우에는 만기가 없는 영구연금이란 상품도 있을 수 있다. 대부분의 투자자는 매년 연금을 받고 만기에 원금을 상환받기를 바란다. 하지만 만기에 그 원금을 같은 상품에 재투자한다면 만기에 원금을 받을 필요가 없을 수 있다. 예를 들어, 장기간 지속적으로 투자해야 하는 회사가 있다면 영구연금에 투자할 수 있다. 단 일반연금보다 영구연금이 매년 받는 연금금액이 많다는 가정하에서는 적용된다.

영구연금의 현재가치공식을 도출하는 과정은 다음과 같다.

$$PV(\text{영구연금}) = \frac{C}{(1+r)^1} + \frac{C}{(1+r)^2} + \frac{C}{(1+r)^3} + \cdots + \frac{C}{(1+r)^\infty} \quad ①$$

여기서, 초항 : $\frac{C}{(1+r)}$, 등비: $\frac{1}{(1+r)}$

식 ①의 양변에 $\frac{1}{1+r}$을 곱하면

$$\frac{PV}{(1+r)} = \frac{C}{(1+r)^2} + \frac{C}{(1+r)^3} + \cdots + \frac{C}{(1+r)^\infty} \quad ②$$

식 ①에서 식 ②를 차감하면

$$PV - \left(\frac{PV}{1+r}\right) = \frac{C}{1+r}$$
$$PV\left(1 - \frac{1}{1+r}\right) = \frac{C}{1+r}$$
$$\therefore PV = \frac{C}{r}$$

또한 영구연금의 현재가치는 무한등비수열의 합을 구하는 공식을 이용하여 구할 수도 있다.

$$PV(\text{영구연금}) = \frac{\text{초항}}{1-\text{등비}} = \frac{\frac{C}{1+r}}{1+\left(\frac{1}{(1+r)}\right)} = \frac{C(1+r)}{(1+r)(1+r)-1} = \frac{C}{r} \quad (\text{식 } 10\text{–}7)$$

다음과 같은 산식에 의해 영구연금을 구할 수 있다. 채권이 매년 100원의 이자 지급을 영구히 보장하며, 현행이자율 혹은 할인율이 10%라 할 때 이 영구채권의 가치는 얼마일까?

$$\text{채권가치} = \frac{100}{0.1} = 1{,}000\text{원}$$

영구연금의 가치는 이자율과 반비례함을 알 수 있다.

(4) 연속적인 이자율

위에서 설명한 화폐가치는 연간이자율이 한 번만 발생하는 경우를 설명하였다. 그러나 분기마다 또는 반기마다 이자를 지급할 수도 있다. 그렇다면 이자지급 횟수(n)는 늘어나게 되고, 이자율(r)은 횟수만큼 줄어들게 될 것이다. 이를 식으로 표시하면 다음과 같다. 다음 공식은 연리 r로 연간 m번 복리계산되는 경우에 n년도 말의 미래가치를 나타낸다.

$$FV_n = PV\left(1 + \frac{r}{m}\right)^{mn} = PV \times CVIF_{r/m,mn}$$

$$FV_n = PV(1 + r_e)^n = PV \times CVIF_{r_e,n}$$

$$\rightarrow r_e = \left(1 + \frac{r}{m}\right)^m - 1 \qquad \text{(식 10–8)}$$

그런데 위 식에서 m이 무한대로 증가하여, 이자계산이 연속복리인 경우 다음과 같이 나타낼 수 있다. 연간복리계산 횟수 m이 무한에 가까울 땐 연속복리계산 공식의 도출과정은 다음과 같다.

$$FV_n = PV\left(1 + \frac{r}{m}\right)^{m \cdot n} \qquad ①$$

식 ①에서 $\frac{m}{r} = x$라고 할 때, 다음과 같이 변형할 수 있다.

$$FV_n = PV\left[\left(1 + \frac{1}{x}\right)^{\frac{m}{r}}\right]^{r \cdot n} \text{ 또는 } PV\left[\left(1 + \frac{1}{x}\right)^{x}\right]^{r \cdot n} \qquad ②$$

식 ②에서 $\left(1 + \frac{1}{x}\right)^x$는 x가 무한대일 때 $e(= 2.71828)$로 정의된다.

즉, $e = \lim_{x \to \infty}\left(1 + \frac{1}{x}\right)^x$ 이다. 따라서 식 ②는 다음과 같이 간단히 나타낼 수 있다.

$$FV_n = PV \times e^{r \cdot n} \qquad \text{(식 10–9)}$$

2. 부동산자산의 포트폴리오 이론

투자자들은 어떠한 부동산에 투자하기 전에 그 부동산의 기대수익과 위험에 대해서 판단할 필요가 있다. 합리적인 투자자라면 같은 수준의 위험을 가지고 있는 부동산들 중에서 더 높은 수익률을 기록하는 부동산투자안을 선택할 것이다. 본 장에서는 개별 부동산에 대한 위험과 기대수익률을 측정해 보고, 복수의 부동산에 투자할 때 위험을 최소화하는 포트폴리오(portfolio)구성에 대해서 설명한다. 여기서 포트폴리오란 둘 또는 그 이상 개별자산의 결합(combination of two or more aassets)을 의미한다.[2)] 일반적으로 개별자산이란 재무학에서는 주식·채권·자산 등 경제성 있는 모든 자산을 의미하지만 본서에서는 부동산자산으로 한정하여 설명한다.

부동산투자를 할 때 같은 지역의 부동산에 투자하는 것보다 여러 지역의 부동산에 분산투자함으로써 위험을 감소시킬 수 있다. 따라서 부동산투자자에게 있어서 포트폴리오 이론은 매우 중요하다.

1) 포트폴리오 이론의 가정

Markowitz, H.가 포트폴리오 이론을 전개하면서 설정한 기본적인 가정은 다음의 네 가지이다(조지호·정성훈, 2012).

① 시장은 합리적인 투자자만이 존재한다. 합리적인 투자자의 의미는 위험회피적이고 기대효용의 극대화를 목표로 한다는 것이다.

② 투자자들은 동질적인 예측을 한다. 투자자는 투자수익률의 확률분포를 이미 알고 있으며, 확률분포에 대해 모든 투자자가 동질적으로 예측함을 의미한다.

③ 투자자의 효용은 기대수익률과 위험에 의해 결정된다. 기대수익률은 평균으로 나타낼 수 있고 위험은 분산 또는 표준편차로 나타낼 수 있다. 그러므로 투자하고자 하는 자산의 평균과 분산을 비교하여 투자대상을 선정한다.

④ 단일기간의 투자기간을 고려하는 투자자들로 구성되어 있다.

2) 조지호·정성훈(2012). 현대재무관리. p.159 인용.

현재도 Markowitz가 제시한 네 가지 가정은 포트폴리오 이론의 기본적인 가정으로 인식되고 있다. 위의 가정들 중에서 합리적인 투자자만이 존재한다는 점 등은 현실과 괴리가 있는 것으로 판단되지만, 이를 제외하고는 현실에 크게 벗어나는 것은 아니다. 따라서 이론의 배경이 되는 가정으로 설정할 수 있으며 무리한 설정은 아니다. 또한 이러한 점은 포트폴리오 이론의 존재가치와 타당성에는 크게 영향을 미치지 못한다.

2) 개별자산의 수익과 위험

투자자들이 부동산 포트폴리오를 구성하기 위해서는 우선, 포트폴리오를 구성할 개별 부동산자산의 가치를 평가할 수 있어야 한다. 개별부동산자산의 가치를 평가하기 위해서는 기대수익률과 위험을 알아야 한다. Markowitz의 경우 기대수익률과 위험을 미래수익의 확률분포를 이용한 확률론적 방법으로 분석하였다. 즉, 미래수익률의 확률분포를 고려하여 기대수익률을 산출하였고, 기대수익률의 분산 정도를 이용하여 위험을 측정할 수 있다. 이후 이를 통해 개별부동산자산 가치를 평가할 수 있다. 본 항에서 개별부동산자산의 기대수익률과 분산은 다음과 같이 측정된다.

(1) 개별부동산자산의 기대수익

개별부동산자산에서 미래 발생할 기대수익을 산정하는 것은 현실적으로 곤란하다. 하지만 미래 경제상황의 변화를 기초로 미래수익률의 확률분포(probability distribution)를 이용하여 작성하면 미래수익률의 평균치를 통해서 기대수익률(expected return)을 측정할 수 있다. 확률분포를 이용한 기대수익률을 산출방식은 (식 10-10)과 같다.

$$E(r_i) = \sum_{i=1}^{n} r_i P_i \qquad \text{(식 10−10)}$$

r_i : i 상황의 수익률

P_i : i 상황이 발생할 확률

예를 들어 A지역 부동산자산의 미래투자수익률(실현가능수익률)이 〈표 10-3〉과 같이 다섯 가지의 상황에서 발생한다고 하자.

〈표 10-3〉 A지역의 부동산자산 실현가능수익률과 발생확률

A지역 부동산자산의 실현가능수익률(r_i)	발생확률(P_i)
0.30	0.10
0.10	0.20
0.20	0.35
0.05	0.25
-0.20	0.10

(식 10-10)에 따르면 A지역 부동산자산의 기대수익률은

$$E(r_i) = \sum_{i=1}^{n} r_i P_i = 0.1125$$

0.1125가 A부동산의 기대수익률이 된다. 그러나 앞에서도 밝혔듯 부동산자산 미래수익률의 확률분포를 이용하는 것에는 확률분포추정의 어려움이 있다. 이로 인해 미래수익률의 확률분포를 이용한 기대수익률 산출은 어렵다. 따라서 실무에서는 기대수익률을 산출하기 위해서 과거 부동산자산의 자료를 활용하여 미래수익률을 측정한다.

과거 부동산자산의 자료를 이용하여 미래수익률을 측정하려면 (식 10-11)을 통해 산출된 일정단위기간의 수익률 r_{it}이 필요하다. 일정기간 동안 이 수익률의 평균값을 기대수익률로 사용할 수 있다.

$$r_{i,t} = \frac{(P_{i,t} - P_{i,t-1})}{P_{i,t-1}} \qquad \text{(식 10-11)}$$

$P_{i,t}$: i자산의 t시점에서의 시장가격

$P_{i,t-1}$: i자산의 t–1시점에서의 시장가격

(2) 개별자산의 위험

앞서 부동산자산의 기대수익률에 대해 살펴보았다. Markowitz의 이론은 기대수익률과 함께 위험의 측정이 중요하다. Markowitz의 이론에서 위험은 기대수익률의 분산(variance)을 통해 나타나게 된다. 이는 부동산투자에서 일반적으로 미래 부동산자산의 가격변화를 알 수 없을 때 투자자들이 느끼는 불안을 위험으로 보는 것이다. 즉, 위험(risk)이란 미래에 어느 정도로 불확실성(uncertainty)을 가지고 있는가를 통해 측정이 가능하다. 따라서 개별부동산자산의 위험은 부동산투자로부터 미래에 획득가능한 수익이 어떠한 분포를 하고 있는가 하는 수익의 확률분포에 관한 것이며, 미래수익분포의 분산으로 표시된다. (식 10-12)를 이용하는 계산된 기대수익률의 위험인 분산(variance) 혹은 표준편차(standard deviation)[3]는 아래의 식으로 측정된다.

$$Var(r_i) = \sigma_i^2 = \sum_{i=1}^{n}\{r_i - E(r_i)\}^2 \cdot P_i \qquad \text{(식 10-12)}$$
$$\sigma = \sqrt{\sigma_i^2}$$

(식 10-12)의 방법으로 측정된 수익률의 분산이나 표준편차가 크면 클수록 미래수익률의 분포는 넓어지므로 위험은 증가한다.

앞의 예에서 A자산의 위험은 다음과 같다.

$$Var(r_i) = \sum_{i=1}^{n}\{r_i - E(r_i)\}^2 \cdot P_i \fallingdotseq 0.01697$$
$$\sigma_i = \sqrt{Var(r_i)} \fallingdotseq 0.13026$$

위와 같이 개별부동산자산의 위험을 측정할 때 몇 가지 의문점에 직면한다. 첫째, 기본적으로 위험측정 시의 기대수익보다 높은 부분과 낮은 부분이 존재하기 마련이다. 이때 기댓값의 상향이탈(부동산투자자가 기대한 수익보다 훨씬 더 많은 수익을 얻은 부분) 시는 위

3) 확률변수가 기댓값을 중심으로 움직일 경우 분산과 표준편차는 확률변수가 기댓값을 중심으로 어떻게 흩어져 있는지 나타내 주는 것이다. 이때 분산과 표준편차는 확률변수의 값과 기댓값의 차이를 기준으로 산출할 수 있다. 그러나 기댓값과 확률변수의 차이를 산출할 때 그 차이값이 음의 값을 가질 수도 있기 때문에 그 차이값을 제곱하여 양의 값으로 만든 다음 평균을 산출하게 된다. 이것이 분산이며, 분산과정에서 제곱한 것을 일반화된 단위로 만들어 주기 위해서 제곱근을 씌워 표준편차를 산출하게 된다(이긍희·박진호(2009). 확률의 개념과 응용. 한국방송통신대학교출판부, p.87 참고).

험으로 봐야 하는가에 대한 의문을 제기할 수 있다.[4] 둘째, 원칙적으로는 부동산자산이 가지는 미래수익률의 확률분포를 추정하여야 하며 이를 통하여 분산 및 표준편차를 계산해야 한다. 하지만 현실에서 활용하려면 과거의 자료를 이용하여야 한다. 이러한 점 때문에 논리전개의 타당성에 대한 의문을 제시할 수 있다.

3) 포트폴리오의 수익과 위험

앞에서는 개별 부동산자산의 수익과 위험에 대해 알아보았다. 투자자들은 개별 부동산자산에 투자할 수도 있지만 각기 다른 부동산에 투자함으로써 포트폴리오를 구성할 수도 있다. 따라서 본 항에서는 포트폴리오의 수익과 위험에 대해서 알아본다. 먼저 포트폴리오의 수익과 위험은 개별 부동산자산과 마찬가지로 기대수익률과 분산 또는 표준편차로 나타낼 수 있다. 그리고 부동산 포트폴리오의 가치 또한 수익과 위험을 기준으로 평가한다.

포트폴리오에서 기대수익률을 산출하는 방법은 개별 부동산자산의 산출방법과 유사하지만 위험을 산출할 때는 차이가 있다. 먼저 포트폴리오의 기대수익률은 포트폴리오를 구성하고 있는 개별 부동산자산의 기대수익률 합으로 나타낼 수 있지만, 포트폴리오의 위험은 개별자산의 분산(혹은 표준편차)의 합으로 나타나는 것이 아니다.

(1) 포트폴리오의 기대수익

포트폴리오의 기대수익을 산출하기 위해서는 개별 부동산자산의 기대수익률의 합을 이용한다. 하지만 합으로만 산출하면 각 부동산자산의 투자구성비율이 반영되지 않는다. 따라서 포트폴리오를 구성하고 있는 개별 부동산자산의 기대수익률은 각 자산의 투자구성비율(weight)에 따라 가중평균한 평균수익률로 표시된다. 예를 들어 어떤 포트폴리오가 n개의 부동산자산으로 구성되어 있고 각 부동산자산에 투자한 비율을 총 투자금에 대한 부동산자산의 매입비용이라고 한다면, $W(i = 1, 2, 3, \cdots n)$는 부동산자산의 가중치가 된다. 이때 포트폴리오의 기대수익률 $E(r_p)$는 다음의 식으로 나타난다.

4) 임재만(2008). 비대칭 위험측정치를 이용한 부동산 포트폴리오 성과 비교. 부동산학연구, pp.4-15.

전 부의 상관관계(perfectly negative correlation)를 갖는다고 한다. ρ_{ij} 가 0의 경우는 그 변화가 상호 독립적이며, 상관이 없다고 한다. 이 관계를 그림으로 나타내면 [그림 10-1]과 같다.

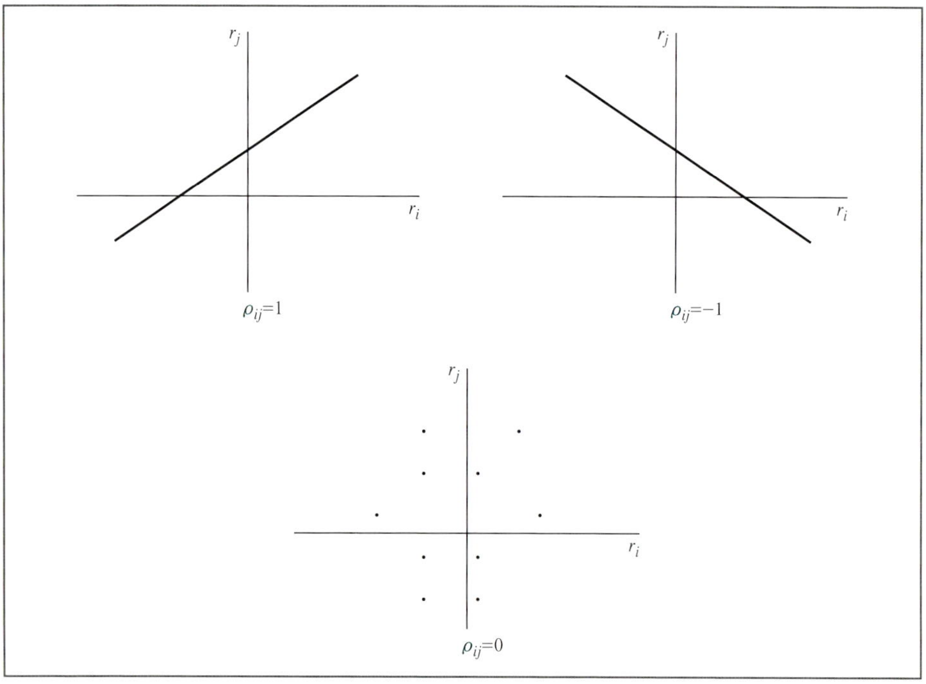

[그림 10-1] 부동산자산의 상관관계

포트폴리오의 분산은 공분산 대신 상관관계로도 표현이 가능하다. 공분산은 아래와 같이 상관관계와 표준편차를 이용해서 표현하면

$Cov(r_i, r_j) = \rho_{ij}\sigma_i\sigma_j$ 이다.

(식 10-14)를 이용하여 두 종류의 부동산으로 구성된 포트폴리오의 분산을 구하는 식은 다음 (식 10-17)과 같다.

$$\sigma_p^2 = W_1^2\sigma_1^2 + W_2^2\sigma_2^2 + 2W_1W_2\rho_{12}\sigma_1\sigma_2 \quad \text{(식 10-17)}$$

세 종류의 부동산으로 구성된 포트폴리오의 분산을 측정하는 계산식은 (식 10-18)이 된다.

$$\sigma_p^2 = W_1^2\sigma_1^2 + W_2^2\sigma_2^2 + W_3^2\sigma_3^2 + 2W_1W_2\sigma_{12} + 2W_1W_3\sigma_{13} + 2W_2W_3\sigma_{23} \quad \text{(식 10−18)}$$

σ_{12} = 1번 부동산과 2번 부동산의 공분산

σ_{13} = 1번 부동산과 3번 부동산의 공분산

σ_{23} = 2번 부동산과 3번 부동산의 공분산

(3) 상관계수와 포트폴리오 효과

포트폴리오를 구성하는 부동산의 수가 증가할수록 포트폴리오의 위험이 감소하는 현상이 나타난다. 이러한 현상을 주식투자에서는 포트폴리오 효과 또는 분산투자효과라라고 한다.

(식 10-18)에서 알 수 있듯이 포트폴리오의 위험을 결정하는 데 각 부동산자산 수익률 간의 상관계수가 중요한 요소로 작용하고 있다. 포트폴리오의 주요 요소인 상관계수(ρ_{ij})는 다음의 식으로 계산된다.

$$\begin{aligned}\rho_{ij} &= \sigma_{ij}/\sigma_i\sigma_j \\ &= Cov\left[\left(\frac{r_i - E(r_i)}{\sigma(r_i)}\right), \left(\frac{r_j - E(r_j)}{\sigma(r_j)}\right)\right]\end{aligned} \quad \text{(식 10−19)}$$

앞서 상관계수가 포트폴리오 위험의 주요 요소라 밝혔다. 상관계수의 값에 따라 포트폴리오의 위험, 즉 분산이 어떻게 변화하는지를 알기 위하여 두 개의 부동산자산으로 구성된 포트폴리오의 위험을 산출해 보자.

	A 부동산	B 부동산
$E(r_i)$	0.10	0.12
σ_i	0.09	0.09
W_i	0.5	0.5

관계수가 (−1)에 가까운 부동산자산들로 구성될수록 포트폴리오의 효과는 증가한다. 하지만 현실적으로 부동산시장의 특성상 자산 간의 상관계수가 (−)값을 갖는 것은 찾아보기가 힘들며, 특히 완전 부(−)의 상관관계와 완전 정(+)의 상관관계는 존재하지 않는다. 그러므로 대부분의 부동산자산들은 0과 1 사이의 상관계수를 갖는다.

한편 상관계수(ρ_{ij})는 (−1)과 (+1) 사이의 값을 가지므로 포트폴리오의 표준편차는 구성자산의 표준편차로 가중평균한 것보다 낮다. 이는 복수의 부동산자산에 분산투자함으로써 실현되는 위험감소효과로 포트폴리오 효과를 설명하는 것이다.

4) 포트폴리오 위험

(1) 효율적 프론티어

앞서 분산과 위험에 대한 설명을 통해 부동산자산의 포트폴리오 구성은 위험을 감소시킬 수 있다는 것을 알 수 있었다. 많은 부동산자산들 중에서 어떤 부동산을 선택하여 얼마만큼의 비중으로 투자하느냐에 따라서 가능한 포트폴리오는 수없이 많이 존재한다. 구성가능한 포트폴리오들은 기대수익률과 표준편차에 따라 [그림 10-5]와 같이 무수히 많은 점으로 표시된다.

[그림 10-5]의 포트폴리오집합은 부동산투자자의 선택가능한 모든 포트폴리오의 기대수익률과 위험의 조합을 나타내는 것이다. Markowitz는 이것을 가능조합(attainable combination)이라고 하였다.

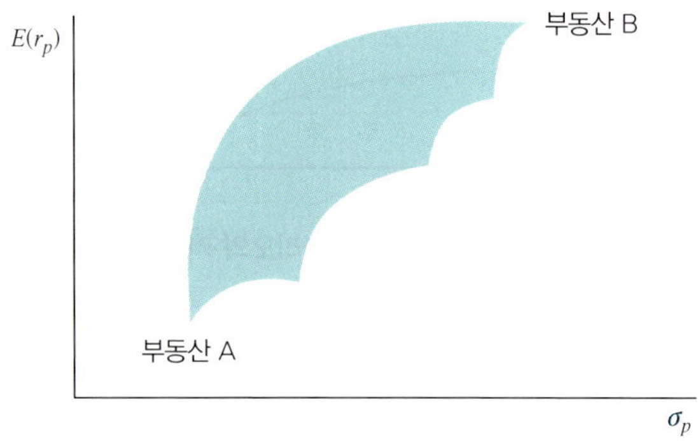

[그림 10-5] 포트폴리오의 집합과 효율적 프론티어

Markowitz가 명명한 포트폴리오의 가능조합에서 부동산투자자들은 어떠한 조합에 투자해야 하는지 선택의 기로에 놓이게 된다. [그림 10-5]를 참고하면 투자자들은 포트폴리오를 선택할 때 포트폴리오의 가능조합에서 지배원리(dominance principle)에 따라 동일수준의 위험을 갖는 포트폴리오 중에서는 가장 높은 수익을 갖는 포트폴리오를 선택하고, 동일수준의 기대수익을 갖는 포트폴리오 중에서는 가장 낮은 위험의 포트폴리오를 선택하는 것을 나타낸다. 이때 투자자들의 가장 합리적인 선택은 [그림 10-5]에서 AB선상에 있는 조합의 선택을 의미한다. 이 AB선상의 포트폴리오를 효율적 포트폴리오(efficient portfolio) 또는 효율적 프론티어(efficient frontier)라고 하며, Markowiz는 이를 효율적 조합(efficient combination)이라고 하였다.

Markowitz가 제시한 효율적 프론티어를 통해 이성적 투자자들은 부동산자산의 효율적인 분산투자가 가능하다. 이때의 효율적 프론티어는 투자가능한 모든 부동산 포트폴리오 중에서 지배원리를 충족시키는 포트폴리오이다.

한편, 앞서 밝혔듯이 현실적으로 각 부동산수익률 간의 상관계수는 (−1)과 (+1) 사이에 존재한다. 상관계수와 포트폴리오의 관계를 고려했을 때 [그림 10-5]와 같이 곡선의 형태로 나타남을 알 수 있다.

(2) 포트폴리오의 선택

투자자들은 무수히 많은 부동산 포트폴리오 중에서 어떠한 포트폴리오를 선택해야 할지 기로에 놓이게 된다. 이때 Markowitz가 제안한 효율적 프론티어는 지배원리를 이용해서 보다 효율적인 투자안을 찾을 수 있게 한다. 하지만 효율적 프론티어 안의 어느 부동산 투자안이 가장 유리한 투자안이라 밝힐 수는 없다. 다시 말해 효율적 프론티어상의 포트폴리오는 위험이 크면 기대수익률이 크고, 위험이 작으면 기대수익률이 작으므로 객관적으로 가장 효율적인 최적포트폴리오(optimal portfolio)를 얻을 수는 없다.

따라서 부동산투자자들은 효율적 프론티어상에 있는 포트폴리오 중에서 부동산투자자 자신에게 최대의 가치를 가져다주는, 즉 최대의 효용을 얻을 수 있는 포트폴리오를 선택하게 된다. 이때 Tobin, J.는 포트폴리오 선택과정의 분리이론(separation theorem)을 제안하였다. 분리이론이란 투자대상의 선정과 선택이 다르다는 의미를 내포하고 있다. 그리고 불확실성하에서 부동산투자자의 효용은 기대수익과 위험의 함수로 나타낼 수 있다.

$$U = f(E(r_i), \sigma) \qquad \text{(식 10-20)}$$

U : 효용(*utility*)

위의 (식 10-20)은 부동산 투자자의 효용함수를 기대수익과 위험의 함수로 나타낸 것이다. 또한 개개인의 효용의 정도는 다 다르기에 부동산투자자에 따라서 효용함수는 달라진다.

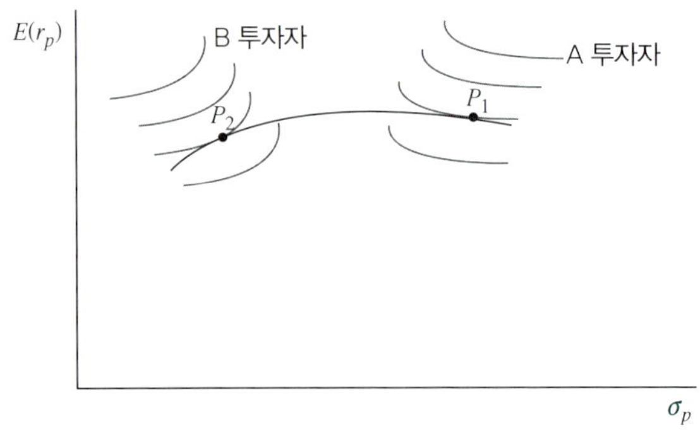

[그림 10-6] 포트폴리오의 선택

위 [그림 10-6]은 부동산투자자의 효용을 나타내는 무차별곡선(indifference curve)을 $[E(r_p) - \sigma_p]$ 평면상에 도시하였다. 이때의 투자자들은 위험 회피적인 투자자들로 가정하였다. 투자자들의 무차별곡선은 σ_p 축에 볼록한 형태의 여러 종류의 곡선군을 이루게 된다. σ_p 축에 볼록한 이유는 기대수익률의 크기가 증가함에 따라 한계효용이 체감하기 때문에 볼록한 형태를 취하고 있으며, 부동산투자자의 위험과 기대수익률에 대한 가치기준이 상이하므로 각 무차별곡선의 기울기는 서로 다르게 나타난다.

[그림 10-6]에서 부동산투자자 B는 부동산투자자 A보다 위험에 대해 훨씬 민감한 반응을 보이고 있다. 이를 통해 부동산투자자의 위험에 대한 성향을 나타낼 수 있다. 부동산투자자 A는 부동산투자자 B에 비해 위험선호형(risk taker), 혹은 공격적 투자자이며, 부동산투자자 B는 위험회피형(risk averter) 혹은 보수적 투자자라고 할 수 있다.

위 [그림 10-6]의 $[E(r_p) - \sigma_p]$ 평면상에 효율적 프론티어와 각 부동산투자자들의 무차별 곡선을 함께 도시하였다. 이후 효율적 프론티어상의 포트폴리오 중에서 효용을 극대화할 수 있는 포트폴리오를 찾는다. 효용을 극대화하는 포트폴리오는 효율적 프론티어와 부동산투자자의 효용무차별곡선이 만나는 접점에서 나타난다. [그림 10-6]에서는 p_1과 p_2가 부동산투자자 A, B가 선택하게 되는 최적포트폴리오이다. 환언하면, 부동산투자자는 자신의 효용무차별곡선과 효율적 프론티어가 접하는 점의 포트폴리오를 선택하여 효용을 극대화한다.

EXAMPLE 예제 10.1 포트폴리오의 수익과 위험 및 효율적 프론티어 도출

	인천 중구(X)	광주 동구(Y)	E(rp)
2000	5.59%	-1.65%	-0.73%
2001	2.63%	-1.93%	-1.35%
2002	14.73%	-0.30%	1.61%
2003	2.42%	0.03%	0.33%
2004	5.49%	0.65%	1.27%
2005	7.46%	-3.72%	-2.30%
2006	8.33%	0.35%	1.36%
2007	7.00%	0.70%	1.50%
2008	1.47%	-1.09%	-0.77%
2009	0.97%	0.25%	0.34%
2010	0.51%	0.41%	0.42%
2011	0.35%	0.37%	0.36%
2012	-0.94%	0.53%	0.35%
2013	-0.23%	0.63%	0.52%

E(ri)	3.98%	-0.34%	0.21%
Var	0.19%	0.02%	0.01%
S.D	4.36%	1.30%	1.14%
Cov	-0.01%		
상관계수	-23.94%		

Wx	12.72%

Minium Variable Portfoilo

투자비율	Portfolio S.D	Portfolio Mean
Asset X(%)	1.13888%	0.20821%
0	1.30187%	-0.34214%
5	1.20334%	-0.12586%
10	1.14821%	0.09041%
15	1.14276%	[illegible]
20	1.18770%	0.52297%
25	1.27770%	0.73925%
30	1.40414%	0.95553%
35	1.55816%	1.17181%
40	1.73244%	1.38809%
45	1.92145%	1.60436%
50	2.12127%	1.82064%
55	2.32912%	2.03692%
60	2.54303%	2.25320%
65	2.76159%	2.46948%
70	2.98378%	2.68576%
75	3.20885%	2.90204%
80	3.43622%	3.11831%
85	3.66548%	3.33459%
90	3.89629%	3.55087%
95	4.12838%	3.76715%
100	4.36156%	3.98343%

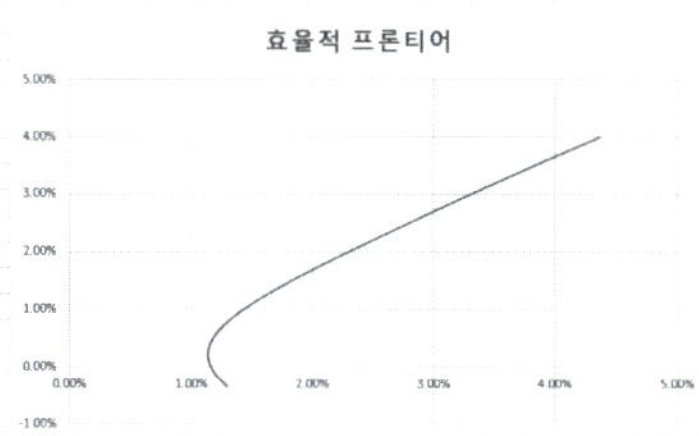

① 국토교통부 온나라 부동산정보 통합포털(seereal.lh.or.kr)의 통합포털의 부동산통계 자료를 수집
② 임의의 두 지역을 선택하여 지가상승률을 입력
③ 개별 자산의 기대수익률은 E(수익률)로써 AVERAGE 함수를 이용하여 계산
④ 개별 자산의 표준편차는 STDEVP 함수를 이용하여 개별 자산의 수익률 범위 지정 후 계산
⑤ COVAR 함수와 CORREL 함수를 이용, X · Y 자산수익률 데이터 간의 상관계수와 공분산을 계산
⑥ 포트폴리오의 기대수익률은 (X자산 기대수익률 × X자산 비중 + Y자산 기대수익률 × Y자산 비중) 공식을 이용하여 계산
⑦ X 자산의 비중을 단계별로 변화시킴에 따른 포트폴리오 위험과 기대수익을 입력
⑧ 투자비율에 따른 수익과 위험을 도출한 뒤, 분산그래프를 이용하여 효율적 프론티어 도출 (x축: 포트폴리오 표준편차 / y축: 포트폴리오 기대수익률)

3. 다수의 부동산자산과 포트폴리오

1) 다수 부동산자산과 포트폴리오

앞선 1절과 2절의 포트폴리오의 이론은 2개의 부동산자산 또는 3개의 부동산자산을 활용하였다. 실제로 일반적 투자자들은 2개 또는 3개의 부동산자산에 투자하여 포트폴리오를 구성한다. 하지만 항상 3개 이하의 투자안만 선택하는 것은 아니다. 따라서 본 절에서는 다수의 부동산자산을 이용하여 포트폴리오를 구성하는 방법과 절차를 설명한다.

2) 부동산자산의 행렬과 포트폴리오

앞 두 절에서 두 부동산 간의 상관관계에 따른 위험과 기대수익률은 음의 상관관계가 포트폴리오의 위험을 감소시킨다는 것을 알 수 있었다. 하지만 포트폴리오를 구성하는 부동산자산의 수가 매우 많아져 무한대가 된다면, 포트폴리오의 위험은 공분산의 평균이 남게 된다. 여기에서 포트폴리오의 위험을 감소시키려면 꼭 완전 음(−)의 상관을 가진 자산들만 배분하지 않아도 됨을 알 수 있다.

N개의 부동산자산으로 구성된 포트폴리오가 존재한다고 하자. 이때 포트폴리오의 기대수익은 앞선 절에서 언급한 바와 같이 (식 10-21)을 통해서 산출하게 된다.

$$E(r_p) = \sum_{i=1}^{n} w_i r_i \qquad \text{(식 10−21)}$$

(식 10-21)은 가중평균을 이용하여 (w_i) N개의 자산의 기대수익률을 합산하여 얻을 수 있다. 여기에서 w를 N개의 자산에 대한 각각의 가중치를 보유한 벡터라고 가정한다. 그리고 r을 N개의 자산에 대한 수익률을 보유한 벡터로 가정한다. 이때의 벡터를 이용한 포트폴리오의 기대수익률은 (식 10-22)와 같다. 여기서 벡터를 사용하는 이유는 많은 부동산자산을 이용하는 포트폴리오를 산출하기 위해서 행렬의 개념이 포함되어야 하기 때문이다.

$$E(r_p) = w' r_p \qquad \text{(식 10-22)}$$

다음으로 각 부동산자산의 수익률에 대한 분산은 (식 10-23)과 같이 포트폴리오의 기대수익보다 복잡한 면이 있다. 하지만 자세히 살펴보면 $\sigma_i \sigma_j \rho_{ij}$는 i자산과 j자산의 공분산이고 w_i와 w_j는 각 자산의 비중이기에 기존의 포트폴리오와 같이 쉽게 이해할 수 있다.

$$\sigma_p^2 = \textstyle\sum_i \sum_j \sigma_i \sigma_j \rho_{ij} w_i w_j \qquad \text{(식 10-23)}$$

위의 (식 10-23)에서 각 자산의 분산이 나오지 않은 것에 대한 의문이 생길 수도 있다. 만약 i자산의 분산 σ_i^2을 풀어 써 보면 아래와 같다.

$$\sigma_i^2 = \sigma_i \sigma_i \rho_{ii} \qquad \text{(식 10-24)}$$

(식 10-24)는 i자산의 분산을 공분산의 형태로 풀어 쓴 것이다. 자신의 표준편차 간의 곱과 상관계수(i와 자신의 상관계수는 1)를 곱하면 분산이 된다. 따라서 포트폴리오의 분산은 각 자산의 비중과 공분산의 형태로 나타낼 수 있는 것이다.

다음의 (식 10-25)는 n개의 자산과 공분산을 이용한 분산-공분산 행렬과 가중치 행렬이다.

$$v = \begin{bmatrix} \sigma_{11} & \sigma_{12} & \cdots & \sigma_{1n} \\ \sigma_{21} & \sigma_{22} & \cdots & \sigma_{2n} \\ \vdots & \vdots & & \ddots \\ \sigma_{1n} & \sigma_{2n} & & \sigma_{nn} \end{bmatrix} \qquad \text{(식 10-25)}$$

$$w' = \begin{bmatrix} w_1 \\ w_2 \\ \vdots \\ w_n \end{bmatrix}$$

가중치의 행렬과 공분산의 행렬을 이용하여 다음의 식을 나타낼 수 있다.

$$\sigma_p^2 = w' Vw \qquad \text{(식 10-26)}$$

$$\sigma_p^2 = [w_1 \cdots w_n] \begin{bmatrix} \sigma_{11} & \sigma_{12} & \cdots & \sigma_{1n} \\ \sigma_{21} & \sigma_{22} & \cdots & \sigma_{2n} \\ \vdots & \vdots & & \ddots \\ \sigma_{1n} & \sigma_{2n} & & \sigma_{nn} \end{bmatrix} \begin{bmatrix} w_1 \\ w_2 \\ \vdots \\ w_n \end{bmatrix}$$

(식 10-26)은 분산-공분산 행렬을 이용한 포트폴리오의 위험을 나타냈다. 각 부동산에 대한 위험을 나타내기 위해서는 다소 복잡하지만 분산-공분산 행렬을 이용하여 포트폴리오의 위험을 판단해야 한다. 하지만 부동산투자자의 입장에서 포트폴리오의 위험만 판단할 수는 없다. 그렇다면 여기서 최적의 가중치의 행렬은 어떻게 산출하는가? 이에 대한 답은 다음 항에서 풀어나간다.

3) 부동산자산의 최적가중치와 최소분산 포트폴리오

위 2항의 행렬식을 통해서 다수의 부동산자산 보유 시의 포트폴리오 위험을 판단할 수 있었다. 이러한 포트폴리오의 위험 산출방식은 비교를 통한 투자자들의 의사결정에 도움을 준다. 하지만 비교는 두 가지 이상의 포트폴리오 안이 존재할 시 가능하다. 그리고 투자자산의 한계가 있는 투자자들에게는 포트폴리오의 비교보다는 포트폴리오를 구성하는 비중의 산출이 더욱 유용하다. 따라서 본 항에서는 최소분산 포트폴리오(minimum variance portfolio: MVP)에 대하여 다룬다.

(1) 최소분산 포트폴리오

최소분산 포트폴리오란 현재 구성되어 있는 포트폴리오에서 가장 분산이 작은 부동산자산의 조합을 의미한다. 이는 가장 낮은 위험을 지닌 부동산자산의 조합을 찾는 것을 의미한다. 우리는 기존의 예제를 통해서 최소분산 포트폴리오를 산출한 적이 있다. [그림 10-7]은 위에서 다루었던 예제의 내용이다. 이때 우리는 2개의 지역을 이용하여 효율적 프론티어를 구성하였다. 효율적 프론티어 중에서 투자비율이 15%에 해당하는 부분이 가장 낮은 표준편차값을 가지면서 최소분산 포트폴리오를 산출할 수 있었다. 이와 같이 투자비율을 조정하여 각 가중치에 따른 포트폴리오의 분산을 산출한다면 2개의 부동산자산에서는 쉽게 찾을 수 있다. 하지만 부동산자산의 숫자가 2개보다 많은 5개, 6개가 된다면 가중치 조절로 인한 최소분산 포트폴리오의 산출은 힘들어진다. 하지만 Microsoft사의 엑셀(excel) 프로그램의 찾기 기능을 이용하면 손쉽게 찾을 수 있다.

	인천 중구(X)	광주 동구(Y)	E(rp)
2000	5.59%	-1.65%	-0.73%
2001	2.63%	-1.93%	-1.35%
2002	14.73%	-0.30%	1.61%
2003	2.42%	0.03%	0.33%
2004	5.49%	0.65%	1.27%
2005	7.46%	-3.72%	-2.30%
2006	8.33%	0.35%	1.36%
2007	7.00%	0.70%	1.50%
2008	1.47%	-1.09%	-0.77%
2009	0.97%	0.25%	0.34%
2010	0.51%	0.41%	0.42%
2011	0.35%	0.37%	0.36%
2012	-0.94%	0.53%	0.35%
2013	-0.23%	0.63%	0.52%

E(ri)	3.98%	-0.34%	0.21%
Var	0.19%	0.02%	0.01%
S.D	4.36%	1.30%	1.14%
Cov	-0.01%		
상관계수	-23.94%		

Wx	12.72%

Minium Variable Portfolio

투자비율	Portfolio S.D	Portfolio Mean
Asset X(%)	1.13888%	0.20821%
0	1.30187%	-0.34214%
5	1.20334%	-0.12586%
10	1.14821%	0.09041%
15	1.14776%	[illegible]
20	1.18770%	0.52207%
25	1.27770%	0.73925%
30	1.40414%	0.95553%
35	1.55816%	1.17181%
40	1.73244%	1.38809%
45	1.92145%	1.60436%
50	2.12127%	1.82064%
55	2.32912%	2.03692%
60	2.54303%	2.25320%
65	2.76159%	2.46948%
70	2.98378%	2.68576%
75	3.20885%	2.90204%
80	3.43622%	3.11831%
85	3.66548%	3.33459%
90	3.89629%	3.55087%
95	4.12838%	3.76715%
100	4.36156%	3.98343%

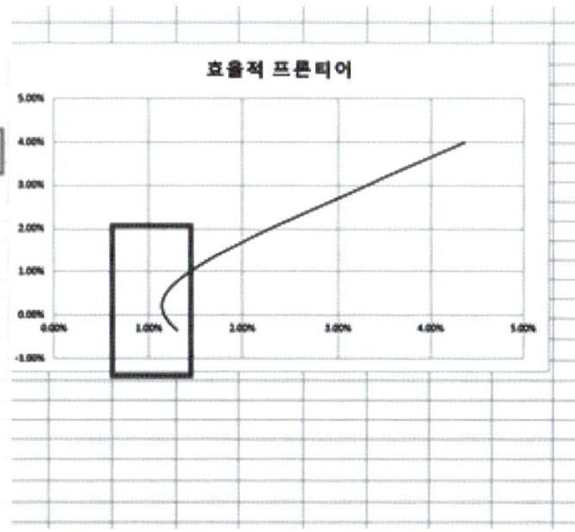

[그림 10-7] 효율적 프론티어의 예제

(2) 엑셀을 활용한 적정가중치의 산출

먼저 자산의 숫자에 따른 분산-공분산 행렬이 존재한다고 앞서 밝혔다. 엑셀에서도 행렬을 이용하여 산식을 구성할 수 있는데 지금부터 세세하게 살펴보도록 한다.

본서에서는 각 지역별 지가지수를 바탕으로 포트폴리오를 구성해 보도록 한다.

〈표 10-4〉 적정가중치 산출의 절차

엑셀을 통한 적정가중치 산출 절차
1. 각 지역별 지가지수 자료를 수집한다(onnara 부동산).
2. 각 지가지수 자료를 이용하여 지역별 기대수익률을 산출해 본다.
3. 각 지역의 공분산을 이용하여 행렬을 구성한다(공분산 벡터).
4. 수익률 벡터를 구성한다.
5. 가중치 벡터를 구성한다. (여기서는 임의의 가중치를 준다.)*
6. 포트폴리오의 기대수익률을 산출한다.
7. 포트폴리오의 분산을 산출한다.
8. 해 찾기 기능을 활용하여 포트폴리오의 가중치를 찾는다.

* 임의의 가중치의 합은 1이 되어야 한다.

위의 〈표 10-4〉는 적정가중치를 찾기 위한 엑셀에서의 산출 절차를 나타냈다. 아래에서는 다음의 산출 절차에 맞게 진행한다. 이때 1의 각 지역별 지가지수 자료수집은 온나라 부동산정보 홈페이지를 방문하면 다운로드 받을 수 있다. 따라서 1번의 내용은 생략하고 2번부터 설명하겠다.

① 각 지가지수 자료를 이용하여 지역별 기대수익률을 산출해 본다.

각 지역별 지가지수 자료를 다운받아서 기간별 수익률을 산정한다. 본서에서는 지역을 7개의 광역시를 기준으로 잡았다. 이때 수익률 산정방법으로 자연로그를 활용하여 수익률을 계산한다. 자연로그를 사용하는 이유는 다음과 같은 예로써 설명이 가능하다.

1월의 서울 지가지수가 100에서 2월에 10point가 오른 110을 기록했다. 이때의 수익률은 10%의 수익률이다. 3월의 지가지수가 10point 떨어진 100을 기록한다면 실질적인 지수는 1월과 같으나 이때의 수익률은 −9.1%를 기록하게 된다. 이러한 현상에서 자연로그를 사용하게 된다면 −9.5%로 일반적인 방법을 사용했을 때보다 10%의 근사치로 산출됨을 알 수 있다. 만약 일반적인 수익률기법을 사용한다면 스프레드(spread)의 차이에 인해서 최종수익률의 값이 다르게 산출되어 혼동을 가져온다. 반면 로그수익률을 사용하게 되면 최종수익률의 값은 최종적으로 변화하는 수익률로 나타나기 때문에 혼동의 여지가 없다. 따라서 자연로그를 사용하여 수익률 간의 스프레드를 평탄화(smoothing)해줄 필요성이 있기 때문에 사용한다.

D6 | =LN(L7/L6)*12

	D	E	F	G	H	I	J	K	L	M
1										
2										
3	지가지수 수익률 자료									
4	1	2	3	4	5	6	7			
5	부산	대구	인천	광주	대전	울산	서울		부산	대구
6	-0.00554	-0.0036	0.114603	-0.00463	0.0194	0.043107	0.062789		89.1	97.0
7	-0.00645	-0.01473	0.057456	0	0.006694	0.111653	0.06771		89.1	97.0
8	-0.00985	-0.00964	0.094602	0.002326	-0.00897	0.038309	0.053236		89.1	96.9
9	-0.02783	0.018788	0.075042	-0.03664	0	0.021002	0.050063		89.0	96.8
10	-0.00131	-0.01599	0.029239	-0.01554	-0.00402	0.059033	0.066505		88.8	97.0
11	-0.00416	0.023232	0.109806	0.023286	0.007476	0.023314	0.079834		88.8	96.8
12	0.002097	-0.00595	0.037745	0.021454	-0.01341	0.035237	0.033266		88.7	97.0
13	0.002176	0.009551	0.106459	-0.05107	0.011214	0.022003	0.070986		88.7	97.0
14	0.004585	0.009738	0.059277	0.009857	0.03018	0.017503	0.062494		88.8	97.0
15	0.005167	0.018872	0.156961	-0.00099	0.013773	0.048271	0.097228		88.8	97.1

[그림 10-8] 부산지역의 수익률 산출

위에서는 로그수익률을 사용하여 부산지역의 수익률을 산출하고 있다. 로그수익률에 12를 곱해 준 이유는 월별자료를 받았기 때문에 연간으로 설정된 기준과 맞지 않아서 12를 곱해 주었다.

② 각 지역의 공분산을 이용하여 행렬을 구성한다.

위의 [그림 10-8]과 같은 수익률자료들을 이용하여 공분산 행렬을 구성한다. 아래에서 공분산 행렬은 "covar_mat"으로 명명한다.

아래의 대각선으로 색을 칠한 부분은 1과 1의 교차점, 즉 부산과 부산의 공분산인 분산을 나타내고 있다. 공분산을 산정하는 방법은 [그림 10-9]에서 보이는 것처럼 엑셀에서 fx = COVARIANCE.P(입력범위 1, 입력범위 2)를 해주면 된다. 이때의 기간은 같아야 한다.

아래와 같이 행렬을 작성한 뒤, 블록 설정하고 좌측상단에 행렬의 이름을 작성한 다음 Ctrl+Shift+Enter를 함께 눌러 준다.

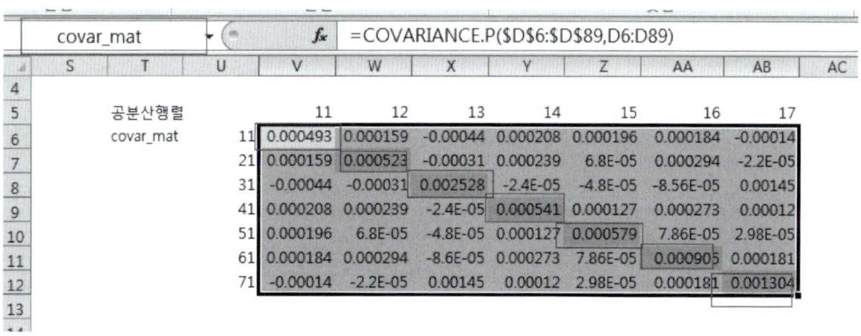
covar_mat | =COVARIANCE.P($D$6:$D$89,D6:D89)

	S	T	U	V	W	X	Y	Z	AA	AB	AC
4											
5		공분산행렬		11	12	13	14	15	16	17	
6		covar_mat	11	0.000493	0.000159	-0.00044	0.000208	0.000196	0.000184	-0.00014	
7			21	0.000159	0.000523	-0.00031	0.000239	6.8E-05	0.000294	-2.2E-05	
8			31	-0.00044	-0.00031	0.002528	-2.4E-05	-4.8E-05	-8.56E-05	0.00145	
9			41	0.000208	0.000239	-2.4E-05	0.000541	0.000127	0.000273	0.00012	
10			51	0.000196	6.8E-05	-4.8E-05	0.000127	0.000579	7.86E-05	2.98E-05	
11			61	0.000184	0.000294	-8.6E-05	0.000273	7.86E-05	0.000905	0.000181	
12			71	-0.00014	-2.2E-05	0.00145	0.00012	2.98E-05	0.000181	0.001304	
13											

[그림 10-9] 행렬의 설정

③ 각 지역의 수익률을 이용하여 행렬을 구성한다.

이전과 같이 수익률의 행렬을 설정한다. 수익률을 산출할 때는 엑셀에서 =average를 이용해서 일정 기간 동안의 수익률의 평균을 산정해 준다.

블록을 설정한 부분의 좌측 숫자 1은 부산의 수익률을 2는 대구의 수익률을 나타내고 있는데 이는 위의 [그림 10-8] 상단에 나타나고 있다. 아래의 블록과 같이 설정한 뒤 [그림 10-10]과 같이 r_vector라는 이름을 명명해 주고 Ctrl+Shift+Enter를 동시에 눌러 준다.

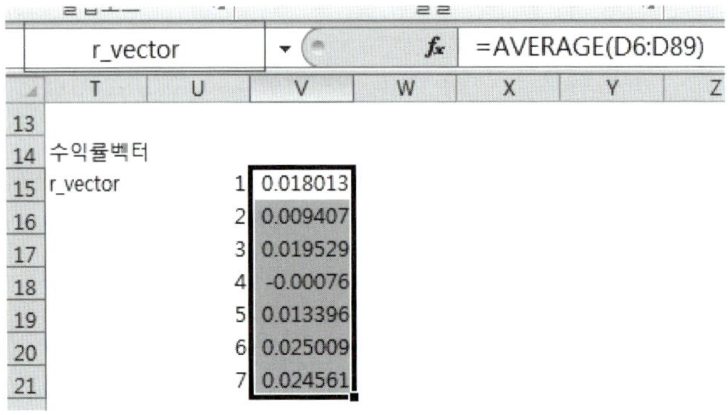

[그림 10-10] 수익률의 벡터

④ 가중치 벡터를 구성한다.

다음으로는 임의의 가중치 벡터를 산정한다. 가중치를 줄 때 사용자가 원하는 숫자로 주어도 상관이 없다. 하지만 합이 1이 되도록 산정해야 한다. 이후 블록 설정한 부분을 weight_v라고 명명하고 Ctrl+Shift+Enter를 함께 눌러 준다.

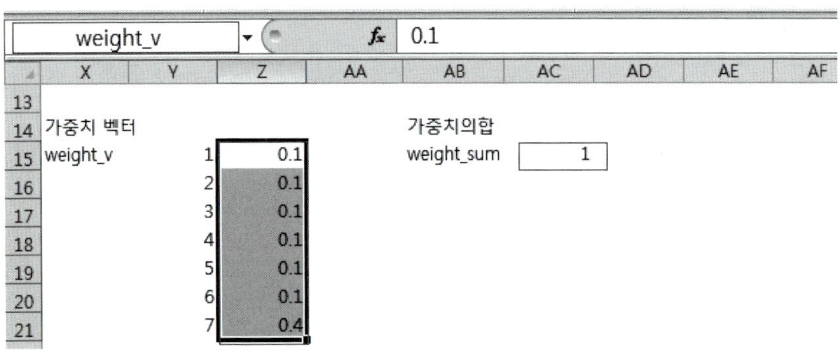

[그림 10-11] 가중치의 벡터와 가중치의 합

⑤ 포트폴리오의 기대수익률과 분산을 산출한다.

[그림 10-12]는 포트폴리오의 기대수익률과 분산을 산출하는 방법에 대해서 설명한다. 우선 포트폴리오의 분산은 행렬의 함수를 사용해야 한다. MMULT함수를 사용하는데 이는 행렬의 곱을 산출하는 것이다. 이때 MMULT 안의 TRANSPOSE는 가로범위 셀을 세로범위로, 세로범위 셀을 가로범위로 바꾸어 주는 함수이다. 즉 가중치의 가로행렬을 만들어 주기 위해서 사용되었다.

포트폴리오의 분산을 산출할 때는 우측의 식을 사용하고 마지막에 Ctrl+Shift+Enter를 함께 눌러 주어야 한다. 이는 행렬의 식이기 때문에 함께 눌러 주지 않는다면 오류가 발생한다.

$$\sigma_p^2 = w' Vw$$

$$\sigma_p^2 = [w_1 \cdots w_n]\begin{bmatrix} \sigma_{11} & \sigma_{12} & \cdots & \sigma_{1n} \\ \sigma_{21} & \sigma_{22} & \cdots & \sigma_{2n} \\ \vdots & \vdots & & \ddots \\ \sigma_{1n} & \sigma_{2n} & & \sigma_{nn} \end{bmatrix}\begin{bmatrix} w_1 \\ w_2 \\ \vdots \\ w_n \end{bmatrix}$$

다음으로 위의 식으로 산출된 포트폴리오의 분산은 제곱의 형태를 띠고 있다. 따라서 제곱근을 이용해서 표준편차를 구해야 한다. 위의 식으로 나온 포트폴리오의 분산에 =SQRT 함수를 이용하여 제곱근을 구해 준다. [그림 10-12]의 표준편차라고 작성된 곳은 셀의 이름을 stdev_port로 명명해 준다. 이렇게 셀의 이름을 지속적으로 설정해 주는 것은 '해 찾기' 기능을 사용할 때 보다 수월하게 사용하기 위해서이다. 만약 셀의 이름을 명명하지 않았다면 해 찾기 기능을 사용할 때 셀의 이름을 각각 찾아야 하기 때문이다.

포트폴리오의 수익은 각 지역의 수익률을 가중치를 두어 더해 주면 된다. 이 포트폴리오 수익은 'r_port'로 명명한다.

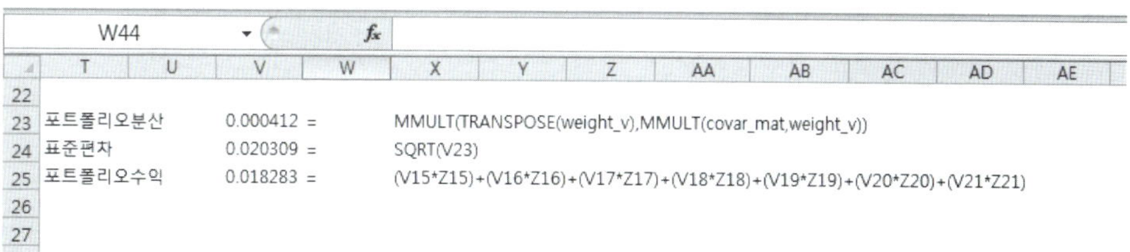

W44 | fx

	T	U	V	W	X	Y	Z	AA	AB	AC	AD	AE
22												
23	포트폴리오분산		0.000412	=	MMULT(TRANSPOSE(weight_v),MMULT(covar_mat,weight_v))							
24	표준편차		0.020309	=	SQRT(V23)							
25	포트폴리오수익		0.018283	=	(V15*Z15)+(V16*Z16)+(V17*Z17)+(V18*Z18)+(V19*Z19)+(V20*Z20)+(V21*Z21)							
26												
27												

[그림 10-12] 포트폴리오의 기대수익률과 분산산출

⑥ 해 찾기 기능을 이용하기

일반적인 엑셀 사용자들은 '해 찾기' 기능을 주로 사용하지 않는다. 하지만 재무함수를 자주 사용하는 사용자들에게는 데이터 분석과 함께 잘 알려진 기능이다. 이 기능을 엑셀에서 사용하기 위해서는 해 찾기 기능을 추가하여야 한다. 기능 추가는 엑셀 좌측 상단의 메뉴에서 옵션을 통해 가능하다.

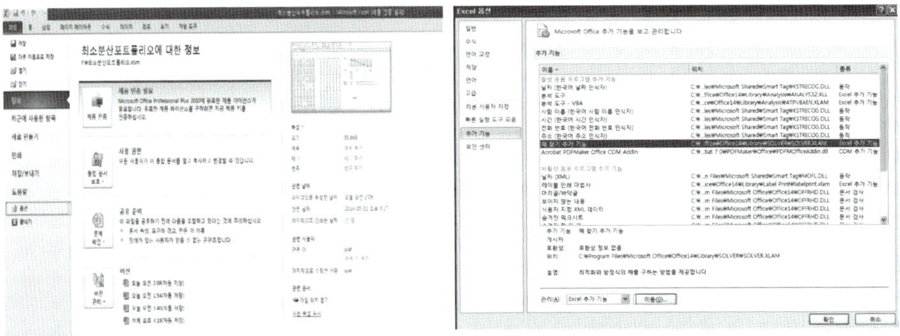

[그림 10-13] 엑셀의 해 찾기 기능 추가

위의 이동을 클릭하게 되면 해 찾기 기능을 추가할 수 있다. 여기서 해 찾기란 특정 조건을 만족하는 값을 찾는 것이다. 최소분산 포트폴리오의 경우 분산이 최소가 되는 가중치를 찾아야 한다. 따라서 분산이 최소화가 되는 조건을 만족하는 가중치의 해를 찾으면 된다.

위의 [그림 10-14]의 절차를 따라서 해 찾기 기능을 클릭하면 아래의 해 찾기 매개변수라는 창이 나오게 된다. 이 창에 나온 목표 및 변수를 넣어 주면 된다. 먼저 목표는 최소분산 포트폴리오의 목표인 표준편차를 넣어 준다. 이전에 표준편차의 셀을 stdev_port로 설정하였기에 바로 입력을 해준다. 다음으로 대상을 최소로 클릭한다. 우리의 목표는 최소분산 포트폴리오기 때문이다. 이후 변수 셀 변경은 변경될 셀을 넣어 준다. weight_v는 최소분산 포트폴리오의 가중치이다. 우리는 가중치를 변경해야 하기에 변수 셀 변경에 입력한다. 마지막으로 제한조건이 필요한데 이는 우측 중단의 추가버튼을 이용하여 가중치의 합이 1이 되는 제한조건을 입력한다.

위의 모든 작업이 끝나면 해 찾기 버튼을 누른다. 이때 팝업창으로 해 찾기 해 보존이라는 창이 뜬다. 그럼 확인을 누른다. 일련의 과정을 거치면 아래와 같은 최소분산의 가중치가 산출되게 된다. 아래의 [그림 10-15]를 보면 1(부산)의 가중치는 0.325, 즉 32.5%의 가중치를 두고 투자하면 된다. 2(대구)의 경우 28.8%의 가중치를 두면 된다. 다음으로 포트폴리오의 표준편차는 0.013이 산출되었다. 이 포트폴리오의 최소분산의 값은 0.013이 되며 수익률은 0.0147이 산출되었다.

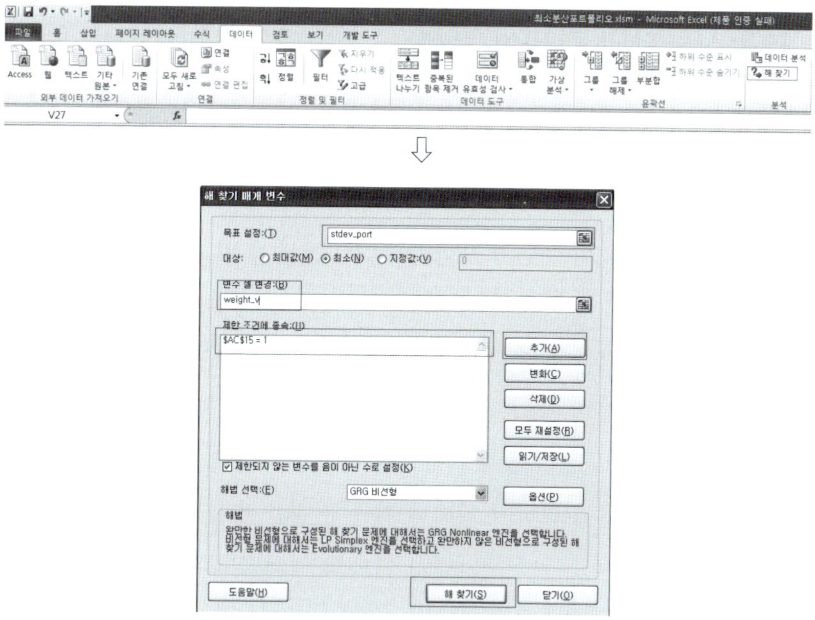

[그림 10-14] 해 찾기 기능의 활용

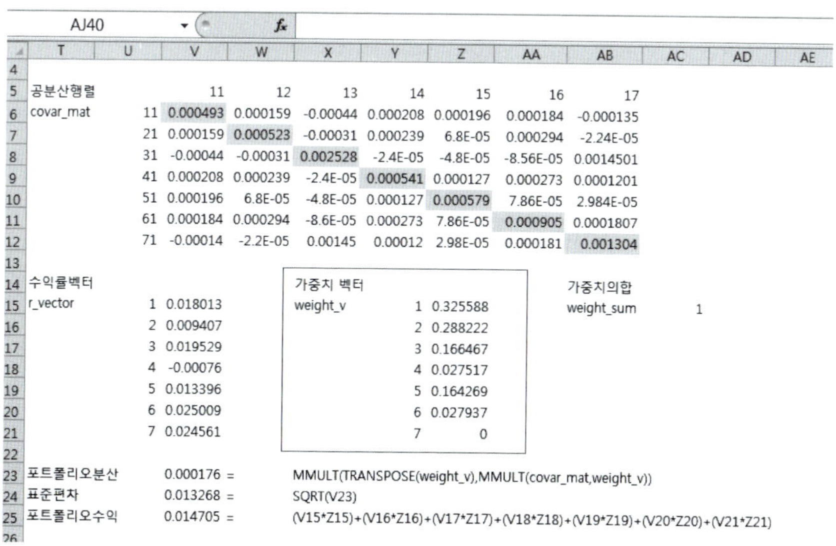

[그림 10-15] 최소분산의 산출

4. 부동산투자의 경제성 분석

투자(investment)의 의미는 미래에 실현될 더 큰 수익(greater return)을 기대하고 현금자금을 투입하는 것이다.[5] 여기서 미래와 수익에 대해 초점을 맞추고 살펴보면 투자에는 시간의 개념과 비용과 수익의 개념이 포함되어 있다는 것을 알 수 있다.[6]

일반적으로 투자자들이 부동산에 투자하는 목적은 위에서도 밝혔듯이 더 큰 수익을 창출하기 위해서이다. 여기서 말하는 더 큰 수익은 지가상승이나 임대료 등을 통해 얻을 수 있는 수익을 의미한다. 이 수익은 일반적으로 은행예금의 이자와 같은 안전자산보다 높다. 이익을 위해 투자자들은 원금회수 불가능에 대한 위험을 감수한다. 이러한 점에서 투자자들은 위험과 수익을 고려하기 위해 투자안에 대한 평가를 실시한다. 투자안 평가방법이란 투자하기 전에 이 부동산투자안이 나에게 어느 정도의 수익을 줄 것인지 예측하는 것이다. 투자안 평가방법을 일각에서는 경제성 분석이라 일컫는다. 따라서 이전 절에서 익힌 화폐의 시간가치를 본 절의 비용과 수익의 개념에 적용하여 투자자들이 부동산에 투자하기 전에 투자의사결정을 평가하는 경제성 분석에 대해서 설명한다.

1) 전통적 방법

(1) 회계적 이익률법(ARR)

전통적으로 부동산투자안에 대한 일반적 평가방법은 수익률의 개념을 사용하였다. 평균회계이익률은 세후 연평균순이익을 연평균투자액으로 나누어 준 것을 의미한다.

$$ARR = \frac{\text{세후연평균순이익}}{\text{연평균투자액}} \qquad \text{(식 10-27)}$$

여기서 연평균투자액은 잔존가치가 없고, 투자수명기간 동안 정액법으로 상각함을 가정하고 있다.[7]

5) Bierman, H. J., & Smidt, S. (1971). The Capital Budgeting Decision, Co. p.4.

6) 조지호·정성훈(2012). 현대재무관리. p.99.

7) 조지호·정성훈(2012). 현대재무관리. pp.105-106.

투자자들은 어떠한 투자안에 대해 평가하기 위해 회계적 이익률법을 사용한다. 회계적 이익률이란 세금까지 다 고려한 수익률로써 투자자들 사이에서 투자안을 고려할 때 일반적으로 언급되는 평가지표이다.

회계적 이익률법은 간단한 평가방법으로서 자본의 투자액과 자본투자기간의 평균이익률을 계산하는 것이다. 예컨대 서울지역의 연평균 부동산투자액이 1,000만 원인데 그 투자기간의 세후 연평균순이익이 200만 원이라면 아래와 같이 이 투자안의 회계적 이익률은 20%가 된다.

$$\text{회계적 이익률} = \frac{\text{순이익 200만 원}}{\text{투자액 1,000만 원}} \times 100 = 20\%$$

즉, 투자한 자본에 대한 투자기간의 연평균순이익률이 20%라는 뜻이다. 만약 대구지역의 투자안이 10%의 회계적 이익률을 기대할 수 있다면, 서울지역의 투자안은 채택된다. 반면, 울산지역의 투자안이 25%라면 서울지역의 투자안은 기각됨을 알 수 있다. 회계적 이익률의 평가방법은 간단히 사용하고 이해할 수 있다는 점에서 보편적으로 이용되는 평가방법이다. 하지만 사용하기 쉽고 이해하기가 쉽다고 해서 좋은 평가방법은 아니다. 회계적 이익률의 평가방법은 시간가치를 반영하지 못하기 때문에 좋은 평가방법이라 할 수 없다.

(2) 회수기간법

회수기간법(payback period, payoff period)이란 투자로 인해 기대되는 현금유입을 통해 최초 투자한 투자금액을 회수할 때 얼마나 시간이 걸리는지 나타내는 평가방법이다. 쉽게 말해 투자자가 상업용 부동산에 투자했을 시 총 투자한 금액을 연간 얻을 수 있는 임대수익(현금유입액)으로 나누어 준 것이라 할 수 있다. 이때 현금유입액은 세금을 고려하여 납세 후의 순이익을 이용하는 것이 합리적이다.

회수기간법을 이용하여 투자안을 분석할 때, 다른 요인들이 동일하다고 가정한다면 회수기간이 짧을수록 유리한 투자안으로 평가된다. 즉, 복수의 투자안을 고려할 때 회수기간의 길이가 우선순위가 된다는 것이다. 회수기간법은 다음과 같은 공식으로 산출된다.

$$P = \frac{I}{Y} \qquad \text{(식 10-28)}$$

P = 자본회수기간
I = 순투자액
Y = 연간 현금유입액

〈표 10-5〉 A, B안의 총 투자액과 연중현금유입액 (단위: 만 원)

구분	연도	A 지역	B 지역
총 투자액 (임대형 부동산 건설비용)	Y_0	1,000	1,200
순현금유입액(세후 기준)		2,250	2,400
(임대형 부동산 연중수입)	Y_1	450	500
	Y_2	450	500
	Y_3	450	500
	Y_4	450	450
	Y_5	450	450

어떤 투자자가 A, B 두 지역의 임대형 부동산에 투자하기 위해 검토 중이다. A지역에 투자 시 1,000만 원, B지역에 투자 시 1,200만 원의 건설비용[8](총 투자액)이 소요된다. 이 경우 납세 후 5년간 임대수익(현금유입액)은 〈표 10-5〉와 같다.

〈표 10-5〉에서 보는 바와 같이 A지역은 최초에 1,000만 원을 투자하면 납세 후 매년 450만 원씩 5년 동안 2,250만 원의 순현금유입이 있다. 그리고 B지역은 최초에 1,200만 원을 투자하면 3년간은 500만 원씩 그리고 그 후 2년간은 450만 원씩의 순현금유입액이 있어서 그 합계가 2,400만 원이다.

투자자가 임대형 부동산의 건설비용(총 투자액)을 회수할 수 있는 기간은 A지역이 $P_a = \frac{1,000}{450} = 2.22$ 년이고, B지역은 $P_b = \frac{1,200}{500} = 2.4$ 년이 된다. A지역과 B지역의 회수기간은 모두 3년 미만이다. 만약 이 투자자가 기대하는 회수기간이 4년이라고 가정하면 이 두 지역 모두 채택된다. 만약 하나의 투자지역만 택한다면 순 현금유입액은 B지역이 많으나 회수기간을 고려할 때 A지역의 회수기간이 B지역보다 짧으므로 A지역이 우선적으로 채택되어야 한다.

8) 본 예에서는 건설비용에 모든 비용이 다 포함되었다고 가정한다.

일반적으로 투자자들이 투자의사결정 시 회계적 이익률법과 회수기간법을 많이 이용하게 된다. 회수기간법의 장점은 회계적 이익률법과 같이 쉽게 이해하고 사용할 수 있다는 것이다. 그리고 투자자본의 회수대금을 고려해서 자금의 계획활용이 가능하다는 점이다. 반면 위의 장점에도 불구하고 현금유입과 잔존가치를 고려한 정확한 투자수익률 산정의 곤란함과 시간가치를 고려하지 않은 점은 큰 단점으로 작용한다. 또한 평가방법을 통해 투자의 위험성과 불확실성을 측정할 수 없다는 점은 회수기간법을 사용할 때의 한계점이다.

현명한 투자의사결정을 위해서는 회수기간법의 장단점을 충분히 고려하여 어떤 투자안이 가장 유리할 것인지 결정해야 한다.

2) 할인현금흐름모형을 통한 가치평가

위의 전통적 투자평가방법은 공통적으로 시간의 가치를 고려하지 못한다는 단점을 가지고 있다. 진정한 투자평가를 위해서는 투자가치를 측정해야 하고 투자가치를 측정하려면 투자안의 현금흐름(cash flow)을 근거로 한 화폐의 시간적 가치를 알아야 한다. 즉 부동산투자로 지출되는 현금유출액(예를 들어 건축비 등)의 현재가치와 이 부동산투자로부터 미래에 기대되는 현금유입액(예를 들어 임대료 등)의 현재가치를 서로 비교·분석하여 투자가치를 평가하여야 한다. 현재가치는 앞서 익혔듯 각 현금유입액과 유출액을 일정한 할인율로 할인하여 산출한다. 이를 할인현금흐름모형이라 하며 평가방법으로는 내부수익률법, 순현가법이 있다.

(1) 내부수익률법(투자수익률법: IRR)

현금할인모형의 대표적인 방법 중 하나인 내부수익률법(internal rate of return method: IRR)은 투자수익률(rate on investment), 이익률(yield) 등으로 일컬어지는 내부수익률을 이용하여 부동산투자안에 대한 채택과 기각을 결정하는 방법이다. 여기서 말하는 내부수익률(IRR)이란 투자자가 어떤 부동산투자의 결과로 예상되는 현금유입(cash in-flow)을 현재가치화한 것과 그 투자를 위해서 지출되는 현금유출(cash outflow)의 현재가치를 동일하게 만드는 할인율이다. 일반적으로 부동산투자에서 내부수익률법을 사용할 때의 현금유입액은 납세 후의 순이익을 이용하고, 현금유출액은 부동산투자를 위해 매입한 토지비용과 같은 실제로 투자에 지출된 금액을 사용한다. 즉 내부수익률법은 어떤 투자안의 현금유입액과 현금유출액을 현재가치화하여 비교할 때 현금유입액의 현재가치와 유출액의 현재가치를 동일하게 하는 비율이 내부수익률이다. 내부수익률법은 아래와 같은 공식이 이용된다.

$$\sum_{t=0}^{n}\frac{I_t}{(1+r)^t}=\sum_{t=0}^{n}\frac{O_t}{(1+r)^t} \qquad \text{(식 10−29)}$$

I_t = 기간의 현금유입
t = 기간
O_t = 기간의 현금유출
r = 내부수익률(투자수익률)

(식 10-29)에서 내부수익률 r을 산출하기 위해서는 일반적으로 시행착오법(trial and error)을 통해 산출하게 된다. 이때 산출된 내부수익률을 투자자가 최소한도로 원하는 요구수익률 또는 기회비용을 이용하여 비교한다. 부동산투자의 내부수익률이 투자자가 판단하는 요구수익률이나 기회비용보다 크거나 같다면, 투자자는 해당 부동산에 투자해도 된다. 즉, 투자안은 채택된다. 반면, 내부수익률이 기회비용이나 요구수익률보다 적으면 투자자는 부동산에 투자하면 안 된다. 다시 말해, 투자안은 기각된다.

앞의 〈표 10-1〉에 예시한 A지역 투자안과 B지역 투자안의 내부수익률을 아래에서 산출하여 보겠다.

① A지역 부동산투자에 대한 내부수익률

A지역 임대형 부동산의 최초투자액(순현금유출)이 1,000만 원이고 연중수입(순현금유입)은 앞으로 5년간 450만 원씩이다. 이때, 순현금유입액은 모두 2,250만 원이 입금된다. 최초투자액(순현금유출액)과 5년간의 연중수입(순현금유입액)을 이용하여 내부수익률을 계산하면 아래와 같이 나타난다. 식 ①은 내부수익률법을 식으로 나타낸 것이다.

$$\frac{O_0}{(1+r)^0}=\frac{I_1}{(1+r)^1}+\frac{I_2}{(1+r)^2}+\frac{I_3}{(1+r)^3}+\frac{I_4}{(1+r)^4}+\frac{I_5}{(1+r)^5} \qquad ①$$

$$\frac{1,000}{(1+r)^0} = \frac{450}{(1+r)^1} + \frac{450}{(1+r)^2} + \frac{450}{(1+r)^3} + \frac{450}{(1+r)^4} + \frac{450}{(1+r)^5} \quad ②$$

식 ②에서 $\frac{1,000}{(1+r)^0}$은 1,000만 원의 현재가치이고 $\frac{450}{(1+r)^1}$은 450만 원의 1년 후의 현재가치이다.

위 식에서 내부수익률 r은 현금유출액과 현금유입액이 같아지도록 산출해야 한다. 내부수익률 r을 찾기 위해서는 위의 식을 이용하여 임의의 수치를 r에 대입하여 r의 근사치를 발견하는 방법이 있다. r에 30%를 대입하여 보면 식 ②의 현재가치는 1,096만 원이어서 r이 작은 것을 알 수 있다(r의 값은 분모이기 때문에 현재가치에 반비례한다고 판단함). 연금현재가치계수표를 참고하면 r에 대입된 30%는 2.4356이다. 따라서 450만 원×2.4356=1,096만 원이 산출된다. 그리고 r의 수치를 40%로 대입하면 그 현재가치가 915만 원이어서 r이 매우 큰 것을 알 수 있다. r의 수치를 35%로 하면 그 현재가치가 999만 원이 산출되고 r을 34%로 낮추면 1,017만 원이 산출된다. 이러한 방법을 통해서 r의 값은 34%와 35% 사이에 있음을 알 수 있다.

〈표 10-6〉 A투자안의 내부수익률

할인율	현금유입의 현재가치	현금유출의 현재가치
20%	1,346만 원	1,000만 원
30%	1,096만 원	1,000만 원
34%	1,017만 원	1,000만 원
35%	999만 원	1,000만 원
40%	916만 원	1,000만 원

〈표 10-6〉은 A지역 투자안의 내부수익률을 할인율로 두고 연금현재가치계수표를 이용하여 현금유입액과 유출액의 현재가치를 표현한 것이다. 〈표 10-6〉에서 보는 바와 같이 내부수익률 r은 34%와 35% 사이에 있으므로 만 원 단위 이하를 반올림하여 보간법을 이용하면 다음과 같이 내부수익률을 얻을 수 있다.

할 인 율	금액유입의 현재가치
34%	1,017만 원
−35%	−999만 원
1%	18만 원

1,017만 원−1,000만 원=17만 원 $\frac{17\text{만 원}}{18\text{만 원}}$=0.94%

따라서 A지역 투자안의 내부수익률 r은 34.94%(=34%+0.94%)로 산출되었다.

② B지역 부동산투자에 대한 내부수익률

〈표 10-5〉에 제시된 B지역 부동산에 대한 투자안은 1,200만 원을 임대부동산건설비용(현금유출액)으로 투자하면, 3년간은 500만 원씩 임대수입(현금유입)이 발생하고 그 후 2년간은 450만 원씩 임대수입(현금유입)이 발생하는 것으로 나타나 있다. 이것을 A지역의 내부수익률을 산출할 때와 마찬가지로 수식으로 표현하면 다음과 같다.

$$\frac{1,200}{(1+r)^0} = \frac{500}{(1+r)^1} + \frac{500}{(1+r)^2} + \frac{500}{(1+r)^3} + \frac{450}{(1+r)^4} + \frac{450}{(1+r)^5} \quad ①$$

식 ①의 방법을 이용하여 B투자안의 내부수익률을 계산하면 다음과 같다.

〈표 10-7〉 B투자안의 내부수익률

할인율	현금유입의 현재가치	현금유출의 현재가치
20%	1,451만 원	1,200만 원
25%	1,308만 원	1,200만 원
29%	1,209만 원	1,200만 원
30%	1,187만 원	1,200만 원
40%	995만 원	1,200만 원

A지역 부동산투자안의 내부수익률을 산출할 때와 같은 방법으로 임대수익(현금유입)의 현재가치를 계산하여 보면 〈표 10-7〉과 같다. 〈표 10-7〉에서 보면 현금유출 1,200만 원에 상당하는 B지역 투자안의 현금유입현재가치를 내부수익률로 측정하면 29%와 30% 사

이에 내부수익률이 있는 것으로 판단할 수 있다. 위와 같이 두 할인율에 보간법을 이용하면, 내부수익률은 아래와 같이 산출할 수 있다.

할 인 율	금액유입의 현재가치
29%	1,209만 원
−30%	−1,187만 원
1%	22만 원

$$1{,}209\text{만 원} - 1{,}200\text{만 원} = 19\text{만 원} \qquad \frac{9\text{만 원}}{22\text{만 원}} = 0.41\%$$

따라서 B지역 부동산투자안의 내부수익률 r은 29.41%(29%+0.41%)이 산출되었다.

지금까지 계산한 A지역 부동산투자안의 내부수익률은 34.94%이고 B지역 부동산투자안은 29.41%이다. 만일 투자자가 기대하고 있는 최소한의 기대수익률이 25%라고 가정한다면 A, B지역은 모두 채택된다. 그러나 두 가지의 부동산투자안 중 한 가지만을 선택한다면 A지역을 선택할 것이다.

내부수익률법은 화폐의 시간가치를 고려한 것이다. 이 방법은 전통적 평가방법으로 알려진 회계적 이익률평가법이나 회수기간법과는 달리 화폐의 시간가치를 고려하였으므로 보다 과학적이고 합리적인 부동산투자안 평가방법이라 할 수 있다.

(2) 순현가법(NPV)

순현가법(net present value method)은 할인현금흐름법의 하나로써 내부수익률법과 유사하다. 또한 내부수익률법과 함께 실제 부동산투자안에 대한 평가현장에서 보편적으로 사용되고 있는 방법이다. 여기서 말하는 순현가(net present value: NPV)란 부동산투자에 있어 발생되는 현금유입(예를 들어 임대수입 등)과 현금유출(예를 들어 부동산투자비용)을 투자자가 기대하는 최소한도의 기대수익률 k로 할인하여 현재가치화한 후에 현금유입과 현금유출의 차를 통해 산출된 순차액이다. 순현가법은 다음과 같은 공식으로 산출된다.

$$NPV = \sum_{t=0}^{n} \frac{I_t}{(1+k)^t} - \sum_{t=0}^{n} \frac{O_t}{(1+k)^t} \qquad (식\ 10-30)$$

I_t = 기간 중 현금유입
O_t = 기간 중 현금유출
t = 기간
k = 기대수익률(자본비용)

순현가법을 이용하여 부동산투자안을 결정할 때에는 일정한 할인율(투자자가 기대하는 최소한도의 기대수익률)로 순현가를 계산한다. 여기서 산출된 순현가가 0보다 크거나 같으면 이 부동산의 투자안은 채택된다. 그러나 순현가가 0보다 작을 경우 투자자는 이 부동산의 투자안을 기각한다. 실제로 투자안 평가에 있어서 순현가가 0보다 크거나 같을 때 ($NPV \geq 0$) 에 채택하는데, 0의 값을 가질 때에도 채택하는 이유는 현금유출액을 산정할 때 임금과 기회비용 등이 모두 포함되기 때문이다. 이와 반대로 순현가가 0보다 작을 때 ($NPV < 0$) 에는 이 부동산에 투자했을 시 손해를 본다고 판단할 수 있으며 투자자들은 당연히 기각을 할 것이다. 따라서 순현가가 큰 부동산투자안이 우선순위를 가지고 채택된다.

① A지역 부동산투자안에 대한 순현가법

〈표 10-5〉에 제시된 A지역 부동산투자안은 임대형 부동산건설비용(총현금유출액)으로 1,000만 원을 투자하면, 향후 5년간 매년 450만 원씩 임대수익(현금유입)이 발생하여 도합 2,250만 원이 들어온다. 투자자가 기대하는 최소한의 기대수익률을 25%로 가정하면 A지역 부동산투자안의 순현가법은 다음과 같이 산출된다.

$NPV = \sum_{t=0}^{n} \frac{I_t}{(1+r)^t} - \sum_{t=0}^{n} \frac{O_t}{(1+r)^t}$ 일 때 A지역 부동산투자안의 순현가는,

$$NPV = \left[\frac{450}{(1+0.25)^1} + \frac{450}{(1+0.25)^2} + \frac{450}{(1+0.25)^3} + \frac{450}{(1+0.25)^4} + \frac{450}{(1+0.25)^5} \right] - \frac{1,000}{(1+0.25)^0}$$

$NPV =$ 1,210만 원 − 1,000만 원 = 210만 원

내부수익률법을 계산할 때와 마찬가지로, 연금현재가치계수표를 이용하여 25% 할인

율을 계산한 임대수익(현금유입액) 2,250만 원(450만 원×5)은 약 1,210만 원으로 산출된다. 연금현재가치계수표에서 기간이 5년이고 할인율이 25%일 때 2.6893으로 산출되어 있다. 따라서 450만 원×2.6893=1,210만 원이 되므로 1,210만 원의 현금유입현재가치에서 현금유출액의 현재가치인 1,000만 원을 차감하면 순현가는 210만 원으로 산출된다.

② B지역 부동산투자안에 대한 순현가법

〈표 10-5〉에 제시된 B지역 부동산투자안은 임대형 부동산건설비용(총현금유출액)으로 1,200만 원을 투자하면, 처음 3년간은 500만 원씩 임대수입(현금유입)이 발생하고 그후 2년간은 450만 원씩 임대수입(현금유입)이 발생하여 총 2,400만 원의 현금이 유입된다. 이 경우에도 A지역의 사례와 마찬가지로 투자자가 기대하는 최소한의 기대수익률을 25%로 가정하면 B투자안의 순현가는 다음과 같이 계산된다.

$$NPV = \begin{bmatrix} \frac{500}{(1+0.25)^1} + \frac{500}{(1+0.25)^2} + \frac{500}{(1+0.25)^3} + \\ \frac{450}{(1+0.25)^4} + \frac{450}{(1+0.25)^5} \end{bmatrix} - \frac{1,200}{(1+0.25)^0}$$

$$NPV = 1,308\text{만 원} - 1,200\text{만 원} = 108\text{만 원}$$

A지역 부동산투자안의 순현가를 구하는 방법과 같은 방법으로 B지역의 부동산투자안을 평가하면 위와 같이 순현가를 산출할 수 있다. 5년간에 걸쳐 들어오게 되는 임대수익(현금유입)의 현재가치 1,308만 원에서 임대형 부동산건설비용(현금유출)의 현재가치 1,200만 원을 뺀 108만 원이 된다.

위에서 산출한 바와 같이 A지역 부동산투자안과 B지역의 부동산투자안의 순현가는 0보다 크므로 이 두 안 모두 채택 가능하다. 하지만 투자자가 두 개의 부동산투자안 중 하나만 선택해야 된다면, A지역 부동산투자안의 순현가가 210만 원으로 B지역 부동산투자안의 순현가 108만 원보다 더 크므로 A안을 채택해야 한다.

(3) 수익성지수법

수익성지수법(profitability index: PI)은 내부수익률이나 순현가법과는 달리 현금유출액과 이 투자로부터 발생되는 현금유입액을 비율로 측정하였다. 이때 비율을 환산하는 방법은 비할인현금유출입비율법과 할인현금유출입비율법으로 나누어진다.

비할인현금유출입비율법은 부동산투자안의 현금유입 합계액과 현금유출 합계액을 비교하는 것이다. 즉 (식 10-31)의 형태로 현금의 유입과 유출의 비율로 부동산투자안을 평가하는 방법이다. 이 방법은 현금흐름의 시간가치문제를 고려하지 않으므로 투자결정기준으로 좋은 방법이라 할 수 없다.

$$\text{비할인현금유출입비율} = \sum_{t=0}^{n} I_t / \sum_{t=0}^{n} O_t \qquad \text{(식 10−31)}$$

할인현금유출입비율법은 비할인현금유출입비율법과는 달리 화폐의 시간가치문제를 고려한 현재가치의 개념으로 비율화하므로 투자결정기준으로는 비할인현금유출입비율보다 과학적인 평가방법이다. Van Horne은 할인현금유출입비율법을 수익성지수(profitability index)라고 하였다.[9)]

할인현금유출입비율은 부동산투자에 있어서 발생하는 현금유입 합계액의 현재가치를 현금유출 합계액의 현재가치로 나눈 비율이다. 이 비율을 공식으로 표시하면 아래의 (식 10-32)와 같다.

$$\text{할인현금유출입비율} = \sum_{t=0}^{n} \frac{I_t}{(1+k)^t} / \sum_{t=0}^{n} \frac{O_t}{(1+k)^t} \qquad \text{(식 10−32)}$$

투자자에게 몇 가지 부동산투자안이 주어졌을 때, 할인현금유출입비율법은 투자안들의 우선순위를 결정하기 좋은 방법이다. 즉, 할인현금유출입비율을 이용하면 부동산투자안에 대해 현금의 유입과 유출의 현재가치를 비율을 기준으로 평가가 가능하기 때문에 좋은 투자기준이 된다. 할인현금 유·출입비율이 1보다 크거나 같으면 이 투자안은 채택된다. 이와 반대로 이 비율이 1보다 작은 부동산투자안은 할인현금유출이 할인현금흐름 유입보다 많으므로 불리한 것으로 판단하여 기각된다.

---

9) 지청(1979). 현대재무관리론. 무역경영사. pp.273-274; Quirin, G. D. (1967), The Capital Expenditure Decision. pp.34-38; Van Horne, J. C. (1977). Financial Management and Policy. Prentice-Hall, Inc. p.87.

〈표 10-5〉에 있는 A지역 부동산투자안과 B지역 부동산투자안의 현금유입과 현금유출을 투자자 기대수익률이 25%일 때 현재가치로 할인하여 할인현금유출비율을 산정하고 검토해 보겠다.

$$\text{할인현금유출입비율} = \frac{\text{현금유입의 현재가치}}{\text{현금유출의 현재가치}}$$

$$A\text{투자안의 할인현금유출입비율} = \frac{1{,}210\text{만 원}}{1{,}000\text{만 원}} = 1.21$$

$$B\text{투자안의 할인현금유출입비율} = \frac{1{,}308\text{만 원}}{1{,}200\text{만 원}} = 1.09$$

할인현금유출입비율을 산출한 결과 A지역 부동산투자안과 B지역 부동산투자안 모두 1보다 크므로 이 두 안은 채택될 수 있다. 그러나 투자자가 한 곳만 선택해야 한다면 A지역 부동산투자안의 이 비율은 1.21이고, B지역 부동산투자안의 1.09보다 크므로 A투자안이 선택된다. 따라서 투자순위는 A안이 B안보다 우위에 있어 A안이 먼저 채택되어야 한다.

(4) 할인현금흐름에 의한 투자가치평가의 비교

이상 부동산투자가치평가의 방법인 할인현금흐름법에 대해서 설명하였다. 할인현금흐름법은 3가지의 방법으로써 평가가 가능하며 본서에서는 각각의 방법을 적용하여 〈표 10-5〉의 A지역과 B지역의 부동산투자안을 평가하였다. 평가결과 내부수익률 법에서는 A와 B지역 모두 $r>k$이며, 순현가법에서도 모두 NPV>0인 것으로 나타났다. 또한 할인현금유출입비율도 모두 PI>1로 산출되어 모두 채택될 수 있는 방법이라는 것이 증명되었다.

하지만 할인현금흐름법을 이용한 세 가지 투자평가방법에 장점만 있는 것은 아니다. 이 세 가지 투자평가방법은 각각 단점을 지니고 있고 상이한 특성을 가지고 있으므로 이용도에 차이가 나타난다. 아래에서는 투자안의 형태에 따라 할인현금흐름법을 이용한 평가에 대한 방법을 설명하였다.

① 하나의 부동산투자안에 대해 평가할 때에는 할인현금흐름법의 세 가지 방법을 다 이용해도 동일한 결론이 나타난다. 즉, 단일 부동산투자안에 대해서는 이 세 가지 방법 중 어느 것을 이용하여도 된다.

② 상호배타적인 부동산투자안에 대하여 평가할 때에는 간혹 내부수익률법의 평가와 순현가법의 평가가 서로 다른 결과를 나타내기도 한다. 이때에는 순현가의 크기를 기준으로 채택할 부동산투자안과 기각할 부동산투자안을 선택한다.

③ 여러 가지 부동산투자안이 있을 때 모든 부동산투자안이 투자가치는 충분하나 자본이 부족한 경우가 있다. 이때는 할인현금유출입비율법을 이용하여 투자의 우선순위를 정하고, 이에 따라 한 가지씩 순차적으로 투자하는 것이 좋겠다.

〈표 10-8〉 할인현금흐름법에 의한 투자가치 평가의 비교

방법	산정	투자결정기준	계산결과	투자여부
내부수익률	$\sum_{t=0}^{n}\frac{I_t}{(1+r)^t}=\sum_{t=0}^{n}\frac{O_t}{(1+r)^t}$	$r \geq k$ 면 채택 $r < k$ 면 기각	A안 34.94% B안 29.40% (r=25%)	가능 가능
순현가법	$NPV=\sum_{t=0}^{n}\frac{I_t}{(1+k)^t}-\sum_{t=0}^{n}\frac{O_t}{(1+k)^t}(k=25\%)$	$NPV \geq 0$ 면 채택 $NPV < 0$ 면 기각	A안 210만 원 B안 108만 원	가능 가능
할인현금 유·출입비율법	$PI=\frac{\sum_{t=0}^{n}\frac{I_t}{(1+k)^t}}{\sum_{t=0}^{n}\frac{O_t}{(1+k)^t}}(k=20\%)$	$PI \geq 1$ 면 채택 $PI < 1$ 면 기각	A안 1.21 B안 1.09	가능 가능

〈표 10-8〉은 할인현금흐름법의 세 가지 방법을 이용하여 A지역 부동산과 B지역 부동산의 투자안 평가결과를 나타낸다. 먼저, 내부수익률법을 이용하여 A지역 부동산과 B지역 부동산의 투자안을 평가할 때 두 투자안 모두 투자자의 기대수익률인 25%보다 높은 값이 산출되었으므로 채택하는 것이 좋다. 다음으로, 순현가법에 의한 평가결과는 A지역과 B지역 부동산투자안 모두 0보다 큰 결과가 산출되면서 둘 다 채택하는 것이 좋다. 마지막으로 할인현금유출입비율법에 의한 A지역과 B지역의 부동산투자평가도 PI가 1보다 큰 것으로 산출되었으므로 두 안이 다 채택될 것이다. 그러나 위의 평가결과와 정반대의 투자결정기준으로 나타나면 이들은 투자대상에서 제외되어야 할 것이다. 다시 말해 내부수익률이 25%(기대수익률)보다 낮은 값이 산출되거나 순현가가 0보다 낮게 산출되었을 때, 또는 PI가 1보다 작은 부동산투자안은 투자가 불리한 것이며 이는 기각되어야 한다.[10)]

10) Maurice, O. J. (1980). Introduction to Financial Management. Richard D. Irwin, Inc., pp. 143-157.

5. 부동산의 가치평가

부동산투자안의 경제성을 할인현금흐름법을 사용하여 분석할 때 할인율에 따라 투자안의 채택과 기각이 달라지는 것을 알 수 있었다. 이렇듯 투자안의 경제성을 평가할 때 할인율은 중요한 요인이다. 재무학에서는 할인율을 산정할 때 가중평균자본비용(weighted average capital cost: WACC)을 사용한다. 이 가중평균자본비용(WACC)은 부동산투자안의 평가와 가치평가를 할 때에 할인율로 적용된다. 따라서 본 절에서는 투자안 평가시 할인율(가중평균자본비용)을 어떻게 산정하는지에 대해 설명한다.

1) 부동산투자자의 기대수익률

앞서 설명한 가중평균자본비용(WACC)이란 자본이용의 대가를 의미하는 자본비용을 자기자본과 타인자본의 비중을 두어 산정하는 것이다. 환언하면, 투자안 평가 및 부동산의 가치평가에서 적용되는 할인율은 자기자본과 타인자본의 비중에 맞게 가중평균자본비용(WACC)을 산정하여 적용한다. 여기서 자기자본비용은 자기자본을 사용하는 대가를 의미한다. 자기자본을 사용하는 대가란 투자하는 부동산에 대한 투자자의 기대수익률을 의미한다. 기대수익률은 앞서 포트폴리오 기초이론에서 합리적인 투자자가 어떠한 방법으로 부동산 포트폴리오의 투자가치를 평가할 때 그리고 최적포트폴리오를 산출할 때 기대수익률이 중요한 역할을 한 것을 알 수 있었다. 따라서 부동산시장에서의 기대수익률을 산출하는 모형인 토지시장선(land market line: LML)에 대해 알아보고 가중평균자본비용의 한 부분인 자기자본비용에 대해 설명한다.

LML을 설명하기 전에 부동산투자자가 투자활동을 하여 시장 전체가 균형상태(equilibrium condition)에 있을 때, 부동산을 비롯한 자본자산의 균형가격은 어떻게 결정되는가를 수익과 위험의 상반관계(tradeoff between return and risk)로 설명하는 모형인 자본자산가격결정모형(capital asset pricing model: CAPM)에 대해서 알아야 한다. 여기서 말하는 시장균형(market equilibrium)이란 부동산시장 전체에서 부동산의 수요와 공급이 일치되도록 부동산가격이 형성되어 있는 상태를 말한다.

2) 자본자산가격결정 모형의 제 가정

자본시장의 균형이론을 모형을 이용하여 제시하려면, 복잡한 여러 요인들을 가정을 이용하여 단순화하는 것이 필요하다. 자본자산가격결정이론은 재무학에서 사용되는 모형이므로 이를 부동산시장에 맞춰 설명한 가정이 필요하다.

① 부동산투자자들은 평균-분산 모형의 지배원리에 따라 포트폴리오를 선택한다.
② 모든 부동산투자자가 무위험이자율로 차입 또는 대출을 할 수 있다.
③ 부동산투자자는 위험회피형 부동산투자자이며 기대효용을 극대화하고자 한다.
④ 단일기간의 투자기간을 고려하는 부동산투자자들로 구성되어 있다.
⑤ 세금과 거래비용이 존재하지 않는다.
⑥ 자본시장은 완전시장으로 모든 부동산투자자는 가격수용자(price-taker)이며, 어떤 개인의 거래도 시장가격에 영향을 줄 만큼 크지 못하다. 그리고 정보는 모든 부동산투자자에게 공정하게 배분된다.
⑦ 모든 부동산투자자들은 자산의 기대수익률과 위험에 대해 동질적인 예측을 한다.

기존의 재무학에서는 이상의 가정을 기초로 자본자산가격결정모형을 중심으로 한 자본시장이론은 단계적으로 발전하여 왔다. 재무학에서는 두 개의 모형이 이 이론을 대표하는데 하나는 투자자의 개인균형으로서의 자본시장선(capital market line: CML)이며, 다른 하나는 시장균형으로서의 주식시장선(security market line: SML)이다. 이 두 개의 모형 중 본서에서는 주식시장선을 부동산에 맞게 계량한 토지시장선(land market line: LML)을 제시한다.

3) 부동산 포트폴리오의 시장모형과 β

토지시장선을 설명하기 위해서는 CAPM이론이 필요하다고 앞서 밝혔다. CAPM에 대한 본격적 이론 전개를 위해서는 먼저 체계적 위험의 개념을 분명히 할 필요가 있다. 포트폴리오 이론에서 부동산자산의 위험을 미래수익흐름의 불확실성 정도에서 파생한다고 했다. 이러한 위험은 자산 특유의 요인에 의하여 초래되는 부분(issuer specific component)

과 여러 부동산자산에 공통으로 영향을 미치는 부분으로 구분될 수 있다. 이때 전자를 여타 자산의 사정과는 관계없이 해당 부동산자산 고유의 특수한 성격 또는 요인에 따라 불규칙하게 실현되는 수익률의 변동이라 하여 비체계적 위험(unsystematic risk 또는 unique risk)이라 하고, 반대로 해당 부동산자산 특유의 요인보다는 경제 전반의 변화와 관련하여 초래되는 수익률의 변동가능성을 우리는 부동산시장 자체의 전체적 움직임에 따라 체계적인 관련성을 갖는다는 체계적 위험(systematic risk, market risk) 또는 베타(β) 위험이라 정의한다.

체계적 위험이 흔히 이자율 변동과 관련된 수익률의 변동가능성(variability), 또는 인플레이션 진행과 관련된 수익률 변동, 조세정책 및 토지이용에 관한 계획 및 규제 등과 같은 경제 전반의 변화위험에서 대부분 유래하는 반면 비체계적 위험은 특정 자산의 건축비용, 주택에 대한 수요, 원가구조, 경영능률 및 기술수준 등에 의하여 영향 받는 부동산자산 고유의 관리위험(management risk)과 부동산자산 특유의 자본구조와 관련된 재무위험(financial risk)으로부터 영향을 받는 것이 많다.

다만 중요한 것은 경영위험이나 재무위험이 비체계적 위험이지만 그것이 부동산시장 전체의 변화에 영향을 받는다면 그 부분은 체계적 위험의 원천으로 파악되어야 한다는 것이다. 반면, 오직 특정 자산 고유의 요인일 경우에는 비체계적 위험으로 인식된다. 요컨대 해당 위험이 특정 부동산의 고유 특성에서 유래하는지 아니면 대부분의 부동산이 공통으로 가지는 요인이라서 부동산시장 전체의 움직임과 변화를 함께하는지가 체계적 위험과 비체계적 위험 구분의 기준이 되는 것이다.

(1) 포트폴리오의 시장모형

자산의 총위험은 체계적 위험과 비체계적 위험의 합이 된다. 투자대상의 총위험이나 비체계적 위험은 포트폴리오 이론에서 언급했듯이 부동산투자자산의 예상수익률의 분산 또는 표준편차로 계량화할 수 있다. 하지만 체계적 위험은 β를 이용하여 나타내야 한다. 이를 회귀식을 이용하여 나타내면 다음과 같은 시장모형(market model)이 된다.

$$r_i = \alpha_i + \beta_i r_m + \varepsilon_i \qquad \text{(식 10-33)}$$

r_i : i부동산의 수익률

r_m : 부동산시장수익률
ε_i : i부동산수익률의 오차항

여기서 β_i가 i부동산의 체계적 위험을 나타내고 있다. 여기서 의미하는 체계적 위험은 회귀식을 통하여 봤을 때 i부동산이 부동산시장에서 차지하는 위험을 의미하기 때문이다. ε_i는 수익률의 편차를 의미하므로 비체계적 위험을 나타낸다. 수익률의 총위험은 $Var(r_i)$이므로 다음과 같이 나타낼 수 있다.

$$Var(r_i) = Var(\alpha_i + \beta_i r_m + \varepsilon_i) \quad \text{(식 10−34)}$$

위의 (식 10-34)에서 α_i와 r_m, r_m과 ε_i는 회귀방정식의 기본가정에 의해 서로 독립적이므로 다음과 같이 쓸 수 있다.

$$Var(r_i) = Var(\alpha_i) + Var(\beta_i r_m) + Var(\varepsilon_i) \quad \text{(식 10−35)}$$

이때 (식 10-35)에서 절편항을 나타내는 α_i의 분산, 즉 $Var\{\alpha_i\} = 0$이 되므로 총위험은 다음과 같다.

$$Var(r_i) = \beta_i^2 Var(r_m) + Var(\varepsilon_i) \quad \text{(식 10−36)}$$

위 (식 10-36)에서 체계적 위험은 베타와 관계된 $\beta_i^2 Var(r_m)$이며 비체계적 위험은 $Var(\varepsilon_i)$가 된다.

이 식은 N개의 부동산으로 구성된 포트폴리오로 확장하면 아래의 (식 10-37)과 같이 확장시킬 수 있다. 즉 N개의 자산에 각 개별자산별 투자비율을 W_i로 하여 포트폴리오를 구성할 경우 예상수익률과 위험은 다음과 같다.

$$r_p = \sum_{i=1}^{N} W_i r_i \quad \text{(식 10−37)}$$

$$Var(r_p) = \left[\sum_{i=1}^{N} W_i \beta_i\right]^2 Var(r_m) + \sum_{i=1}^{N} W_i^2 Var(\varepsilon_i)$$
$$= \beta_p^2 Var(r_m) + Var(\varepsilon_p)$$

이때 부동산 포트폴리오를 구성하는 개별자산 종목 수 N이 커지면 커질수록 각 개별자산에 대한 투자비율 W_i는 그만큼 작아지게 되고 W_i는 $0 < Wi < 1$의 범위를 갖게 되므로 W_i^2은 더욱 작아져

$$\sum_{i=1}^{N} W_i^2 \, Var(\varepsilon_i) \simeq 0 \qquad \text{(식 10−38)}$$

에 근접하게 된다. 그러므로

$$Var(r_p) = \beta_p^2 \, Var(r_m) \qquad \text{(식 10−39)}$$

이 된다. 포트폴리오의 구성에 있어 개별자산의 총위험이 아닌 오직 β_i의 중요성이 강조되는 이유가 바로 여기에 있다. 가급적 다수 부동산을 포트폴리오로 구성하면 부동산의 비체계적 위험은 사실상 제거된다. 이후 포트폴리오의 위험으로 남는 것은 부동산자산의 체계적 위험이 합하여 된 β_p가 된다. 이를 그래프로 나타내면 [그림 10-16]과 같다.

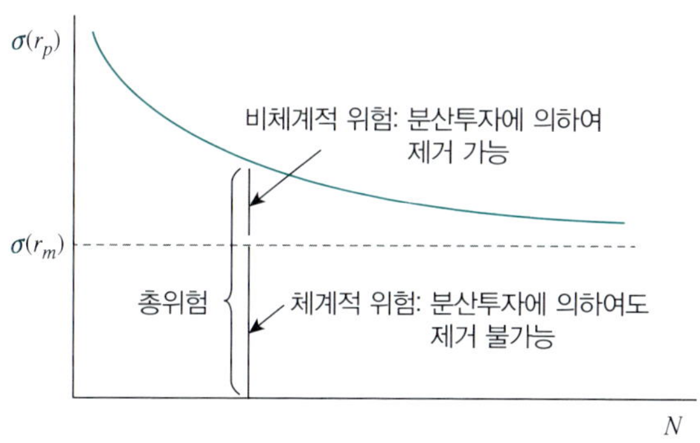

[그림 10−16] 분산투자와 위험 제거효과

다음으로, β의 구체적인 의미와 그 추정방법을 살펴보아야 할 것이다. 이미 앞에서 설명한 것처럼 시장포트폴리오의 위험 $\sigma^2(r_m)$은 그를 구성하고 있는 모든 개별자산 수익률간 공분산의 합으로서 [그림 10-17]과 같이 나타낼 수 있다.

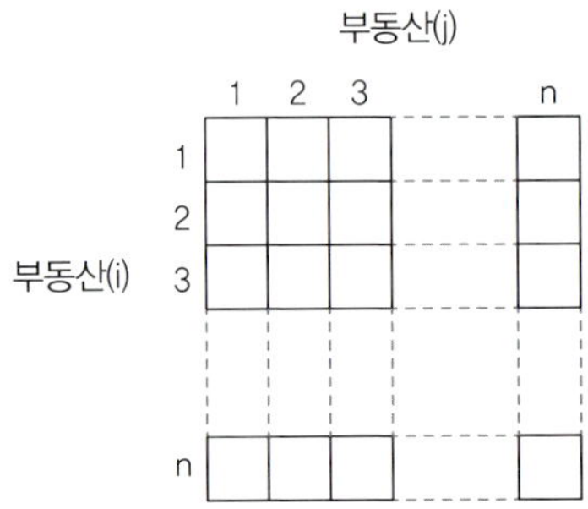

$$\text{부동산(1)의 공헌} = w_1 \sum_{j=1}^{n} w_1 \sigma_{1j} = w_1 \sigma_{1m}$$

$$\text{부동산(2)의 공헌} = w_2 \sum_{j=1}^{n} w_2 \sigma_{2j} = w_2 \sigma_{2m}$$

$$\text{부동산(3)의 공헌} = w_3 \sum_{j=1}^{n} w_3 \sigma_{3j} = w_3 \sigma_{3m}$$

$$\text{부동산(n)의 공헌} = w_n \sum_{j=1}^{n} w_i \sigma_{nj} = w_n \sigma_{nm}$$

$$\text{총위험} = \sum_{i=1}^{n}\sum_{j=1}^{n} w_i w_j \sigma_i = \sigma^2_m$$

[그림 10-17] 포트폴리오의 위험 개별부동산의 공헌도

[그림 10-17]에서는 각 부동산들이 포트폴리오의 위험에 미치는 영향을 알아볼 수 있다. 시장포트폴리오는 n개의 부동산으로 구성되어 있다고 가정하자. [그림 10-17]에서 각 부동산자산이 시장포트폴리오의 위험, 즉 분산 중에서 차지하는 부분을 살펴보자.

먼저 시장포트폴리오의 전체 분산 σ_m^2 을 살펴보면 다음과 같다.

$$\sigma_m^2 = \sum_{i=1}^{n}\sum_{j=1}^{n} W_i W_j \sigma_{ij} \qquad \text{(식 10-40)}$$

σ_m^2 은 완전히 분산투자된 포트폴리오, 즉 시장포트폴리오의 수익률(r_m)의 분산(variance)이다. 이 중에서 개별자산의 영향은 위에서 찾아볼 수 있다. 즉 자산 (1)의 영향은 다음의 (식 10-41)로 나타낼 수 있다.

$$\text{부동산 (1)의 공헌} = \sum_{j=1}^{n} W_1 W_j \sigma_{1j} \qquad \text{(식 10-41)}$$

W_i : 부동산 (1)의 구성비

σ_{1j} : 부동산 (1)의 부동산 (j)의 공분산

$\sum_{j=1}^{n} W_1 W_j \sigma_{1j} = W_1 \sum_{j=1}^{n} W_j \sigma_{1j} = W_1 \sigma_{1m}$ [11]

11) $\sum a x_1 = a \sum x_i$ (a는 상수)
$Cov(r_i,\ r_m) = Cov(r_i,\ W_1 r_1 + W_2 r_2 + W_n r_n)$ 이다.
$Cov(z,\ ax + by) = aCov(x,\ z) + bCov(y,\ z)$ 이므로 $\sum W_i \sigma_{ij} = Cov(r_i,\ r_m)$ 과 같다.

이 (식 10-41)은 앞으로 식의 전개에 매우 중요한 의미를 갖는 식이다. 이는 포트폴리오의 위험 중에서 개별 부동산의 영향을 나타내는 식이다. 부동산 i의 영향은 다음과 같이 표현된다.

주식 i가 시장포트폴리오에 미치는 위험의 영향 $= W_i\sigma_{im}$

즉 [개별부동산의 투자비율] × [개별부동산 i와 시장포트폴리오의 공분산]이다. 그러므로 시장포트폴리오의 위험 σ_m^2 중에서 개별자산 i가 미치는 위험의 비율은 다음의 식으로 나타낸다.

주식 i가 시장포트폴리오에 미치는 위험의 비율 $= W_i\dfrac{\sigma_{im}}{\sigma_m^2}$

σ_{im}은 부동산시장 수익률 전체 움직임과 부동산 수익률 개별 움직임 사이의 공분산이라고 한다. 이는 시장 전체의 변화에 대해 개별부동산이 가지는 민감도를 나타낸다. 여기서 보면 부동산시장의 움직임에 대하여 민감한 반응을 보이는 i부동산은 σ_{im}이 큰 값을 가지므로 시장포트폴리오의 위험을 증가시키고, 민감하지 않은 부동산은 σ_{im}이 작은 값을 가지므로 시장포트폴리오의 위험에 미치는 영향이 적은 것을 알 수 있다.

위 식에서 σ_{im}/σ_m^2을 부동산 i의 체계적인 위험이라 할 수 있으며 β_i로 나타낼 수 있다.

$$\frac{\sigma_{im}}{\sigma_m^2} = \beta_i \qquad \text{(식 10-42)}$$

체계적 위험을 베타(β)로 나타내기 때문에 이를 위에서 언급했던 베타위험(β-risk)이라고 한다. 이러한 위험을 β라고 하게 된 이유는 시장포트폴리오의 수익률(r_m)과 개별자산의 수익률(r_i)의 상관관계를 보기 위하여 다음과 같이 회귀식을 구할 때 $\beta_i = \sigma_{im}/\sigma_m^2$으로 계산되기 때문이다.

$$r_i = \alpha_i + \beta_i r_m \qquad \text{(식 10-43)}$$

이 식을 이용한 회귀분석을 통하여 β를 계산하면 (식 10-42)의 베타와 일치한다. (식

10-43)은 앞에서 설명한 시장모형으로서 개별자산의 수익률과 시장수익률의 관계를 직선으로 나타낸 식이다.

4) 토지시장선

(1) 토지시장선의 의미

토지시장선(land market line: LML)은 개별부동산자산 또는 부동산 포트폴리오의 기대수익률과 체계적 위험의 관계를 회귀방정식을 통해 직선식으로 나타낸 것이다. 이는 개별부동산이 부동산시장의 균형하에 있다면, 그 위험에 상응한 위험프리미엄이 그 기대수익률에 반영되어야 한다. 이때 분산투자를 전제로 하면 체계적 위험의 크기인 β_i 만이 실제위험으로 평가된다. 토지시장선을 그림으로 나타내면 [그림 10-18]과 같고 식으로는 (식 10-44)와 같이 쓸 수 있다.

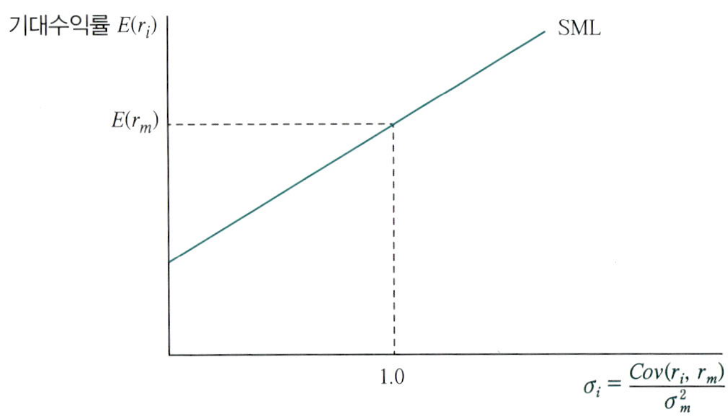

[그림 10-18] 토지시장선

$$E(r_i) = r_f + \frac{E(r_m) - r_f}{\sigma_m^2} Cov(r_i,\ r_m) \qquad \text{(식 10-44)}$$

$E(r_i)$: 자산 i의 기대수익률

σ_m^2: 시장포트폴리오의 분산

$Cov(r_i,\ r_m)$: 부동산자산 i의 수익률과 시장포트폴리오 수익률의 공분산

위 (식 10-44)에서 $[E(r_m) - r_f]/\sigma_m^2$ 는 부동산시장의 위험 한 단위당 기대수익률의 증가율이며, 재무학의 자본시장선과 같음을 알 수 있다. 이는 부동산시장에서 형성되는 단위위험에 대한 프리미엄을 나타낸다. 이를 시장위험프리미엄(market risk premium)이라고 하며, 위 식을 다음의 (식 10-45)와 같이 바꿔 쓸 수 있다.

$$E(r_i) = r_f + \frac{Cov(r_i,\ r_m)}{\sigma_m^2}[E(r_m) - r_f] \qquad \text{(식 10−45)}$$
$$= r_f + \beta_i[E(r_m) - r_f]$$

이 식에서 $Cov(r_i,\ r_m)/\sigma_m^2$ 은 시장모형 $r_i = \alpha_i + \beta_i r_m + \varepsilon_i$ 에서 β_i 의 계산식이며 이를 베타위험이라 한다. 위 토지시장선이 의미하는 것은 개별부동산 i의 수익률 (r_i) 은 기본적으로 무위험자산의 수익률 r_f 와 부동산자산 i의 위험에 대한 보상이율 $\beta_i[E(r_m) - r_f]$ 로 구성되며, 특히 시장포트폴리오를 구성함에 있어 개별부동산 i의 총위험에 대한 기여비율은 β_i 이고 동 β_i 는 시장포트폴리오 수익률의 변화에 대한 개별자산 i의 탄력치이자 민감도이므로 i의 위험에 대한 위험프리미엄은 시장포트폴리오의 위험프리미엄 $[E(r_m) - r_f]$ 에 β_i 를 곱한 것이 된다.

(2) 토지시장선의 도출[12)]

[그림 10-19]에 아래의 과정을 이용하여 토지시장선을 도출한다.

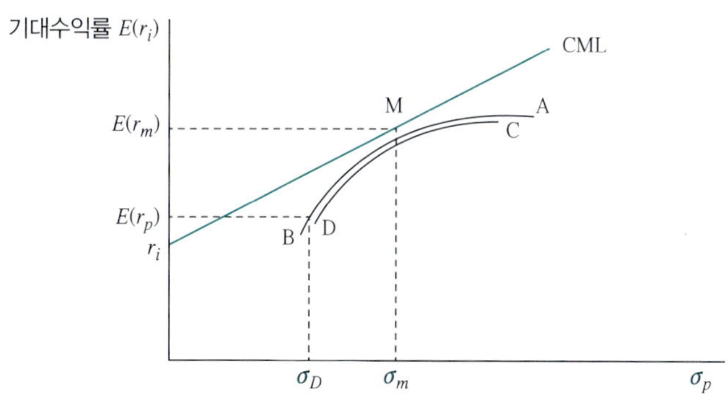

[그림 10−19] 토지시장선의 도출

12) 조지호·정성훈(2012). 현대재무관리. pp. 205-208 참고 및 인용.

① [그림 10-19]에서 부동산투자자 임의로 비효율적인 개별 부동산자산이나 포트폴리오 j를 선택하여 j에 W_j 만큼 투자하고 나머지 $(1 - W_j)$를 시장포트폴리오 M에 투자한다고 하면, 비효율적 포트폴리오 j의 집합인 CD선상에서 점 D는 모든 자금이 j에만 투자되고, 점 M에서는 시장포트폴리오에 모든 자금이 투자되고 있음을 의미한다. 그런데 시장포트폴리오에는 j가 포함되어 있으므로 약간의 j를 소유한다. 이에 점 C는 j를 소유하고 있지만 j의 순보유수가 0이 되도록 공매(short selling)가 이루어짐을 나타낸다.

CMD를 연결하는 곡선상에 존재하는 포트폴리오의 기대수익률 $E(r_p)$, 분산 σ_p 는 다음과 같이 나타낼 수 있다.

$$E(r_p) = W_j E(r_j) + (1 - W_j) E(r_m) \qquad \text{(식 10-46)}$$

$$\sigma_p^2 = W_j^2 \sigma_j^2 + (1 - W_j)^2 \sigma_m + 2W_j(1 - W_j)\sigma_{jm} \qquad \text{(식 10-47)}$$

② 실제로 W_j 와 $(1 - W_j)$ 의 크기에 따라 무수히 많은 부동산 포트폴리오가 형성될 수 있으며, 모든 가능한 포트폴리오는 M을 포함하므로, 점 M에서 반드시 접하게 된다. 그러나 CMD곡선은 위험자산으로 구성된 효율적 프론티어인 AMB를 관통할 수 없으며, CMD와 AMB가 접하는 곳은 M뿐으로 이 점에서 CMD의 기울기와 AMB의 기울기가 같아야 한다. 이것은 CML과 CMD는 모두 점 M에서 AMB와 접하게 되므로, CML의 기울기는 점 M에서의 CMD의 접선의 기울기와 동일하여야 한다는 것을 의미한다.

③ 따라서 CMD의 접선의 기울기를 측정하여 자본시장선의 기울기를 일치시키면, j의 균형적 기대수익을 추정할 수 있다. CMD의 점 M에서의 접선의 기울기는 σ_p 에 대한 $E(r_p)$ 의 편도함수이므로, 미분의 연진법칙을 이용하고 (식 10-46)과 (식 10-47)을 사용하면 다음의 식으로 나타난다.

$$\begin{aligned}\frac{\partial E(r_p)}{\partial \sigma_p} &= \frac{\partial E(r_p)}{\partial W_j} \cdot \frac{\partial W_j}{\partial \sigma_p} \\ &= \{E(r_i) - E(r_m)\} \times \frac{\sigma_p}{W_j(\sigma_j^2 + \sigma_m^2 - 2\sigma_{jm}) + \sigma_{jm} - \sigma_m^2}\end{aligned}$$

그런데 점 M에서는 $\sigma_p = \sigma_m$ 이고, $W_j = 0$ 이므로

$$= \{E(r_i) - E(r_m)\} \times \frac{\sigma_m}{\sigma_{jm} - \sigma_m^2} \qquad (식\ 10\text{-}48)$$

그리고 자본시장선(CML)의 기울기는 다음 식과 같이 $\frac{E(r_m) - r_f}{\sigma_m}$ 이므로 (식 10-48)과 결합하여 정리하면 다음과 같다.

$$\{E(r_i) - E(r_m)\} \cdot \frac{\sigma_m}{\sigma_{jm} - \sigma_m^2} = \frac{E(r_m) - r_f}{\sigma_m}$$

$$E(r_i) \cdot \frac{\sigma_m}{\sigma_{jm} - \sigma_m^2} = \frac{E(r_m) - r_f}{\sigma_m} + \frac{E(r_m) - \sigma_m}{\sigma_{jm} - \sigma_m^2}$$

$$E(r_i) = \frac{\{E(r_m) - r_f\}\{\sigma_{jm} - \sigma_m^2\}}{\sigma_m^2} + \frac{E(r_m) \cdot \sigma_m}{\sigma_m}$$

$$= \frac{E(r_m) \cdot \sigma_{jm} E(r_m) \sigma_m^2 - r_f \sigma_{jm} + r_f \sigma_m^2 + E(r_m) \sigma_m^2}{\sigma_m^2}$$

$$= r_f + \{E(r_m) - r_f\} \cdot \frac{\sigma_{jm}}{\sigma_m^2}$$

④ 토지시장선에서 포트폴리오(혹은 개별 부동산자산)의 기대수익률과 위험의 관계식은 아래의 식으로 표시된다.

$$E(r_j) = r_f + \beta_j[E(r_m) - r_f] \qquad (식\ 10\text{-}49)$$

$$E(r_j) - r_f = \beta_j[E(r_m) - r_f]$$

$$\beta_j = Cov(r_j,\ r_m)/\sigma_m^2$$

위의 (식 10-49)는 재무학에서는 자본자산가격결정모형의 기본식이며, β_j는 개별부동산 자산(혹은 포트폴리오) j의 체계적 위험을 나타내고 시장포트폴리오의 β는 1의 값을 갖는다. [그림 10-20]은 개별부동산(혹은 포트폴리오)의 기대수익률과 체계적 위험의 관계를 나타내는 토지시장선(LML)을 도시한 것이다. 개별부동산의 기대수익률 $E(r_j)$는 분산불가능한 위험을 나타내는 베타계수에 대한 증가함수이며 베타계수는 민감도를 나타낸다. 다시 말해서 위험이 증가하면 증가할수록 기대수익률은 더 높아지고, 위험이 낮아질수록 기대수익률은 더 낮아지게 된다.

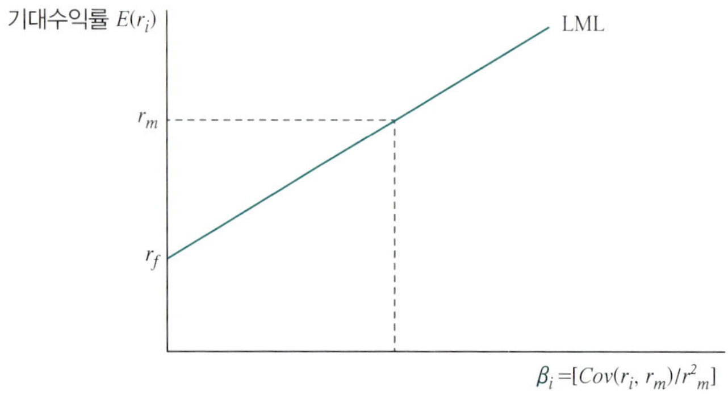

[그림 10-20] 토지시장선

위의 모형은 크게 (1) 무위험수익률, r_f (2) 위험프리미엄, $\beta_j \times \{E(r_m) - r_f\}$와 같이 두 부분으로 나누어진다. 위험프리미엄 중 $E(r_m) - r_f$ 부분은 시장위험프리미엄(market risk premium)이라 부르는데, 이는 부동산투자자들이 시장포트폴리오를 보유함으로써 안게 되는 위험에 대한 보상이다. 따라서 시장위험프리미엄은 부동산투자자들의 위험회피도에 달려 있다고 하겠다. 만약에 현재 국공채수익률(즉, 무위험수익률), r_f 이 9%이고, 시장에 존재하는 부동산들의 기대수익률의 평균(즉, 시장수익률)이 15%이라고 가정하자. 그러면 시장위험프리미엄은 6%가 된다.

$$\text{시장위험프리미엄} = E(r_m) - r_f = 15\% - 9\% = 6\%$$

만약에 A부동산이 B부동산의 위험보다 2배 높다면 A부동산의 위험프리미엄은 B부동산에 비해 2배 높아질 것이며, 반대로 A부동산 위험이 B부동산 위험의 1/2이라면 A부동산의 위험프리미엄은 B부동산의 1/2만큼이 될 것이다. 게다가 한 부동산의 상대적인 위험도는 해당 부동산의 베타계수로 측정할 수가 있다. 따라서 시장위험프리미엄과 i 부동산의 위험측정치인 베타계수, β_i를 안다면, i부동산의 위험프리미엄은 이들의 곱, $\beta_j \times \{E(r_m) - r_f\}$이 된다.

예를 들어 $\beta_j = 0.5$ 그리고 $E(r_m) - r_f = 6\%$라면 개별자산의 위험프리미엄은 3%가 된다.

$$i\text{부동산의 위험프리미엄} = \beta_i[E(r_m) - r_f]$$
$$= 0.5(6\%) = 3.0\%$$

요컨대, 무위험수익률, 시장포트폴리오의 기대수익률 그리고 베타계수가 주어져 있다면, i부동산의 기대수익률은 다음과 같이 계산된다.

$$\begin{aligned} E(r_i) &= r_f + \beta_i[E(r_m) - r_f] \\ &= 9\% + 0.5(15\% - 9\%) \\ &= 12\% \end{aligned}$$

한편 부동산 j가 부동산 i보다 위험이 더 크다면, 즉 j부동산의 베타값(β_i)이 2.0인 경우, j부동산의 요구수익률은 21%가 될 것이다.

$$E(r_i) = 9\% + 2.0(6\%) = 21\%$$

그리고 $\beta = 1.0$ 인 부동산들의 요구수익률은 시장수익률과 동일한 12%가 된다.

$$E(r_A) = 9\% + 1.0(6\%) = 15\%$$

아래의 예제는 토지시장선을 이용하여 지역별 기대수익률을 산정한 예제이다.

EXAMPLE 예제 10.2 CAPM을 이용한 토지시장선 도출

지역별 지가변동률을 이용한 토지시장선 도출

	E(ri)	Var	S.D	Cov	Beta
전국	2.69	6.56	2.56		1
서울	3.73	20.83	4.56	10.71	1.63
부산	1.27	1.12	1.06	1.96	0.30
대구	1.49	1.99	1.41	2.29	0.35
인천	3.09	8.92	2.99	6.79	1.04
광주	0.64	0.55	0.74	1.10	0.17
대전	2.05	4.73	2.17	3.54	0.54
울산	1.22	1.06	1.03	1.63	0.25
경기	3.50	11.85	3.44	7.88	1.20
강원	1.61	0.52	0.72	1.06	0.16
충북	1.76	2.85	1.69	3.12	0.48
충남	2.86	12.25	3.50	4.41	0.67
전북	0.94	0.53	0.73	(0.10)	-0.02
전남	1.10	0.43	0.65	0.52	0.08
경북	1.25	0.67	0.82	1.36	0.21
경남	1.64	0.75	0.87	1.48	0.23
제주	1.81	2.14	1.46	2.68	0.41

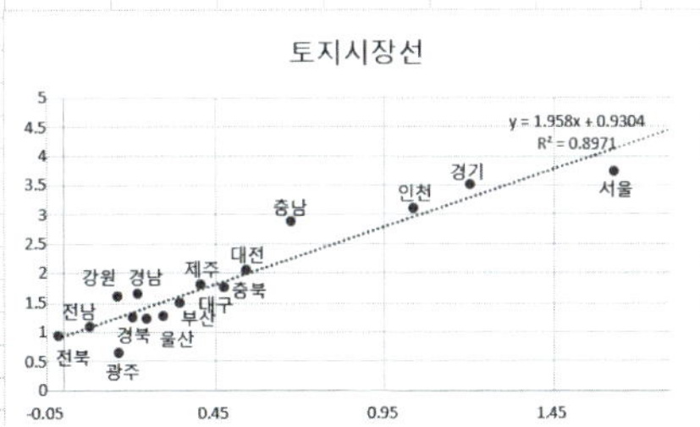

지가변동률 원본 | LML 도출

출처: 국토교통부 온나라 부동산정보 통합포털.

(예제)를 통해 각 지역의 기대수익률과 베타를 산출할 수 있다.
예제의 식은 y=0.9304+1.958x의 회귀식이 산출된다. 여기에서 0.9304는 인플레이션율을 고려하면 현재의 무위험이자율인 2.7%(국채 3년)와 흡사하기에 무위험이자율로 볼 수 있다.

(3) 자기자본비용의 산정

위의 토지시장선(LML)을 이용하여 가중평균자본비용의 한 부분인 자기자본비용을 산출할 수 있다.

$$K_e = r_f + \beta_i [E(r_m) - r_f] \quad \text{(식 10-50)}$$

K_e : 자기자본비용
β_i : 부동산 i의 베타계수
$E(r_m) - r_f$: 시장프리미엄
r_f : 무위험이자율

투자자가 A지역에 상가용도로 부동산투자를 하려고 한다. 이때 기대하는 수익률은 자기자본에 대한 비용이라 할 수 있다. 따라서 자기자본비용을 산출하기 위해서는 (식 10-50)의 식을 이용하여 K_e를 산출해야 한다. 일반적으로 부동산에 대한 베타(β_i)를 산출하여 관리하지 않는다. 따라서 대용변수로 A지역 투자용도의 베타를 산출하여 적용한다.

A지역의 베타가 만약 1.2이고 시장프리미엄이 5% 무위험이자율이 3%라면 이 부동산자산의 자기자본비용(기대수익률)은 9%가 산출된다.

$$3\% + 1.2[5\%] = 9\%$$

기대수익률 9%는 투자자가 A지역의 상가에 투자했을 때 9%의 수익률을 기대하는 것이며, 이는 9%의 자기자본비용으로 나타낼 수 있다.

5) 부동산투자자의 타인자본비용

부동산자산은 일반적으로 고가라는 특징을 갖고 있다. 이러한 특징 때문에 투자자들이 자기자본만 가지고 투자하는 경우는 거의 찾아보기 힘들다. 따라서 2항에서는 부동산투자자의 타인자본비용을 산정하는 방법을 알아본다.

아래의 (식 10-51)은 부동산자산에 투자할 때 타인자본비용을 식으로써 나타낸 것이다.

$$K_d = \frac{F}{B}(1 - t) \qquad \text{(식 10−51)}$$

K_d : 타인자본비용

B: 순차입금

F: 연간이자지급액

t: 영업소득세율

타인자본비용에서는 자기자본비용과 달리 영업소득세율이 식에 포함되어 있는 것을 알 수 있다. 이는 이자비용이 가지는 절세효과 때문이다. 이자비용은 회계적으로 손비처리(회계장부상에는 영업외비용으로 처리)가 되기 때문에 이자비용에 세율을 곱한만큼 영업소득세가 공제된다고 볼 수 있다. 따라서 영업소득세율을 공제한 $(1-t)$를 곱해 준다. 다음으로 F는 연간이자지급액인데 일반적으로 저당대출로 인한 이자지급액을 의미한다. 마지막으로 B는 투자자가 부동산투자를 위해 대출한 차입금을 나타낸다.

만약 투자자가 A지역 상가에 투자하기 위해서 5,000만 원을 대출하고 연 500만 원의 이자를 지급해야 한다면 아래의 식과 같이 표현될 수 있다.

$$K_d = \frac{500\text{만 원}}{5,000\text{만 원}}(1 - 20\%)$$

*영업소득세율을 20%로 가정했을 때

K_d는 8%의 값이 산출된다. 즉, 투자자가 A지역 상가에 투자할 때 타인자본비용으로써 8%가 산출된 것이다.

6) 가중평균자본비용

위의 두 항에서 자기자본비용과 타인자본비용에 대해 알아보았다. 자기자본비용은 9%로 산출되었고 타인자본비용은 8%로 산출되었다. 하지만 할인현금흐름법에 사용하여 투자안을 평가하거나 가치를 평가할 때 적용하여야 할 할인율이 무엇인지 알지 못한다. 자기자본비용만을 투입하기도, 타인자본비용만을 투입하기도 적절하지 않다. 다시 말해 투자자가 투자하는 금액의 자기자본과 타인자본의 비율만큼 가중평균한 자본비용을 산정하여 할인율에 적용시켜야 한다.

본 항에서는 위의 A지역 상가에 투자하는 사례를 이용하여 가중평균자본비용을 산출한다.

〈표 10-9〉 가중평균자본비용의 산출

구분	투자된 금액	비중	산출된 비용
자기자본	1억 5,000만 원	75%	9%
타인자본	5,000만 원	25%	8%

〈표 10-9〉는 가중평균자본비용을 산출하기 위해 위의 1항과 2항에서 산출된 비용과 비중을 나타냈다. A지역 상가를 투자하기 위해 투자자는 2억 원을 투자하였다. 그 중 1억 5,000만 원은 자기자본이며 5,000만 원은 은행에서 저당대출을 하였다. 이때 가중평균자본비용은 아래의 (식 10-52)를 통해 구할 수 있다.

$$W_e K_e + W_d K_d = WACC \quad \text{(식 10-52)}$$

$$0.75 \times 9\% + 0.25 \times 8\% = 8.75\%$$

위의 (식 10-52)를 통해 산출된 가중평균자본비용(WACC)은 8.75%이다.

생각해 볼 문제

1. 토지시장선(LML)은 무엇인가?

2. 가중평균할인율(WACC)은 무엇인가?

3. 아래의 표는 A 투자안의 자본현황이다. 할인현금흐름을 이용하여 A 투자안를 평가할 때 할인율은 몇 % 로 산정하여야 하는가?

구분	부채	자기자본
비중	75%	15%
할인율	10%	13%

4. 순현가법과 내부수익률의 차이는 무엇인가?

* 아래의 표는 투자안 A 와 B의 현금흐름이다. (단위 : 만 원)

기간 / 투자안	0	1년	2년	3년	4년
A	-300	80	80	80	80
B	-200	65	65	65	65

5. 현재 이자율이 10%라고 가정했을 시 투자안 A와 B를 순현가법과 내부수익률법을 이용하여 평가하라.

6. 현재 이자율이 15%라고 가정했을 시 투자안 A와 B를 순현가법과 내부수익률법을 이용하여 평가하라.

CHAPTER 11

부동산의 평가 및 비율분석

1. ATCF를 사용한 부동산자산의 가치평가
2. NOI를 이용한 부동산자산의 가치평가
3. 재무비율을 이용한 분석
4. 관리자에게 적용되는 재무비율분석
5. 관리자와 투자자 모두에게 적용되는 재무비율분석
6. 투자자에게 적용되는 재무비율분석

주요 용어

잉여현금흐름, 잔존가치, 순영업소득, 세후영업현금흐름, 토지시장선

요약

최근 부동산은 주거의 목적뿐만 아닌 투자의 목적으로서 활용되고 있으며, 이에 따라 부동산투자자들에게 부동산가치평가에 대한 필요성이 증대되고 있다. 기존에 활용되어 왔던 부동산가치평가는 다양한 가치형성요인을 고려해야 하며 사업의 수익성을 평가하기에는 다소 어려움이 존재했었으나, 미국을 중심으로 새로운 관점의 수익성 분석이 등장하여 국내에 소개되었다. 이는 부동산의 가치평가를 위해서 해당 부동산이 가지고 있는 미래의 현금흐름을 산출하여 할인현금흐름모형(discounted cash flow: DCF)을 통해 분석하는 방법이며, 현재 많은 투자자들은 이 모형을 이용하여 부동산투자의 가치를 분석하고 있다. 그러므로 이 장에서는 부동산의 가치를 평가하기 위해 장래의 현금흐름 산출의 과정을 알아본다. 이후 이를 할인하여 평가하는 할인현금흐름모형(DCF)을 이해하고, 나아가 이를 이용하여 부동산가치를 평가한다.

11 부동산의 평가 및 비율분석

학습목표

할인현금흐름을 이용한 부동산가치평가방법을 이해할 수 있다.

1. ATCF를 사용한 부동산자산의 가치평가

앞서 화폐의 시간가치와 포트폴리오 이론에 대해서 설명하였고, 이를 이용해서 부동산자산의 경제성 분석을 설명하였다.

본 절에서는 앞서 경제성 분석에서 사용하였던 할인현금흐름방법(discounted cash flow: DCF)을 이용하여 부동산자산의 가치를 평가해 본다. 가치평가에 사용되는 모형은 앞에서 사용하였던 할인현금흐름방법 중 순현가법(NPV)을 이용한다. 순현가법(NPV)은 앞에서는 단지 투자안의 평가를 통한 투자 여부 결정의 기준이었지만, 본 절에서는 부동산자산의 가치분석을 위한 모형으로 응용된다.

재무관리에서는 기업의 가치를 산정하기 위해서 두 가지의 방법을 사용한다. 첫째는 FCFE(free cash flow to equity)이며, 이는 주주의 입장에서의 현금흐름을 이용하여 분석한다. 다음으로는 FCFF(free cash flow to firm)방법이다. 이 방법은 기업의 입장에서 현금흐름을 분석하여 가치평가를 한다. 그렇다면 부동산에는 어떠한 방법을 사용하여야 하는가? FCFE와 FCFF를 구분하는 기준은 안정적 레버리지를 사용하고 지분투자자의 입장에서 바라볼 경우 FCFE를 사용하고, 높은 부채비율을 유지하거나 레버리지에 관한 정보가 불충분할 경우, 부동산의 가치를 알고 싶은 경우 FCFF법을 사용한다. 일반적으로 기업에서는 FCFF의 방법을 이용하여 기업의 가치를 분석하며 부동산의 가치추정도 FCFF의 방법을 이용하여 분석한다. 그러나 본 절에서는 지분투자자에게 귀속되는 현금흐름을 바탕으로 분석하는 FCFE를 먼저 알아본다. 아래의 (식 11-1)은 부동산자산의 가치를 평가하는 산식을 나타내었다.

$$Value\ of\ Real\ Estate = \sum_{t=1}^{n} \frac{FCFE_t}{(1+k_e)} + TV \qquad (식\ 11-1)$$

$FCFE_t$ = 지분투자자에게 귀속되는 t기의 잉여현금흐름
(After Taxes Cash Flow in year t)

k_e = 자기자본비용

TV(Terminal Value) = 부동산자산의 잔존가치

위 (식 11-1)은 순현가법(NPV)과 유사하다. 다른 점은 k_e를 이용한다는 점과 TV(terminal value)가 포함되어 있다는 점이다. 또한 부동산가치산정을 위한 (식 11-1)에서는 현금흐름과 할인율이 가치산정에 주요 요소로 포함되어 있는 것을 알 수 있다. 할인율의 경우 앞에서 다루었던 자기자본비용을 사용하게 된다. 또 다른 주요 요소인 부동산사업의 현금흐름은 영업현금흐름과 잔존가치로 나눌 수 있다. 영업현금흐름의 경우 부동산을 통해 발생한 이익과 발생한 비용의 현금흐름을 측정한 것이다. 즉, 부동산사업의 주체가 일정 사업기간 동안 얻을 수 있는 잉여현금흐름이라 설명할 수 있다. 마지막으로 잔존가치는 예측기간 이후의 현금흐름의 현재가치이다. 환언하면, 부동산을 지속적으로 보유하였을 때 계속해서 얻어지는 잉여현금흐름을 가치화한 것이다.

1) 세후영업현금흐름과 FCFE의 산출[1)]

부동산시장에서 잉여현금흐름을 알기 위해서는 세후영업현금흐름(ATCF)을 알아야 한다. 세후영업현금흐름이란 지분투자자에게 최종적으로 귀속되는 현금흐름을 의미한다. 세후영업현금흐름을 산출하기 위해서는 잠재총소득(PGI)과 유효총소득(EGI), 순영업소득(NOI) 그리고 세전영업현금흐름(BTCF)을 알아야 지분투자자에게 최종적으로 귀속되는 현금흐름을 알 수 있다.

우선 잠재총소득(potential gain)이란 투자자가 이 부동산에 투자하여 얻을 수 있는 잠

1) 박원석(2013). 부동산 투자. 참고.

재적 총소득을 의미한다. 예를 들어 투자자가 A임대부동산에 투자한다고 하자. 이때 A임대부동산은 총 임대호수가 10호가 있으며 각 호수는 연 350만 원씩의 수입이 있다고 한다. 그렇다면 A부동산이 잠재적으로 1년 동안 발생하는 소득은 총 임대호수에 각 호수의 수입을 곱하면 될 것이다.

$$PGI = \sum_{i=1}^{n} G_i \qquad \text{(식 11-2)}$$

PGI = 총잠재이익
G_i = i부분의 수익

위의 (식 11-2)는 총잠재이익을 수식으로 산출한 것이다. 위의 식대로 A부동산의 총잠재이익을 산출해 보면 350만 원 × 10호 = 3500만 원이 산출된다.

다음으로는 유효총소득(EGI)과 순영업소득(NOI)에 대해 알아본다. 유효총소득이란 현실적으로 판단했을 때 실현가능한 소득을 의미한다. 총잠재이익에서 공실로 인한 손실분이나 불량부채 등을 차감하고 기타 수입 등을 더한 것을 의미한다. 여기서 공실이란 입주가 되지 않은 방을 의미한다. 공실률의 산정은 일반적으로 지역별 용도별 특성에 맞추어 산정한다. 만약 A부동산의 공실률이 10%라면 총 10호 중에서 1호가 공실이라는 의미이다. 따라서 공실률은 그 부동산의 인기를 의미한다. A부동산의 유효총소득을 산출하면 10%의 공실률에서는 차감금액이 350만 원(공실)이 되며 3150만 원의 유효총소득이 산출된다.

$$EGI = PGI - V/BD + MI \qquad \text{(식 11-3)}$$

V/BD : 공실/불량채권
MI : 기타수입

경영과 회계학에서 사용되는 영업이익과의 같은 성격인 순영업소득(NOI)은 유효소득에서 영업비용을 차감하여 산출한다. 영업비용이란 부동산사업을 영위하면서 발생한 비용을 의미한다. 또한 순영업소득의 경우 부동산에 귀속되는 현금흐름이다. 이를 이용하여 자산 또는 기업에 귀속되는 현금흐름(FCFF)과 같이 분석이 가능하다. 영업비용에 속하는 항목으로는 고정비용, 변동비용, 대체충당금, 유지보수비 등이 있다. (식 11-4)는 순영업소득의 산출식을 나타낸 것이다.

$$NOI = EGI - OE \quad \text{(식 11-4)}$$

NOI : 순영업소득

OE : 영업비용

순영업소득에서 금융비용(이자비용)을 차감하게 되는데 이는 세전영업현금흐름(BTCF)이 된다. 세전영업현금흐름(BTCF)에서 영업소득세(재무 및 회계학에서는 법인세)를 차감하면 최종적으로 세후영업현금흐름(ATCF)이 산출된다. 세후영업현금흐름은 위에서도 밝혔듯이 지분투자자에게 최종적으로 귀속되는 현금흐름으로써 부동산의 자산가치평가에서 할인율(WACC)와 함께 분석의 중심이 된다.

$$BTCF = NOI - DS$$
$$ATCF = BTCF - TO$$

DS : 부채서비스

TO : 영업소득세

영업소득세를 산출하기 위해서는 순영업소득(NOI)에서 이자비용과 감가상각비용, 대출실행비용을 차감하고 비적격 준비금과 충당금을 더해준 금액이 과세대상소득이 된다. 이때 영업소득세율을 곱해주면 영업소득세가 산출된다. 〈표 11-1〉은 영업소득세를 추정하는 프로세스이다.

〈표 11-1〉 영업소득세의 추정 프로세스

영업소득세 추정 프로세스
순영업소득(NOI)
− 이자비용
− 감가상각 비용
− 대출실행비용 상각
+ 비적격 준비금 및 충당금
과세대상소득
× 영업소득세율
영업소득세(TO)

출처: 박원석(2013). 부동산 투자.

〈표 11-2〉는 지분투자자에게 귀속되는 잉여현금흐름의 산출 프로세스이다. 자본적 지출과 운전자본의 변화량 그리고 감가상각의 경우 부채비율만큼 차감해 준 값을 이용해야 한다. 왜냐하면 FCFE의 방법은 지분투자자에게 귀속되는 잉여현금흐름을 알기 위해서 현금흐름을 산출하는데, 자본적 지출 그리고 운전자본변화량, 감가상각비에는 부채의 비용이 포함되어 있기 때문이다.

〈표 11-2〉 영업소득세의 추정 프로세스

현금흐름 산출 항목
잠재 총 소득(PGI) – 공실률(vacancy) – 불량 부채(bad debt)
= 실질 총 소득(EGI) – 영업비용(operating expenses)
= 영업소득(Net operating income) – 이자비용(debt service)
= 세전 영업현금흐름(before-tax cash flow) – 영업소득세
= 세후 영업현금흐름(after-tax cash flow) – 자본적 지출 × (1-D/E) – 운전자본 변화량 × (1-D/E) + 감가상각 × (1-D/E)
= 지분투자자에게 귀속되는 잉여현금흐름

〈표 11-3〉 지분투자자에게 귀속되는 잉여현금흐름의 산출과정과 예제

계정항목		1년차 현금흐름	2년차 현금흐름	3년차 현금흐름
잠재총소득(PGI)		35,000,000	35,000,000	35,000,000
(–)	공실률	3,500,000	7,000,000	3,500,000
(+)	잡수익	0	0	0
유효총소득(EGI)		31,500,000	28,000,000	31,500,000
(–)	영업비용	12,000,000	10,000,000	13,000,000
순영업소득(NOI)		19,500,000	18,000,000	18,500,000
(–)	금융비용(이자)	9,500,000	9,500,000	9,500,000
세전영업현금흐름(BTCF)		10,000,000	8,500,000	9,000,000
(–)	영업소득세	2,400,000	2,040,000	2,160,000
세후영업현금흐름(ATCF)		7,600,000	6,460,000	6,840,000
(–)	자본적 지출*	1,333,333	1,466,667	1,066,667

(−)	운전자본 변화량*	666,666.7	1,000,000	0
(+)	감가상각*	2,000,000	2,000,000	2,000,000
잉여현금흐름(FCFE)		7,600,000	5,993,333	7,773,333

주 : 각 비용은 가정하였음.
* 각 계정에 (1−부채비율)을 해주어야 함.

〈표 11-3〉은 A부동산의 각 연도별 영업현금흐름을 표로 나타내고 있다. 위의 표에서 세후영업현금흐름(ATCF)을 산출 후 지분투자자에게 귀속되는 잉여현금흐름(FCFE)을 산출하면 된다.

이때 감가상각비용이 300만 원이라 가정하자. 그리고 운전자본의 변화량은 1년차에는 100만 원, 2년차에는 150만 원, 3년차에는 없는 것으로 가정한다. 마지막으로 자본적 지출의 경우 1년차에는 200만 원 2년차에는 220만 원 3년차에는 160만 원으로 가정한다. 이때 FCFF는 다음과 같다.

2) 잔존가치의 산출

부동산을 보유할 시 잔존가치는 재무학의 Terminal Value를 산출하는 방법을 기본으로 한다. 잔존가치의 산출방법 Gordon의 항상성장모형에 기초하고 있다. 항상성장모형의 특징은 성장률이 일정하다고 가정한다. 잔존가치의 산식은 아래의 (식 11-5)와 같다.

$$TV(Terminal\ Value) = \frac{FCFE_{t+1}}{k_e - g} \qquad \text{(식 11−5)}$$

g : 성장률

부동산의 잔존가치는 (식 11-5)의 산출방식을 통해서 산출이 가능하다. 이때 확인해야 할 사항은 g값인 성장률인데, 분모의 k_e 값은 성장률(g)보다 커야만 한다. 만약 A부동산의 성장률이 6.75%라고 한다면 잔존가치는 아래와 같다.

$$\frac{7,773,333 \times (1 + 0.0675)}{0.0875^{*} - 0.0675} = 414,901,649$$

*: (식 10−52)의 k_e 값을 이용하였음

위의 값은 3년차의 지분투자자에게 귀속되는 잉여현금흐름(FCFE)에 성장률을 적용시켜 $FCFE_{t+1}$ 를 산출하였으며 아래의 WACC는 위에서 산출한 자료를 대상으로 하였다.

3) A부동산의 가치평가 사례

아래의 〈표 11-4〉는 A부동산을 할인현금방법을 사용하여 가치평가를 하였다. 1년차의 현금흐름은 760만 원으로 k_e값으로 할인할 시 698.9만 원이 산출되었다. 2년차 할인현금흐름은 501.7만 원, 3년차는 잉여현금흐름 777.3만 원과 잔존가치 41,490.1만 원이 산출되었고 할인 시 3억 2,863.8만 원이 나왔다. 각 기간의 현금흐름의 합계는 지분투자자의 가치로서 3억 4,064.4만 원이 산출되었다.

〈표 11-4〉 A부동산의 가치평가 예제 (단위: 만 원)

계정항목	1년차 현금흐름	2년차 현금흐름	3년차 현금흐름
영업현금흐름(ATCF)	760.0	593.3	777.3
잔존가치(TV)			41,490.1
현금흐름	760.0	593.3	42,267.4
할인현금흐름(Ke로 할인)	698.9	501.7	32,863.8
부동산의 가치(할인 현금흐름의 합)	34,064.4		

2. NOI를 이용한 부동산자산의 가치평가

앞에서는 ATCF에 할인현금흐름(DCF)방법을 적용하여 지분투자자에게 귀속되는 현금흐름을 분석하였다. 본 절에서는 순영업소득(NOI)을 이용하여 부동산에 귀속되는 현금흐름을 할인현금흐름방법을 적용하여 부동산의 가치를 분석한다. 여기에서 앞 절 내용과의 차이점은 앞 절은 지분투자자에게 귀속되는 현금흐름, 즉 지분투자자의 가치를 평가하였고 본 절은 부동산에 귀속되는 현금흐름을 이용하여 부동산의 가치를 평가하는 것이다.

1) ATCF와 NOI 순영업소득 분석의 차이점

(1) 세금 고려의 차이점

NOI는 회계흐름상 세금 차감 전인 순영업소득을 의미하기에 ATCF와 달리 세금에 대한 고려를 하지 않는다. 부동산자산의 경우 세금의 크기가 적지 않다. 따라서 부동산의 가치를 평가할 때는 세금을 고려하여 평가하여야 한다. 즉, 세금 부분에서는 ATCF보다 NOI가 부동산의 가치평가에 적절하다고 할 수 있다.

(2) 부채 및 이자 고려의 차이점

ATCF를 이용하여 분석할 때에는 기존의 이자비용을 차감하고 지분투자자에게 귀속되는 현금흐름을 위주로 분석하였다. 하지만 부동산사업은 자기자본뿐만 아니라 부채의 비중도 많으며, 세금을 고려하기 때문에 법인세(영업소득세) 절감효과가 있다.

(3) 할인율의 차이점

이전 앞 절에서의 ATCF는 할인현금흐름을 산출하기 위해 k_e 를 할인율로 이용하여 분석하였다. 하지만 NOI에서는 할인율에 부채의 속성도 포함되어야 하기 때문에 가중평균자본비용(WACC)을 가치평가에 적용시켜야 한다.

2) NOI 분석의 방법

(1) NOI의 산출

PGI에서 공실과 불량부채를 차감하고 기타 수입을 추가하여 EGI(실효수익)을 산출한다. 이때 EGI에서 OE(영업비용)을 차감하는데 영업비용에 속하는 것은 부동산사업을 하는 도중 발생하는 운영유지비 또는 일반관리비 등의 비용을 의미한다. 하지만 NOI를 가지고 직접 분석할 수는 없다. 왜냐하면 NOI의 경우 재무관리에서 EBITDA와 같기 때문이다. 따라서 이 항목에서 차감된 비현금항목을 더해주고 감가상각에 세율을 곱해준다.

이후 운전자본의 변화를 추가하고 자본적 지출을 빼준다. 〈표 11-5〉는 NOI의 산출과정과 FCFF의 산출과정을 나타냈다.

〈표 11-5〉 NOI의 산출과 FCFF의 산출과정

NOI의 산출		FCFF의 산출
PGI		NOI
− V (공실)		× (1-T)
− BD(불량부채)		+ (D×T)(감가상각)
+ MI(기타수입)	▶	+ 차감된 비현금항목
= EGI		− 운전자본의 변화량
− OE(영업비용)		− 자본적 지출
= NOI		FCFF

(2) WACC(가중평균자본비용)의 산출

가중평균자본비용은 앞에서 설명하였듯 할인현금흐름을 이용한 기업 및 부동산 그리고 사업성 평가의 할인율이 된다. 가중평균자본비용의 산식은 (식 11-6)과 같이 설명할 수 있다.

$$k_e w_e + k_d w_d = WACC \qquad \text{(식 11−6)}$$

$$\text{단, } w_e + w_d = 1$$

가중평균자본비용에서 k_e 는 자기자본비용(ATCF분석의 할인율)이고 k_d 는 타인자본비용이다. 이때 k_d 에 $(1 - t)$[2]를 해주어야 한다. 이는 부채의 사용이 기업에게 법인세 절감효과가 있듯 부동산에서의 부채 사용은 영업소득세의 절감효과가 있기 때문이다.

2) 1−영업소득세율

(3) 성장률(g)의 산출

성장률은 TV(terminal value)의 산정에서 사용되며 부동산사업의 앞으로의 성장률을 측정하는 것이다. NOI기법과 ATCF기법의 성장률은 서로 차이가 나는데 일반적으로 ATCF의 성장률이 NOI보다 높게 산출되는 것을 알 수 있다. 이는 레버리지가 일반적으로 지분투자자의 현금흐름에 영향을 많이 미치기 때문이다.

성장률의 산출방법은 CAGR을 이용한 측정방법이 있다. 연평균 복합성장률을 의미하는 CAGR(compound annual growth rate)은 특정기간 동안의 성장률을 기하평균을 이용하여 측정하는 것이다. 일반적인 산술평균이 아닌 기하평균을 이용하여 산출하는 이유는 금리를 예로 들어 설명하자면 산술평균은 단리를 의미하고 기하평균은 복리를 의미하기 때문이다. 따라서 인구증가율 또는 자본의 증가율과 같은 변화의 비율을 나타낼 때는 기하평균을 이용한다.

$$CAGR = \left(\frac{EV}{BV}\right)^{\left(\frac{1}{n}\right)} \qquad \text{(식 11-7)}$$

$EV = end\ value$

$BV = begin\ value$

$n = number\ of\ year$

위 식은 기하평균을 이용하여 성장률을 산정한 것이다.

(4) 잔존가치의 산출

잔존가치를 산출하기 위해서는 아래의 (식 11-8)을 이용하여 산출한다.

$$TV = \frac{FCFF_{t+1}}{WACC - g} \qquad \text{(식 11-8)}$$

(5) 부동산의 가치평가

부동산의 가치평가를 위해서는 부동산에 유입되는 현금흐름(NOI)과 잔존가치를 할인율(WACC)로 할인현금흐름법(DCF)을 이용하여 분석한다.

$$Value = \sum_{t=1}^{n} \frac{FCFF_t}{(1 + WACC)^t} + TV \qquad (식\ 11-9)$$

3) NOI를 이용한 분석 예제

(1) NOI와 FCFF의 산출

앞의 ATCF분석에서 사용했던 A부동산의 자료를 이용하여 NOI 분석을 한다. 위의 순서를 맞춰서 순영업소득(NOI)을 산출한다.

아래의 〈표 11-6〉은 A부동산의 FCFF를 산출한 것이다. 여기서 감가상각이 72만 원씩 되고 차감된 비현금항목이 없다고 가정하자. 그리고 운전자본의 변화량은 1년차에는 100만 원, 2년차에는 200만 원, 3년차에는 없는 것으로 가정한다. 마지막으로 자본적 지출의 경우 1년차에는 200만 원, 2년차에는 220만 원, 3년차에는 160만 원으로 가정한다. 이때 FCFF는 다음과 같다.

〈표 11-6〉 NOI 분석의 예제

계정항목		1년차 현금흐름	2년차 현금흐름	3년차 현금흐름
잠재총소득(PGI)		35,000,000	35,000,000	35,000,000
(−)	공실	3,500,000	7,000,000	3,500,000
(+)	기타수익	0	0	0
유효총소득(EGI)		31,500,000	28,000,000	31,500,000
(−)	영업비용	12,000,000	10,000,000	13,000,000
순영업소득(NOI)		19,500,000	18,000,000	18,500,000
×	(1-T)	×0.76	×0.76	×0.76
+	(D×T)	720,000	720,000	720,000
+	차감된 비현금항목	0	0	0
−	운전자본의 변화량	1,000,000	2,000,000	0
−	자본적 지출	2,000,000	2,200,000	1,600,000
잉여현금흐름(FCFF)		12,540,000	10,200,000	13,180,000

(2) 할인율의 산정

아래의 (식 11-10)은 위의 (식 10-52)를 그대로 가져온 것이다. 자기자본의 비중은 75%이며 타인자본의 비중은 25%이기 때문에 총 가중평균자본비용(WACC)은 8.75%가 나오게 되었다.

$$W_eK_e + W_dK_d = WACC \quad \text{(식 11−10)}$$

$$0.75 \times 9\% + 0.25\% \times 8\% = 8.75\%$$

(3) 잔존가치의 산출

A부동산의 성장률을 앞에서 6.75%로 가정하였다. 이에 맞춰 잔존가치를 산정하면 아래와 같이 산출할 수 있다.

$$\frac{13,180,000(1 + 0.0675)}{0.0875^{*} - 0.0675} = 703,482,500$$

* (식 11−10)의 k_e 값을 이용하였음

(4) 부동산의 가치평가

부동산의 가치평가를 위해서 할인현금흐름표를 〈표 11-7〉과 같이 산출해낸다. 할인율은 위에서 산정한 가중평균자본비용(WACC)을 이용하였고 잔존가치 또한 위의 값을 이용하여 산출하였다. 각 할인현금흐름을 합산한 결과 부동산의 가치는 57,737.6만 원의 가치가 산출되었다.

〈표 11-7〉 A부동산의 가치평가 예제 (단위: 만 원)

계정항목	1년차 현금흐름	2년차 현금흐름	3년차 현금흐름
잉여현금흐름(FCFF)	1,254	1,020	1,318
잔존가치(TV)			70,348.2
현금흐름	1,254	1,020	71,666.2
할인현금흐름(WACC으로 할인)	1,153.1	862.5	55,722
부동산의 가치(할인 현금흐름의 합)	57,737.6		

3. 재무비율을 이용한 분석

앞서 살펴본 부동산투자의 경제성 분석은 현금흐름 산출의 과정을 이용하여 부동산의 사업성을 분석하였다. 여기서 현금흐름을 산출하기 위해 사용하였던 지표들 간의 관계를 비율로 산출하면 투자의사결정의 도구인 재무비율을 만들 수 있다. 이를 부동산투자의 재무비율분석이라 한다. 재무비율분석은 투자자에게는 투자의사결정, 관리자에게는 자금조달과 투자유치를 위한 관리의 보조도구가 된다.

부동산 재무비율의 분석은 일반 기업의 분석과 달리 현금흐름산출의 과정을 이용하여 분석한다. 현금흐름을 이용한 분석은 일반 기업에 적용하는 재무비율보다는 쉽고 간편하게 적용할 수 있는 점이 장점이나, 시간가치를 반영할 수 없으며 정보가 한정적이다. 즉, 한정적인 정보를 반영하여 재무비율을 구성하고 의사결정을 하려면 주관적 판단이 개입되므로 할인현금흐름 분석과 함께 부동산사업관련 의사결정의 보조지표로 활용해야 한다.

1) 재무비율분석의 종류

재무비율분석은 앞서 설명하였듯이 투자자와 부동산 관리자의 의사결정에 적절한 보조지표로 활용가능하다. 본 절에서는 재무비율분석의 종류와 적용되는 상황에 대해서 알아보려 한다. 우선 적용대상자를 투자자와 관리자로 구분하고 세부 적용가능한 지표들의 목록과 적용가능 상황을 설명한다. 〈표 11-8〉에 부동산투자 및 경영관리에서 이용되는 재무비율분석을 나열하였다.

투자자의 경우 총소득승수와 순소득승수, 세전영업현금흐름승수와 세후영업현금흐름승수를 투자안 평가에서 사용할 수 있는데 이는 일반 기업재무관리의 활동성 비율과 유사하다고 할 수 있다. 총투자수익률과 지분투자수익률, 총투자대비지분수익률 및 현금대비 현금수익률(cash on cash)의 경우 투자자와 부동산관리자 모두 사용하는 비율이다. 이러한 비율은 투자자에게는 수익률의 비교와 선택에 도움이 되고, 관리자에게는 비율을 참고하여 재무구조개선을 통해 투자자에게 투자매력을 피력(appeal)할 수 있다. 담보대출비율, 재무레버리지도, 부채감당비율로 대표되는 레버리지분석과 영업비용비율분석은 관리자에게 위험진단의 목적과 운영효율성[3] 진단의 목적으로 사용되고 있다. 투자자와 관리자는 각 적용상황에 맞게 재무비율을 이용하면 의사결정을 보다 정교하게 할 수 있다. 따라서 각 적용대상에 따른 재무비율분석의 방법에 대해 알아본다.

〈표 11-8〉 적용대상에 따른 재무비율분석

적용 대상	재무비율분석	적용가능 상황	주 사용 항목
관리자	담보대출비율	위험의 진단	부채서비스
	재무레버리지도		
	부채감당비율		
	채무불이행률		
	총부채상환비율		
	영업비용비율	운영효율성 판단	영업비용
	이윤마진비율		
투자자 관리자	총투자수익률	투자자: 수익률 비교 관리자: 투자유인 제공	순영업소득 세후현금흐름
	지분투자수익률		
	총투자대비 지분수익률		
	현금대비 현금수익률		
투자자	총소득승수	자본사용의 효율성	총 투자액 지분투자액
	순소득승수		
	세전영업현금흐름승수		
	세후영업현금흐름승수		

출처: 박원석(2013). 부동산투자론. 참고.

2) 현금흐름 산출의 과정

현금흐름의 산출은 〈표 11-9〉의 과정을 거치게 된다.

3) 이자비용에 대해서 어느 정도로 감당하는지, 또한 운영비용이 총소득에 비해서 과하지 않은지 등의 판단을 통해 사업이 효율적으로 운영되고 있는지 진단한다.

〈표 11-9〉 부동산 현금흐름의 산출 과정

현금흐름 산출 항목	설명
잠재총소득(potential gross income: PGI)	부동산이 벌어들일 총잠재소득
− 공실률(vacancy)	공실이 발생한 확률
− 불량 부채(bad debt)	회수 불가능한 부채
= 실질총소득(effective gross income: EGI)	실질적으로 발생하는 소득
− 영업비용(operating expenses)	유지 및 보수비용 등
= 영업소득(net operating income: NOI)	부동산 영업을 통한 현금흐름
− 이자비용(debt service)	이자 발생 비용
= 세전 영업현금흐름(before-tax cash flow: BTCF)	세금 차감 전 영업현금흐름
− 영업소득세	영업소득세율
= 세후 영업현금흐름(after-tax cash flow: ATCF)	세금 차감 후 영업현금흐름

출처: Eldred, G. W.(2012) Investing of Real Estate, 7th edition, p.88 참고; 박원석(2013). 부동산투자론 참고.

〈표 11-9〉는 현금흐름 산출항목을 간단히 정리하였다. 위에서 잠재총소득(PGI)은 부동산이 벌어들일 수 있는 총잠재소득을 의미하고 여기서 공실로 인해 발생할 손실과 불량 부채를 차감하면 실질총소득이 산출된다. 실질총소득(EGI)에서 유지 및 보수비용과 같은 영업비용(NOI)을 차감하면 영업소득이 산출되며 이 영업소득은 부동산영업을 통한 현금흐름, 즉 부동산에 귀속되는 영업흐름으로 볼 수 있다. 다음으로 영업소득에서 이자비용을 차감하게 되면 세전 영업현금흐름(BTCF)이 산출되는데 이 항목부터는 부동산의 지분투자자에게 귀속되는 현금흐름으로 볼 수 있다. 여기서 영업소득세를 차감하면 세후 영업현금흐름(ATCF)이 산출된다.

4. 관리자에게 적용되는 재무비율분석

부채는 어떠한 사업을 영위함에 있어서 중요한 요소 중 하나이다. 일반적으로 부동산의 가격은 고가성을 띠고 있기에 자기자본만을 이용한 투자는 드물다. 이에 부채는 필연적으로 존재하며, 부채를 많이 사용하면 레버리지효과(leverage effect)가 커지고 부채를 적게 사용하면 안정적인 투자가 가능하다. 그러므로 부채는 관리자에게 중요하다. 본 절에서는 부채를 이용하여 부동산사업이 진행되는 과정에서 운영상의 위험을 분석하는 방법을 살펴본다. 이러한 방법을 재무학에서는 레버리지 분석이라고 한다. 레버리지(leverage)란 지렛대의 의미로 경영자가 부채사용의 크기를 증가시키는 만큼 자기지분에 대한 수익률을 높이는 것을 의미한다. 수익률이 높아지는 만큼 경영의 위험은 커지기 마련이다. 본 절에서는 부동산의 부채와 관련된 비율에 대해 알아본다.

1) 담보대출비율[4)]

담보대출비율(loan to value ratio: LTV)이란 부동산가치 대비 최대담보가능비율을 의미한다. 즉, 어떤 부동산에 담보대출할 때 부동산가치를 기준으로 하여 인정비율만큼 대출해 주는 것이다. 예를 들어 A부동산에 담보대출을 하려고 한다. 이때 A부동산의 자산가치는 5억 원, 담보대출비율은 60%이다. 이때 담보를 인정하여 대출가능한 최대금액은 3억 원이다. 담보대출비율이 높아지면 대출가능한 최대금액이 상승한다. 만약 담보대출비율이 60%에서 70%로 10% 포인트 상승했을 때 최대 대출가능금액은 3억 원에서 3억 5천만 원으로 5천만 원이 상승한다.

위와 마찬가지로 담보대출비율의 경우 규제의 성격이 강하다. 정부는 담보대출비율을 조정하여 지역 부동산의 경기를 조절한다. 만약 정부가 담보대출비율을 상승시켰을 경우 부채가용비율은 높아지게 된다. 따라서 재무레버리지도가 상승하게 되고 손실의 폭도 커지므로 위험이 커진다. 위험이 커지면서 위험에 대한 지분투자자들의 기대수익률도 커지게 된다.

$$\text{담보대출비율}(LTV) = \frac{\text{저당대출금}(MD)}{\text{부동산가치}} \qquad \text{(식 11-11)}$$

위 비율은 부동산사업의 운영관리자가 조절할 수 없는 범위이다. 하지만 담보대출비율은 지역적으로 차이가 존재해 관리자가 선택을 할 수 있다. 일반적으로 담보대출비율이 높은 지역의 사업은 기대수익률이 높은 것과 위험도가 높은 것을 파악하여 회피하거나 적정 담보대출비율에서의 사업을 영위하는 형태이다.

4) 담보대출비율(LTV)은 앞서 2장에서 설명된 바 있다.

2) 재무레버리지도

재무레버리지도(degree of financial leverage: DFL)란 이익과 지분에 변화율의 개념을 도입하여 설명한 것이다. 우선 지분투자자의 현금흐름인 세후 영업현금흐름(ATCF)의 변화율을 측정한다. 이후 부동산의 현금흐름인 순영업소득(NOI)의 변화율을 산정한다. 마지막으로 세후영업현금흐름의 변화율을 순영업소득의 변화율로 나누어 준다. 변화율의 사용은 경제학의 탄력성 개념에서 기인하여 설명한 것이다. 따라서 재무레버리지도는 순영업소득의 변화에 세후 영업현금흐름이 얼마나 민감하게 반응하는지를 나타내고 있다. 환언하면, 부동산에 유입되는 현금흐름의 변화에 따른 지분투자자의 현금흐름 변화를 측정한 것이다. 즉 기울기의 개념과 유사하다.

$$\text{재무레버리지도}(DFL) = \frac{\text{세후영업현금흐름}(ATCF)\text{의 변화율}}{\text{순영업소득}(NOI)\text{의 변화율}} \qquad \text{(식 11-12)}$$

3) 부채감당비율[5)]

부채감당비율(debt coverage ratio: DCR)은 부동산에 유입되는 현금흐름인 순영업소득이 부채를 얼마나 감당할 수 있는지 비율을 통해 알아보는 것이다. 즉, 순영업소득(NOI)을 연간 지출하는 원리금으로 나누어 준 것이다. 이것은 재무학에서 이자보상비율과 유사한 형태이며, 단기지급능력과 수익성을 위주로 다루고 있다. 비율이 낮게 측정되면 단기지급능력이 불량하다고 판단할 수 있으며 부동산사업 관리자의 경우 본 지표를 통해 이자와 수익의 관계를 살펴볼 수 있다. 또한 지급능력판단을 통해 부동산의 재무건전성 파악을 위주로 한다.

$$\text{부채감당비율}(DCR) = \frac{\text{순영업소득}(NOI)}{\text{부채서비스}(DS)} \qquad \text{(식 11-13)}$$

4) 채무불이행률

채무불이행률(default ratio: DR)은 부동산의 운영에서 대출로 인한 이자 등의 비용을

5) 부채감당비율(DCR) 또는 부채감당률은 2장에서 설명된 바 있다.

감당하지 못하여 파산(default) 위험의 정도를 알아보기 위해 활용가능하다. 우선 채무불이행률을 측정하기 위해서는 이자와 같은 금융비용과 관리비와 같은 영업상의 비용을 모두 포함해야 한다. 따라서 측정의 대상이 되는 분자에는 금융비용(DS)과 영업비용(OE)이 합산되어야 한다. 다음으로 분모에는 실제로 가능한 수입인 유효수입(EGI)을 적용한다. 이 값은 3항에서 살펴본 부채감당비율의 분모와 분자 모두에 영업비용을 합한 것과 같은 형태이지만 측정하고자 하는 영역이 다른 영역이기에 채무불이행률은 부채감당비율의 역수의 형태를 취한다. 즉, 부채감당비율과는 달리 채무불이행률이 1보다 작을 경우에 위험이 작은 것으로 판단한다.

$$\text{채무불이행률}(DR) = \frac{\text{영업비용}(OE) + \text{부채비용}(DS)}{\text{유효총소득}(EGI)} \qquad (\text{식 } 11\text{–}14)$$

5) 총부채상환비율

총부채상환비율(debt to income ratio: DTI)은 담보대출비율(LTV)과 함께 정책적으로 사용되고 있는 재무비율이다. 이 비율은 관리자의 재무비율분석과는 크게 관련성은 없지만, 레버리지 비율에 속하며 담보대출비율과 함께 자주 사용되므로 본 절에 담았다. 총부채상환비율은 저당대출자의 월수입에 따라 저당대출의 비율을 설정한 것이다. 즉, 총부채원리금상환액을 차입자의 월 소득으로 나누어 최대 비율을 설정하였다. 정책담당자들의 입장에서는 비율을 높게 설정하면 차입자들의 대출에 대한 압박이 줄어들며 거래의 활성화를 꾀할 수 있지만, 상대적으로 주택시장의 과열현상이 일어나기도 한다. 또한 원리금상환액을 기준으로 하였기 때문에 차입자들의 부채에 대한 압박이 커져서 채무불이행의 위험이 커진다고 볼 수 있다.

$$\text{총부채상환비율}(DTI) = \frac{\text{총부채원리금상환액}}{\text{월소득}} \qquad (\text{식 } 11\text{–}15)$$

6) 영업비용비율

영업비용비율(operation expense ratio: OER)은 유효총소득(EGI)과 영업비용(OE)의 관계

를 비율로 나타낸 것으로써 부동산 운영과정의 효율성을 측정하기 위해 사용되는 비율이다. 즉 부동산운영에 대한 비용이 얼마나 효율적으로 사용되고 있는가를 측정한 지표이다. 이 지표는 부동산운영의 관리자의 입장에서 타 부동산과의 비교를 통해 부동산운영을 보다 효율적으로 할 수 있도록 도와준다.

$$\text{영업비용비율}(OER) = \frac{\text{영업비용}(OE)}{\text{유효총소득}(EGI)} \qquad \text{(식 11-16)}$$

위의 (식 11-16)은 유효총소득의 변화분과 영업비용의 변화분의 비율을 영업비용비율과 비교하여 투자가치의 변화에 대해 측정이 가능하다.

만약 $\frac{\text{유효총소득}(EGI)\text{증가율}^{6)}}{\text{영업비용}(OE)\text{증가율}}$ 이 영업비용비율보다 크게 산출된다면 유효총소득 증가율이 영업비용증가율에 비해서 영업비용비율보다 더 커진다는 의미이며 이는 부동산운영의 가치를 상승시킨다고 판단할 수 있다. 예를 들어 A부동산의 영업비용이 100만 원, 유효총소득이 1,000만 원이라고 하자. 이후 다음해에 영업비용이 100만 원 증가한 200만 원이 되었고 유효총소득은 100만 원 증가한 1,100만 원이 되었다. 이때의 영업비용증가율과 유효총소득의 증가율 비율은 $\frac{\text{유효총소득증가율}}{\text{영업비용증가율}} = \frac{0.1}{1}$ 로 10%가 되었다. 이때 영업비용비율은 $\frac{\text{영업비용}}{\text{유효총소득}} = \frac{200}{1,100}$ 으로 18%로 위의 10%보다 높게 산출되었다. 즉, $\frac{\text{유효총소득}(EGI)\text{증가율}}{\text{영업비용}(OE)\text{증가율}}$ 이 영업비용비율보다 낮게 산출되었다. 직관적으로 봤을 때 영업비용의 증가율에 비해 유효총소득의 증가율이 기존의 영업비율의 비중을 따라가지 못하는 모습을 보이면서 영업으로 인한 가치 하락이 예상된다.

7) 이윤마진비율

이윤마진비율(profit margin ratio: PM)은 앞서 설명한 영업비용비율과는 상반되는 개념으로써 부동산의 영업이 지분투자자의 현금흐름에 얼마만큼의 마진으로 남는지를 알려

6) 박원석(2013). 부동산 투자론. 양현사. p.510 참고.

주는 지표이다. 이 지표를 산출하기 위해서는 세후영업현금흐름(ATCF)에 유효총소득(EGI)를 나누어 주면 된다. 부동산운영관리자의 경우 이윤마진비율이 높을수록 운영이 효율적으로 이루어지고 있다고 판단할 수 있다. 만약 이윤마진비율이 상대적으로 낮게 산출된다면 유효총소득에서 영업비용(NOI)을 산출할 때의 영업비용의 비중과 세전영업현금흐름의 산출 시 차감되는 부채서비스 비용의 비중을 확인해 봐야 한다.

$$\text{이윤마진비율}(PM) = \frac{\text{세후영업현금흐름}(ATCF)}{\text{유효총소득}(EGI)} \qquad \text{(식 11-17)}$$

• 5. 관리자와 투자자 모두에게 적용되는 재무비율분석

앞 절에서는 관리자에게 적용되는 재무비율분석에 대해 알아보았다. 관리자에게 적용되는 재무비율은 대체로 부채와 관련이 있었다. 특히 관리자는 이러한 비율을 이용하여 투자자들에게 좋은 투자안이라 피력할 수 있었다. 본 절의 재무비율분석은 앞 절의 부채를 이용한 분석과는 달리 운영과정의 수익률을 이용한다. 이는 투자자에게는 더 우수한 수익률을 갖춘 투자안을 찾는 분석방법이 되며, 관리자에게는 재무비율의 관리를 통해 투자자유치 및 자금조달의 유용성을 얻는 것이다.

1) 총투자수익률

총투자수익률(return on investment: ROI)은 총투자에 대한 수익률을 비율로 나타낸 것이다. 일반적으로 총투자의 의미는 지분투자뿐만 아닌 부채(저당)를 이용한 투자도 포함된다. 다시 말해, 해당 부동산에 투자된 모든 금액과 이 부동산에 귀속되는 현금흐름인 순영업소득(NOI)을 비교한다. 이는 부동산에 귀속되는 현금흐름을 이용한 가치평가의 개념을 이용한 것이다. 그리고 총투자수익률의 총투자액은 자본의 총액과도 같은 의미로 해석이 가능하다. 따라서 부동산시장에서 총투자수익률은 자본환원률의 개념으로 활용된다. 또한, 총투자수익률은 다음 절의 순소득승수에서 다시 다룬다.

투자자의 입장에서 총투자수익률은 부동산사업의 전반적인 수익률 측정에 활용된다. 반면 관리자의 입장에서 총투자수익률은 자금조달과 관련이 있다. 또한 총투자액이 순영업소득에 비해 적다면 사업자체가 시행되기 힘들 수 있기에 적정수준의 수익률을 유지해야 한다.

$$\text{총투자수익률}(ROI) = \frac{\text{순영업소득}(NOI)}{\text{총투자액}(I)} \qquad \text{(식 11-18)}$$

$$\text{총투자수익률}(ROI) = \text{자본환원률}(CR)$$

2) 지분투자수익률

지분투자수익률(return on equity: ROE)은 재무와 경제 그리고 부동산에서 가장 많이 쓰이는 수익률의 개념 중 하나로써 지분투자자가 투자한 금액에 비해 어느 정도의 수익률을 얻을 수 있는지를 나타내는 지표가 된다. 환언하면, 지분투자수익률은 지분투자자에게 귀속되는 현금흐름인 세후현금흐름(ATCF)을 지분투자액(E)으로 나누어준 값이 된다. 여기서 지분투자액은 일반적인 개념과 마찬가지로 지분투자자가 투자한 금액만을 일컫는다. 즉, 부채를 제외한 금액이 된다.

지분투자수익률의 경우 투자자에게는 투자에 대한 수익률을 가늠해 볼 수 있는 지표가 된다. 만약 A부동산의 지분투자수익률이 5%라면 일반적으로 투자자는 100만 원을 투자하면 5만 원의 수익을 기대하게 된다. 이러한 점을 관리자의 입장에서 다루면, 지분투자수익률의 관리를 통해 투자자에게 좋은 투자안으로 여겨질 수 있다. 만약, 다른 부동산사업에 비해 상대적으로 불리한 지분투자수익률을 갖추고 있다면 관리자는 부채를 이용하여 지분투자수익률을 상대적으로 조정할 수 있다.[7)]

$$\text{지분투자수익률}(ROE) = \frac{\text{세후현금흐름}(ATCF)}{\text{지분투자액}(E)} \qquad \text{(식 11-19)}$$

7) 부채의 비율을 높이면서 상대적으로 지분투자의 비중을 낮추고 세후현금흐름을 증가시켜 비율의 조정이 가능하다. 이것이 레버리지효과이다.

3) 총투자 대비 지분수익률

총투자 대비 지분수익률(return to equity on total investment)은 일반적으로 활용되지 않는 지표이지만, 지분투자수익률의 보조지표 개념으로 활용되고 있다. 왜냐하면 지분투자수익률은 부채(저당)와 관련된 면을 반영하지 못하기 때문이다. 총투자 대비 지분수익률의 산출방식은 세후현금흐름을 총투자액으로 나누어준 것이다. 여기서 세후현금흐름에는 이자가 포함되어 있지 않지만 총투자액에는 부채(저당)가 포함되어 있다. 즉, 부채를 고려하여 지분투자자에게 귀속되는 현금흐름을 분석한 것이다.

$$\text{총투자 대비 지분수익률} = \frac{\text{세후현금흐름}\,(ATCF)}{\text{총투자액}\,(I)} \qquad \text{(식 11-20)}$$

4) 현금 대비 현금수익률

현금 대비 현금수익률(cash on cash return)은 지분투자자에게 세전의 현금흐름이 얼마나 귀속되는지를 나타내는 지표이다. 이는 지분투자자에게 귀속되는 현금흐름을 기준으로 부동산의 가치를 평가했던 지분가치평가모형의 관점을 이용하여 분석한 것이다. 이 분석은 실제 수지분석에서 사용의 편의성 때문에 자주 쓰이므로 어떤 방식으로 산출되는지 알아야 한다. 실제 분석에서 사용될 때 보증금을 지분투자액으로 오해하는 경우가 있다. 보증금이 사용되는 경우는 지분투자액에서 빼줘야 하며 이때 공실률을 감안해야만 한다.

$$\text{현금 대비 현금수익률} = \frac{\text{세전현금흐름}\,(BTCF)}{\text{지분투자액}\,(E)} \qquad \text{(식 11-21)}$$

6. 투자자에게 적용되는 재무비율분석

투자자에게 적용되는 재무비율은 대표적으로 총소득승수와 순소득승수, 세전영업현금흐름승수, 세후영업현금흐름승수가 있다. 이는 승수법(multipier method)[8]으로 지분투자자에게서 조달한 각종 자본이나 그 자본을 투자한 각종 자산의 활용도 또는 이용도를 영업소득과의 비율을 이용하여 측정한 비율이다. 이때 산출되는 비율은 지분투자자가 회수할 수 있는 회수기간(payback method)[9]을 의미하기도 한다. 따라서 지분투자자에게 복수의 투자안이 있을 시 회수기간이 보다 짧은 부동산이 바람직한 투자안이라 할 수 있다.

1) 총소득승수

총소득승수(gross income multiplier: GIM)는 유효총소득과 총투자액의 관계를 나타낸 식이다. 이는 총투자액을 제1절에서 다루었던 유효총소득(EGI)으로 나누어 준 값이다. 아래의 (식 11-22)는 총소득승수의 산식을 나타내고 있다. 산식을 살펴보면 총소득승수 값이 3이 나왔을 때 유효총소득으로 3년간 총투자액을 회수할 수 있다는 것을 알 수 있다. 유효총소득은 가능총소득에 공실과 불량채권을 차감하는데 이는 부동산을 통해 얻을 수 있는 실질적인 총소득을 의미한다. 환언하면, 기업에서는 매출액과 유사한 의미로 볼 수 있으며 자본회전율의 역수형태임을 알 수 있다.

$$\text{총소득승수}(GIM) = \frac{\text{총투자액}(I)}{\text{유효총소득}(EGI)} \qquad (\text{식 } 11-22)$$

2) 순소득승수

순소득승수(net income multiplier: NIM)는 총투자액과 순영업소득액의 관계를 승수법

8) 부동산투자에 있어서 승수법의 정의는 부동산투자자가 투자한 투자비를 부동산 운영과정에서 획득되는 각종 영업소득의 비율로 나타낸 것이다(박원석(2013). 부동산투자론. p.498 인용).

9) 박원석(2013). 부동산투자론. p.498 참고.

을 이용하여 나타냈다. 총소득승수와는 유사한 구조의 형태를 갖추고 있다. 하지만 유효총소득(EGI)에서 영업비용을 차감한 순영업소득(NOI)을 사용하여 총투자액을 분석하였다. 여기서 순영업소득이란 기업의 입장에서는 EBITDA(이자비용, 세금 및 감가상각비 차감 전 영업이익)과 같다고 볼 수 있으며, 이는 부동산에 귀속되는 실질 현금흐름이라 볼 수 있다. 즉 투자부동산 수익에서 부동산 비용을 차감한 금액이다. 이는 부동산에 대한 실질 현금흐름을 이용하여 몇 기간 동안 총투자액을 회수할 수 있는가를 나타낸다. 순소득승수는 총소득승수와 마찬가지로 회수기간이 짧을수록 유리한 투자안이 된다.

$$\text{순소득승수}(NIM) = \frac{\text{총투자액}(I)}{\text{순영업소득}(NOI)} \quad \text{(식 11-23)}$$

$$\frac{1}{\text{순소득승수}(NIM)} = \text{자본환원율} = \text{지분투자순이익}(ROE)$$

3) 세전영업현금흐름승수

세전영업현금흐름승수(before tax cash flow multiplier: BTM)는 소득승수들과 달리 분자에 지분투자액(E)을 사용한다. 우선 세전현금흐름(BTCF)은 영업소득에서 이자서비스를 제한 금액이다. 세전영업현금흐름과 세후영업현금흐름은 투자자에게 귀속되는 현금흐름이다. 다시 말해 이 비율은 기업으로 따지면 FCFE(free cash flow to equity)의 개념으로 적용되는 보조분석비율이다. 세전영업현금흐름승수의 의미는 지분투자액을 세전영업현금흐름을 이용하여 몇 년 만에 회수가능한지를 나타내고 있다. 다른 소득승수들과 마찬가지로 회수기간이 짧을수록 유리한 투자안으로 평가된다.

$$\text{세전영업현금흐름승수}(BTM) = \frac{\text{지분투자액}(E)}{\text{세전현금흐름}(BTCF)} \quad \text{(식 11-24)}$$

4) 세후영업현금흐름승수

세후영업현금흐름승수(after tax cash flow multiplier: ATM)는 앞선 항에서 밝혔듯이 최종적으로 투자자에게 귀속되는 현금흐름과 지분투자액의 관계를 나타내고 있다. 즉,

(식 11-25)와 같이 지분투자액(E)를 세후현금흐름(ATCF)로 나누어 준 것이다. 이는 세금까지 고려한 점에서 이전의 항에 비해 투자자에게 직접적으로 적용할 수 있는 승수법이다. 투자자의 경우 세후영업현금흐름승수를 고려한다면 할인현금모형(DCF)과 함께 복수의 투자안에 대해서 보다 정량적 평가가 가능하다. 반면, 영업현금흐름승수를 이용하는 모형의 경우 부채에 대한 면이 고려되어 있지 않다. 따라서 소득승수와 함께 활용할수록 좀 더 정교한 비교가 가능하다.

$$\text{세후현금흐름승수}(ATM) = \frac{\text{지분투자액}(E)}{\text{세후현금흐름}(ATCF)} \qquad \text{(식 11-25)}$$

〈표 11-10〉은 재무비율분석을 종합한 것이다. 적용대상과 재무비율분석 그리고 산출방식에 대해 나타내었다. 대부분의 지표들은 현금흐름 산출의 과정에서 나오는 지표를 이용하여 분석하였다. 이는 재무상태표와 현금흐름표 그리고 손익계산서를 모두 활용하는 기업의 재무를 분석하는 재무비율분석과는 사뭇 다른 것을 알 수 있으며, 시간가치를 고려한 할인현금흐름분석과 함께 사용한다면 각 투자자와 관리자는 소기의 목적을 달성할 수 있을 것이라 판단되며 활용의 범위가 넓다고 판단된다.

〈표 11-10〉 재무비율분석 종합

적용대상	재무비율분석	산출방식
관리자	담보대출비율	$\text{담보대출비율}(LTV) = \frac{\text{저당대출금}(MD)}{\text{부동산가치}}$
	재무레버리지도	$\text{재무레버리지도}(DFL) = \frac{\text{세후영업현금흐름}(ATCF)}{\text{순영업소득}(NOI)}$
관리자	부채감당비율	$\text{부채감당비율}(DGR) = \frac{\text{순영업소득}(NOI)}{\text{부채서비스}(DS)}$
	채무불이행률	$\text{채무불이행율}(DR) = \frac{\text{영업비용}(OE)+\text{부채비용}(DS)}{\text{유효총소득}(EGI)}$
	총부채상환비율	$\text{총부채상환비율}(DTI) = \frac{\text{총부채원리금상환액}}{\text{월소득}}$
	영업비용비율	$\text{영업비용비율}(OER) = \frac{\text{영업비용}(OE)}{\text{유효총소득}(EGI)}$
	이윤마진비율	$\text{이윤마진비율}(PM) = \frac{\text{세후영업현금흐름}(ATCF)}{\text{유효총소득}(EGI)}$

투자자 관리자	총투자수익률	총투자수익률$(ROI) = \frac{\text{순영업소득}(NOI)}{\text{총투자액}(I)}$
	지분투자수익률	지분투자수익률$(ROE) = \frac{\text{세후현금흐름}(ATCF)}{\text{지분투자액}(E)}$
	총투자대비지분수익률	총투자대비지분수익률 $= \frac{\text{세후현금흐름}(ATCF)}{\text{총투자액}(I)}$
	현금대비현금수익률	현금대비현금수익률 $= \frac{\text{세전현금흐름}(BTCF)}{\text{지분투자액}(E)}$
투자자	총소득승수	총소득승수$(GIM) = \frac{\text{총투자액}(I)}{\text{유효총소득}(EGI)}$
	순소득승수	순소득승수$(NIM) = \frac{\text{총투자액}(I)}{\text{순영업소득}(NOI)}$
	세전영업현금흐름승수	세전영업현금흐름승수$(BTM) = \frac{\text{지분투자액}(E)}{\text{세전현금흐름}(BTCF)}$
	세후영업현금흐름승수	세후현금흐름승수$(ATM) = \frac{\text{지분투자액}(E)}{\text{세후현금흐름}(ATCF)}$

〈표 11-11〉은 부동산 운영의 손익계산서의 체계를 나타내었다. 손익계산서는 실제 업무에서 자주 사용되므로 참고하고 익혀두는 것이 중요하다.

〈표 11-11〉 손익계산서의 체계 예

매출액(revenue) – 매출원가(재료비, 노무비, 경비, 감가상각비)
매출총이익(gross profit) – 판매비와 관리비(급여 및 복리후생비)
영업이익(operating income) + 영업외 수익(수입이자) – 영업외 비용(이자비용, 임차료, 조세공과)
경상이익(ordinary income) + 특별이익 – 특별손실
세전순이익(earnings before taxes: EBT) – 법인세
당기순이익(net income)

〈표 11-12〉는 부동산 운영 시 운영주체의 재무상태표를 나타내었다. 재무상태표는 손익계산서와 함께 부동산분석의 중요한 요소이므로 참고하고 익혀둔다.

〈표 11-12〉 재무상태표의 예

<table>
<tr><td rowspan="2">자산
1. 유동자산
- 당좌자산
- 재고자산
2. 비유동자산(고정자산)
- 투자자산
- 유형자산
- 무형자산</td><td>부채
1. 유동부채
- 매입채무
- 단기차입금
2. 고정부채
- 회사채</td></tr>
<tr><td>자본
1. 자본금
2. 잉여금</td></tr>
</table>

생각해 볼 문제

PROPERTY MANAGEMENT

1. 부동산 B는 매년 5%씩 일정하게 성장한다고 가정하였을 때, 3번에서 산출된 할인율을 이용하여 아래의 사례를 평가해 보자.

계정항목	1년차 현금흐름	2년차 현금흐름	3년차 현금흐름
잉여현금흐름(FCFF)	1,050원	1,020원	1,030원

2. 관리자와 투자자 모두에게 적용되는 재무비율분석에는 무엇이 있으며 그 각각의 특성은 어떠한가?

CHAPTER 12

부동산투자와 세무

주요 용어

부동산조세의 기능, 납세자, 과세자, 취·등록세, 재산세, 양도소득세, 누진과세

요약

부동산 관련 조세는 부동산경기와 밀접한 관계가 있고, 이에 따라 부동산시장의 변화가 발생할 수 있다. 정부는 부동산경기를 부동산 관련 조세를 이용하여 조절하며 부동산경기는 지속적으로 변화한다. 이에 따라 부동산투자자들의 투자의사결정은 부동산의 경기변화에 유기적으로 대처하여야 한다. 또한, 투자의사결정에서 부동산조세는 일종의 비용으로써, 앞서 설명한 부동산 가치평가 또는 사업성 분석 시 비용으로 고려해야 하는 사항이다. 만약, 부동산투자 시 발생하는 세액을 산출할 수 있다면 가치평가 또는 사업성 분석에서 보다 원활하고 정교한 분석이 가능할 것이다. 그러므로 이 장에서는 부동산투자 시 발생할 수 있는 조세의 종류에 대해 알아보고, 세액의 결정과정에 대해서 알아본다.

12 부동산투자와 세무

학 습 목 표

부동산 관련 조세를 이해하고 부동산투자 시 고려할 수 있다.

1. 부동산조세 총론

1) 부동산조세의 개념

(1) 부동산조세의 정의

일반적으로 부동산은 고가(高價)이며, 다양한 특성[1]을 가지고 있기 때문에 동산에 비해 많은 종류의 조세가 부과되며 국가와 지방자치단체의 주요 세원이 되고 있다. 다시 말해, 투자자들에게 부동산조세는 부동산자산관리에 있어서 주요한 비용(cost)으로써 인식되고 있으며 국가와 지방자치단체에는 주요한 수입(income)원이 된다. 따라서 투자자들이 부동산자산을 관리하기 위해서는 조세와 관련된 지식이 필요하다. 그렇다면 조세의 정의는 무엇인가? 조세(taxation)의 정의는 국가와 지방자치단체가 과세 대상자에게 세금을 부과하는 행위를 의미한다. 즉 조세는 국가 또는 지방자치단체가 재정을 조달하기 위한 목적을 가지고 법률로 규정된 과세요건을 충족한 자에게 직접적인 반대급부 없이 강제로 부과하는 금전적 부담을 의미한다. 더 나아가 부동산조세는 부동산을 세원으로 하여 각 활동단계(취득, 보유, 양도)에 부과하는 세금(tax)을 의미한다.

1) 부동산의 특성은 자연적 특성과 인문적 특성으로 나누어진다. 자연적 특성으로는 부동성, 영속성, 부증성, 개별성, 인접성이 있으며 인문적 특성으로는 희소성, 고가성, 지역성, 비가역성 등이 있다.

(2) 부동산조세의 목적

부동산을 이용하여 자산관리를 할 때 우리는 각 활동단계에서 조세를 납부하게 된다. 부동산과 관련된 조세는 대체로 고가이며 큰 비용이 되기에 자산관리에서 민감한 부분으로 작용한다. 부동산의 조세에 대해 알기 위해서는 먼저 목적에 대해 알아볼 필요성이 있다. 일반적인 조세의 목적으로는 크게 2가지가 있다. 첫째, 재정조달의 목적과 둘째, 정책적 목적이다.

① 재정조달의 기능

자본주의 경제체제가 발전하면서 국가의 역할은 다양해지고, 그에 따라 재정의 크기도 증가했다. 이 중 국가 및 지방자치단체의 주요 재정수입원은 조세이며, 이를 통해 국가는 다양한 역할을 수행할 수 있다.

② 정책적 목적

자본주의의 발전은 조세의 또 다른 목적을 낳았다. 기존의 조세는 국가 재정의 수입을 담당하기 위한 수단이었다. 경제가 발달하고 사회가 진보하면서 정부는 경제·사회적 발전을 위해 다양한 정책을 수립하였다. 정부는 국민들이 원하는 방향의 사회형태로 이끌어 나가기 위한 수단으로써 조세를 사용하는 것이다. 예를 들어서 경기가 나빠지면 정부는 세금을 줄여서 경기를 활성화시키고, 경기가 과열되면 세금을 높여 경기를 조절하는 방법이 있다. 이러한 정책을 경기조절정책이라고 일컫는다.

정부는 조세를 이용하여 경기조절정책뿐만 아니라 소득의 재분배 그리고 산업과 사회에 맞게 활용한다. 소득의 재분배는 적절하게 배분되지 못하는 문제를 해결하기 위해 정부가 조세를 이용하여 편중된 소득을 재분배하는 역할을 의미한다. 그리고 특정산업의 육성을 위해 또는 특정 사회정책을 억제하기 위해서 조세를 이용하여 조절을 한다. 일반적인 조세의 목적들은 기본적으로 범경제적인 분야를 아우르고 있다. 반면, 부동산조세의 목적은 일반조세의 목적보다 구체적이라고 할 수 있다.

2) 부동산조세의 분류

(1) 과세주체의 분류

일반적으로 대한민국의 조세제도는 세금을 부과하는 과세주체에 따라서 국세와 지방세로 나뉜다. 국세의 과세주체는 국가이며 지방세의 과세추체는 지방자치단체이다.

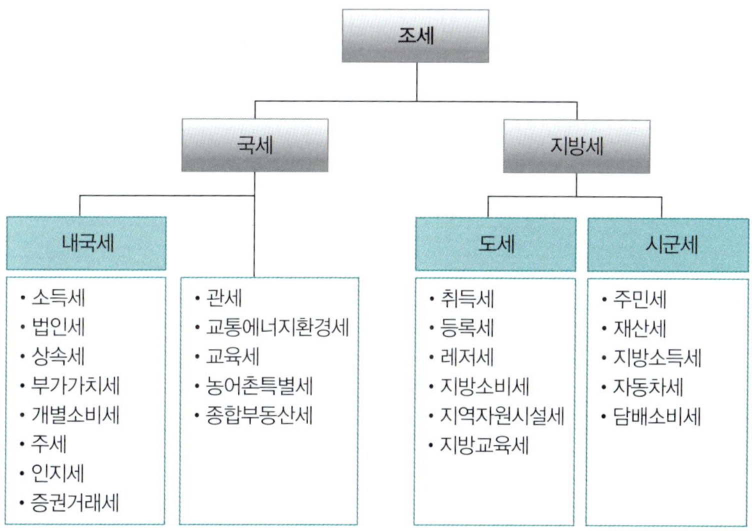

[그림 12-1] 조세제도의 분류

출처: 조세연구원.

부동산 관련 조세 중 국세에 속하는 것은 양도소득세, 상속세, 증여세, 법인세 그리고 종합부동산세가 있다. 그리고 지방세에는 취득세, 등록세[2], 재산세, 지역자원시설세, 지방소득세(소득분)가 있다. 부동산 관련 조세를 그림으로 나타내면 [그림 12-2]와 같다.

(2) 활동단계의 분류

다음의 부동산의 활동단계인 취득과 보유 그리고 양도의 단계에 맞추어서 분류하였다. 이는 취득 시 보유하고 매각(양도)하는 단계를 나타낸 것이며 본서에서는 활동의 단계

2) 2011년부터 등록세는 취득세에 포함되었다.

에 맞추어 국세와 지방세를 나누어서 설명한다.

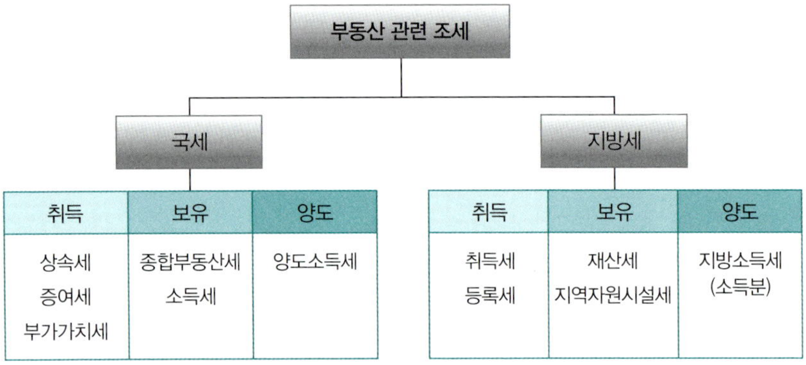

[그림 12-2] 부동산 관련 조세의 체계

출처: 김혁구(2013). 부동산 조세론. 참고.

3) 부동산조세의 용어와 특징

본 항에서는 부동산조세의 용어와 특징에 대해서 알아본다.

(1) 부동산조세의 용어[3]

① 과세주체(과세권자)

과세주체는 조세를 부과하는 권한을 가지고 있는 자이다. 즉, 조세부과의 권한을 법률로부터 부여받는 국가와 지방자치단체를 의미한다. 과세주체의 경우 법적 요건이 충족될 시 과세권을 행사하게 된다.

② 조세주체(납세의무자)

조세주체는 조세납부의 주체로서 위의 과세주체와 마찬가지로 법률이 정한 납세의무자를 의미한다. 여기에는 개별경제주체인 자연인과 법인이 해당하게 된다. 실제 세금을

3) 김혁구(2013). 부동산 조세론; 고성삼(2006. 8. 25). 회계·세무 용어사전 참고 및 인용.

납부하는 이는 담세자로 표현한다. 납세의무자와 담세자가 같을 경우 직접세라 하며 납세의무자와 담세자가 다를 경우는 간접세라 한다.

일반적으로 직접세에는 소득세와 법인세가 존재하며 간접세는 부가가치세와 개별소비세가 존재한다.

③ 세원

세원이란 조세가 지불되게 하는 원천을 의미한다. 세원의 종류로는 소득·재산·자본 등이 있으며 일반적으로 소득이 세원이 된다. 그 이유는 자본 또는 재산을 세원으로 할 시 세금징수가 많아지면 세원이 고갈될 우려가 있기 때문이다.

④ 조세객체

조세객체란 국어사전적 의미로 과세의 대상이 되는 것이다. 동의어로 과세물건이라는 단어가 있다. 조세객체의 예로 소득세의 조세객체는 소득이 되며, 재산세의 조세객체는 재산 그리고 소비세는 소비행위가 된다. 위의 예들을 통해 조세객체란 조세의 목적물이 됨을 알 수 있다.

⑤ 과세표준(basis of assessment)

국가 또는 지방자치단체(과세주체)가 납세의무자에게 세금을 부과할 때 세율을 이용한다. 이때 세율에 적용되는 조세객체가 과세표준인데 수량이나 금액으로 표시된다. 예를 들어 소득세의 경우는 소득금액이 과세표준으로 설정되며 재산세의 경우 재산보유금액이, 소비세는 소비금액이 과세표준이 된다.

⑥ 과세단위

과세단위는 과세주체가 납세의무자에게 세금을 부과할 때 세액계산의 기준이 되는 과세표준의 수량과 금액을 나타내는 단위를 의미한다. 우리나라 세법의 현행기준은 화폐의 단위로 표시하고 있으며, 사람 수 또는 주류세 등의 경우는 과세단위가 인원과 양으로 표시된다.

⑦ 세율

세율(tax rate)은 세액을 산출하기 위해 앞서 설명하였던 과세표준에 대해 납부해야 할 비율을 의미한다. 세율의 체계는 종량세와 종가세 두 가지로 나뉜다. 종량세는 과세물건의 수량을 과세표준으로 설정하여 단위당 세금을 부과하는 것이며, 종가세는 과세단위를 금액으로 설정하여 이에 백분율로서 세금을 결정하는 것이다.

세율 설정의 방법으로는 세 가지의 방법이 존재한다.

가. 비례세

비례세란 과세표준의 변동과는 무관하게 동일한 세율을 적용하는 제도이다. 현행 세법상에서는 부가가치세가 비례세로서 시행되고 있다.

나. 누진세(progressive tax)

누진세란 비례세와 달리 과세표준의 변동에 따라 세율의 변동이 있는 제도이다. 누진세의 특징은 지급능력에 따라 세금을 부과할 수 있다는 것이다. 즉, 경제력의 격차를 야기시키는 소득불평등을 보정할 수 있는 조세제도이다.

누진세에도 크게 3가지의 누진법이 존재하는데 첫 번째 방법은 1개의 과세물건에 대해 하나의 세율을 부과하는 방법이다. 이는 단순누진으로 불린다. 다음으로 1개의 과세물건을 몇 단계로 나누어서 각 단계를 초과할 경우 높은 세율을 부과하여 그 합계를 1개의 과세물건에 대한 세액으로 삼는 방법이 있다. 이는 초과누진이라고 한다. 마지막으로 세율의 누진을 일정한도까지만 적용시키고 그 이상은 비례세율로 설정하는 제한적 누진법이 존재한다. 이와 같은 경우를 누퇴세라고 한다.

다. 역진세(regressive tax)

역진세란 누진세와 반대되는 의미로 과세물건의 수량이나 금액이 많아질수록 세율이 낮아지는 것을 의미한다. 일반적으로 현행 세제에는 거의 존재하지 않는다. 한편 일각에서는 소비세를 역진세의 종류로 본다. 그 이유는 같은 생필품을 소비할 경우 소비세를 부과하는데 이때 소비세는 비례세이며 누구나 동등하게 세율이 적용된다. 즉, 고소득자나 저소득자가 동시에 동일한 세금을 부담하고 있으며 소득에 비해 저소득자의 세금이 고소득자에 비해 상대적으로 많은 세금(소득에 대한 세금의 비율)을 내는 것이기 때문에 소비세를 역진세의 한 종류로 본다.

⑧ 세액

세액이란 사전적 의미로 조세의 액수를 의미한다. 이는 과세표준에 세율을 적용하여 산출된 금액이며 이러한 세액을 산출세액이라고 한다. 산출세액에서 감면세를 공제하고 가산세를 합한 것을 결정세액이라 한다. 조세주체가 최종적으로 납부하는 세액은 납부세액이다.

⑨ 신고납부

신고납부란 지방세법 제1조 1항 7호에 따르면 납세의무자가 납부할 지방세의 과세표준액과 세액을 신고하고 동시에 신고한 세금을 납부하는 것을 의미한다. 즉, 조세주체가 세무관서에 직접 세액을 신고하고 납부하는 것이다. 만약 기한 내에 납부하지 않는다면 가산세가 부과된다.

⑩ 보통징수

보통징수란 과세권자에 의해서 세무공무원이 납세고지서를 납세의무자에게 교부하여 징수하는 것을 의미한다. 신고납부와 마찬가지로 기한 내에 납부하지 않을 시 가산금이 부과된다. 보통징수의 종류로는 재산세 등이 있다.

⑪ 특별징수

지방세법 제150조의3 및 제179조의3 그리고 제234조의3에 따르면 지방세징수에 있어서 징수의 편의가 있는 자를 특별징수의무자로 지정하여 그 지정된 자가 납세의무자로부터 지방세를 징수하는 것이다. 이후 징수된 지방세를 지방자치단체에 납부하는 방법을 특별징수라 말한다.

⑫ 가산세와 가산금

가산세(additional tax)란 세법상의 성실한 신고·납부의무를 준수에 기준을 두었으며 가산금(additional charge)은 납기기한의 준수에 기준을 둔 것이다. 즉, 신고·납부의무를 준수하지 않으면 가산세가 부과되고 납기기한을 준수하지 않으면 가산금이 부과된다.

2. 부동산 취득 관련 조세

1) 취득세와 등록세

(1) 취·등록세의 개요

취득 관련 조세로는 상속세, 증여세, 부가가치세, 취득세, 등록세가 있으며 이 중에서 가장 비중이 큰 조세는 지방세 중 취득세와 등록세[4]이다. 하지만 2011년부터 취득세와 등록세가 통합세율을 사용하게 되었다. 즉, 등록세가 취득세에 포함된 것이다. 따라서 본서에서는 취득세와 등록세를 통합하여 알아본다.

지방세법 제6조 제1호에 따르면 '취득'이란 '매매, 교환, 상속, 증여, 기부, 법인에 대한 현물출자, 건축, 개수(改修), 공유수면의 매립, 간척에 의한 토지의 조성 등과 그 밖에 이와 유사한 취득으로서 원시취득, 승계취득 또는 유상·무상의 모든 취득을 말한다'고 정의하였다. 지방세법상의 취득은 소유권취득에 대한 일체의 행위를 의미한다. 즉, 취득세(acquisition tax)는 부동산의 세 가지 활동단계 중 첫 번째 단계인 취득단계에서 발생한 세금을 의미한다. 취득세의 과세주체(과세권자)는 지방자치단체이며, 조세주체(납세의무자)는 발생한 세액을 지방자치단체에 납부한다. 등록세의 경우 일정사항을 등기하기 위해서 납부하는 세금이다. 이는 비용적 측면이 강하며 부동산의 소유권을 주장하기 위해서는 등기가 필수적이기 때문에 취득과 등록세를 묶어서 사용하게 되었다. 이하에서는 취득세에 대해 알아보겠다.

(2) 취득세의 과세대상과 납세의무자

① 취득세의 과세대상 물건

취득세의 과세대상물건은 토지, 건축물, 선박, 차량 등이 있으나 본 책은 부동산에 관련된 조세 중에서 토지와 건축물을 주로 다룬다. 대표적인 취득세의 과세대상물건인 토지와 건축물에 대해 알아본다.

---

4) 서울연구원 2012년 8월 자료에 따르면, 2010년 기준 서울의 부동산조세 중 취·등록세의 비율은 44.1%로 지방세수 중 23%를 차지한다.

가. 토지의 과세대상 물건

토지의 과세대상으로는 지적공부상에 등록된 28개의 지목에 해당한다. 여기서 지목이란 토지의 주된 사용목적에 따라 토지의 종류를 구분한 것이다. 예를 들어 전, 답, 과수원, 학교용지 등이 있다. 또한, 사실상의 취득일 경우 공부상에 등록되지 않더라도 과세의 대상이 된다.

나. 건축물의 과세대상 물건

건축물의 과세대상으로는 건축법에 규정된 건축물이 해당되며, 이와 유사한 형태의 건축물을 포함하게 된다. 건축허가와 관련 없이 불법·무허가건물도 취득세의 과세대상이 된다.

② 취득세의 납세의무자

취득세의 납세의무자는 취득세 과세대상 물건을 취득하는 자를 의미한다. 즉, 토지 또는 건축물을 취득한 경우 납세의무자가 된다. 취득세는 60일 이내의 부동산소재지를 관할하는 시·군·구청에 신고하고 납부하여야 한다. 만약, 취득한 부동산 또는 건물이 두 지역에 걸쳐 있는 경우 취득세를 부동산소재지별로 안분하여 납부해야 한다.

(3) 취득세의 취득시기와 과세표준

취득세를 부과하기 위해서는 취득의 시기가 중요하며 과세표준이 중요하다. 하지만 이전에 취득세의 납세의무 성립시기에 대해서 알아야 한다.

① 납세의무 성립시기

납세의무의 성립시기는 [그림 12-3]의 취득의 시기에 따른다. 취득세의 취득 유형은 크게 유상취득과 무상취득으로 나눌 수 있다. 유상취득의 경우 사실상의 잔금지급일을 취득의 시기로 설정한다. 하지만 사실상의 잔금지급일이 불명확할 때 계약일로부터 60일이 경과되는 날과 등기일 중 빠른 날을 선택한다.

상속과 증여로 대표되는 무상취득의 경우 상속개시일과 증여계약일과 등기일 중 빠른 날을 선정한다.

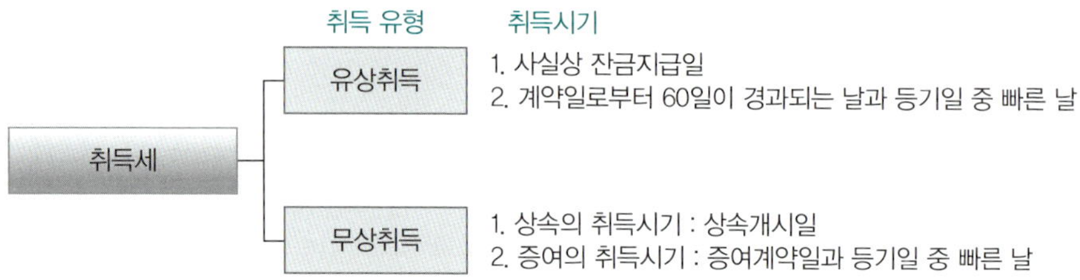

[그림 12-3] 취득의 유형과 취득시기

[그림 12-3]과 달리 건축허가와 토지 지목 변경 시에도 취득세를 부과하기 때문에 취득시기가 존재한다. 우선 건축허가가 난 경우 사용승인서교부일의 취득시기가 되며 무허가 건축물일 경우 사실상의 사용일이 취득시기로 설정된다. 토지의 지목변경 시 지목변경으로 인한 가액이 증가할 경우 취득으로 보고 지목변경된 날과 공부상 변경된 날 중 빠른 날을 취득시기로 설정한다.

또한 연부취득[5]의 경우는 연부금 지급시점마다 취득한 것으로 본다. 그리고 교환취득의 경우 교환일을 취득일로 보나 교환계약서상에서 확인이 힘들다면 계약서상의 보충금 지급일을 잔금일로 보아 취득일로 설정한다.

② 취득세의 과세표준

취득세의 과세표준은 취득 시의 가액과 신고가액이 과세표준이 된다. 만약 신고한 가액이 시가표준액보다 낮거나 신고하지 않았을 경우에는 시가표준액[6]을 과세표준으로 사용한다.

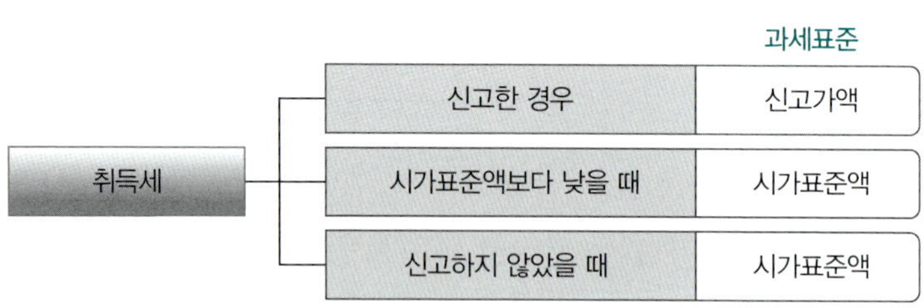

[그림 12-4] 취득세의 과세표준

5) 연부취득이란 통상적으로 매매대금을 2년 이상에 걸쳐 지급하는 경우를 의미한다. 쉽게 생각하여 할부의 개념으로 판단할 수 있다(매일경제 참고).

6) 시가표준액을 산정하는 기준: 신축건물×기준가격구조지수×용도지수×위치지수×잔가율(신축연도−경과연수)×면적

(4) 취득세의 세율

2010년까지는 부동산을 취득하면 취득세와 등록세를 각각 납부하였다. 하지만 언급하였듯이 2011년 이후 취득세와 등록세가 통합되었다. 이에 등록세를 취득세에 통합하여 신고·납부한다. 2013년 주택경기활성화를 위해 시행되었던 한시적 감면세율이 2014년 1월 1일 부로 영구 지속되었다. 현재 시행되는 취득세는 영구인하 방침에 따라 다음 〈표 12-1〉과 같다.

〈표 12-1〉 취득세의 세율구조(지방세법 제11조)

취득 종류		구분	취득세	농특세	교육세	합계
주택	6억 이하	85m² 이하	1.0%	-	0.1%	1.1%
		85m² 초과	1.0%	0.2%	0.1%	1.3%
	6억 초과 9억 이하	85m² 이하	2.0%	-	0.2%	2.2%
		85m² 초과	2.0%	0.2%	0.2%	2.4%
	9억 초과	85m² 이하	3.0%	-	0.3%	3.3%
		85m² 초과	3.0%	0.2%	0.3%	3.5%
주택 외 유상취득			4.0%	0.2%	0.4%	4.6%
농지 유상취득		신규	3.0%	0.2%	0.2%	3.4%
		2년 이상 자경	1.5%	-	0.1%	1.6%
원시취득			2.8%	0.2%	0.16%	3.16%
상속으로 인한 취득		농지	2.3%	0.2%	0.06%	2.56%
		농지 외	2.8%	0.2%	0.16%	3.16%
증여에 의한 취득			3.5%	0.2%	0.3%	4.0%

출처: 지방세법 11조 참고 및 재구성.

2) 상속세

(1) 상속세의 개요

앞의 취득세에서 무상으로 취득하는 경우에 상속이 포함되어 있었다. 상속이란 민법에 따르면 사람(자연인)의 사망으로 인해 재산의 포괄적인 승계를 의미한다. 즉, 피상속인의 사망 이후 상속인이 재산을 취득하는 것이다. 본서에서는 재산 중 부동산(토지 및 건물)을 상속으로 취득할 때 부과되는 세금에 대해 살펴본다.

상속세는 피상속인의 유산 전체를 과세가액으로 설정하여 상속세를 산출한다. 이후 산출된 세액을 상속인들의 지분별로 안배하여 각각 상속세를 부담하게 된다. 그렇다면 상속의 순위는 어떻게 되는지에 대해 알아볼 필요가 있다.

(2) 상속의 순위

현재 시행되는 민법에 따르면 상속의 순위는 유언에 가장 우선한다. 만약 피상속자가 유언을 남긴다면 이를 지정상속이라 하는데 상속자를 지정하기 때문이다. 유언의 방식은 자필증서, 녹음, 공정증서 등이 있다. 유언이 없을 경우에는 협의 또는 법적으로 처리하게 된다.

협의를 통해서 분할할 때에는 공동상속인 전원이 협의에 참가해야 한다. 만약 미성년자가 있다면 법정대리인이 필요하다. 이때 전원의 동의를 얻는다면 상속 재산을 협의분할 할 수 있는데 이는 법정상속의 비율에 구애받지 않고 우선시된다.

다음으로 법정상속으로 가장 최우선순위는 직계비속과 배우자가 된다. 만약, 상속이 여러 명일 때에는 촌수를 따져 가장 가까운 상속인을 우선순위로 한다. 배우자의 경우 〈표 12-2〉에서 직계비속과 배우자 그리고 직계존속과 배우자로 두 번 나오게 된다. 여기서 배우자의 위치는 만약 직계비속(자녀)이 있을 경우 공동상속인으로 받게 되며, 없을 경우 직계존속과 함께 공동상속인으로 받게 되는 것을 의미한다. 상속배분율의 경우 현행법상으로는 배우자는 1.5 그 외의 모두는 1의 비율을 가지고 배분이 된다. 예를 들어 자녀가 2명과 배우자가 상속을 받게 된다면 배우자는 1.5/3.5 [3.5=배우자(1.5)+자녀(1)+자녀(1)][7]가 된다.

만약 공동상속인 중에서 피상속인의 재산 형성 또는 유지에 특별한 기여를 했을 경우에는 공동상속인의 협의를 통해서 기여자의 기여분을 결정한다. 이후 그 기여분을 상속재산에서 제외하고 나머지를 상속분으로 계산하게 된다. 하지만 공동상속인들의 협의에서 기여분이 인정되지 않는다면 가정법원을 통해 기여분을 결정한다.

상속인이 될 직계비속이 상속이 개시되기 전 사망하거나 결격사유로 인해 결격자가 된

7) 민법 제1009조 2항에 따르면 "피상속인의 배우자의 상속분은 직계비속과 공동으로 상속하는 때에는 직계비속의 상속분의 5할을 가산하고, 직계존속과 공동으로 상속하는 때에는 직계존속의 상속분의 5할을 가산한다."고 밝히고 있다.

다면 그 자의 직계비속이나 배우자가 그의 순위로 상속인이 될 수 있다. 이때 이 상속을 대습상속이라 한다.

〈표 12-2〉 상속의 순위

구분	상속의 유형	상속의 방법 및 순위
유언 존재	지정상속	유언의 순서에 따라 최우선적 적용
유언 비존재	공동상속인 간 협의분할	공동상속인 전원참가 및 동의 시 협의분할 가능
	법정상속	1. 직계비속과 배우자 2. 직계존속과 배우자 3. 형제자매 4. 4촌 이내 방계혈족
	기여분	공동상속인 중 피상속인의 재산의 유지나 증가에 특별한 기여를 했을 경우 그 자의 기여분이 우선시됨
	대습상속	직계비속(상속인)이 상속 개시 전에 사망하거나 결격자가 되면 사망 또는 결격된 자의 배우자나 직계비속이 그의 순위를 갈음하여 상속

출처: 김혁구(2013). 부동산조세론. 참고.

(3) 과세의 대상

국내에 주소를 두거나 1년 이상 거소를 둔 사람이 사망했을 시 거주자의 모든 상속대상은 과세대상이 된다. 반면 거주자가 아닌 경우라도 국내에 있는 비거주자의 모든 상속재산이 과세대상이다. 이때의 과세대상이 〈표 12-3〉의 본래 상속재산에 속하는 것들을 의미한다.

간주 상속재산의 종류로는 보험금과 신탁재산 그리고 퇴직금 등으로 이루어져 있다. 보험금의 경우는 피상속인의 사망으로 인하여 받는 생명보험 등을 상속재산으로 본다. 신탁재산의 종류는 피상속인이 신탁한 재산의 경우 상속재산으로 본다. 이때 타인이 이익을 받을 권리가 있다면 상속재산으로 보지 않는다. 퇴직금의 경우 연금, 공로금 등과 같이 유사한 것이 피상속인의 사망으로 인하여 지급될 때에는 그 금액을 상속재산으로 보고 과세하게 된다.

추정 상속재산으로는 상속개시일 전에 처분한 재산가액이나 부담한 채무가 있을 경우 용도가 정확하지 않다면 상속재산으로 추정한다.

〈표 12-3〉 상속세의 과세대상

상속재산	과세의 대상
본래 상속재산	1. 금전을 환가할 수 있는 경제적 가치가 있는 물건 2. 재산적 가치가 있는 법률상 또는 사실상의 권리
간주 상속재산	1. 보험금 2. 신탁재산 3. 퇴직금
추정 상속재산	1. 상속개시일 전 10년 이내에 피상속인이 상속인에게 증여한 재산가액 2. 상속개시일 전 5년 이내에 피상속인이 비상속인에게 증여한 재산가액
사전 증여재산	1. 현금예금 유가증권, 부동산과 부동산에 관한 권리 및 기타 자산 2. 채무 중 명백하지 아니한 경우 3. 상속인이 변제할 의무가 없는 것으로 추정되는 경우

출처: 김혁구(2013). 부동산조세론. 참고.

(4) 상속세의 계산과 세율

상속세는 아래의 흐름도에 따라 계산을 하고 세율을 부과한다. 우선 상속재산가액은 '본래 상속재산' + '간주 상속재산' + '추정 상속재산' + '사전 증여재산'의 합으로 산출된다.

상속재산가액에 상속공제를 해준 뒤 감정평가 수수료를 제해주면 상속세의 과세표준이 산출된다. 이때 세율을 곱하면 산출세액이 나오고 여기서 각종 공제를 이용하면 납부세금이 적게 나온다.

또한 계산에 있어서 공제액이 다양하게 존재하는데 피상속인과의 관계에서 다양한 공제가 된다. 특히, 65세 이상일 경우는 5천만 원이 기본적으로 공제가 되므로 공제내역을 꼼꼼히 확인하여야 한다.

〈표 12-4〉 상속세의 흐름도와 세율

상속재산가액

+ 추정상속재산가액
− 비과세 재산가액
− 공과금 장례비용 채무액

상속세 과세가액

− 상속공제
− 감정평가수수료

상속세 과세표준

× 세율

산출세액

+ 세대 생략 할증세
− 세액 공제 등
− 연부 연납 물납 세액 등

납부할 세액

세율

과세표준	세율	누진공제세 (만 원)
1억 이하	10%	0
1억 초과	20%	1,000
5억 미만 5억 초과	30%	6,000
10억 미만 10억 초과	40%	16,000
30억 미만 30억 초과	50%	46,000

공제

공제내역	공제금액
기초공제	2억 원
배우자	1. (상속재산의 가액−수유자가 받은 재산의 가액+재산가액)×배우자의 법정상속분-증여세 과세표준 2. 30억 원 2개 중 작은 것
기타인	1. 자녀: 5천만 원 2. 미성년: 1천만 원×(19−미성년 나이) 3. 65세 이상: 5천만 원 4. 장애인: 1천만 원×통계에 따른 성별 연령별 기대수명연수

출처: 백정현(2013). 알기쉬운 부동산 6개세목과 스마트실무. 참고.

3) 증여세

(1) 증여세의 개요

증여세란 상속세와 함께 무상으로 재산을 취득할 때, 무상으로 받은 재산가액을 기준으로 부과하는 세금을 의미한다. 증여의 행위에 세금을 부과하는 이유는 먼저, 증여란 행위 자체가 경제적 가치가 있는 부동산을 현재 저렴한 가치에 이전하는 것이기 때문이다. 다음으로는 이러한 행위에 세금을 부과하지 않으면 세금을 회피하기 위한 수단이 되기 때문이다.

(2) 증여세의 납세 의무자와 과세대상

증여세의 납세의무자는 수증자(증여를 받은 자)이다. 하지만 수증자가 증여세를 납부하지 않거나 처분을 한 경우 증여자는 연대 납부의무를 지게 된다. 사업자가 아닌 개인의 경우 무상으로 재산을 받은 경우 증여로 분류되며 법인 중 비영리법인의 경우 증여세가 부과된다.

증여세의 과세대상은 아래의 〈표 12-5〉와 같다. 이 중 증여재산은 수증자의 거주지역에 따라 달라진다.

〈표 12-5〉 증여세의 과세대상

증여세의 과세대상	항목
증여재산	1. 수증자가 거주자인 경우 2. 수증자가 비거주자인 경우
증여재산가액에 합산되는 간주증여	1. 신탁이익의 증여 2. 보험금의 증여 3. 저가 · 고가 양도에 따른 이익의 증여 4. 채무면제 등에 따른 증여 5. 부동산 무상사용에 따른 이익 증여 이상 부동산 관련
증여추정 및 증여의제	1. 배우자 등에게 양도한 재산의 증여 추정 2. 재산 취득자금 등 증여 추정 3. 명의신탁재산의 증여의제 4. 특수관계법인과의 거래

출처: 백정현(2013). 알기쉬운 부동산 6개 세목과 스마트실무. 참고.

(3) 증여세의 계산과 과세표준

증여세를 계산하기 위해서는 아래의 식을 이용한다.

$$\text{증여세과세가액} = \text{증여재산가액} - \text{비과세증여재산} - \text{과세가액불산입} + \text{증여의제 및 추정액}$$

증여세는 위와 같이 증여받은 재산의 가액에서 증여재산을 공제하고 나머지 금액을 과세표준으로 설정하여 세율을 곱한다.

과세가액은 현재 증여재산가액을 합친 금액에서 그 증여재산에 담보된 채무로서 수증자가 인수한 금액을 뺀 것으로 한다.[8)]

(4) 증여세의 공제 및 세율

증여재산의 공제는 거주자가 배우자로부터 증여를 받거나, 직계 존·비속으로부터 증여를 받은 경우, 아니면 배우자 및 직계존비속이 아닌 친족으로부터 증여를 받은 경우 이에 상응하는 공제액을 설정하였다. 그리고 이 경우 공제받을 금액의 합계액이 설정한 공제액보다 초과하는 부분은 공제하지 아니한다.

세율의 경우 앞서 배운 상속세의 세율과 같다.

〈표 12-6〉 증여세의 공제

구분	공제액
배우자로부터 증여받았을 경우	6억 원
직계존 · 비속으로부터 증여받았을 경우 (미성년 시)*	5천만 원 (2천만 원)
배우자 빛 직계존비속이 아닌 친족으로부터 증여받았을 경우	1천만 원

* 민법 제4조 개정에 따라 기존 만 20세에서 19세로 변경(2013. 07. 01. 시행).
출처: 국세청, 2017년 기준 증여세율 자료.

〈표 12-7〉 증여세의 세율

과세표준	세율	누진공제세(만 원)
1억 이하	10%	0
1억 초과 5억 미만	20%	1,000
5억 초과 10억 미만	30%	6,000
10억 초과 30억 미만	40%	16,000
30억 초과	50%	46,000

8) 김혁구(2013). 부동산 조세론. p. 170 인용.

3. 보유 관련 조세

1) 재산세

(1) 재산세의 개요

보유세란 부동산(토지 또는 건물)을 보유하고 있을 때 보유행위에 대해 세금을 부과하는 것을 의미한다. 보유세는 두 가지가 있다. 먼저 지방세의 종류인 재산세가 있으며, 이와 유사하게 국가에서 부과하는 종합부동산세가 있다. 본 항에서는 재산세를 우선 다룬다.

재산세는 지방세법에 의해 지방자치단체가 부동산자산을 소유한 개인 또는 법인에 부과하는 조세를 의미한다. 재산세는 지방자치단체의 재원조달의 기능을 수행하고 있다.

(2) 납세의무자와 과세대상

① 재산세의 납세의무자

재산세는 보유세이기에 과세에 대한 기준일이 필요하다. 현행 기준일은 6월 1일이다. 따라서 재산세의 납세의무자는 과세기준일 현재 소유자인 6월 1일에 사실상 재산을 소유하고 있는 자이다.

만약 주택 또는 건물과 부속토지의 소유자가 다를 경우에는 먼저 주택에 대한 산출세액을 계산한다. 다음으로 시가표준을 기준으로 주택과 부수토지의 비율을 구성하여 산출된 세액을 안분 계산하여 금액을 각각 납부한다.

예외적으로 연부취득(분할하여 지급하는 경우) 중인 재산의 매수자의 경우 두 가지 경우가 있다. 먼저 국가 또는 지방자치단체로부터 연부계약을 체결하고 사용권을 무상으로 부여받을 경우는 매수계약자가 납세의무자이며, 일반법인과의 계약은 매도자가 납세의무자가 된다.

② 재산세의 납부기한

주택의 경우 재산세의 납부횟수는 연간 2회이며 각각 50%씩 나누어 납부하고, 건축물의 재산세는 7월 16일부터 31일까지 한 번에 100%를 납부한다. 이때 납세지는 그 부동산을 관할하는 시·군에 재산세를 납부한다.

〈표 12-8〉 재산세의 납부기한과 납부액

재산세 종류	납부기한	납부액
주택	7월 16일부터 7월 31일까지	50%
	9월 16일부터 9월 30일까지	50%
건축물	7월 16일부터 7월 31일까지	100%
토지분	9월 16일부터 9월 30일까지	100%

출처: 백정현(2013). 알기쉬운 부동산 6개세목과 스마트실무. 참고.

③ 재산세의 과세대상

재산세의 과세대상은 주택, 토지, 건축물, 선박, 항공기 등이 있다. 하지만 본 교재는 토지와 주택 그리고 건축물과 부수시설물에 대해 설명하도록 한다.

가. 토지

토지의 경우 28개의 지목 모두가 해당된다. 재산세의 경우 과세방법에서 다른 조세제도와 다른 점을 보인다. 즉, 종합합산과세 대상, 분리과세 대상 그리고 별도합산과세 대상으로 나뉘어져 있다. 이에 대한 자세한 사항은 세율부분에서 다루도록 한다.

나. 건축물

지방세법에서 정의하는 건축물은 지붕이 있으며 벽 또는 기둥을 갖추어야 한다. 즉, 건축물의 구조형태가 과세대상의 판단 기준이 된다.

다. 부수시설물

건축물에 부수적으로 설치된 시설물도 과제대상이 된다. 예를 들어 승강기, 20kW 이상의 발전시설, 난방용 보일러, 욕탕용 보일러, 7,560kcal 이상의 에어컨, 부착된 금고, 교환시설, 구내 변·배전시설, 인텔리전트 빌딩시스템시설 등이다.

※ 부수시설물의 재산세

부수시설물의 재산세는 거래가격, 수입가격, 신축·건조·제조 가격을 참작하여 정한 기준가격에 종류, 구조, 용도, 경과연수 등 과세대상 특성을 감안하여 결정된다. 부수시설물과표는 부대설비별 기준과표에 증감액을 더하고 이를 잔가율에 곱하여 계산된다. 다음은 주요 부수시설물의 재산세 결정기준이다.

① 엘리베이터 : 사람이나 화물을 동력으로 아래위로 운반하는 장치이다.
- 승용 E/L : (기준과표+층별증감액+인원증감액)×잔가율
- 화물용 E/L : (기준과표+층별증감액+톤수별증감액)×잔가율
- 자동차용, 식당용, 병원용 E/L : (기준과표+층별증감액)×잔가율

② 에스컬레이터 : 사람을 대량으로 아래위로 운반하도록 30° 각도로 설치한 자동계단으로 유효폭, 스텝폭, 수송능력 등에 따라 구분한다.
- [기준과표+(0.1m 증가 시가표준액×길이)]×잔가율

③ 20kW 이상의 발전시설 : 일반조명, 보일러가동, 급배수 등 주로 건물의 유지관리에 사용하는 시설로 공장 등 주로 생산시설의 가동을 위한 것은 제외된다.
- (기준과표+1kW당 증가시가표준액)×잔가율

④ 냉·난방시설: 난방과 욕탕용으로 주로 사용되는 것을 의미한다.
- 기준과표×부과지수×잔가율

⑤ 7,560kcal 이상의 에어컨 : 기계장치에 의하여 자동적으로 공기의 온도, 습도 등을 조절하는 7,560kcal(2.5R/T) 이상의 에어컨으로 중앙 조절식에 한한다.
- 기준시가표준액×증가시가표준액×잔가율

⑥ 부착된 금고: 건물의 일부를 금고시설로 축조한 것으로 주로 은행에 설치된다.
- (기준과표+증과과표)×잔가율

⑦ 교환시설: 건물에 부속, 부착설치된 건축설비로서 교환업무에 제공되는 시설을 의미한다.
- 자동식 : [기준과표(50회선)+(1회선 증감과표×회선수)]×잔가율
- 공전식 : [기준과표+시설별증감액(코드, 국선, 사선별)]×잔가율
- 그 외 인터폰, 전화기, 간이교환설비로 구분

⑧ 구내변·배전시설(고압전기시설): 건물 구내(울타리 내)에서 시설의 유지관리를 위하여 사용되는 전력의 전압변경을 위한 시설과 배전을 위한 시설을 말한다.
- 구내변전시설 : 수용가구내 설치된 변압기(용량, 규격별 산정)
  [기준과표+(1kV 증가과표×증가수량)]×잔가율
- 배전시설 : 한전재산인 전주에서 수용가구 내에 설치한 변압기 포함한다. 단, 수전용량(계약용량)100kVA 이상 수용가에 적용한다.
  [시설별기준과표+(1kV 증감과표×증감수량)]×잔가율

라. 독립시설물

그 외 독립시설물로써 풀장, 스케이트장, 전망대, 옥외스탠드, 유원지의 옥외오락시설, 수조, 저유조, 사일로, 저장조 등 옥외저장시설, 송유관, 가스관, 열수송관, 송수관, 급배수

시설, 복개설비, 주유시설, 가스충전시설, 송전철탑, 잔교, 기계식 또는 철골식 주차장등도 과세대상이 될 수 있다.

※ 독립시설물의 재산세

독립시설물의 재산세는 해당 시설의 과표에 의하여 결정되는데 부수시설물과 마찬가지로 기준과표에 증감액을 더하고 이를 잔가율에 곱하여 과표가 계산된다. 다음은 주요 독립시설물의 재산세 결정기준이다.

① 풀장 : 인공으로 축조된 것으로 옥외풀장을 말하며 형태에 따라 구분된다. 옥내풀장은 부대시설로 건물과 별도 과세하며 옥외풀장을 준용한다.
- [기준과표+(1m^2 증가과표×증가면적)]×잔가율

② 스케이트장: 인공축조 된 것으로 옥내, 롤러, 기타 스케이트장으로 구분된다.
- [기준과표+(1m^2 증가과표×증가면적)]×잔가율

③ 전망대: 도난, 재해 등에 대비한 감시탑으로 설치자재에 따라 구분된다.
- [기준과표+(1m^2 증가과표×증가면적)]×잔가율

④ 옥외스탠드 : 관람을 위한 야외경기장, 노천극장 등에 설치한 시설물로 시설재질과 구조, 사무실 기타 시설 여부, 지붕 여부 등에 의해 구분된다.
- [기준과표+(1m^2 증가과표×증가면적)]×잔가율

⑤ 유원지의 옥외오락시설: 각종 오락시설 및 삭도로 유·무료 여부 불문한다.
- [기준과표+(1m 증가과표×길이) +(1인 증가과표×증가인원)]×잔가율

⑥ 수조 : 건물과 관계없이 독립적으로 물을 저장하기 위하여 축조된 시설물로 물을 저장하여 사용하기 위한 수조(설치물)와 내수면 양만, 양식을 위한 것으로 구분된다.
- [기준과표+(1m^2 증감과표×증감부피)]×잔가율
- 탱크는 용적(부피)에 의해 과표가 결정되므로 사용자가 파악하여 결정하거나 부피 환산방법에 의해 결정
- 원형탱크(원통형): 반지름×반지름 ×3.14×깊이= 부피
- 각형, 철근콘크리트, 벽돌조 탱크: 가로×세로×깊이= 부피

⑦ 저유조: 유류(휘발유, 경유 등)를 저장하였다가 공급할 수 있는 시설물로 시설용량(1,000barrel 기준), 크기, 설비자재, 제작방식에 따라 구분된다.
- [기준과표+(증감시과표×증감부피)]×잔가율

⑧ 사일로: 가축의 조사료 저장을 위한 150m^2 이상 탱크식 창고를 말한다.
- [기준과표+(1m^2 증감시과표×증감부피)]×잔가율

⑨ 저장조 : 곡물, 어류, 과일, 시멘트, LNG, LPG, 화학제품 등을 저장, 보관하기 위하여 축조된 시설물이다.
- [기준과표+(1m^2 증감시과표×증감부피)]×잔가율

⑩ 송유관 : 주로 원유를 운반하기 위한 지하, 지상, 고가에 설치된 관으로 그 연결시설도 포함된다. 물을 운반하기 위한 관도 포함하며 주철관, 강철관, 화학제품(PVC, FRP) 관으로 구분 된다.
- [m당 기준과표×송유관길이(m)]×잔가율

⑪ 급배수시설
- 옥외하수도시설 : 옥외에서 공용하수도까지 하수를 배수하는 시설로 시설 재질, 규격에 따라 구분된다.
- 지하수시설: 인력, 기계관정 여부 및 깊이 등으로 구분된다.

⑫ 복개설비 : 하천, 구거 등을 복개하여 그 상부를 저장하는 등 토지와 같이 사용할 수 있는 시설(야적장 등)로 시설 재질, 깊이를 기준으로 부과된다.
- (기준과표+증감과표)×잔가율

⑬ 조선시설
- 도크: 배를 건조, 수리하기 위한 구축물 또는 이와 유사한 시설물을 의미한다.
- 조선대: 선각공사를 하기 위한 설비

⑭ 옥외주차시설: 철골조립식(자주식), 옥외 기계식 주차시설로 구분된다.
- 대당 기준가액×대수×잔가율

⑮ 주유시설 및 가스충전시설: 주유기, 저장조 등 기름주입을 위한 일체의 설비와 프로판, 부탄가스 등을 저장하여 차량, 타 용기에 공급하기 위한 일체의 설비를 말한다.

그러나 이상의 언급한 과세대상물이 국가, 지자체, 외국정부, 주한국제기구 등이 소유 또는 공공용으로 사용하는 경우에는 비과세된다. 또한 주택에 부속된 독립시설물과 부수시설물은 과세되지 않는다.

(3) 재산세의 과세표준과 세율

과세표준이랑 세금을 부과하는 기준을 말한다. 재산세는 토지와 건축물 그리고 주택에 따라 각기 다른 과세표준과 세율을 가지고 있다. 과세표준은 취득세(지방세법 제111조), 등록세(동법 제 130 조), 재산세(동법 제187조), 종합토지세(동법 제234조의 15), 도시계획세(동법 제236조), 공동시설세(동법 제240조) 등의 지방세(地方稅)의 부과기준으로 이용됨으로써 재정수입의 기능을 할 뿐만 아니라 물가변동 등 국민경제와 밀접한 연관을 갖는 경제정책 기능과 적절한 운용을 통하여 소득과 재산을 재분배하는 사회정책의 기능을 수행한다.

세율의 경우 공통적으로 초과누진세율을 가지고 있으며 고급주택 및 오락장 등 사치성 재산의 경우 4%의 세율을 부과하고 있다. 토지는 앞서 설명했듯 3가지의 과세방법이 있다. 종합합산과세와 별도합산 그리고 분리합산이다. 종합합산과세의 경우 별도합산과 분리과세대상이 되는 토지를 제외한 모든 토지를 나타낸다. 별도합산의 경우 경제활동에 사용되는 토지의 경우 별도합산의 토지로 설정하였는데 이는 종합합산보다 세율을 낮추어서 원활한 경제활동을 돕기 위해서이다. 동일물건에 대하여 2가지 이상의 세율이 적용되는 경우에는 높은 세율을 적용한다. 공동주택은 1세대가 독립하여 사용할 수 있는 전용면적만을 1가구의 주택으로 인정하여 공용면적은 상기의 초과누진세율을 적용하지 아니하고 일반세율(3/1,000)을 적용한다. 결국, 전용면적과 공용면적을 각각 산출하여 합산 후 부과한다. 주택에 부속된 독립시설물과 부수시설물은 과세되지 아니하고, 과세표준액 적용 시 가산율을 적용한다. 마지막으로 분리과세의 경우는 정책적으로 고율과 저율로 나누어 분리한 것이다. 저율의 경우 전·답·과수원과 같이 농업 위주이며, 고율분리과세의 경우 골프장 용지와 고급오락장용 토지로 구성되어 사치성 재산의 성격이 강하다.

〈표 12-9〉 재산세의 과세표준과 세율

<table>
<tr><th>과세대상</th><th>분류</th><th>과세표준</th><th>세율</th></tr>
<tr><td rowspan="9">토지</td><td rowspan="3">종합합산과세</td><td>5,000만 원 이하</td><td>0.20%</td></tr>
<tr><td>5,000만 원 초과 1억 원 이하</td><td>10만 원+5,000만 원 초과금액의 0.3%</td></tr>
<tr><td>1억 원 초과</td><td>25만 원+1억 원 초과금액의 0.5%</td></tr>
<tr><td rowspan="3">별도합산과세</td><td>2억 원 이하</td><td>0.20%</td></tr>
<tr><td>2억 원 초과 10억 원 이하</td><td>40만 원+2억 원 초과금액의 0.3%</td></tr>
<tr><td>10억 원 초과</td><td>120만 원+10억 원 초과금액의 0.4%</td></tr>
<tr><td rowspan="3">분리과세대상</td><td>전 · 답 · 과수원 · 목장용지 · 임야</td><td>0.07%</td></tr>
<tr><td>골프장 및 고급오락용 토지</td><td>4.00%</td></tr>
<tr><td>위 이외의 토지</td><td>0.20%</td></tr>
<tr><td rowspan="3">건축물</td><td colspan="2">골프장 · 고급오락장용 건축물</td><td>4.00%</td></tr>
<tr><td colspan="2">일부 공장용 건축물</td><td>0.50%</td></tr>
<tr><td colspan="2">기타 건축물</td><td>0.25%</td></tr>
<tr><td rowspan="5">주택</td><td colspan="2">고급주택(별장)</td><td>4.00%</td></tr>
<tr><td rowspan="4">일반주택</td><td>6천만 원 이하</td><td>0.10%</td></tr>
<tr><td>6천만 원 초과 1.5억 원 이하</td><td>3만 원+6천만 원 초과금액의 0.15%</td></tr>
<tr><td>1.5억 원 초과 3억 원 이하</td><td>18만 원+1.5억 원 초과금액의 0.25%</td></tr>
<tr><td>3억 원 초과</td><td>63만 원+3억 원 초과금액의 0.4%</td></tr>
</table>

출처: 국세청, 2017년 기준 재산세율 자료.

(4) 과세기준일과 납세자의 의무

재산세의 과세기준일은 매년 6월 1일이다. 따라서 이 날을 기준으로 특정 부동산을 보유하고 있다면 소유자는 재산세를 납부해야 한다. 예를 들어 만약 A부동산을 6월 1일 이전인 5월 25일 매각하여 소유권이 매수자에게 이전되었다면 구소유자는 A 부동산에 대하여 재산세를 납부하지 않는다. 반면 A 부동산을 매입한 새로운 소유주에게 재산세가 부과된다. 재산세의 납기일은 매년 7월 16일부터 7월 31일이다. 이처럼 과세기준일 현재(6월 1일) 재산세 과세대장에 재산의 소유자로 등재된 자는 납세자가 된다. 그런데 권리의 양도, 도시계획사업의 시행 또는 기타 사유로 인하여 재산세 과세대장에 등재되지 아니하였을 때는 사실상의 소유자가 납세의무자가 된다.

(5) 부동산자산관리자의 재산세 관리 포인트

부동산자산관리자는 세법, 과세시가표준, 행정 및 각 지자체의 지침 등 관련 법규의 변경사항 등을 검토할 필요가 있다. 또한 신축으로 인한 기존건물의 멸실 신고를 반드시 하여 철거된 건물에 대한 부과가 없도록 하여야 한다. 신축 시 취득시점과 과세기준일을 파악하여 취득이전 부과가 없도록 하여야 한다. 부동산의 매입·매각 시에도 매각·매입일자를 확인하여 소유자 간 납부오류가 없도록 하여야 한다. 사전에 매입매각 계약서상에 명시하도록 조언하는 것도 자산관리자의 역할이다. 과세시가표준액 산출 시 각종 지수, 가산율 등이 적정한지 검토 후 고지서를 재확인하고, 과세 누락된 항목은 사전 파악하여 추가고지에 대비하거나 관할 관청에 확인한다. 착오로 인한 과다고지 시 납부일 이전 조정, 재발급하여 처리하며, 사원아파트에 대한 부과내역 산출 시 전용면적과 공용면적의 세율 적용이 적정한지 검토하여야 한다. 전용면적은 초과누진세율 적용, 공용면적은 3/1000세율이 적용된다. 공동시설세를 산출할 경우, 즉 하수시설은 공동세 과표에서 제외하고 부대시설 중 일부는 중과과표에서 제외된다는 점을 확인하여야 한다. 납부대상임에도 미고지 시는 반드시 해당 관청에 확인하여 고지 여부를 확인하여야 한다.

9) 반면, 양도소득세, 상속·증여세 등 국세를 부과할 때는 국세청장이 고시하는 기준시가가 적용된다.

2) 종합부동산세

(1) 종합부동산세의 개요

종합부동산세는 2005년부터 시행된 세제이며, 주된 목적은 양도소득세와 마찬가지로 고액의 부동산자산을 보유한 자에게 세금을 부과하여 투기를 억제하고 지방세의 개편을 하기 위함이다. 여기서 지방세의 개편이란 종합부동산세로 걷은 세금은 전액 부동산교부세의 항목으로 지방자치단체에 교부되기 때문이다.

(2) 납세의무자와 과세대상

① 납세의무자

종합부동산세의 납세의무자는 재산세의 과세기준일인 6월 1일 기준으로 주택·토지의 과세기준금액을 초과한 자에 한해서 설정되었다. 종합부동산세를 납부하는 자는 부가적으로 농어촌특별세도 함께 납부할 의무를 지니게 된다.

② 과세대상

종합부동산세의 과세대상은 기준금액을 초과할 시 과세대상이 된다. 이는 개요에서도 밝혔듯이 고액의 부동산보유자에게 세금을 부여하기 위해서 이러한 형태를 나타나게 되었다. 주택의 경우 주택공시가격이 6억 원을 초과할 경우 과세대상이 된다. 하지만 1세대 1주택일 경우는 9억 원으로 과세기준금액이 상향조정된다. 단, 지방소재 1주택 및 등록문화재 주택은 주택 수에서 제외된다.

〈표 12-10〉 종합부동산세 과세대상 금액

구 분		종합부동산세 과세대상 금액
주택	인별 전국 합산	주택공시가격 6억 원 초과 시 (1세대 1주택일 경우 9억 원 초과)
종합합산토지		토지 개별공시가격 5억 원 초과
별도합산토지		토지 개별공시가격 50억 원 초과

출처: 국세청.

(3) 종합부동산세의 계산과 세율

<표 12-11>은 종합부동산세액의 계산법과 세율을 나타낸 것이다. 이를 참고하여 종합부동산세액을 계산해 본다. 종합부동산세의 계산 과정에서 가장 먼저 해야 할 것은 공시가격을 합산하는 것이다. 이후 기본 공제액을 차감한다. 이때 1세대 1주택자는 주택분에서는 공제액이 9억인 것을 유념한다. 다음으로 공정시장가액비율을 곱해주는데 이 비율은 대통령령으로 정해지며 연도별 차이가 있기에 확인이 필요하다(현행에서는 80%). 이 곱으로 산출되는 것은 종합부동산세 과세표준이라 한다. 과세표준에서 세율을 곱해주면 된다. 이때 종합부동산세 세액이 산출되는데 여기서 재산세를 납부했던 부분을 공제한다. 이후 나오는 것은 산출세액이라 한다. 산출세액을 세액공제하면 세부담상한전 종합부동산세액이 산출된다. 세부담상한전 종합부동산세액에 세부담상한초과세액을 차감하면 실제 우리가 납부할 세액이 계산되는데 여기서 추가적으로 농어촌특별세 20%를 납부한다.

<표 12-11> 종합부동산세의 세액계산과 세율표

구분	주택분	종합합산토지분	별도합산토지분
공시가격(합산)	주택공시가격 6억 초과 1세대 1주택 9억 초과	종합합산 5억 초과	별도합산 80억 초과
- 공제액	6억 원 (1세대 1주택 9억 원)	5억 원	80억 원
× 공정시장 가액비율	80%	80%	80%
= 종합부동산세 과세표준	주택분과세표준	종합합산토지분 과세표준	별도합산토지분 과세표준
× 세율	과세표준 / 세율 / 누진공제 6억 이하 / 0.5% / - 12억 이하 / 0.75% / 150만 원 50억 이하 / 1.0% / 450만 원 94억 이하 / 1.5% / 2950만 원 94억 초과 / 2.0% / 7650만 원	과세표준 / 세율 / 누진공제 15억 이하 / 0.75% / - 45억 이하 / 1.5% / 1125만 원 45억 초과 / 2.0% / 3375만 원	과세표준 / 세율 / 누진공제 200억 이하 / 0.5% / - 400억 이하 / 0.6% / 2000만 원 400억 초과 / 0.7% / 6000만 원
= 종합부동산세액	주택분종합부동산세액	토지분종합합산세액	토지분별도합산세액
- 공제할 재산세액	해당연도 재산세로 부과된 세액의 합계액 × 과세표준에 대하여 재산세 표준세율로 계산한 재산세상당액 {=종부세 과세표준 × 재산세 공정시장가액비율(주택: 80%, 토지: 80%) × 재산세 최고세율(누진공제 안함)}		

= 산출세액	주택분 산출세액	종합합산 토지분 산출세액	별도합산 토지분 산출세액
− 세액공제	■ 1세대 1주택자 세액공제 = 산출세액 × 연령별(보유기간별) 공제율 ① 연령별 공제율 : 60세 이상(10%), 65세 이상(20%), 70세 이상(30%) ② 보유기간별 공제율 : 5년 이상(20%), 10년 이상(40%)		
= 세부담상한전 종부세액	세부담상한전 종부세액 = 산출세액 − 세액공제		
− 세부담상한 초과세액	■ (재산세+세부담상한전 종부세액) − {전년(재산세+종부세) × 150%} (과세표준×세율−누진공제) − (공제할 재산세액+세액공제액)		
= 납부할 세액	농어촌특별세: 납부할 종합부동산세액의 20%		

출처: 국세청(2011). 종합부동산세 요약표.

① 재산세 공제이유

〈표 12-12〉와 같이 종합부동산세는 재산세율보다 더 높은 세금의 재산세를 냈던 과세물건에 부과한다. 여기에서 과세기준금액을 초과하는 금액 중 80%에 상당하는 금액이 재산세가 부과된 재산이다. 따라서 이중과세가 된다. 그러므로 이중과세를 방지하기 위해서 종부세 과세표준 금액에서 재산세를 공제해 준다.

〈표 12-12〉 재산세와 종부세의 비교

구 분		재산의 종류	재산세	종부세
건축물	주거용	• 주택(아파트, 연립, 다세대, 단독 · 다가구), 오피스텔(주거용)	과세	과세
		• 별장(주거용 건물로서 휴양 · 피서용으로 사용되는 것)	과세	×
		• 일정한 임대주택 · 미분양주택 · 사원주택 · 기숙사 · 가정보육 시설용 주택	과세	×
	기타	• 일반건축물(상가, 사무실, 빌딩, 공장, 사업용 건물)	과세	×
토지	종합합산	• 나대지, 잡종지, 분리과세가 아닌 농지 · 임야 · 목장용지 등	과세	과세
		• 재산세 분리과세 대상 토지 중 기준초과 토지	과세	과세
		• 재산세 별도합산과세 대상 토지 중 기준초과 토지	과세	과세
		• 재산세 분리과세 · 별도합산과세 대상이 아닌 모든 토지	과세	과세
		• 주택건설사업자의 일정한 주택신축용 토지	과세	×
	별도합산	• 일반건축물의 부속토지(기준면적 범위 내의 것)	과세	과세
		• 법령상 인 · 허가받은 사업용 토지	과세	과세
	분리과세	• 일부 농지 · 임야 · 목장용지 등(재산세만 0.07% 과세)	과세	×
		• 공장용지 일부, 공급목적 보유 토지(재산세만 0.2% 과세)	과세	×
		• 골프장, 고급오락장용 토지(재산세만 4% 과세)	과세	×

출처: 국세청(2011). 종합부동산세 요약표.

3) 부동산임대 관련 세금

부동산임대사업은 보유 중인 부동산을 이용하여 사업을 하는 것을 말한다. 부동산임대사업을 영위할 때 보유관련 세금이 부과되는데 이에 대하여 알아보자.

부동산임대사업을 통해 수익을 창출하려면 사업자등록을 해야 한다. 사업자등록 후 임대사업을 통해 얻은 임대소득을 신고하고 소득세와 부가가치세를 납부해야 한다. 이 제도는 1994년도에 도입이 되었지만 실제 등록이 미비했다. 하지만 최근 법 개정 등 정부의 임대차시장의 선진화는 임대사업의 변화를 불러일으킬 것으로 판단된다.

(1) 부동산임대소득

부동산임대사업을 할 때 임대소득이 발생한다. 발생한 임대소득은 종합소득 중 부동산임대로 인한 사업소득에 해당된다. 이와 관련된 법조항은 소득세법 제19조 1항 12호에 명시되어 있다. 부동산임대소득을 계산하기 위해서는 연간을 기준으로 총수입에 필요경비를 제하는 방식을 택한다. 총수입금액은 부동산을 임대하여 연간 수입이 발생한 금액 또는 발생할 금액의 합계로 임대료, 간주임대료, 관리비 수입 등이 포함된다. 필요경비는 일반적으로 용인되는 비용을 의미한다.

(2) 상가임대와 주택임대의 비교

아래의 〈표 12-13〉은 상가임대와 주택임대를 비교하였다. 우선 가장 큰 차이로는 사업자 유형에서 부가가치세 과세대상인가 아닌가의 차이이다. 상가임대의 경우 부가가치세를 신고 및 납부해야 하며 종합소득세도 신고납부한다. 신고납부기간은 일반과세자와 간이과세자 간의 차이가 존재한다. 주택임대의 경우 사업장 현황신고를 해야 한다. 상가임대의 경우 주택임대와 달리 간주임대료를 과세대상에 포함시킨다. 간주임대료란 전세금 또는 임대보증금을 받는 경우 이 금액에 일정한 이자율을 산정하여 계산한 금액이다. 식은 아래와 같다.

$$\text{과세표준} = \text{전세금 또는 보증금} \times \text{과세기간일수} \times \frac{\text{계약기간 1년의 정기이자율}}{365}$$

〈표 12-13〉 상가임대와 주택임대의 비교

<table>
<tr><th>구분</th><th colspan="2">상가임대</th><th>주택임대</th></tr>
<tr><td rowspan="2">사업자 유형</td><td colspan="2">부가가치세 과세사업자</td><td rowspan="2">부가가치세 면세사업자</td></tr>
<tr><td>일반과세자</td><td>간이과세자</td></tr>
<tr><td rowspan="3">신고 · 납부</td><td colspan="2">부가가치세 신고 · 납부</td><td>사업장 현황신고</td></tr>
<tr><td>1/25</td><td>7/25</td><td>1/31</td></tr>
<tr><td colspan="3">종합소득세 신고 · 납부 5/1~5/31</td></tr>
<tr><td>과세대상</td><td colspan="2">간주임대료+월임대료</td><td>월임대료</td></tr>
<tr><td>매입세금계산서
공제여부</td><td>전액공제</td><td>부분공제</td><td>불공제</td></tr>
<tr><td>발행영수증</td><td>세금계산서</td><td>영수증</td><td>계산서 또는 영수증</td></tr>
</table>

출처: 김혁구(2013). 부동산조세론. p.256.

(3) 과세표준과 세율의 계산

소득세를 산출하기 전에 과세표준을 설정해야 한다. 임대사업의 경우 〈표 12-14〉의 장부기장법과 추계결정법에 의해서 과세표준을 산출할 수 있다. 일반적으로 장부기장을 이용하여 과세표준을 구한다. 하지만 장부나 증빙서류가 없거나 신규사업자 또는 수입금액이 미달하는 자는 추계결정의 방법을 사용한다. 추계결정의 방법은 기준경비율과 단순경비율을 사용하는 방법이 있다. 기준경비율에서 주요 경비의 경우 이를 증명하는 증빙서류가 필요하다. 예를 들어 세금계산서와 신용카드 매출표가 있다. 단순경비율은 신규사업자 또는 직전년도 수입금액이 우측 기준에 포함되는 경우이다.

〈표 12-14〉 사업소득과 과세표준 세액 결정

<table>
<tr><th colspan="2">구분</th><th>업종</th><th>직전년도수입금액</th></tr>
<tr><td colspan="2" rowspan="2">장부기장</td><td>부동산매매업, 부동산중개업</td><td>3억 원 미만</td></tr>
<tr><td>부동산임대업</td><td>1.5억 원 미만</td></tr>
<tr><td rowspan="2">추계
결정</td><td>기준경비</td><td colspan="2">기준소득금액=연간총수입금액－주요경비－연간총수입금액×기준경비율</td></tr>
<tr><td>단순경비</td><td colspan="2">기준소득금액=연간총수입금액－연간총수입금액×단순경비율</td></tr>
<tr><th colspan="4">단순경비율 결정의 적용대상</th></tr>
<tr><td colspan="2" rowspan="2">단순경비율</td><td>부동산매매업, 부동산중개업</td><td>6천만 원 미만</td></tr>
<tr><td>부동산임대업</td><td>2천4백만 원 미만</td></tr>
</table>

각 방법에 의해 결정된 과세표준에 〈표 12-15〉에 설명된 세율을 적용한다.

〈표 12-15〉 종합소득과세표준과 세율

종합소득세과세표준	세율
1,200만 원 이하	6%
1,200만 원 초과 4,600만 원 이하	72만 원+1,200만 원 초과 금액의 15%
4,600만 원 초과 8,800만 원 이하	582만 원+4,600만 원 초과 금액의 24%
8,800만 원 초과 1.5억 원 이하	1,590만 원+8,800만 원 초과 금액의 35%
1.5억 원 초과	3,760만 원+1.5억원 초과 금액의 38%

4. 양도 관련 조세

1) 양도소득세

(1) 양도소득세의 개요

양도란 법률상의 정의로 물권의 주체가 법률상의 행위를 통해 그 물건을 타인에게 이전하는 것을 의미한다. 부동산의 경우는 양도를 통한 소유권을 인정받기 위해서는 등기를 해야 한다. 동산의 경우는 점유를 통해 소유의 효력이 발생한다. 즉, 부동산양도는 매수와 매도, 교환 등으로 자산을 유상으로 이전하고 해당 부동산의 등기를 마치는 것을 의미한다. 앞의 절에서 취득 관련 조세와 함께 등록에 대해서 알아본 바 있으므로 본 항에서는 양도소득세에 대해 알아본다.

양도소득세의 경우 자본이득의 환수라는 성격을 가지고 있기에 정부의 부동산 정책의 중요한 도구로서 사용되고 있다.

일반적으로 양도소득세는 부동산거래가 발생하게 되면 과세가 되지만 부동산매매업의 경우 양도소득세가 아닌 앞 절에서 살펴봤던 사업소득으로 구분하여 소득세를 과세한다.

(2) 양도소득세의 과세대상 자산

양도소득세의 과세대상은 토지와 건물 그리고 부동산에 관한 권리가 있다. 이 외에도 주식과 관련하여 양도소득이 있으며 사업용 고정자산 등도 있으나 앞서 밝힌 바와 같이 본 교재는 부동산 중에서 토지와 건물을 중심으로 다룬다.

〈표 12-16〉 양도소득세의 과세대상

구분	내용
토지 및 건물의 양도	1. 토지: 지적공부에 등록하여야 할 지목에 해당되는 것 2. 건물: 건물에 부속된 시설물과 구축물 포함
부동산 권리 양도	1. 부동산을 취득할 수 있는 권리 2. 지상권 3. 전세권과 등기된 부동산임차권

① 부동산 권리 양도

가. 부동산을 취득할 수 있는 권리

부동산을 취득할 수 있는 권리란 분양권과 같은 의미로 자산의 취득시기가 도래하기 전에 당해 부동산을 취득할 수 있는 것을 의미한다. 예를 들어 아파트 분양 당첨권, 토지상환채권, 주택상환채권, 매매계약 시 계약금만 지급한 상태에서 양도하는 것을 의미한다.

(3) 양도소득세의 계산과 세율

양도소득세의 계산은 양도차익을 우선 산출한다. 양도차익은 실제거래가액(매도시 가격)에서 취득가액(매수시 가격)을 차감하고 이후 각종 필요경비를 차감하면 산출된다. 다음으로 양도소득금액을 산출하는데 양도차익에 장기보유특별공제를 차감한다. 장기보유특별공제율은 계산체계의 우측에 있는 표를 이용하여 알 수 있다. 이때 1세대 1주택자와 1세대 다주택자를 구분해야 하는 점에 유의한다. 이후 양도소득 과세표준을 산출하는데 기본공제금액인 250만 원을 차감해 준다. 여기서 250만 원은 연간 1회에 한해서 기본공제금액이 발생한다. 이렇게 산출된 양도소득과세표준에 〈표 12-17〉의 세율표를 이용하여 산출세액을 산출한다. 산출세액에서 감면세액을 차감하면 자진납부세액이 나온다. 여기에 지방소득세 10%를 추가하여 세금을 납부한다.

양도소득세의 계산방법은 상당히 복잡하다. 하지만 예를 들어서 익혀두면 충분히 쉽게 활용할 수 있다.

〈표 12-17〉 양도소득세의 세율

구분	과세표준액	세율(%)	누진공제액(-)
2년 이상 보유자	1,200만 원 이하	6	
	1,200만 원 초과 4,600만 원 이하	15	108만 원
	4,600만 원 초과 8,800만 원 이하	24	522만 원
	8,800만 원 초과 1.5억 원 이하	35	1,490만 원
	1.5억 원 초과 5억 원 이하	38	1,940만 원
	5억 원 초과	40	2,940만 원
단기보유	1년 미만 주택, 조합원 입주권	50	
	2년 미만 주택, 조합원 입주권	40	
다주택자 (2018년 4월 시행)	2주택자	일반세율+10%	
	3주택자 이상	일반세율+20%	
비사업용 토지 (2년 이상)	1,200만 원 이하	16	
	1,200만 원 초과 4,600만 원 이하	25	108만 원
	4,600만 원 초과 8,800만 원 이하	34	522만 원
	8,800만 원 초과 1.5억 원 이하	45	1,490만 원
	1.5억 원 초과 5억 원 이하	48	1,940만 원
	5억 원 초과	50	2,940만 원
비사업용 토지 (2년 미만)	1년 미만	50	
	1년 이상 2년 미만	40	

실무 TIP 시가표준액

시가표준액이란 취득세·등록세·종합토지세·재산세 등 지방세를 부과하는 기준이 되는 토지 및 건물의 가액으로 매년 12월31일까지 지방자치단체장이 결정고시 한다.

토지에 대한 시가표준액은 지가공시 및 토지 등의 평가에 관한 법률에 의한 개별공시지가에 지방자치단체의장이 결정·고시한 과세표준액 적용비율을 곱하여 산정한 가액으로 한다. 토지 외의 건물, 선박, 차량, 기계장비, 입목, 항공기, 광업권, 어업권, 골프회원권·콘도미니엄회원권 및 종합체육시설이용회원권, 다른 구조물에 설치하는 시설물, 건축물에 부수되는 시설물과세대상 등에 대한 과세시가표준액은 지방자치단체의 장이 거래가격·수입가격·신축·건조·제조가격 등을 참작하여 정한 기준가격에 종류·구조·용도·경과연수 등 과세대상별 특성을 감안하여 결정한 매년 1월 1일 현재의 가액으로 하되, 구청장·시장·군수가 특별시장·광역시장·도지사의 승인을 얻어 결정한다. 다만 이미 결정한 시가표준액이 시가의 변동 또는 기타 사유로 그 적용이 불합리하다고 인정되는 경우에는 도지사 등은 이를 변경할 수 있다. 〈그림 12-5〉는 시가표준액을 산출하는 과정을 보여주고 있다.

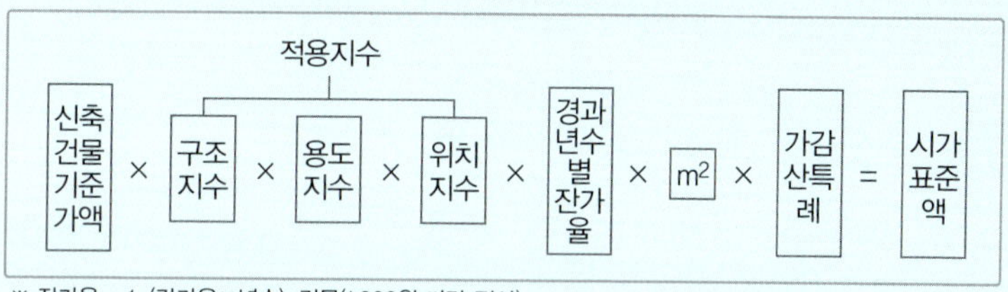

※ 잔가율 = 1-(감가율×년수)-건물(1,000원 미만 절사)

[그림 12-5] 건물의 시가표준액 산출체계도

※ 시가표준액 산정을 위한 필요 항목

① 1m²당 신축건물기준가액 : 2004년 180,000원(시·군에 따라 ±3% 가감 매년 확인 필요)

② 구조지수 : 해당 건물의 주된 재료, 기둥 등 구조에 따라 지수 차등적용. 철골콘크리트, 철근콘크리트, 철골, 연와조, 시멘트벽돌 등으로 구분

③ 용도지수 : 주거용, 숙박용, 식품위생, 사무실, 시장, 차량시설용 등 건물용도에 따라 적용함. 이상의 용도에 사용되는 경우에는 각각의 용도대로 구분. 단, 공용부분은 전용면적비율로 안분하되 안분할 수 없는 부분은 사용면적이 제일 큰 건물에 부속된 것으로 함

④ 위치지수 : 건물 부속토지의 직전년도 개별공시지가를 기준으로 지수 적용. 여러 필지가 있는 경우 가중 평균한 가격에 해당하는 지수적용

⑤ 경과연수별 잔가율: 경과연수와 건물구조에 따라 정율법에 의거 감가상각

⑥ 감산특례 : 특수부대설비, 5층 이상 고층건물, 연면적 992㎡ 이상, 높이 등에 따라 가산율을 적용함. 2층 이상 상가부분 가산율은 용도지수 2, 3, 4 해당 건물임. 단, 교육, 종교, 문화시설은 제외

⑦ 증·개축 건물에 대한 시가표준액 : 기초공사를 한 건물과 하지 않은 건물로 나누어 산출

⑧ 개축 건물에 대한 시가표준액: 개축과 대수선으로 나누어 산출

생각해 볼 문제

PROPERTY MANAGEMENT

1. 조세의 기능은 무엇인가?

2. 취 · 등록세와 양도소득세에 대해 설명하라.

3. 양도소득세의 계산체계는 어떻게 이루어져 있는가?

4. 증여세란 무엇인가?

5. 세율의 종류에 대해 설명하고, 각 세율은 어떠한 특징을 가지는가에 대해 설명하라.

참고문헌

고성삼 (2006). 회계 · 세무 용어사전. 서울: 법문출판사.

공동주거관리회 (2008). 공동주거관리이론. 파주: 교문사.

공정관리위원회 감사보고서.

국세청(2011). 종합부동산세 요약표.

국토교통부 (2013). 30대 그룹 토지보유현황.

권정미 (2012). 부동산자산관리서비스 활성화 방안 연구: NH농협은행을 중심으로. 고려대학교 정책대학원 석사학위논문.

기획재정부 (2013. 5). 모든 국유재산 정보, 한 시스템에서 다보고 처리한다.

기획재정부 (2016). 2016년 국유재산관리운용총보고서.

김경환, 서승환 (1994). 도시경제론. 서울: 홍문사.

김경환, 손재영 (2010). 부동산경제학. 서울: 건국대학교출판부.

김경희 (2012). 민간임대주택 위탁관리에서 부동산중개업의 역할 제고방안. 명지대 부동산대학원 석사학위논문.

김병욱 (2013). 주택임대관리업의 현황과 발전과제. 한국부동산분석학회 추계학술대회 전문가 세션.

김상일 (2005). 서울시 업무공간 수요예측 및 공급가능성 진단연구. 서울시정개발연구원.

김영상 (2011). 오피스빌딩의 효율적인 자산관리에 관한 연구. 경희대학교 석사학위논문.

김용남, 민규식 (2010). 미국 부동산자산관리시장 분석 및 시사점 연구. 부동산학보 43. 한국부동산학회.

김용일, 이상엽 (2011). 외국자본의 서울시 대형 오피스빌딩 투자특성에 관한 연구. 지역연구 제27권 2호.

김일효 (2011). 건물자산운영관리론. 서울: 남두도서.

김재운 (2013). 부동산자산관리사의 국가자격 제도와에 관한 연구. 토지공법연구 제63집. 한국토지공법학회.

김준환 (2013). 일본의 임대주택관리업. 서울: 이프레스.

김지현 (2014). 서울시 오피스 임대시장의 장기균형과 단기조정 분석. 도시행정학보 제55권. 한국도시행정학학회.

김지현 (2015). 제도권 민간매입임대주택 공급결정요인에 대한 연구. 도시행정학보 제28권 3호. 한국도시행정학회.

김지현 (2018). 부동산경제학의 이해. 서울: 이프레스.

김지현, 강병록 (2012). 녹색건축인증제가 오피스시장에 미치는 영향분석. 부동산학보 제55권.

한국부동산학회.
김지현, 김성욱 (2010). 주택분양시장 추이를 통해서 본 분양가상한제의 의의와 한계: 공분산분석을 이용하여. 한국지역개발학회지 제22권 3호. 한국지역개발학회.
김지현, 정성훈 (2016). 부동산경제론. 서울: 신정.
김필선 (2016). 주택임대사업 위탁관리 활성화에 관한 연구. 동의대학교 석사학위논문.
김혁구 (2013). 부동산 조세론. 서울: 부연사.
김형순, 김호철(2004). 국내 토지시장의 리스크프리미엄 분석. 부동산학보, 부동산학회, 23집, 31-48.
남창우 (2010). 국유재산의 관리체계실태와 효율적 개선방안. 한국도시행정학회 도시행정학보 제23집 제4호, 269-297.
매일경제신문사 (2012). 부동산자산관리. 서울: 매일경제출판부.
민규식 (2001). 부동산자산관리의 구조 및 기능. 부동산학연구 제7집 1호, 한국부동산분석학회.
박대성 (2011). 서울시 오피스시장의 임대료 분석: 시계열분석과 패널분석을 중심으로.
박원석 (2013). 부동산투자론. 서울: 양현사.
박은철, 김수경, 오근상 (2017). 사회주택활성화 쟁점과 정책과제. 서울연구원.
박종두, 김홍옥 (1984). 공동주택관리실무. 서울: 화학사.
백정현 (2013). 알기쉬운 부동산 6개세목과 스마트실무. 서울: 이택스코리아.
삼성에버랜드 (2001). 부동산자산관리의 이론과 실제. 삼성에버랜드(주).
손재영 (1999). 자유주의 경제학과 토지정책. 땅과 한국인의 삶. 파주: 나남출판사.
시마토우루(2010). 기업부동산관리 전략의 진화를 위한 아웃소싱의 전략적 활용. NLI연구소.
유선종 (2014). 생활 속의 부동산 13강. 서울: 청람.
유원상 (2009). 부동산관리기획의 전문화방안에 관한 연구. 강남대학교 박사학위논문.
이귀택, 민규식 (2011.10). 국유재산관리제도의 개선방안에 관한 연구. 한국전자통신학회 논문지 제6권 제5호.
이규택 (2012). 국유지관리의 실태분석 및 효율화 방안. 전주대학교 대학원 박사학위논문.
이긍희, 박진호 (2009). 확률의 개념과 응용. 서울: 한국방송통신대학교출판부.
이원준 (1979). 부동산경영관리. 서울: 대광문화사.
이정전 (2012). 토지경제학(개정판). 서울: 박영사.
이창석 (1983). 부동산관리사제도의 필요성에 관한 연구. 논문집, 제10집. 강남대학교출판부.
이창석 (1986). 부동산관리원론. 서울: 기공사.
이춘섭 외 (1991). 공동주택관리실무. 서울: 고시각.
임재만 (2008). 비대칭 위험측정치를 이용한 부동산 포트폴리오 성과 비교. 부동산학연구. 한국부동산분석학회.
장경학 외 (1991). 부동산계약과 지적실무. 서울: 민우사.
재벌닷컴 (2013). 10대그룹 수익목적 투자 부동산 13조 6천억 원.

전용수 (2003). 부동산컨설팅이론과 실무. 대한공인중개사협회.

전해정, 박헌수 (2012). 주택시장과 거시경제변수요인들 간의 동태적 상관관계 분석. 주택연구, 20(2), 주택학회.

정용식 (2013). 부동산자산관리론 2판. 서울: 부연사.

조지호, 정성훈 (2012). 현대재무관리. 서울: 박영사.

주택산업연구원, 한국건설산업연구원 (2008). 주택공급규제 개선을 위한 토론회.

지대식 (2008). 중장기 국유재산관리 종합계획 수립을 위한 연구. 재정경제부.

지청 (1979). 현대재무관리론. 서울: 무역경영사.

참여연대 (2013). 10대 재벌 부동산보유현황.

통계청 (2016). 2015년 인구주택총조사보고서.

한국법제연구원(2009). 국유재산 관리체계 개선방안에 관한 연구.

한정근 (2005). 비상장회사 기업가치 평가방법 및 개선방안에 관한 연구. KAIST경영대학원 석사학위논문.

허윤경 (2011). 국내 민간임대주택산업의 문제점과 육성방안: 기관임대사업자를 중심으로. 한국주택학회 · 한국부동산분석학회 2011년 상반기 공동정책세미나.

KCMI. 자본시장 포커스(2017년 10호).

KDI (2012). 인구사회구조 변화에 대비한 중장기 주택정책 검토.

KOSIS국가통계포털서비스산업.

Akerlof, George A. & Shiller, Robert J. (2009). How much Phycology Drives the Economy, and Why It Matters for Global C apitalism?, Princeton University Press.

Andre, C. (2010). "A Bird's Eye view of OCED Housing Markets", OECD Economics Department Working Papers, No. 746., OECD Publishing.

Bierman, H. J., & Smidt, S. (1971). The capital Budgeting Decision, Macmilan Co. p.4.

Buiter, W. (2008). "Housing Wealth isn't a Net Wealth", NBER.

Burns, L. S., & Grebler, L. (1977). The Housing of Nations. Macmillan Press. p.194.

CBRE (2009). 지금이야말로 필요한 효과적인 기업부동산자산관리전략.

Eldred, G. W. (2012). Investing of Real Estate, 7th edition. John Wiley & Son Inc., p.88.

Glaeser, E., & Gyourko, J. (2008). Rethinking Federal Housing Policy. American Economic Institute.

Goddard, J. B. (1973). Office Linkages and Location: A Study of Communications and Spatial Patterns in Central London. London: Pergamon.

Goddard, J. B. (1975). Office Location in London and Regional Development. London: Oxford Univ. Press.

Guttengag, J. M. (1961). "The Short Cycle in Residential Construction", American Economic

Review, Vol. 51, No. 3, pp.275-298.
Joroff, M., Louargand, M., Lambert, S., & Becker, F. (1993). Strategic Management of the Fifth Resource: Corporate Real Estate, The Industrial Development Research Foundation.
Kyle, Baird, & Spodek (2005). 자산관리. 신창득, 김규진, 이용만, 서후석 공역. 서울: 부연사.
Kyle, R. C. (2007). 자산관리. 신창득 역. 서울: 부연사.
Maurice, O. J. (1980). Introduction to Financial Management. Richard D. Irwin, Inc., pp.143-157.
Mertens, S. K. (1997). Corporate Real Estate: The Making of a Profession, National Real Estate Investor.
Mitchell, D. (2010). McDonald's liquid profits. Fortune.
Muellbauer, J. (1990). "The Housing Market and the UK Economy: Problems and Opportunities," in Housing and the National Economy, ed. John Ermisch, Avebury, pp.48-71.
Quirin, G. D. (1967). The Capital Expenditure Decision.
Samuelson, P. (1954). "The Pure Theory of Public Expenditure", Review of Economics and Statistics, 36, p.386.
Shiller, Robert J. (2005). Irrational Exuberance, Princeton University.
Shilling, J. D. (2002). Real Estate. South Western.
Silverman, R. A. (1987). Corporate Real Estate Handbook. Mcgraw Hill.
Van Horne, J. C. (1977). Financial Management and Policy. Prentice-Hall, Inc.

국토교통부(www.molit.go.kr)
리츠정보시스템(reits.molit.go.kr)
온나라 부동산정보 통합포털(seereal.lh.or.kr)
일본 국토교통성 (2010).
일본 총무성 (2013). 주택 · 토지통계조사.
일본 재무성 (2014). 국유재산보고서.
주간전국임대주택신문
중소기업중앙회 가업승계지원센터(www.successbiz.or.kr)
통계청(www.nto.go.kr).
통계청, 통계분류포털(kssc.kostat.go.kr)
한국감정원(www.kab.co.kr)
한국은행경제통계시스템(www.ecos.bok.or.kr)
한국자산신탁(www.kait.com)
한국주택금융공사(www.hf.go.kr).
KB국민은행(www.kbstar.com)

찾아보기

김지현(金知炫)
한양사이버대학교 부동산학과 교수
서울대학교 행정학박사(도시 및 부동산경제학 전공)
한국부동산분석학회 이사, 주거환경학회 이사
국토교통부 중앙부동산평가위원회 위원, 자연환경국민신탁 이사
통계청 국가통계위원회 위원, 서울시 투자심사위원회 위원
주요 저서: 부동산경제학의 이해(이프레스), 공동주거관리론(공저, 교문사) 등

심형석(沈炯錫)
미국 SWCU 교수
부산대학교 경영학박사
한국부동산자산관리연구원 이사장, 한국부동산분석학회 이사, 한국관광레저학회 이사
직방 자문위원, 울산시 주택정책자문위원
주요 저서: 부동산마케팅론(두남), 부동산학의 이해(공저, 두양사) 등

임세훈(林世勳)
주식회사 이도 부동산사업부 본부장
건국대학교 부동산대학원 석사
CPM(미국자산관리사), RICS(영국황실감평사), 미국 IREM협회 교수(CPM Faculty)
국토부정책자문위원, 국민연금투자자문위원, 자산운용전문인력
건국대학교 부동산학과 강사(부동산실무)
주요 수행 project: NPL투자컨설팅, 로얄앤컴퍼니화성R&D센타CM, Strata구조투자컨설팅,
MBC여의도사옥개발자문, 강남파이낸스센타(GFC) 외 다수 RE Fund project 관리

정성훈(鄭聖勳)
한국지방세연구원 원장, 대구가톨릭대학교 경제통상학부 교수
서강대학교 재무관리 박사, 서울시립대학교 세무전문대학원 세무학 박사
대통령 직속 지방자치발전위원회, 국가균형발전위원회 공동 세종·제주 자치분권·
균형발전 특별위원회 위원, 대통령 직속 국가균형발전위원회 혁신도시특별위원회 위원,
국무총리소속 사회보장위원회 위원, 국토교통부 주택도시기금 기금운용심의회 위원,
수출입은행 남북협력자문위원회 자문위원
주요 저서: 현대재무관리(공저, 박영사), 채권투자분석(공저, 도서출판두남) 등

부동산자산관리론

2019년 3월 5일 1판 1쇄 인쇄
2019년 3월 10일 1판 1쇄 발행
2020년 9월 10일 1판 2쇄 발행

지 은 이 김지현 심형석 임세훈 정성훈
펴 낸 이 최용구
펴 낸 곳 이프레스

주 소 (04316) 서울시 용산구 원효로89길 19 (원효로1가)
전 화 02) 537-1720(영업부), 537-1721(편집부), 537-1711(팩스)
이 메 일 epress01@naver.com
홈페이지 www.epress1.com
등 록 2009년 12월 10일 제16-2710호

기획마케팅 최용구 장만동 최충구 진소희
책임편집 석기은 황가연
본문편집 다인
표 지 SDY

ISBN 979-11-87570-25-7 93320

정가 29,000원